日本产业概览

半导体制造装置｜工业机器人｜传感器｜计量设备

2023~2024

主编　褚健

宁波工业互联网研究院
上海交通大学宁波人工智能研究院

社会科学文献出版社
SOCIAL SCIENCES ACADEMIC PRESS (CHINA)

本书获海曙区科协重点科普项目专项资助

图解说明

相关产业领域（章）标题

相关行业（节）序号/标题

所述行业相关产品图片，均来自图片右下角注明的该行业企业的官网，图片上方注明了产品名称（译）

行业相关介绍

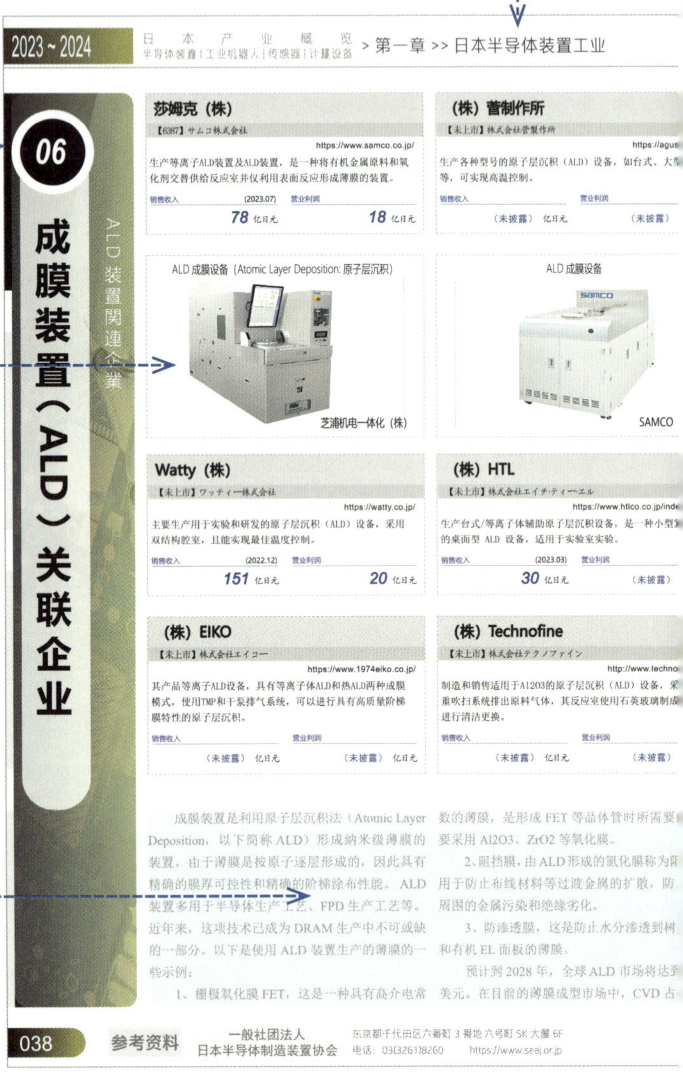

企业上市状况，如日本当地的上市公司则会注明4位数字的上市公司代码，如【7272】；其他国家上市公司代码如【NYSE：ASML】

企业中文或英文名（译）

东横化学（株）

【未上市】東横化学株式会社

企业日文名称

https://www.toyokokagaku.co.jp/

企业官网地址

主要生产和销售台式ALD设备及粉末ALD设备，用于各原子层的精密成膜工艺，均为紧凑型研发系统，可安装于桌面。

企业简介

销售收入	(2023.03)	营业利润	(税前利润)
517 亿日元		**48** 亿日元	

来自官方统计公报的企业最近一个财年经营统计数据，如有括号注明具体年月则表明为统计截止时间（非最新）的统计数据

成膜装置（ALD）关联企业 06

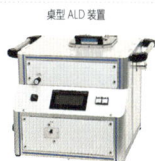

桌型 ALD 装置

东横化学（株）

成膜设备

（株）昭和真空

（株）MATSUBO
【未上市】株式会社マツボー
https://www.matsubo.co.jp/
研发和生产颗粒原子层沉积（ALD）设备，其特点是控制膜厚均匀，多种反应器尺寸，单独温度控制，可应用于电池材料、3D打印、医用器材等。

销售收入	(2023.03)	营业利润	
116.7 亿日元		**9.8** 亿日元	

东横化学（株）
【未上市】東横化学株式会社
https://www.toyokokagaku.co.jp/
主要生产和销售台式ALD设备及粉末ALD设备，用于各原子层的精密成膜工艺，均为紧凑型研发系统，可安装于桌面。

销售收入	(2023.03)	营业利润	(税前利润)
517 亿日元		**48** 亿日元	

ALD 成膜设备

JSWAFTY（株）

JSW AFTY（株）
【未上市】JSWアフティ株式会社
https://jsw-afty.co.jp/
该公司生产的ALD设备能够在低温下沉积高质量薄膜，其特点是超精密膜厚控制以及低原料成本。

销售收入		营业利润	(2023.03季损失)
（未披露） 亿日元		**-2** 亿日元	

（株）昭和真空
【6394】株式会社昭和真空
https://www.showashinku.co.jp/
生产原子层沉积（ALD）装置。通过重复循环形成单个原子层，实现形成高质量和优异阶梯覆盖率的薄膜。

销售收入		营业利润	
74.6 亿日元		**2** 亿日元	

部分市场份额。其中，ALD 技术不仅在半导体材料的制造过程中发挥着非常重要的作用，而且还具有较高的沉积性能和生产速度。

成膜装置小常识

ALD 装置配备有不锈钢或铝制成的真空室，由原料气体供给部分、排出原料气体的排气部分以及控制这些的控制单元组成。充当载气的有机金属材料称为前驱体。首先，将前驱体引入真空室内并吸附到基板的表面上，

然后在室内排气一次以去除多余的前体，然后氧化和氢化以形成薄膜。

一个原子层在一个循环中形成，并且可以通过多次重复该循环来沉积薄膜。由于膜厚根据循环次数而变化，因此具有膜厚控制容易的优点。在此过程中也非常重要，因为室内残留物的不同部件和氧化源会对薄膜质量产生负面影响。为了提高成膜效率，可以加热基底或使等离子体辅助基底，加热法称为热ALD，等离子体辅助法称为等离子体ALD。

行业相关介绍

東京都千代田区六番町 3 番地 六番町 S K ビル 6F
電話：03(3261)8260 https://www.seaj.or.jp 日本半導体製造装置協会

一般社団法人

参考资料

行业参考资料，通常为该行业相关的协会

半導体産業 機器人工業 传感器工業 計量機器工業

编制说明

众所周知，近年来中美两国正在半导体／芯片、量子技术、人工智能、大数据、5G/6G通信技术等高科技领域进行激烈竞争。中国目前虽然是全球最大的制造业国家，但仍有一部分核心技术处于被西方"卡脖子"的状态，因此本书将重点聚焦日本半导体制造装置、工业机器人、传感器和计量设备产业，旨在为中国制造业发展提供参考。

上述四个领域不仅是工业制造的关键产业，也是中国制造业缺乏核心技术和产品竞争力的短板所在。在全面深化改革开放的当下，深入了解其他国家工业制造领域最强的制造实力，以及虚心向所有对手学习是中国企业的使命，中国企业可以通过了解日本重要产业链、供应链的状况，窥一斑而知全豹。

目前中日两国企业在制造业领域的差距主要表现在：日本企业在技术研发和创新方面投入较大，尤其是在高端制造业领域，如汽车、电子、机械等方面，日本企业的技术水平和产品质量往往更高，而中国企业在一些关键核心技术领域仍依赖进口。此外，日本企业注重品牌建设，在全球范围内具有较高的知名度和美誉度，而中国企业的品牌建设相对滞后，在某些领域缺乏具有国际影响力的品牌。另外，日本的制造业大多以高端制造业和高附加值产业为主，其汽车、电子、机械等产业结构较为优化，而中国的制造业中仍有相当一部分企业是劳动密集型和资源密集型企业，产业结构有待进一步优化。最后，日本企业在管理方面注重精细化管理和质量管理，拥有一套完善的管理制度和流程，能够有效地提高生产效率和产品质量，而且日本企业在国际化方面经验丰富，拥有全球化的生产和销售网络，能够更好地适应国际市场的需求和变化。

本书的重点在半导体制造装置章节，主要原因是全球半导体制造装置除美国以外，日本在这方面拥有很大的优势。2022年全球销售额排名前10的半导体设备制造商就有4家日本公司，其中光刻胶涂布显影设备、热处理设备、片式清洗设备、批量型清洗设备、测长电子显微镜等的市场占有率大多在80%~90%，最低也占60%。日本虽在曝光设备、干刻蚀设备，CVD、溅射等薄膜沉积设备，检查设备等细分市场的份额不大，但不少关键零部件均是日本制造。

同时，日本在高端封装用覆铜箔板、增层基板、阻焊剂领域的市场占有率高达 65%~100%；在后处理材料 / 设备市场中，日本的引线框架、密封材料的模具、扇出晶圆级封装成型材料、底部填充材料、划片机等产品基本都占有很大的市场份额。而中国在这些领域仍处于追赶阶段，还有一段很长的路要走。

此外，本书在工业机器人和传感器章节也对日本相关企业作了大致介绍。日本是世界最大工业机器人制造国，供应量占全球供应总量的 45%，现在日本的工业机器人与自动化设备已成为全球供应链的核心。此外，日本的工业机器人具有精密的控制能力，能够实现微米级的定位和运动，可满足高精度的加工和装配需求；而且具备较强的智能化水平，能够根据环境和任务的变化自主调整参数、规划路径；同时具有较高的灵活性和适应性，能适应不同工作场景、对象和条件，可实现多样化和定制化生产。此外，日本工业机器人在安全性和可靠性方面也表现出色，能够在复杂和危险环境中稳定工作，保障人员和设备安全。而中国则是日本工业机器人和自动化技术出口的主要市场之一。

中国传感器产业的发展起步较晚，与美日等智能传感器制造强国还存在明显差距，中国传感器的市场约为全球市场的四分之一，但 MEMS 的制造能力却仅占全球的 5%，全世界 MEMS 的半导体代工厂数量有 200 多座，但中国 MEMS 商业化代工厂数量大概不到 10 座。中国目前虽有全球最大的手机和半导体市场，但图像传感器八成以上的市场被日韩企业垄断。

本书最后以较少的篇幅介绍了日本的计量设备工业，计量设备是现代制造业必不可少的重要工具，随着高速互联网、5G、IoT、AI 技术的发展，人们对计量仪器、计量标准的依赖将越来越大。与此同时，工业制造也需要更精准、反应速度更快的计量设备和计量技术。

本书共收集和大致介绍了上述四个领域 50 多个行业近千家企业的情况，撰写所引用的资料主要来源于日本相关企业网站 2023 年 3 月公布的财务年报和日本经济产业省的数据，其他参考资料均在本书引用处标明。

宁波工业互联网研究院
上海交通大学宁波人工智能研究院
2024 年夏

序言：
工欲善其事，必先利其器

    自 2022 年底 OpenAI 的 ChatGPT 横空出世后，通用人工智能（AGI）似乎离我们越来越近了，智能化时代的到来必将改变我们的生活、工作和生产。工业 4.0 将如何发展，基础技术和未来制造业数字化转型面临的挑战和机会都是我们应该高度关注的。AI 技术将会重构制造业的形式和结构，也将使全球制造业更加自动化。现代制造业在数据获取、处理、使用方面离不开传感器、芯片、软件和自动化、机器人等基础技术的支持。这些技术不仅用于流程工业，如石油、化工、电力、制药、食品等，也用于离散制造业，如汽车、电子产品、服装等，并在城市基础设施中发挥越来越重要的作用。

    日本企业在半导体制造装置、工业机器人、传感器和计量设备等领域均走在世界前列，非常值得中国企业学习借鉴相关经验。

    半导体制造装置在工业领域具有极其重要的地位，被称为半导体产业的基石，素有"一代设备、一代工艺、一代产品"的说法。2023 年全球半导体制造装置销售额超过 1000 亿美元，中国大陆约占全球半导体设备市场的三分之一，但中国半导体制造装置国产化率整体不足 20%。发展半导体制造装置的重要性毋庸置疑。

    中国虽然是机器人使用最多的国家，但在全球制造业自动化程度排名中仅列第五。机器人使用密度是反映全球制造业自动化程度的"晴雨表"。2021 年韩国制造业每万名员工拥有 1000 台工业机器人，约是中国每万名员工拥有 322 台的 3.1 倍。日本的工业机器人密度为每万名员工拥有 399 台，也排在中国之前。（资料来源：国际机器人联盟《机器人密度 2022 年版》）

    机器人产业不仅有工业机器人，更有未来的人形机器人将进入工业和服务业，市场空间巨大。但目前中国并不是工业机器人生产大国，在很多核心零部件生产领域也与机器人制造强国存在巨大的差距。2020 年全球 47% 的工业机器人由日本生产，日本是名副其实的工业机器人生产大国。（资料来源：国际机器人联合会《世界机器人 2022》）

今天人类社会完全离不开传感器。一部手机、一台汽车就有许许多多的各类传感器，在医疗健康、城市运行、家庭生活等领域各类传感器的应用不胜枚举，传感器的高精度、可靠性、稳定性、一致性和反应速度以及信赖性，都显示出人类社会将越来越依赖传感器，而且传感器的发展将在很大程度上决定未来的工业发展道路。如今物联网的核心部件就是传感器，如射频识别、全球定位、红外感应、激光扫描等设备与技术，它们实时监控、连接互动物体并采集互动过程中的海量数据，以实现物与物、物与人的连接，以及对物品、过程的智能化感知、识别和管理。未来这些大容量的数据通过人工智能、机器学习，将使人们进行更便捷的生产活动。

今天，半导体制造装置、工业机器人、传感器和计量设备都是现代制造业必不可少的产业元素，这些不仅是日本制造业的强项，也是日本工业和整个日本社会的基础产业。没有强大的日本机器人产业，日本最大的支柱产业汽车工业就无从谈起，没有先进的传感器技术，也不会有今天发达的日本电子工业。

工欲善其事，必先利其器。

在今天的中国，我们绝不能满足于目前的制造业成就，要想拥有更好的明天，从某种意义上说，工业制造业领域的半导体制造装置、工业机器人、传感器、计量设备产业就是我们成就未来发展的磨刀石。

2024 年 9 月 1 日

目录

01

重新布局的日本半导体战略

日本半导体产业复活の基本戦略

日本半导体产业的兴起可以追溯到 20 世纪 50 年代，在随后的几十年内日本的半导体产业迅速发展，并在全球市场上占据了重要地位。日本半导体产业曾在技术和市场方面具有很强的实力，现在仍然在部分半导体制造装置和重要半导体材料方面拥有丰富的技术积累和较大的全球市场份额。长期以来日本国内也形成了一些重要的半导体产业集群，此外，大量的半导体制造企业、研究机构和相关配套产业，使日本形成了比较完整的半导体产业链。

众所周知，20 世纪 80 年代日本的半导体产业规模占全球半导体产业规模的 50% 以上，但在遭到美国强势打压，加之韩国在存储器生产、中国台湾在逻辑半导体代工领域的崛起，以及中国大陆半导体市场的迅速发展后，目前日本半导体产业规模仅占全球半导体产业规模的 10% 左右。特别是在 21 世纪初全球半导体生产从垂直整合一贯制（IDM）向"设计公司＋代工厂"（Fabless/Foundry）的水平分工商业模式转化过程中，日本完全没有跟上这个时代变化的节奏。虽然日本半导体产业在存储器、CMOS 图像传感器、功率半导体器件、车载微处理器和部分半导体材料及半导体装置制造方面，依然保持着较强的市场竞争力，但曾傲视全球半导体市场的 NEC、日立、东芝、富士通等大名鼎鼎的半导体企业，已经从世界半导体舞台中心逐一消失，经过多轮合并重组后，日本半导体芯片制造企业基本完败于英特尔、三星、台积电这些著名的半导体芯片制造公司。目前全球半导体 CPU 和 GPU 以及重要的半导体制造装置生产基地主要集中在美国，全球超过 80% 的存储芯片则由韩国企业生产，而大部分半导体尖端逻辑电路芯片代工的前工程和后工程的封测（OSAT）以及组装（EMS）则集中由中国台湾企业完成。

随着中美科技激烈竞争等影响，日本痛感自身产业链脆弱以及国内半导体产业发展环境严峻。2021 年 3 月日本经济产业省在"半导体／数字化产业战略研讨会"上首次提出"紧急强化生产投资组合、确立发展次世代半导体技术、提前实现／使用光电融合等未来技术的"三步走"设想。3 个月后经济产业省制定了《半导体／数字产业战略的现状和未来》（1.0 版本），2022 年 11 月又成立尖端半导体技术中心（LSTC），其目标是打造集国家科研机构、大学、产业界于一体的次世代半导体量产技术研究开发据点，并与美国国家半导体技术中心（NSTC）等海外相关机构合作，决心研发 2 纳米半导体集成技术与制造技术，期望共同构筑日本新一代半导体的量产基础。2023 年经济产业省再次更新了《半导体／数字产业战略的现状和未来》（2.0 版本），力图把握当下良机，推动日本半导体产业卷土重来。

目前半导体主要用于产业机器、个人电脑、手机、数据中心／固态硬盘、家电／智能家电、汽车等领域，日本经济产业省计算，2020 年全球半导体产业规模约为 50 万亿日元，2025 年将达到约 75 万亿日元，2030 年更上升到约 100 万亿日元。

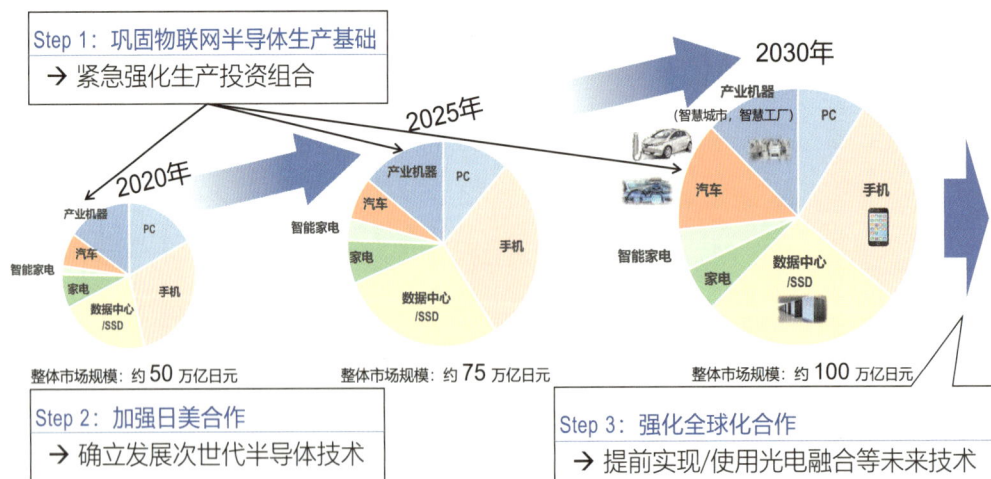

日本半导体战略的"三步走"设想

Step 1：巩固物联网半导体生产基础
→ 紧急强化生产投资组合

2020年
整体市场规模：约 50 万亿日元

2025年
整体市场规模：约 75 万亿日元

2030年
整体市场规模：约 100 万亿日元

Step 2：加强日美合作
→ 确立发展次世代半导体技术

Step 3：强化全球化合作
→ 提前实现/使用光电融合等未来技术

资料来源：日本经济产业省《半导体／数字产业战略的现状和未来》，第 7 页。

参考资料　一般社团法人　日本半导体制造装置协会
东京都千代田区六番町 3 番地 六号町 SK 大厦 6F
电话：03(3261)8260　https://www.seaj.or.jp

▶ 日本今后半导体"三步走"战略全貌

相关领域	Step1 紧急强化生产投资组合	Step2 确立发展次世代半导体技术	Step3 提前实现/使用光电融合等未来技术
尖端逻辑 半导体领域	完善国内生产据点，技术进步	开发 2 纳米半导体集成与制造技术并实现量产，通过 LSTC 研究开发 Beyond 2 纳米技术	通过 LSTC 研究开发 Beyond 2 纳米技术以及光电融合等改变未来市场游戏规则的技术
尖端存储器 半导体领域	日美合作建立可信赖的国内设计、制造据点、实现技术进步	实现 NAND、DRAM 的高性能化，开发新型存储器	混合存储器的开发
工业半导体优势领域 (产业特色半导体)	重组国内功率半导体的生产基础；根据周边设备（edge device）的多样化、多功能化产业需求，按用途构建半导体供给体制	进一步提高碳化硅（SiC）功率半导体的性能并降低成本	GaN，Ga₂O₃ 功率半导体的实用化开发
尖端半导体 封装领域	设立先进集成电路封装开发生产据点	确立小芯片（Chiplet）技术	光芯粒、模拟数字混载 SoC 芯片实现实装
半导体制造装置 /材料领域	建立尖端半导体生产过程中不可缺少的制造装置/素材的稳定供应体制	开发 Beyond 2 纳米所需的下一代新材料的实用化技术	开发未来半导体新材料的实用化技术

资料来源：日本经济产业省《半导体/数字产业战略的现状和未来》，第 8 页。

▶ 日本半导体战略的国家规划

第一，人才培养方面：根据地区特点按地区培养产学官合作人才；重点培养从事次世代半导体设计、制造的全球化专业人才。

第二，国际合作方面：以日美半导体合作为基础，利用共同工作组等框架，以美国国家半导体技术中心（NSTC）和日本尖端半导体技术中心（LSTC）为起点深化合作，致力于次世代半导体的开发；与欧盟、比利时、荷兰、英国、韩国、中国台湾等联手研究开发次世代半导体的需求用例（use case）。

第三，绿色环保方面：满足 PFAS 规范；实现半导体高集成化、基本设计（architecture）最优化，通过对次世代半导体材料的开发，实现半导体的高性能化和生产绿色化。

日本半导体战略的顶层设计

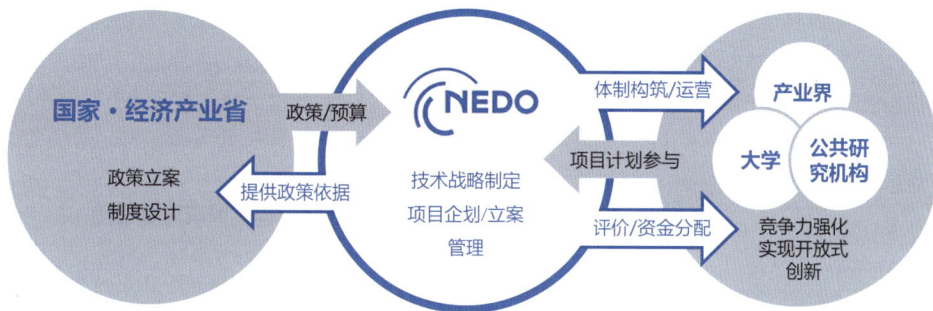

▶ 日本半导体战略的具体实施

A) 日本尖端逻辑半导体战略

- Step1

建立健全尖端逻辑半导体国内制造基地，强化国内制造尖端逻辑半导体不可缺少的装置、材料供应链，打好日本高级信息处理中枢尖端逻辑半导体的国内制造基础。

-- Step2

开发低功耗、高算力基础技术，提升 IoT 领域的数据处理能力，确立发展次世代半导体的技术，实现日本产业的数字转型（DX）和绿色转型（GX）。

1）研究开发 2 纳米半导体的制造技术并完善 Rapidus 制造基地；与 IBM 合作开发纳米片（nanosheet）技术等；与欧洲微电子中心（IMEC）合作开发 EUV 曝光技术等。

2）依托尖端半导体技术中心（LSTC）研究开发 2

纳米以上芯片技术、设计尖端的系统级芯片（SoC）、小芯片（Chiplet），实现纳米片晶体管的高性能化，并开发集成电路尖端封装等要素技术。

3）研究开发实用化 2 纳米以上芯片制造所需的次世代材料技术（High-NA EUV 光刻胶等）。

--- Step3

在通信量大幅提高的 5G 时代，利用次世代半导体技术，实现具有高能、节能的次世代通信技术，力争改变市场游戏规则。

1）依托尖端半导体技术中心（LSTC），为 2 纳米以上芯片量产研究开发最先进的系统级芯片（SoC）、小芯片，以及高密度的 IF 设计、CFET 相关技术，利用材料信息学开发新材料、环保洁净技术、先进封装等要素技术。

2）研究开发具有高处理性能 / 低功耗节能的光电融合（封装内部光布线、光计算）实用化技术。

3）以专业学院为核心据点进行创新设计、开发 2D 材料等尖端技术。

B) 日本尖端存储器半导体战略

- Step1

首先要确保日本现有 DRAM、NAND 制造基础稳固，其次通过日美合作建立可信赖的存储器设计规范以及建立其制造基地，具备可不间断地向"朋友圈"国家和地区提供最先进存储器芯片的能力。

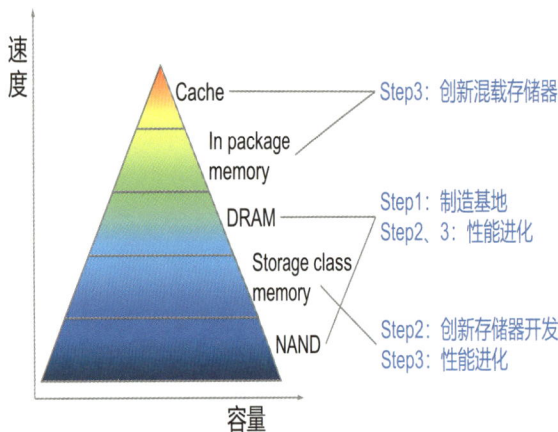

-- Step2

1）要提高大数据处理能力，必须实现 DRAM、NAND 的高性能化、节能化。

DRAM、NAND 的高性能 / 节能化

- 存储单元的高密度化
- CMOS逻辑电路的高性能化
- 存储单元与CMOS逻辑电路叠层化

2）开发"内存计算中心（SK hynix AiM）"所需的创新存储器。

开发"内存计算中心"所需的创新存储器

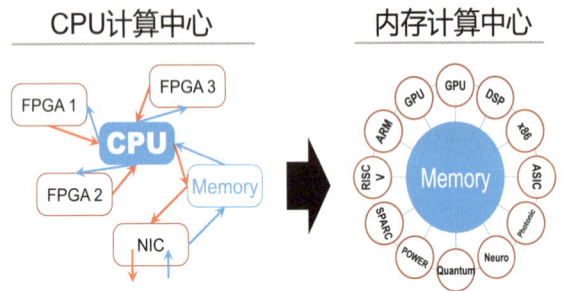

--- Step3

2 纳米世代后的逻辑半导体要求开发高速、小型、节能的新型混载存储器。

1）开发尖端逻辑半导体所需的高速、小型、节能的混合存储器（mixed storage），即新型混载存储器。

2）以专业学院为核心据点进行自旋电子学（spin-tronics）、铁电体技术（ferroelectric）等尖端技术的开发。

C) 强化和发展日本优势半导体战略

目前日本国内半导体优势产业群主要是：

1）存储器领域的 DRAM、闪存；

2）传感器领域的 CMOS 图像传感器及其他传感器；

3）功率半导体领域；

4）车载微处理控制器领域。

具有自主特色的日本半导体企业主要有以下几家。

① 铠侠（株）（KIOXIA）

　　原东芝存储器公司，1987 年发明 NAND 闪存，2007 年在世界上首次推出 3 次元闪存技术并量产，目前是全球闪存和 SSD 主要生产企业。

② 索尼半导体解决方案 （株）

参考资料　一般社团法人　东京都千代田区六番町 3 番地 六号町 SK 大厦 6F
日本半导体制造装置协会　电话：03(3261)8260　https://www.seaj.or.jp

无论在硬件还是软件方面，该公司都是全球最先进和最主要的 CMOS 图像传感器研发与生产企业，其边缘计算 AI 处理软件领域与传感器融合方面的成绩斐然。

③ 东芝电子设备 & 存储（株）
该公司在功率半导体 MOSFET 领域占有很高的市场份额，还致力于化合物半导体（SiC/GaN）的研发，以及提供高效、低耗电机控制的模拟 IC、光电耦合器等产品。

④ NTCJ（nuvoton）
该公司生产有助于延长电池寿命和快速充电的 MOSFET 脉冲半导体和车载高压下高可靠性的电池计量 IC，还生产可精确识别障碍物，人物表情、行为的 3DTOF 传感器，以及支持通用标准 EAL6 的先进物联网安全设备。

⑤ MMJ（日美合资）
该公司是一家开发、设计与生产 DRAM、NAND 闪存等最尖端 Memory 半导体产品的企业。

⑥ 三菱电机（株）
该公司在半导体制造领域主要生产功率半导体器件（含 SiC 功率半导体）和 GaN 射频半导体器件、光纤通信用光半导体器件，以及高压集成电路等。

⑦ 瑞萨电子（株）
该公司主要为汽车、基础设施、物联网以及工业领域提供各种半导体器件，车载半导体和工业微处理器在全球占有较高份额，此外还生产模拟半导体、功率半导体以及面向 5G 的 RF 产品等。

⑧ 罗姆·阿波罗（株）
该公司是一家以生产功率半导体和模拟半导体器件为主的企业，产品具有小型化和节能特点，此外还专注生产以碳化硅为材料的 SiC MOSFET 和 SiC SBD 半导体器件。

功率半导体的全球市场份额 (2021 年 189 亿美元)

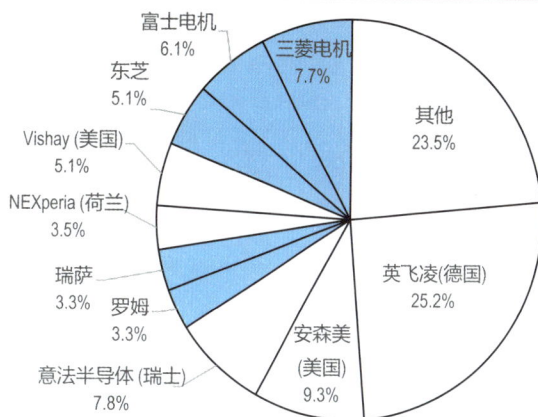

- Step1
日本通过《经济安全保障推进法》和增加补助金，夯实微处理器、功率半导体、模拟半导体等专用半导体的生产基础，强化半导体制造装置、部件、原材料的供应链，增强国内半导体产业制造能力。力争将"新生硅岛九州"打造成世界半导体产业供应链的核心。为启动数字转型，日本在国内大力推广使用先进半导体和活用具有产业优势的特色半导体。功率半导体要以碳化硅（SiC）等化合物半导体为中心，为赢得日益激烈的国际竞争，日本国内企业将进行合作重组，以提高整个日本功率半导体产业的国际市场竞争力。模拟半导体要根据未来产业界周边设备（edge device）利用领域的扩大，以及海外环境的变化与经济安全保障的必要性，强化模拟半导体产业基础。

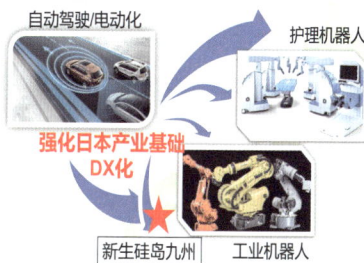

-- Step2
在电动汽车市场不断发展的过程中，日本要实现碳化硅（SiC）功率芯片等次世代半导体产品的低功耗与低成本化。

--- Step3
2030 年以后，随着再生能源设备需求扩大，日本要推进 GaN、Ga_2O_3 等功率半导体的实用化开发。

半导体制造装置

工业机器人

传感器

计量设备

全球功率半导体市场预计规模 (2018~2050 年)

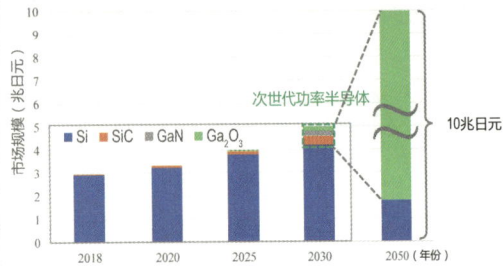

资料来源：NEDO《实现低碳社会的电力电子技术工程》。

-- Step2

21 世纪 20 年代后半期，要开发 2.5D/3D 集成电路封装技术、集成电路封装硅桥技术（CoWoS-L）、集成电路封装混成键合技术，为确立 2 纳米世代以后的小芯片技术做准备。

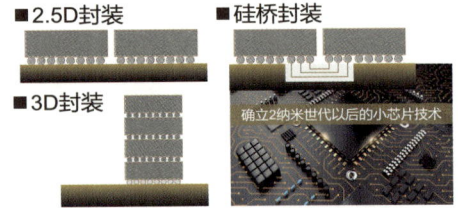

■2.5D封装　　■硅桥封装　　■3D封装

确立2纳米世代以后的小芯片技术

D) 日本尖端半导体封装战略

- Step1

设立集材料、装置于一体的尖端集成电路封装开发基地，与日本国内的财团（consortium）、学界(academia)，共同开发尖端集成、含封装技术等次世代集成电路封装设备和材料，为 IDM/ 芯片代工厂提供集成电路先进封装方案。

--- Step3

确立可改变半导体市场游戏规则的技术，如光芯片技术、数字模拟混载 SoC 技术等。

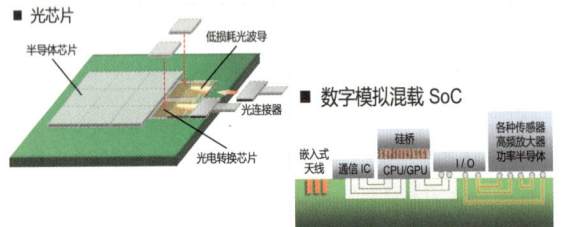

■ 光芯片

■ 数字模拟混载 SoC

资料来源：日本经济产业省《半导体 / 数字产业战略的现状和未来》，第 7~14 页。

IDM / 芯片代工厂　尖端封装开发基地　海外研究机构　半导体材料/制造装置企业

▶ 日本布局半导体"三步走"战略的具体准备

为了推动日本半导体制造业发展，2022 年日本先后实施了 5G 促进法和新能源·产业技术综合开发机构（NEDO[1]）改正法，并于 2021 年和 2022 年先后共增加补充预算 1.06 万亿日元，以支持上述政策。

A) 四项尖端半导体生产设施的建设与生产计划 (日本经济产业省 2023 年 10 月认定)

关联企业	JASM[2]	铠侠 /WD[3]	Micron	Micron
最大补助金额 （认定日期）	4,760 亿日元 （2022 年 6 月 17 日）	约 929 亿日元 （2022 年 7 月 26 日）	约 465 亿日元 （2022 年 9 月 30 日）	1,670 亿日元 （2022 年 10 月 3 日）
场所	熊本县菊池郡	三重县四日市	广岛县东广岛市	广岛县东广岛市
主要产品	逻辑半导体 （22~28 纳米·12~16 纳米）	三次元闪存 （第六代产品）	DRAM（1β 世代）	DRAM（1γ 世代） （EUV 导入后生产）
生产能力	5.5 万 枚 / 月 （按 12 英寸换算）	10.5 万 枚 / 月 （按 12 英寸换算）	4 万 枚 / 月 （按 12 英寸换算）	4 万 枚 / 月 （按 12 英寸换算）
预计量产期	2024 年 12 月	2023 年 2 月	2024 年 3~5 月	2025 年 12 月 ~2026 年 2 月
产品 / 客户	以日本客户为主	内存卡、智能手机、平板电脑、计算机 / 服务器的 SSD、数据中心、医疗和汽车领域	汽车、医疗机器、基本建设、数据中心、5G、安防等领域	汽车、医疗机器、基本建设、数据中心、5G、安防等未来生成式人工智能
设备投资额 （不含材料 / 人工 / 基建）	86 亿美元	约 2,788 亿日元	约 1,394 亿日元	约 5,000 亿日元

注解：

① NEDO：New Energy and Industrial Technology Development Organization.
② JASM：指台积电、索尼、电装在日本熊本县的合资工厂。
③ WD：Westen Digital.
资料来源：日本经济产业省《半导体 / 数字产业战略的现状和未来》，第 36 页。

B) 部分半导体关联企业主要设备投资计划 (截至 2023 年 9 月)

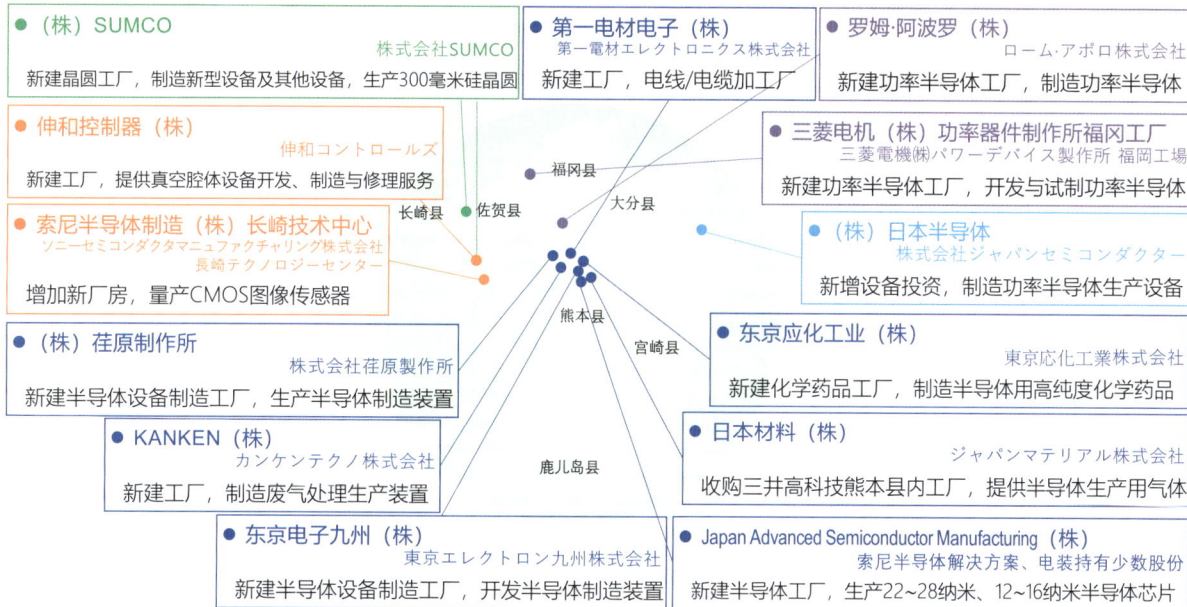

- **（株）SUMCO** 株式会社SUMCO
  新建晶圆工厂，制造新型设备及其他设备，生产300毫米硅晶圆

- **伸和控制器（株）** 伸和コントロールズ
  新建工厂，提供真空腔体设备开发、制造与修理服务

- **索尼半导体制造（株）长崎技术中心** ソニーセミコンダクタマニュファクチャリング株式会社 長崎テクノロジーセンター
  增加新厂房，量产CMOS图像传感器

- **（株）荏原制作所** 株式会社荏原製作所
  新建半导体设备制造工厂，生产半导体制造装置

- **KANKEN（株）** カンケンテクノ株式会社
  新建工厂，制造废气处理生产装置

- **东京电子九州（株）** 東京エレクトロン九州株式会社
  新建半导体设备制造工厂，开发半导体制造装置

- **第一电材电子（株）** 第一電材エレクトロニクス株式会社
  新建工厂，电线/电缆加工厂

- **罗姆·阿波罗（株）** ローム·アポロ株式会社
  新建功率半导体工厂，制造功率半导体

- **三菱电机（株）功率器件制作所福冈工厂** 三菱電機㈱パワーデバイス製作所 福岡工場
  新建功率半导体工厂，开发与试制功率半导体

- **（株）日本半导体** 株式会社ジャパンセミコンダクター
  新增设备投资，制造功率半导体生产设备

- **东京应化工业（株）** 東京応化工業株式会社
  新建化学药品工厂，制造半导体用高纯度化学药品

- **日本材料（株）** ジャパンマテリアル株式会社
  收购三井高科技熊本县内工厂，提供半导体生产用气体

- **Japan Advanced Semiconductor Manufacturing（株）** 索尼半导体解决方案、电装持有少数股份
  新建半导体工厂，生产22~28纳米、12~16纳米半导体芯片

（地图标注：福冈县、长崎县、佐贺县、大分县、熊本县、宫崎县、鹿儿岛县）

C) 根据《经济安全保障推进法》，日本最新半导体供应链确保计划

（根据日本经济产业省《半导体 / 数字产业战略的现状和未来》第 41 页内容整理）

分类	企业名称	产品	供给开始	生产能力	事业总额	最大补助额
半导体器件	瑞萨电子	微处理器	2025 年 3 月	1 万枚 / 月（茨城·山梨县） 2.91 万枚 / 月（熊本县）	477 亿日元	159 亿日元
半导体制造装置	佳能	光刻机	2026 年 4 月	i 线：71 台 / 年 KrF：55 台 / 年	333 亿日元	111 亿日元
半导体部件 / 材料	揖斐电 新光电气工业 RESONAC 住友电工 SUMCO	FC-BGA 基板 FC-BGA 基板 碳化硅晶圆 碳化硅晶圆 硅晶圆	2025 年 9 月 2029 年 7 月 基板：2027 年 4 月 外延：2027 年 5 月 基板：2027 年 10 月 外延：2027 年 10 月 结晶：2029 年 10 月 晶圆：2029 年 10 月	比现状增强 12% 比现状增强 6% 基板：11.7 万枚 / 年 外延：28.8 万枚 / 年 基板：6 万枚 / 年 外延：12 万枚 / 年 结晶：（相当）20 万枚 / 月 晶圆：10 万枚 / 月	不明 533 亿日元 309 亿日元 / 300 亿日元 / 2,250 亿日元 /	405 亿日元 178 亿日元 103 亿日元 / 100 亿日元 / 750 亿日元 /
半导体生产原料	索尼半导体 铠侠 高压瓦斯工业 住友商事 岩谷产业 / 岩谷瓦斯 JFE 钢铁 / 东京瓦斯化学 大阳日酸 日本 Air Liguide RASA 工业	氖气（回收利用） 氖气（回收利用） 氦气（回收利用） 黄磷（回收利用） 氦气（储备） 稀有气体（生产） 稀有气体（生产） 稀有气体（生产） 稀有气体（生产） 稀有气体（生产） 稀有气体（生产） 磷酸（回收利用）	2026 年 3 月 2027 年 3 月 2025 年 6 月 2031 年度 2026 年 1 月 2027 年 4 月 2026 年 4 月 2026 年 4 月 2026 年 4 月 2026 年 4 月 2027 年 10 月 2027 年 4 月	2,090 kℓ / 年 2,480 m³ / 年 10,200 m³ / 年 12,000 t / 年 本企业 1 个月的年进口量 氖气：1,000 万 ℓ / 年 氖气：2,700 万 ℓ / 年 氦气：200 万 ℓ / 年 氙气：25 万 ℓ / 年 氖气：2,680 万 ℓ / 年 960 t / 年	11.2 亿日元 8.3 亿日元 不明 不明 不明 不明 不明 不明 不明 不明 不明 不明	3.7 亿日元 2.8 亿日元 不明 不明 不明 不明 不明 不明 不明 不明 不明 不明

右侧竖排文字：半导体制造装置　工业机器人　传感器　计量设备

02

日 本 半 导 体 产 业 链

日本半導体産業チェーン

一　掩膜设计工序

<1> 电子线路模式设计　主要软件设计公司

Synopsys（美国）

【Nasdaq: SNPS】Synopsys, Inc.

https://www.synopsys.com/

是为全球集成电路设计提供电子设计自动化（EDA）软件工具的主导企业。为全球电子市场提供技术先进的IC设计与验证平台，致力于开发复杂的系统级芯片（SoC）。

销售收入	(2023.10)	营业利润	
58.42 亿美元		**12.69** 亿美元	

楷登电子（美国）

【Nasdaq: CDNS】Cadence Design Systems, Inc.

https://www.cadence.com/en_US/home.html

专门从事电子设计自动化（EDA）的软件公司，由SDASystems和ECAD两家公司于1988年合并而成。是全球最大的电子设计自动化、半导体技术解决方案和设计服务供应商。

销售收入	(2023.12)	营业利润	
40.89 亿美元		**12.51** 亿美元	

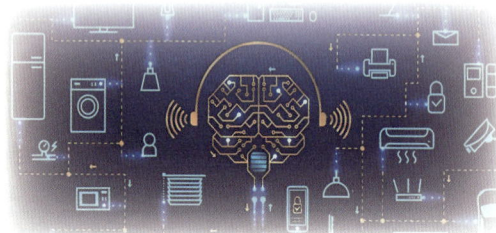

西门子EDA（德国）

【FWB: SIE】Siemens EDA

https://eda.sw.siemens.com/en-US/

致力于提供全面的电子设计自动化（EDA）软件、硬件和服务组合，覆盖从 IC 设计到电子系统设计的全设计链创新工具。

销售收入	(2023.09)	营业利润	
778 亿欧元		**114** 亿欧元	

<2> 掩膜版制作　主要材料/生产装置提供企业

凸版印刷（株）

【7911】凸版印刷株式会社

https://www.toppan.com/

该公司利用光刻技术和积层布线技术，开发和生产FC-BGA基板和各种引线框架，以满足更高性能和更小型LSI的生产需求。

销售收入		营业利润	
16,782 亿日元		**742** 亿日元	

AGC Inc.

【5201】AGC株式会社

http://www.agc.com/

AGC株式会社，前身为朝日玻璃株式会社，是一家日本全球化玻璃制造公司，总部位于东京。它是世界上最大的玻璃公司，也是三菱集团的核心公司之一。

销售收入	(2023.12)	营业利润	
20,192 亿日元		**1,287** 亿日元	

日本半导体产业现状及预测

全球半导体销售额　日本半导体销售额　日本企业市场份额

（亿美元）

2019年的市场份额
日本：10.0%
美国：50.7%
亚洲：20.2%

1988年的市场份额
日本：50.3%
美国：36.8%
亚洲：3.3%

预测

（年份）

资料来源：日本经济产业省《半导体/数字产业战略的现状和未来》，第7页；下页"全球半导体产业市场份额"也来源于该资料的第62页。

参考资料　一般社团法人　东京都千代田区六番町 3 番地 六号町 SK 大厦 6F
日本半导体制造装置协会　电话：03(3261)8260　https://www.seaj.or.jp

（株）纽富来科技

【未上市】株式会社ニューフレアテクノロジー

http://www.nuflare.co.jp/

主要生产电子束光刻设备、掩膜检测设备以及外延生长设备。

销售收入 (2023.03)	营业利润
608 亿日元	**158** 亿日元

保谷（株）

【7741】HOYA 株式会社

https://www.hoya.co.jp/

生产光学透镜、光学玻璃材料、眼镜片、掩膜等。

销售收入	营业利润 (税前利润)
7,626 亿日元	**2,365** 亿日元

日本电子（株）

【6951】日本電子株式会社

https://www.jeol.co.jp/

主要生产半导体用电子显微镜（TEM、SEM）以及电子束光刻装置。

销售收入	营业利润
1,743 亿日元	**275** 亿日元

大日本印刷（株）

【7912】大日本印刷株式会社

https://www.dnp.co.jp

日本最大的印刷及媒介公司，建立于1876年。与英特尔、索尼、富士、东芝等著名高科技企业结成战略联盟，相继成功开发出用于制造0.13微米半导体的Photomask技术、IC卡联动指纹认证系统、背投电视用大尺寸屏幕的批量生产技术、传感全息屏幕系统、世界最小的MPEG-4元件、高效能LCD滤光片等。

销售收入	营业利润
14,248 亿日元	**754** 亿日元

福尼克斯（美国）

【Nasdaq: PLAB】Photronics, Inc.

https://www.photronics.com/

一家主要制造掩膜的美国公司。为集成电路生产的产品收入占总收入的大部分，其余收入来自平板显示器产品。公司资产分布于中国台湾、韩国、美国，中国台湾的企业贡献了总收入的大部分。

销售收入	营业利润
8.92 亿美元	**2.53** 亿美元

二 前工序 (在硅晶圆上加工芯片)

<3> 切割硅片 主要材料/生产装置提供企业

信越化学工业（株）

【4063】信越化学工業株式会社

https://www.shinetsu.co.jp

生产和销售包裹晶圆、抛光晶圆、扩散晶圆、外延晶圆、SOI晶圆、退火晶圆等半导体硅晶圆。

销售收入	营业利润
24,149 亿日元	**7,010** 亿日元

小松NTC（株）

【未上市】コマツNTC 株式会社

https://ntc.komatsu/jp/

主要提供包括专业工业机床、磨床、曲轴铣床等机床产品。

销售收入 (2023.03)	营业利润
361 亿日元	**24** 亿日元

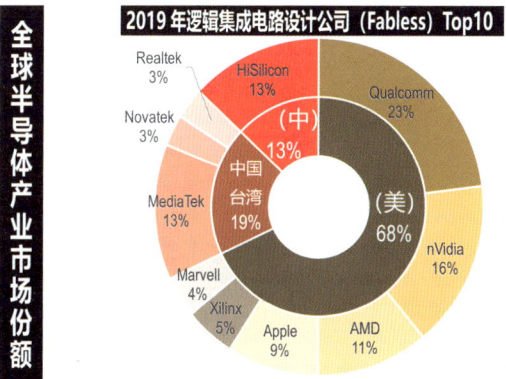

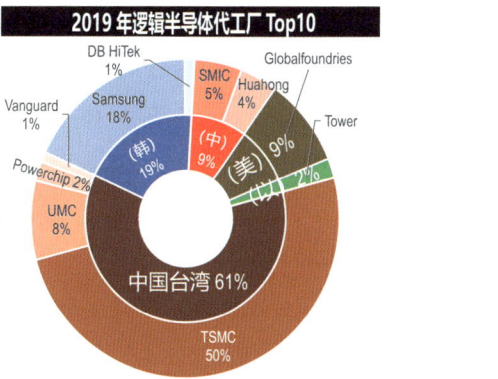

全球半导体产业市场份额

2019 年逻辑集成电路设计公司 (Fabless) Top10

Realtek 3%
HiSilicon 13%
Qualcomm 23%
Novatek 3%
（中）13%
中国台湾 19%
MediaTek 13%
（美）68%
Marvell 4%
Xilinx 5%
nVidia 16%
Apple 9%
AMD 11%

2019 年逻辑半导体代工厂 Top10

DB HiTek 1%
SMIC 5%
Huahong 4%
Globalfoundries
Vanguard 1%
Samsung 18%
（韩）19%
（中）9%
9%
Tower
Powerchip 2%
（美）
7%
UMC 8%
中国台湾 61%
TSMC 50%

半导体制造装置

工业机器人

传感器

计量设备

（株）SUMCO

【3436】株式会社SUMCO
https://www.sumcosi.com/english/index.html

主要生产半导体硅晶圆等。

销售收入	(2023.12)	营业利润	
4,259 亿日元		**730** 亿日元	

（株）不二越

【6474】株式会社不二越
https://www.nachi-fujikoshi.co.jp

该领域产品有滚轧机、研磨/车削工业机床等。

销售收入	(2023.11)	营业利润	
2,654 亿日元		**118** 亿日元	

东洋先进机床（株）

【未上市】トーヨーエイテック株式会社
https://www.toyo-at.co.jp/

1950年成立，源自马自达汽车的一个制造部门，后单独成立以内圆磨床为核心的超精密加工技术公司，主要从事机床、半导体、太阳能电池、LED、功率半导体制造装置（线切机）和机床数控装置等的制造和销售。

销售收入	(2023.03)	营业利润	
255 亿日元		**16** 亿日元	

三益半导体工业（株）　（企业介绍详见 048 页）

（株）冈本工作机械制作所

【6125】株式会社冈本工作機械製作所
https://www.okamoto.co.jp

产品主要为精密平面、精密旋转、精密门式、圆筒平面磨床等。

销售收入		营业利润	
502 亿日元		**61** 亿日元	

SpeedFam（株）

【未上市】スピードファム株式会社
https://www.speedfam.com/jp/

主要生产裸硅片研磨装置、通用高精度研磨装置等，产品有独特的高效单面研磨工艺，易于操作维护。

销售收入	(2020.09)	营业利润	(税前利润)
88 亿日元		**19** 亿日元	

环球晶圆股份有限公司（中国台湾）

【TWSE:6488】GlobalWafers Co., Ltd.
https://www.sas-globalwafers.com/

环球晶圆股份有限公司的前身为中美矽晶制品股份有限公司的半导体事业处，中美矽晶集团于1981年成立于新竹科学工业园区，是3英寸至12英寸半导体硅晶圆材料供应商，同时也提供优质的太阳能硅晶圆及硅晶棒。

销售收入	(2023.12)	营业利润	
706.5 亿新台币		**200.5** 亿新台币	

<4> 成膜　主要生产装置提供企业

Applied Materials, Inc.

【Nasdaq: AMAT】アプライドマテリアルズジャパン株式会社
https://www.appliedmaterials.com/

全球著名的半导体设备提供商，也生产离子注入装置。

销售收入	(2023.10)	营业利润	
265.17 亿美元		**76.54** 亿美元	

泛林集团（美国）

【Nasdaq: LRCX】LAM RESEARCH CORPORATION
https://www.lamresearch.com/

全球著名的半导体设备提供商。

销售收入	(2023.06)	营业利润	
174.28 亿美元		**51.74** 亿美元	

日本半导体工厂的现状

随着数字化的发展，过去十几年，台积电、三星、英特尔不断为智能手机、数据中心、5G 等设备提供 5 纳米 ~16 纳米的高端半导体产品；同时为以中国市场为中心的汽车、产业机械、家电等生产企业提供 20 纳米 ~40 纳米的半导体产品。而日本虽然拥有全球最多的半导体工厂，但多数为陈旧不堪且生产低端半导体产品的工厂。

全球半导体（前工序）工厂数量变化（2001~2019 年）

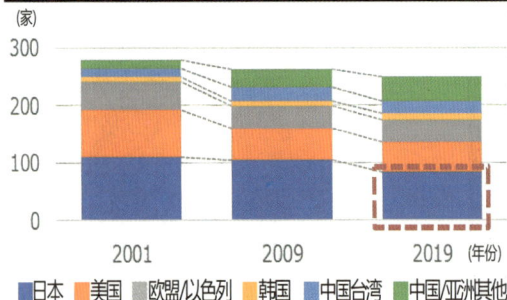

资料来源：日本经济产业省《半导体/数字产业战略的现状和未来》，第61页。

参考资料　一般社团法人 日本半导体制造装置协会　东京都千代田区六番町 3 番地 六号町 SK 大厦 6F　电话：03(3261)8260　https://www.seaj.or.jp

半导体制造装置

东京电子（株）

【8035】東京エレクトロン株式会社

https://www.tel.co.jp/

生产多种半导体制造装置，包括涂胶/显影设备、刻蚀系统、单晶圆清洗设备、热处理设备、晶圆键合机等。

销售收入	营业利润
18,305 亿日元	**4,562** 亿日元

（株）KOKUSAI ELECTRIC

【6525】株式会社 KOKUSAI ELECTRIC

https://www.kokusai-electric.com/

原日立旗下的半导体设备制造商。

销售收入	营业利润
1,808 亿日元	**307** 亿日元

＜5＞ 光刻胶涂布　主要材料/生产装置提供企业

JSR（株）

【退市】JSR株式会社

https://www.jsr.co.jp/

主要生产适用于高灵敏度、超高分辨率的g线和i线光刻胶，以及生产适用于248纳米（KrF）和193纳米（ArF）光波长的高分辨率光刻胶。2024年3月被日本产业革新投资机构（JIC）公开收购后退市。

销售收入	营业利润
4,046 亿日元	**36** 亿日元

信越化学工业（株）

【4063】信越化学工業株式会社

https://www.shinetsu.co.jp

生产各种类型的光刻胶，且其产品与使用i线、KrF、ArF和EUV光源的尖端光刻技术兼容。

销售收入	营业利润
24,149 亿日元	**7,010** 亿日元

东京应化工业（株）

【4186】東京応化工業株式会社

https://www.tok.co.jp/

该公司半导体用光刻胶的全球市场份额约为26.1%，全球市场占有率第一，产品包括EUV用光刻胶、ArF用光刻胶、KrF用光刻胶及g线、i线用光刻胶。

销售收入 (2023.12)	营业利润
1,622 亿日元	**227** 亿日元

住友化学（株）

【4005】住友化学株式会社

https://www.sumitomo-chem.co.jp

生产偏光膜、光刻胶等。

销售收入	营业利润（亏损）
24,468 亿日元	**-4,888** 亿日元

富士胶片电子材料（株）

【未上市】富士フイルムエレクトロニクスマテリアルズ株式会社

https://www.fujifilm.com/

生产半导体制造用感光材料光刻胶，包括宽带、g线、i线、KrF、ArF（干式和浸没式）、e-beam和IEUV技术。

销售收入	营业利润（2023.03净利润）
（未披露）亿日元	**95** 亿日元

（株）SCREEN半导体解决方案

【未上市】株式会社SCREENセミコンダクターソリューションズ

https://www.screen.co.jp/spe/

主要生产各种半导体硅晶圆洗净装置、涂胶/显影装置、热处理装置和计测装置以及检查装置、后工序曝光装置等。

销售收入	营业利润（净利润）
3,847 亿日元	**643** 亿日元

东京电子（株）　（企业介绍详见＜4＞成膜）

2009~2019 年逻辑半导体加工数量变化（日本 / 中国台湾）

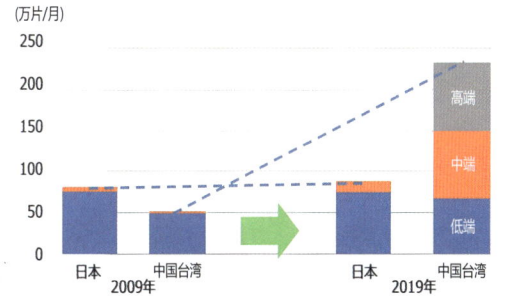

资料来源：日本经济产业省《半导体 / 数字产业战略的现状和未来》，第61页。

日本逻辑半导体企业遗留的旧工厂

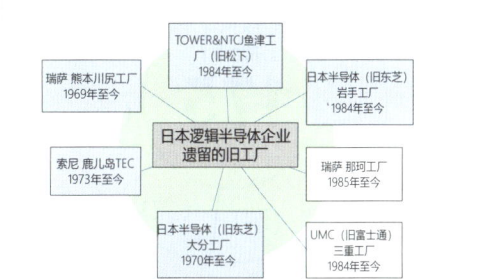

资料来源：日本经济产业省《半导体 / 数字产业战略的现状和未来》，第61页。

工业机器人

传感器

计量设备

＜6＞ 光刻成像　主要生产装置提供企业

(株) 尼康
【7731】株式会社ニコン
https://www.nikon.co.jp

主要生产半导体光刻设备，产品支持浸没式曝光技术，此外也生产测量/检测设备。

销售收入	营业利润
7,172 亿日元	**397** 亿日元

佳能ANELVA (株)
【未上市】キヤノンアネルバ株式会社
https://anelva.canon/

主要生产溅射设备、干法刻蚀设备、原子扩散接合设备，如磁头溅射设备、电子元件生产用溅射设备、高密度贴装用溅射设备等。

销售收入 (2023.12)	营业利润
345 亿日元	**48** 亿日元

ASML (荷兰)
(企业介绍详见 025 页)

＜7＞ 刻蚀　主要生产装置提供企业

东京电子 (株)
【8035】東京エレクトロン株式会社
https://www.tel.co.jp/

生产多种半导体制造装置，包括涂胶/显影设备、刻蚀系统、单晶圆清洗设备、热处理设备、晶圆键合机等。

销售收入	营业利润
18,305 亿日元	**4,562** 亿日元

(株) 日立高科技
【未上市】株式会社日立ハイテク
https://www.hitachi-hightech.com/jp/

生产半导体制造和测量仪器，如半导体刻蚀系统、高解析度FEB测量装置、高速缺陷观测设备。

销售收入 (2023.03)	营业利润
6,742 亿日元	**898** 亿日元

泛林集团 (美国)
【Nasdaq: LRCX】LAM RESEARCH CORPORATION
https://www.lamresearch.com/

全球半导体刻蚀设备的主要提供商之一，生产真空镀膜CVD装置。

销售收入 (2023.06)	营业利润
174.28 亿美元	**51.74** 亿美元

Stellachemifa (株)
【4109】ステラケミファ株式会社
https://www.stella-chemifa.co.jp/

主要生产半导体高纯度刻蚀剂、洗净剂等。

销售收入	营业利润
304 亿日元	**27** 亿日元

全球半导体市场份额

逻辑电路 (汽车、FA 用微处理器) 合计 175 亿美元：瑞萨(日) 18%，恩智浦(荷) 18%，微芯科技(美) 12%，意法半导体(瑞) 12%，英飞凌(德) 11%，其他国家 29%

存储器 (NAND) 合计 460 亿美元：三星(韩) 36%，铠侠(日) 19%，西部数据(美) 14%，微芯科技(美) 11%，SK海力士(韩) 10%，英特尔(美) 9%，其他国家 1%

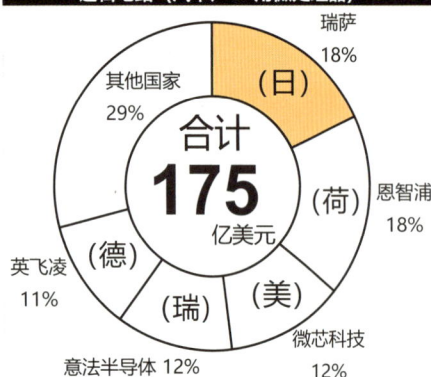

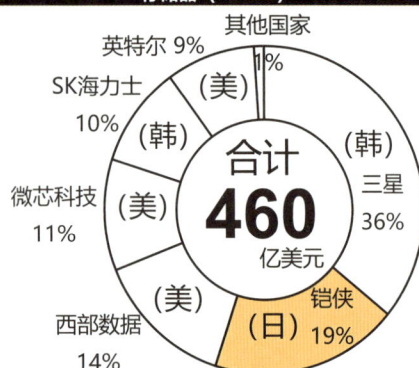

资料来源：日本经济产业省《半导体/数字产业战略的现状和未来》，第 62 页。
资料来源：日本经济产业省《半导体/数字产业战略的现状和未来》，第 62 页。

参考资料　一般社団法人 日本半导体制造装置协会　东京都千代田区六番町 3 番地 六号町 SK 大厦 6F　电话：03(3261)8260　https://www.seaj.or.jp

<8> 光刻胶涂布　主要生产装置提供企业

(株) SCREEN控股

【7735】株式会社SCREENホールディングス

https://www.screen.co.jp/

生产和销售多种类型晶圆洗净装置，如单片晶圆清洗设备、旋转处理器、旋转洗涤器、晶圆背面清洗设备等。

销售收入	营业利润
5,049 亿日元	**941** 亿日元

细美事（韩国）

【未上市】SEMES

https://www.semes.com/

韩国SEMES公司拥有20余年的历史，目前每年生产约9亿美元产值的半导体设备及FPD前/后制程核心装备，它是韩国国内规模较大的半导体设备厂家。

销售收入	营业利润
（未披露）亿日元	（未披露）亿日元

<9> 离子注入 <10> 平坦化　主要生产装置提供企业

日本酸素控股（株）

【4091】日本酸素ホールディングス株式会社

https://www.nipponsanso-hd.co.jp

三菱旗下的氧气、氮气、同位素供应商。

销售收入	营业利润
12,550 亿日元	**1,720** 亿日元

关东电化工业（株）

【4047】関東電化工業株式会社

https://www.kantodenka.co.jp/

从事化学产品的生产，基础化学品有烧碱、盐酸、次氯酸钠、氯化铝、三氯乙烯、四氯乙烯、偏二氯乙烯、环己醇等。精细化学品部门提供复制载体、磁铁矿、六氟化硫、四氟化碳、三氟甲烷、六氟乙烷、三氟化氮等。

销售收入	营业利润
647 亿日元	（亏损）**-20** 亿日元

(株) 力森诺科 RESONAC

【4004】株式会社レゾナック・ホールディングス

https://www.resonac.com/jp

该公司的前身为昭和电工，在该领域主要生产各种电子材料，以及半导体制造所用的高纯度瓦斯和药品等。

销售收入 (2023.12)	营业利润 （亏损）
12,888 亿日元	**-38** 亿日元

味之素Fine-Techno（株）

【未上市】味の素ファインテクノ株式会社

https://www.aft-website.com/

主要生产味之素积聚薄膜（ABF）。

销售收入	营业利润
586 亿日元	**269** 亿日元

CMOS 图像传感器

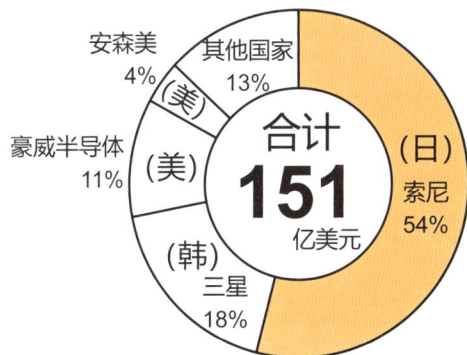

合计 **151** 亿美元

- 其他国家 13%
- 安森美（美）4%
- 豪威半导体（美）11%
- 三星（韩）18%
- 索尼（日）54%

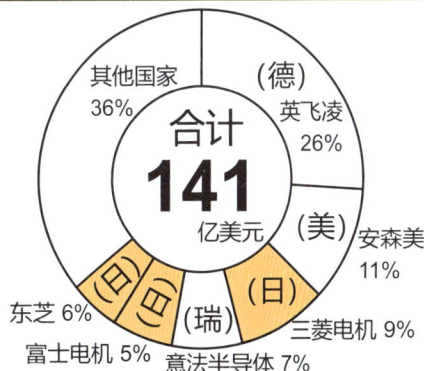

资料来源：日本经济产业省《半导体／数字产业战略的现状和未来》，第62页。

功率半导体

合计 **141** 亿美元

- 其他国家 36%
- 英飞凌（德）26%
- 安森美（美）11%
- 三菱电机（日）9%
- 意法半导体（瑞）7%
- 富士电机（日）5%
- 东芝（日）6%

资料来源：日本经济产业省《半导体／数字产业战略的现状和未来》，第62页。

半导体制造装置

工业机器人

传感器

计量设备

< 11 > 光刻成像　主要生产装置提供企业

Applied Materials, Inc.

【Nasdaq: AMAT】アプライドマテリアルズジャパン株式会社

https://www.appliedmaterials.com/

全球著名的半导体设备提供商，也生产离子注入装置。

销售收入	(2023.10)	营业利润
265.17 亿美元		**76.54** 亿美元

（株）爱发科

【6728】株式会社アルバック

https://www.ulvac.co.jp/

该公司生产和销售用于半导体器件的高性能离子注入机，包括高能离子注入机、中电流离子注入机以及碳化硅高温离子注入机。

销售收入	(2023.06)	营业利润
2,275 亿日元		**199** 亿日元

< 12 > 硅晶圆检查　主要生产装置提供企业

KLA (美国)

【Nasdaq: KLAC】KLA Corporation

https://www.kla.com/

全球500强企业之一，为制造晶圆和光罩、集成电路、封装和印刷电路板提供先进的工艺控制和工艺支持解决方案。

销售收入	(2023.06)	营业利润	(税前利润)
10,496 亿美元		**37.89** 亿美元	

（株）东京精密

【7729】株式会社東京精密

https://www.accretech.com/

主要生产半导体芯片切割机、抛光机、研磨机、CMP平坦化装置、切片机等。

销售收入	营业利润
1,346 亿日元	**253** 亿日元

泰瑞达 (美国)

【NYSE: TER】Teradyne Inc.

https://www.teradyne.com/

全球著名的自动测试设备供应商，其测试产品主要用于半导体、声频、宽频语音领域。

销售收入	(2023.12)	营业利润
26.76 亿美元		**5.01** 亿美元

（株）爱德万

【6857】株式会社アドバンテスト

https://www.advantest.com/ja

生产电子束光刻装置，产品采用无掩膜技术，成本低，支持65纳米及以下的微型化设备，并且能够通过块状曝光实现高产能。

销售收入	营业利润
4,865 亿日元	**816** 亿日元

▶ 日本半导体衰退的主要原因

日本半导体产业目前没有高端逻辑电路设计和开发能力，生产能力也只停留在 40 纳米水平。日本国内除逻辑电路设计生产企业以外，还有一些存储器、传感器、功率半导体生产企业在参与全球市场竞争，但在全球半导体市场日益激烈竞争的环境中，日本半导体产业已陷入被淘汰和衰退的危机之中。

▶▶ 日美贸易摩擦导致日本半导体产业衰落
20 世纪 80 年代席卷世界的日本半导体企业，在日美贸易摩擦中，被《日美半导体协议》中的贸易规则束缚，该协议要求日本对美国开放半导体市场，并限制日本对美国出口半导体产品和自主监管对美出口半导体产品价格等，最终导致了日本半导体逐渐失去了竞争力。由于日本半导体产业不断衰退，20 世纪 90 年代，日本的半导体产业在从存储器（DRAM）向逻辑电路（CPU）的科技浪潮转移中逐渐落伍，半导体产品的市场占有率开始大幅下降。

▶▶ 半导体设计与制造的水平分离失败
20 世纪 90 年代后期，全球逻辑电路芯片生

参考资料　一般社团法人　日本半导体制造装置协会　东京都千代田区六番町 3 番地 六号町 SK 大厦 6F　电话：03(3261)8260　https://www.seaj.or.jp

(株) 日立高科技

【未上市】株式会社日立ハイテク

https://www.hitachi-hightech.com/jp/

日立高科技主要负责半导体制造设备、医疗设备/生命科学产品、电子显微镜/探针显微镜、分析设备等制造。

销售收入	(2023.03)	营业利润	
6,742 亿日元		**898** 亿日元	

Lasertec (株)

【6920】レーザーテック株式会社

https://www.lasertec.co.jp/

主要生产与掩膜及晶圆制造相关的半导体制造装置，如掩膜缺陷检测设备、晶圆缺陷检测设备、晶圆凸点检测设备等。

销售收入	(2023.06)	营业利润	
1,528 亿日元		**622** 亿日元	

三 后工序 (在硅晶圆上将芯片切下来封装)

< 13 > 切割　主要生产装置提供企业

(株) 迪思科

【6146】株式会社ディスコ

https://www.disco.co.jp/jp/

主要产品包括切割机、激光切割机、研削机、抛光机、晶圆贴膜机、芯片分割机、表面平坦机等。

销售收入	营业利润
3,075 亿日元	**1,214** 亿日元

(株) 东京精密

【7729】株式会社東京精密

https://www.accretech.com/

主要生产半导体芯片切割机、抛光机、研磨机、CMP平坦化装置、切片机等。

销售收入	营业利润
1,346 亿日元	**253** 亿日元

< 14 > 封装　主要材料/生产装置提供企业

ASML (荷兰)

【NYSE: ASML】Advanced Semiconductor Material Lithography

https://www.asml.com/en

总部设在荷兰埃因霍温（Eindhoven）的全球最大的半导体设备制造商之一，向全球复杂集成电路生产企业提供领先的综合性关键设备。

销售收入	(2023.12)	营业利润	
275.58 亿美元		**90.42** 亿美元	

新光电气工业 (株)

【6967】新光電気工業株式会社

https://www.shinko.co.jp/

生产和销售半导体封装用基板，如倒装芯片封装用基板、塑料BGA基板、2.3D封装基板等，以及引线框架及集成电路组装产品。

销售收入	营业利润
2,100 亿日元	**248** 亿日元

产方式开始向由半导体专业设计公司将生产制造环节外包给代工厂的模式转变，而日本半导体企业并没有积极参与这一过程，并逐渐在这种水平分离的新潮流中落伍。另外一个重要因素是，当时日本半导体企业多为大型电机企业（如东芝、日立、NEC、富士通、三菱）的子公司，当母公司在泡沫经济中丧失竞争力后，一般都将半导体制造部门出售或边缘化，以至于日本的半导体产业难以重整旗鼓。

▶▶ 长期停滞的日本数字产业

进入 21 世纪后，个人电脑、互联网、智能手机、数据中心迅速普及，在各国向全球数字市场大进军中，日本对国内的数字产业投资明显落后，以至于以半导体产业为主的日本国内数字市场持续低迷。此外，由于日本国内半导体设计体制长期疏于调整，至今最尖端的半导体产品依然依赖海外进口。泡沫经济破灭后，日本经济长期处于停滞状态，政府下不了决心面向未来重新启动对半导体产业的投资，使日本国内半导体经济规模逐渐缩小。与此同时，韩国、中国台湾和中国大陆不仅在半导体研究开发上大胆投资，政府还给予补助和减税政策，以支持半导体企业并促进半导体产业发展。

半导体制造装置

工业机器人

传感器

计量设备

東京都千代田区六番町 3 番地　六番町 S K ビル 6F
電話：03(3261)8260　https://www.seaj.or.jp　日本半導体製造装置協会　一般社団法人

参考资料

TOWA（株）

【6315】TOWA 株式会社

https://www.towajapan.co.jp/jp/

主要生产集成电路树脂封装装置、芯片切断装置等。

销售收入	营业利润
504 亿日元	**86** 亿日元

（株）三井高科技

【6966】株式会社三井ハイテック

https://www.mitsui-high-tec.com/

产品包括半导体引线框、IC封装等。

销售收入 (2024.01)	营业利润
1,958 亿日元	**181** 亿日元

库力索法（美国）

【Nasdaq: KLIC】KULICKE&SOFFA Industries, Inc.

https://www.kns.com/

成立于1951年，是半导体、LED和电子封装设备设计和制造的知名厂商，为汽车、消费电子、通信、计算机和工业等领域提供先进的半导体封装和电子装配解决方案。

销售收入 (2023.09)	营业利润
7.42 亿美元	**0.39** 亿美元

（株）力森诺科 RESONAC

【4004】株式会社レゾナック・ホールディングス

https://www.resonac.com/jp

该公司的前身为昭和电工，在该领域主要生产各种电子材料，以及半导体制造所用的高纯度瓦斯和药品等。

销售收入 (2023.12)	营业利润 (亏损)
12,888 亿日元	**-38** 亿日元

田中贵金属集团（株）

【未上市】TANAKAホールディングス株式会社

https://www.tanaka.co.jp/index.html

生产和销售贵金属线材及贵金属被覆型线材（键合丝），其核心技术为更细拉丝、超高纯度溶解、贵金属镀层、微轧。

销售收入 (2023.03)	营业利润
6,800 亿日元	**359** 亿日元

揖斐电（株）

【4062】イビデン株式会社

https://www.ibiden.co.jp/

该公司在IC封装基板领域与世界一流企业合作，积极开展技术创新。

销售收入	营业利润
3,705 亿日元	**475** 亿日元

<15> 检查　主要生产装置提供企业

（株）爱德万

【6857】株式会社アドバンテスト

https://www.advantest.com/ja

半导体检查装置生产企业，其DRAM检查装置全球市场占有率最高。

销售收入	营业利润
4,865 亿日元	**816** 亿日元

泰瑞达（美国）

【NYSE: TER】Teradyne Inc.

https://www.teradyne.com/

全球著名的自动测试设备供应商，其测试产品主要用于半导体、声频、宽频语音领域。

销售收入 (2023.12)	营业利润
26.76 亿美元	**5.01** 亿美元

注：企业名称后未注明国籍的均为日本企业，余同。
资料来源：《东洋经济周刊》2023 年 10 月 7 日，第 42~43 页；日本经济新闻社《日经会社情报》第 72~73 页；东洋经济新报社《四季报业界地图》第 76~77 页。

▶ 日本重振国内半导体产业对策

近年来，日本政府针对国内半导体产业衰落的状况，提出与半导体先进制造国家与地区共同开发尖端半导体制造技术和建立国内半导体代工厂的建议，并已经开始实施及加快推进。该建议主要从以下三点出发：一是日本本身仍具有半导体设备和半导体材料制造的强劲实力；二是日本目前具有地缘政治优势；三是促进数字经济发展有助于日本半导体战略的实施。鉴于此，日本政府为完善已具有的半导体设备制造、半导体材料等领域的技术，需要推进与海外先进代工企业的共同研发，与此同时，还要在国内建设可量产半导体逻辑电路的代工厂。

具体而言，首先，日本的半导体装置制造、材料企业，要与海外先进集成电路芯片代工厂共同开发尖端逻辑电路加工技术，使半导体制造前工序的加工精度达到 2 纳米，后工序中日本的半导体装置制造、材料企业也要与海外先进的半导体代工厂共同进行技术开发，实现 3D 封装（WLP）

参考资料　一般社团法人 日本半导体制造装置协会　东京都千代田区六番町 3 番地 六号町 SK 大厦 6F　电话：03(3261)8260　https://www.seaj.or.jp

日本重整国内半导体产业对策

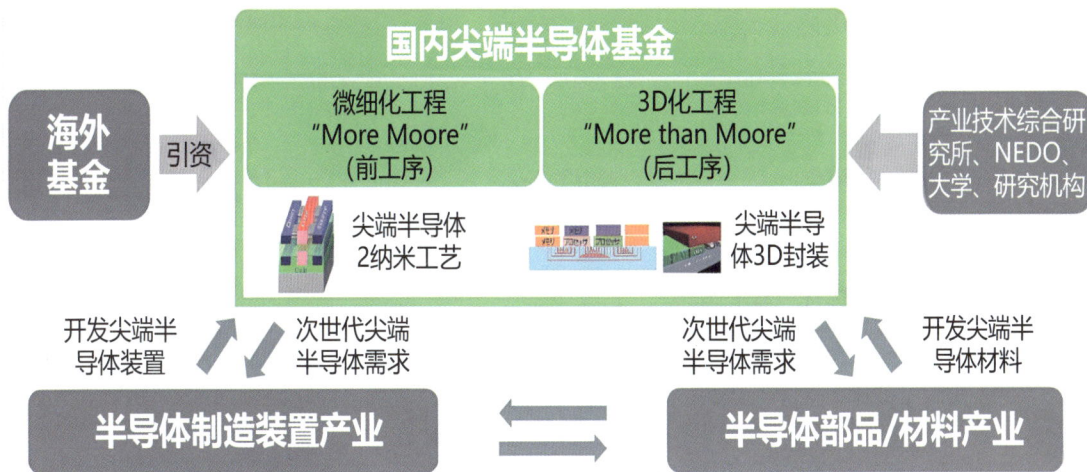

资料来源：日本经济产业省《半导体／数字产业战略的现状和未来》。

日本半导体制造装置／半导体材料的空心化危机

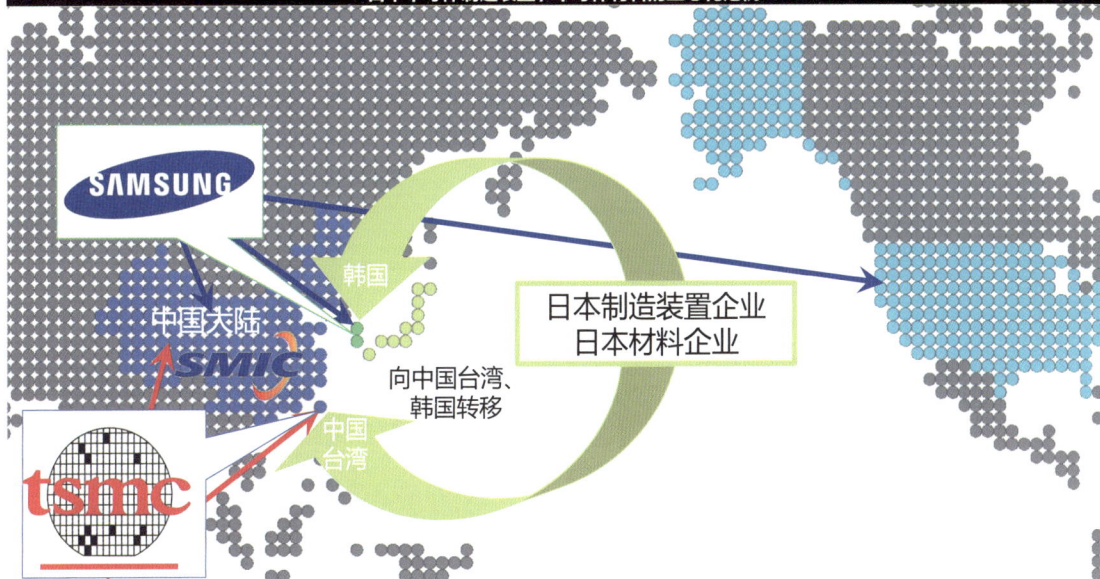

资料来源：日本经济产业省《半导体／数字产业战略的现状和未来》。

和小芯片（chiplet）的制造，同时开发存储器和传感器的三维层叠技术。其次，日本的半导体材料制造、半导体设备制造企业要和"产业技术综合研究所"（AIST）联合开发新技术，形成尖端半导体技术开发联盟，然后以技术开发联盟为基础，为将来正式量产确立明确的目标。

为了实现上述目标，日本还要成立半导体开发创新基地，综合实施微细化工程和3D化工程，为有效推进这一事业，日本准备以产业技术综合研究所（AIST）为中心，联合物质·材料研究机构（NIMS）、筑波大学、高能加速器研究机构（KEK）、东京大学、东北大学等单位构建共同技术开发平台，联合海外研发组织，如与欧洲的微电子研究中心（IMEC）、中国台湾的工业技术研究院（ITRI）、纽约州立大学的纳米科学与工程学院（CNSE）进行国际合作，开展以次世代半导体制造装置／材料等先导性研究为主的创新。

03

半导体制造装置主要生产企业

半導体製造装置主な生産企業

(株) 东京精密

【7729】株式会社東京精密

https://www.accretech.jp/

生产用于芯片制造和加工领域的半导体制造装置,包括探测机、抛光研磨机、化学机械研磨设备、切片机等。

销售收入	营业利润
1,346 亿日元	**253** 亿日元

芝浦机电一体化 (株)

【6590】芝浦メカトロニクス株式会社

https://www.shibaura.co.jp/

生产用于前端到后端的各种半导体制造装置,如半导体溅射设备、倒装芯片接合机、化学刻蚀设备、光罩清洗设备等。

销售收入	营业利润
675 亿日元	**116** 亿日元

(株) 荏原制作所

【6361】株式会社荏原製作所

http://www.ebara.com/

主要生产干式真空泵、废气处理装置、臭氧水生产装置以及CMP装置(化学机械抛光机)等半导体制造装置。

销售收入 (2023.12)	营业利润
7,593 亿日元	**860** 亿日元

(株) 日立电力解决方案

【未上市】株式会社日立パワーソリューションズ

https://www.hitachi-power-solutions.com

通过提供二次电池组装设备、半导体和电子元件检查设备、制造相关系统等为客户提供工业解决方案。

销售收入 (2023.03)	营业利润
1,108 亿日元	**133** 亿日元

超音波工业 (株)

【未上市】超音波工業株式会社

https://www.cho-onpa.co.jp

主要生产采用超声波应用技术的工业超声波设备,如超声波焊线机,这是一种用于连接集成电路和电子元件等的设备。

销售收入 (2023.03)	营业利润
45 亿日元	**3.2** 亿日元

支持 EUV 的光掩膜刻蚀装置

芝浦机电一体化 (株)

低温灰化装置

芝浦机电一体化 (株)

半导体制造装置(semiconductor manufacturing equipment)是制造晶体管、集成电路等过程中所使用的设备。

半导体制造的基本工序可分为电路设计 / 图案设计、光掩膜制作、前工序和后工序。

① 电路设计 / 图案设计:为制造半导体器件所需的功能电路,研究有效的图案并进行多次模拟的设计过程。半导体器件的图案设计使用专用的 CAD 软件。

② 光掩膜制作:制作将电路图案转移到半导体晶圆上的原版。半导体芯片表面的晶体管和布线极其精细,需要在透明玻璃板的表面放大绘制电路图案。

③ 前工序:在硅晶片上制作芯片的过程,有清洗、光刻、刻蚀、成膜、离子注入、平坦化等工序,这一系列操作要重复多次。

④ 后工序:将硅晶片上制作的半导体芯片分割成更小的碎片以完成芯片制作。有切割、芯片

参考资料 一般社团法人 日本半导体制造装置协会
东京都千代田区六番町 3 番地 六号町 SK 大厦 6F
电话: 03(3261)8260
https://www.seaj.or.jp

（株）堀场STEC
【未上市】株式会社堀場エステック
https://www.horiba.com/jpn/semiconductor/

开发制造用于半导体各制造阶段的分析设备、流体控制和测量系统，如气体检测仪、等离子体分析、液体源气化系统等。

销售收入 (2023.12) **830** 亿日元　营业利润 **238** 亿日元

（株）迪思科
【6146】株式会社ディスコ
https://www.disco.co.jp/jp/

主要产品包括切割机、激光切割机、研削机、抛光机、晶圆贴膜机、芯片分割机、表面平坦机等。

销售收入 **3,075** 亿日元　营业利润 **1,214** 亿日元

（株）Kaijo
【未上市】株式会社カイジョー
https://www.kaijo.co.jp/

生产超声波焊接机（金、银、铜）、共晶机/固晶机、晶圆凸块接合机以及激光焊线机等半导体制造装置。

销售收入 （未披露）亿日元　营业利润 （未披露）亿日元

（株）爱发科
【6728】株式会社アルバック
https://www.ulvac.co.jp/

主要生产存储器、逻辑器件、功率半导体以及批量式天然氧化膜去除设备等半导体制造装置。

销售收入 (2023.06) **2,275** 亿日元　营业利润 **199** 亿日元

（株）高田工业所
【1966】株式会社高田工業所
https://www.takada.co.jp/

生产半导体/电子元件制造装置，如可高速切割 SiC、陶瓷和玻璃基板等材料的超声波切割设备，以及用于 LED、MEMS 和化合物半导体的单晶片湿式加工设备。

销售收入 **522** 亿日元　营业利润 **24** 亿日元

JTEKT Thermo Systems Corporation
【未上市】株式会社ジェイテクトサーモシステム
https://thermos.jtekt.co.jp/

制造先进的热处理设备，用于生产功率半导体（Si、SiC、GaN）、有机 EL（OLED）、MEMS 和 VCSEL，以及封装设备（扇出型 WLP/PLP、晶圆凸块等）。

销售收入 (2023.03) **177** 亿日元　营业利润 （未披露）亿日元

（株）ORC制作所
【未上市】株式会社オーク製作所
https://www.orc.co.jp

生产紫外线灯、电源/光测量仪、紫外线辐照装置、直接成像系统、接触式曝光系统及加工装置等。

销售收入 **201** 亿日元　营业利润 （净利润）**21** 亿日元

（株）SCREEN控股
【7735】株式会社SCREENホールディングス
https://www.screen.co.jp/

生产单晶圆清洗设备，能够高精度控制晶片上的气液界面，采用超洁净技术，并且能够精确控制化学品温度、流速，生产效率高。

销售收入 **5,049** 亿日元　营业利润 **941** 亿日元

键合、引线键合、成型、检查等多种工艺。

半导体制造装置大致可分为半导体设计用装置、光掩膜制造装置、晶圆制造装置、晶圆加工处理装置、封装装置、检查装置以及其他半导体制造装置相关设备。

① 半导体设计用装置：电路设计、图案设计专用的 CAD 软件。

② 光掩膜制造装置：光掩膜也称为玻璃干板，是电子电路元件制造过程中使用的，在其上形成图案原件的玻璃或石英板。光掩膜制造装置是在玻璃基板上蒸镀铬等遮光膜，并使用激光或电子束绘制电路图案的设备。还包括显影设备、干刻蚀设备和检查设备。

③ 晶圆制造装置：首先，使用金刚石刀片的切割装置将超高纯硅单晶锭切割成预定厚度，这就是硅晶片。其次，将硅晶片表面抛光并放入高温氧化炉中形成氧化膜。进而，使用抗蚀剂和涂布显影装置将被称为光刻胶的感光剂涂布到硅晶

东京电子（株）

【8035】東京エレクトロン株式会社

https://www.tel.co.jp/

生产多种半导体制造装置，包括涂胶/显影设备、刻蚀系统、单晶圆清洗设备、热处理设备、晶圆键合机等。

销售收入	营业利润
18,305 亿日元	**4,562** 亿日元

日本电子（株）

【6951】日本電子株式会社

https://www.jeol.co.jp/

主要生产半导体用电子显微镜（TEM、SEM）以及电子束光刻装置。

销售收入	营业利润
1,743 亿日元	**275** 亿日元

日新离子机械（株）

【未上市】日新イオン機器株式会社

https://www.nissin-ion.co.jp/

主营离子束业务，包括半导体制造用离子注入装置及FPD制造用离子注入装置。

销售收入	(2023.03)	营业利润
238 亿日元		**37** 亿日元

住友精密工业（株）

【退市】住友精密工業株式会社

https://www.spp.co.jp/

生产深硅刻蚀设备、氧化硅牺牲膜层刻蚀设备以及化合物/氧化膜刻蚀设备等半导体制造设备。2023年3月22日该公司被住友商事全股份要约收购后已退市。

销售收入	营业利润
537 亿日元	**28** 亿日元

东丽工程（株）

【未上市】東レエンジニアリング株式会社

https://www.toray-eng.co.jp/

产品包括倒装芯片键合机、光学式半导体检查装置、激光微切割装置、电子束半导体晶片图案检测系统等。

销售收入	(2023.03)	营业利润
638 亿日元		**11** 亿日元

日新电机（株）

【退市】日新電機株式会社

https://nissin.jp/

生产离子注入机，该产品是一种向半导体器件结构材料中注入杂质离子来形成半导体的装置，常用于制造计算机/智能手机的CPU和DRAM。2023年4月26日该公司被住友电气工业全股份要约收购后已退市。

销售收入	(2023.03)	营业利润
803 亿日元		**88** 亿日元

大电（株）

【未上市】大電株式会社

https://www.dyden.co.jp/

主要生产和销售各种电力电缆，适用于基础设施/辅助设备、机器人及网络。

销售收入	(2023.12)	营业利润
207 亿日元		**6** 亿日元

Lasertec（株）

【6920】レーザーテック株式会社

https://www.lasertec.co.jp/

主要生产与掩膜及晶圆制造相关的半导体制造装置，如掩膜缺陷检测设备、晶圆缺陷检测设备、晶圆凸点检测设备等。

销售收入	(2023.06)	营业利润
1,528 亿日元		**622** 亿日元

片的表面。通过将缩小的光掩膜图像印刷到硅晶片表面，形成电路图案。此时使用的半导体曝光设备就是用于此步骤。此外，使用刻蚀和剥离装置去除不必要的氧化膜和抗蚀剂。利用离子注入和退火装置，将硼、磷等注入硅晶片中，使其成为半导体。将硅晶片置于等离子装置中，利用惰性气体等离子体在硅晶片表面形成用于电极布线的铝金属膜。最后利用检测设备对硅晶圆逐个进行芯片测试，判断其是良品还是不良品，完成前

工序。

④ 晶圆加工处理装置：在后工序中，首先使用切割装置将硅晶圆切割成单个芯片，然后将芯片固定在引线框架上。

⑤ 封装装置：首先，使用芯片接合装置用接合线连接芯片与引线框。然后，使用模制装置将芯片封装在树脂中保护起来。另外，使用模具将各个半导体产品从引线框架上切断、分离，将外部引线模制成指定的形状。

参考资料　一般社团法人　东京都千代田区六番町 3 番地 六号町 SK 大厦 6F
日本半导体制造装置协会　电话：03(3261)8260　https://www.seaj.or.jp

莎姆克 (株)

【6387】サムコ株式会社

https://www.samco.co.jp/

生产化学气相沉积、刻蚀及表面处理装置，如原子层沉积（ALD）、深硅刻蚀、反应离子刻蚀、等离子清洗、紫外线臭氧清洗等。

销售收入		营业利润	
(2023.07)			
78 亿日元		**18** 亿日元	

CKD (株)

【6407】CKD株式会社

https://www.ckd.co.jp/

生产半导体制作过程中从清洗、镀膜到抛光、离子注入、退火流程用产品，主要包括各类气控阀、手动阀、方向控制阀等。

销售收入	营业利润
1,344 亿日元	**131** 亿日元

牛尾电机 (株)

【6925】ウシオ電機株式会社

https://www.ushio.co.jp/jp/

生产产品包括光刻机、投影式光刻机、超高压水银灯、彩色模具检测仪、半导体制程用UV固化设备、分光放射照度计光谱分析仪、刻蚀机等。

销售收入	营业利润
1,794 亿日元	**129** 亿日元

DAIKIN FINETECH (株)

【未上市】ダイキンファインテック株式会社

https://daikin-finetech.co.jp/

主要生产半导体洗净装置及MEMS洗净装置，分为批量式及枚叶式。

销售收入	营业利润	
	(2023.03净利润)	
（未披露）亿日元	**11** 亿日元	

(株) 尼康

【7731】株式会社ニコン

https://www.nikon.co.jp

主要生产半导体光刻设备，产品支持浸没式曝光技术，此外也生产测量/检测设备。

销售收入	营业利润
7,172 亿日元	**397** 亿日元

SpeedFam (株)

【未上市】スピードファム株式会社

https://www.speedfam.com/jp/

主要生产裸硅片研磨装置、通用高精度研磨装置等，产品有独特的高效单面研磨工艺，易于操作维护。

销售收入		营业利润	
(2020.09)		（税前利润）	
88 亿日元		**19** 亿日元	

ArF 浸没式光刻机

(株) 尼康

佳能机械 (株)

【未上市】キヤノンマシナリー株式会社

https://machinery.canon/ja/index.html

生产固晶机、芯片分选机、条带键合固晶机等半导体制造装置。

销售收入		营业利润	
(2023.12)		（净利润）	
184 亿日元		**3.8** 亿日元	

⑥ 检查装置：为了消除初始缺陷，在进行功能测试的同时进行温度和电压应力加速测试。最后还需要进行电气特性测试、外部结构测试等，剔除不良品，并进行环境测试、长期寿命测试等可靠性测试。

日本在半导体制造装置领域拥有深厚的技术积累和创新能力，特别是在光刻胶涂布显影设备、热处理设备、单片式清洗设备和批量式清洗设备等方面，拥有较高的市场份额。另外，日本的半导体制造设备以其高精度和高可靠性而闻名，譬如在半导体制造的关键设备光刻机领域，日本拥有强大的技术实力，能够生产出高精度的光刻机。此外，日本在半导体材料的研发方面也具有较强的实力，在光刻胶、高纯度氟化氢等材料领域，日本企业都占据了较大的市场份额。最后，日本的半导体产业有较为完善的产业链，设备制造商、材料供应商和芯片制造商之间合作比较紧密。

半导体制造装置

工业机器人

传感器

计量设备

(株) 日立高科技

【未上市】株式会社日立ハイテク

https://www.hitachi-hightech.com/jp/

生产半导体制造和测量仪器，如半导体蚀刻系统、高解析度FEB测量装置、高速缺陷观测设备。

销售收入	(2023.03)	营业利润	
6,742 亿日元		**898** 亿日元	

NIDEC COMPONENTS (株)

【未上市】ニデックコンポーネンツ株式会社

https://www.nidec-components.com/j/

主要生产压力传感器、漏液传感器、开关/微调电位器/电子元件等各种半导体制造装置。

销售收入	(2023.03)	营业利润	(净利润)
330 亿日元		**58** 亿日元	

(株) elionix

【未上市】株式会社エリオニクス

https://www.elionix.co.jp/

主要向日本及世界各地的大学、公共机构销售研究开发用装置，如电子束光刻设备、电子回旋共振（ECR）型离子束、离子枪等。

销售收入	(2023.09)	营业利润	
33 亿日元		（未披露） 亿日元	

雅马哈发动机 (株)

【7272】ヤマハ発動機株式会社

https://global.yamaha-motor.com/jp/

主要生产半导体外观检查装置、混合式贴片机及倒装贴片机。

销售收入	(2023.12)	营业利润	
24,147 亿日元		**2,506** 亿日元	

半导体芯片贴装机

雅马哈发动机 (株)

(株) DALTON

【未上市】株式会社ダルトン

https://www.dalton.co.jp

主要生产剥离/清洗、刻蚀、阳极氧化、干燥、电镀、溶剂再生等半导体制造装备，如冶具洗净装置、全自动阳极氧化装置等。

销售收入	(2023.09)	营业利润	
147 亿日元		（未披露） 亿日元	

SUSS MicroTec (株)

【FWB: SUSS】ズース·マイクロテック株式会社

https://japan.suss.com/

主要产品包括旋转涂胶机和喷雾涂胶机、喷墨打印、光刻机、测量系统、晶圆接合系统、掩膜设备、投影扫描光刻机等。

销售收入	(2023.12)	营业利润	
3 亿欧元		**0.28** 亿欧元	

(株) SCREEN半导体解决方案

【未上市】株式会社SCREENセミコンダクターソリューションズ

https://www.screen.co.jp/spe/

主要生产药液洗净装置、热处理装置、计测装置、检查装置、后工序用露光装置等半导体制造装置，如光干涉式膜厚测定装置、晶圆背面洗净装置等。

销售收入	(2023.10)	营业利润	(净利润)
3,847 亿日元		**643** 亿日元	

Techno Alpha (株)

【3089】テクノアルファ株式会社

https://www.technoalpha.co.jp/

主营后段工艺使用的半导体制造及相关设备，包括焊线机、键合机、拉力测试仪、真空/压力回流焊装置等。

销售收入	(2023.11)	营业利润	
43 亿日元		**2** 亿日元	

Applied Materials, Inc.

【Nasdaq: AMAT】アプライドマテリアルズジャパン株式会社

https://www.appliedmaterials.com/jp/ja/about.html

设计和制造用于生产半导体芯片的系统，生产改良型芯片以适应AI时代，致力于PPACt创新，设计打造高性能、低功耗芯片所需的新结构。

销售收入	(2023.10)	营业利润	
265.17 亿美元		**76.54** 亿美元	

参考资料   一般社团法人   东京都千代田区六番町 3 番地 六号町 SK 大厦 6F
日本半导体制造装置协会   电话: 03(3261)8260   https://www.seaj.or.jp

(株) 纽富来科技

【未上市】株式会社ニューフレアテクノロジー

http://www.nuflare.co.jp/

主要生产电子束光刻设备、掩膜检测设备以及外延生长设备。

销售收入	(2023.03)	营业利润	
608 亿日元		**158** 亿日元	

掩膜检查设备

(株) 纽富来科技

ilius (株)

【未上市】イリオス株式会社

https://www.ilius.jp/

开发生产半导体制造前工序用抗蚀剂涂布、显影设备及灰化设备，并提供定制服务。

销售收入	营业利润
（未披露）亿日元	（未披露）亿日元

SPP技术 (株)

【未上市】SPPテクノロジーズ株式会社

https://www.spp-technologies.co.jp/

生产和销售SiC/化合物/氧化膜刻蚀设备、氧化硅膜牺牲层刻蚀设备、氧化膜/氮化膜沉积设备、热处理设备以及半导体用深硅挖掘设备等。

销售收入	营业利润	(2023.03净利润)
（未披露）亿日元		**5** 亿日元

佳能ANELVA (株)

【未上市】キヤノンアネルバ株式会社

https://anelva.canon/

主要生产溅射设备、干法刻蚀设备、原子扩散接合设备，如磁头溅射设备、电子元件生产用溅射设备、高密度贴装用溅射设备等。

销售收入	(2023.12)	营业利润	
345 亿日元		**48** 亿日元	

JAPAN CREATE (株)

【未上市】ジャパンクリエイト株式会社

https://www.japancreate.net/

主要生产刻蚀设备、晶圆清洗设备、旋转干燥机、溅射设备、蒸发设备等各类半导体制造装置。

销售收入	营业利润	(2021.03净利润)
（未披露）亿日元		**4** 亿日元

大途电子 (株)

【7609】ダイトロン株式会社

https://www.daitron.co.jp/

主营半导体制造装置，生产产品包括晶圆贴片机、洗净装置、晶圆拆卸机、分拣机、半导体测试仪等。

销售收入	(2023.12)	营业利润	
921 亿日元		**59** 亿日元	

TAKAKI (株)

【未上市】タカキ製作所株式会社

https://takaki.co.jp/

致力于生产半导体制造的后处理装置，包括绑带机、条形集成电路插拔机、在线超声波探伤机、后工程复合机等。

销售收入	营业利润	
（未披露）亿日元	（未披露）亿日元	

大宫工业 (株)

【未上市】大宫工業株式会社

https://www.okksg.co.jp/

产品包括旋转干燥机、载体清洗机、晶圆贴片机、胶带贴合机、紫外线照射机等半导体制造装置。

销售收入	(2023.01)	营业利润	
33.5 亿日元		（未披露）亿日元	

大仓电气 (株)

【未上市】大倉電気株式会社

https://www.ohkura.co.jp/

主要生产两种半导体制造装置，分别为卧式热处理炉和立式热处理炉。

销售收入	(2023.03)	营业利润	(净利润)
30.6 亿日元		**3.5** 亿日元	

Yamaha Fine Technologies (株)

【未上市】ヤマハファインテック株式会社

https://www.yamahafinetech.co.jp/

主要产品包括电路基板检查机、高频特性测量系统、圆形孔冲孔机、氦气式泄露检测系统等。

销售收入	营业利润	
（未披露）亿日元	（未披露）亿日元	

工业机器人 传感器 计量设备

04

硅晶圆制造关联企业

ウェ八製造関連企業

(株) 同人产业

【未上市】株式会社同人産業

https://doujinsangyo.jp/

使用CZ法和FZ法，进行从生长单晶硅到切片、刻蚀、研磨/抛光和精密加工的整个晶圆加工过程。

销售收入	营业利润
（未披露）亿日元	（未披露）亿日元

加工晶圆的现场

(株) 同人产业

信越化学工业 (株)

【4063】信越化学工業株式会社

https://www.shinetsu.co.jp

生产和销售包裹晶圆、抛光晶圆、扩散晶圆、外延晶圆、SOI晶圆、退火晶圆等半导体硅晶片。

销售收入	营业利润
24,149 亿日元	**7,010** 亿日元

Canosis (株)

【未上市】キャノシス株式会社

https://www.canosis.co.jp/

提供从 2 英寸（50 毫米）到 12 英寸（300 毫米）各种尺寸的晶圆，此外还销售SOI晶圆、成膜晶圆和其他特殊晶圆。

销售收入	营业利润
（未披露）亿日元	（未披露）亿日元

长野电子工业 (株)

【未上市】長野電子工業株式会社

https://www.naganodenshi.com/

将高纯度块块结晶切成薄片制成硅晶片，常被用作各种电子设备中的半导体器件，其生产流程包括切片、斜角环、包裹晶圆、刻蚀、热处理、抛光及清洁/检查。

销售收入	(2023.02)	营业利润	(净利润)
234 亿日元		**17** 亿日元	

MERSEN FMA (株)

【未上市】メルセン·エフエムエー株式会社

https://www.mersen.jp/ja

该公司从事硅片制造，提供精炼石墨坩埚、高温硬质绝缘材料等组件，用线锯切割硅锭，可形成主要用于太阳能行业的硅晶片。

销售收入	营业利润
（未披露）亿日元	（未披露）亿日元

　　硅晶圆是半导体产品的材料，切成薄片的硅单晶称为硅晶片。硅是电子器件的典型材料。我们的生活是由电子设备支撑的。未来随着电子器件需求的增加，硅晶片的需求也会增加。硅晶片被用作半导体产品的基板。如用于智能手机、电脑等 OA 设备，汽车、飞机等移动设备的控制单元，AI、机器人的内部结构、太阳能电池等。

　　硅晶片的制造工艺如下。

　　使用金刚石刀片切割硅锭以形成所需厚度的晶片。

　　抛光晶圆是为了保证电路图案的质量，晶圆表面被抛光至镜面光洁度。因此，不存在颗粒或其他杂质。

　　以硅为材料的大规模集成电路得到巨大发展的原因之一是研发了能够以相对较低的成本大规模生产高纯度、无缺陷硅单晶的技术。这种技术制造出来的硅具有 99.999999999% 或更高的纯度，因其纯度数字连续有 11 个 9 而被称为"十一九"。

参考资料　一般社団法人
日本半导体制造装置协会　电话：03(3261)8260

东京都千代田区六番町 3 番地 六号町 SK 大厦 6F
https://www.seaj.or.jp

半
导
体
制
造
装
置

工
业
机
器
人

传
感
器

计
量
设
备

(株) Philtech

【未上市】株式会社フィルテック

https://www.philtech.co.jp/

生产多种测试晶圆，如裸晶圆、带膜晶圆、定制设计图案晶圆、沟槽图案晶圆、孔图案晶圆、特殊基板加工晶圆等。

销售收入	营业利润
（未披露） 亿日元	（未披露） 亿日元

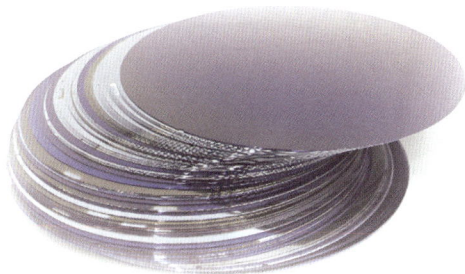

Premaeon (株)

【未上市】プレミオン株式会社

https://premaeon.com/

提供SiC晶圆再制造服务，与中国台湾回收制造商合作，在日本提供SiC晶圆回收加工服务。

销售收入	营业利润
（未披露） 亿日元	（未披露） 亿日元

TECOM (株)

【未上市】TECOM株式会社

https://te-com.jp/

从事蓝宝石、硅（单晶/多晶）、高精度加工产品（光学产品）、GaN、SiC、晶体、陶瓷、玻璃等的生产与销售。

销售收入	营业利润
（未披露） 亿日元	（未披露） 亿日元

(株) SUMCO

【3436】株式会社SUMCO

https://www.sumcosi.com/

全球著名的半导体材料制造商，号称全球第二大硅晶圆制造企业，与信越化学工业一起拥有全球50%市场份额。

销售收入	(2023.12)	营业利润	
4,259 亿日元		**730** 亿日元	

(株) Wakatec

【未上市】株式会社ワカテック

https://www.wakatec.co.jp/

主要生产和销售半导体硅晶圆，其种类包括原片晶圆、包裹晶圆、蚀刻晶圆、单面镜面晶圆、双面镜面晶圆等。

销售收入	营业利润
（未披露） 亿日元	（未披露） 亿日元

(株) TRINITY

【未上市】株式会社トリニティー

https://www.trinity-jck.com/

生产产品包括虚拟晶圆、碳化硅晶圆、带膜晶圆、薄晶圆、玻璃晶圆、SiC晶圆等。

销售收入	营业利润
（未披露） 亿日元	（未披露） 亿日元

此外，硅锭的生产技术也在不断提高。到目前为止，硅铸锭直径已从20毫米增加到200毫米。

硅晶片的市场占有率及全球电子设备市场份额逐年扩大，支撑该市场的半导体产业的重要性日益凸显。尽管2019年半导体市场出现负增长，但即使在经济衰退之后，日本的半导体市场仍继续扩张。2018年日本硅晶片的市场规模为119亿美元。（摘自日本经济产业省2020年《电子设备制造业产业基地调查》）

日本企业在硅晶圆生产方面拥有精湛的制造工艺和技术，能够生产出高纯度、高质量、高平整度和低缺陷密度的硅晶圆，如信越化学工业株式会社、SUMCO等，这些企业在全球硅晶圆市场占据重要地位，具有强大的研发能力和市场竞争力。信越化学工业在全球硅晶圆领域一直处于领先地位，其产品广泛应用于高端芯片制造；SUMCO也是全球重要的硅晶圆供应商，为众多半导体企业提供关键材料。

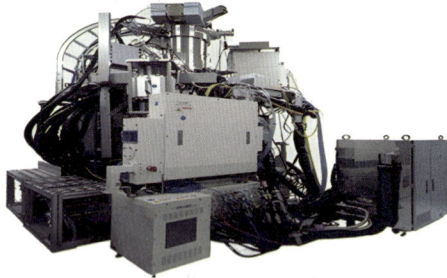

高解析度电子线掩膜描画装置

伯东（株）

05

電子ビーム描画装置関連企業

电子束掩膜描画装置关联企业

（株）纽富来科技

【未上市】株式会社ニューフレアテクノロジー

http://www.nuflare.co.jp/

生产电子束掩膜写入设备，以电子束刻写控制技术为核心技术，特点是高速、高精度、超精密机械控制以及大容量信息处理。

销售收入	(2023.03)	营业利润	
608 亿日元		**158** 亿日元	

可支持 3 纳米 + 节点的多电子束掩膜描画装置

（株）纽富来科技

可支持 7 纳米 +/5 纳米节点的可变成型电子束掩膜描画装置

（株）纽富来科技

伯东（株）

【7433】伯东株式会社

https://www.hakuto.co.jp/

该公司为半导体和纳米技术市场提供纳米加工技术，主要是生产电子束光刻设备。

销售收入	营业利润
1,820 亿日元	**76** 亿日元

（株）CRESTEC

【未上市】株式会社クレステック

https://www.crestec8.co.jp/

生产和销售两种型号的电子束光刻设备，一种是使用高加速电压实现精细加工；另一种是平衡性能与产量，适用于学术研究及开发。

销售收入	营业利润
（未披露）亿日元	（未披露）亿日元

　　电子束掩膜描画装置（Photo Mask Writing）是一种用于制作高精度掩膜版的设备，它利用电子束直接在掩膜材料上进行大规模集成电路（Large Scale Integration，LSI）的电路图案描画。电子束掩膜描画装置主要用于 LSI 超精细电路的印刷工艺，使用电子束以高精度的方式将电路图案印刷到掩膜版上。一般来说需要将尺寸和位置误差控制在 2~5 纳米以内。

　　日本在电子束掩膜描画装置技术研发方面具有较强的实力，一些企业在该领域处于领先地位，

其产品在全球范围内得到广泛应用，市场占有率相对较高，譬如原东芝机械旗下的纽富来科技在该领域就拥有较先进的技术和产品。

　　电子束掩膜描画装置在半导体制造中多应用于先进制程极小尺寸特征的掩膜，精确描绘各种复杂的电路结构、晶体管结构等，以满足高端芯片对超精细图案的要求。

　　日本电子束掩膜描画装置的技术特点有以下几点。

　　① 高分辨率：能够实现纳米级别的图案画精

参考资料　一般社团法人　日本半导体制造装置协会　东京都千代田区六番町 3 番地 六号町 SK 大厦 6F　电话：03(3261)8260　https://www.seaj.or.jp/

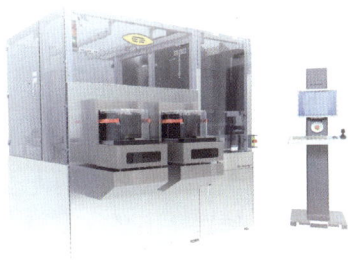

日本电子（株）

【6951】日本電子株式会社

https://www.jeol.co.jp/

生产和销售多种型号电子束光刻设备，用于精确加工计算机、智能手机和家用电器等电子设备的超精细电路。

销售收入	营业利润
1,743 亿日元	**275** 亿日元

（株）爱德万

【6857】株式会社アドバンテスト

https://www.advantest.com/ja

生产电子束光刻装置，产品采用无掩膜技术，成本低，支持65纳米及以下的微型化设备，并且能够通过块状曝光实现高产能。

销售收入	营业利润
4,865 亿日元	**816** 亿日元

Sanyu电子（株）

【未上市】サンユー電子株式会社

https://www.sanyu-electron.co.jp/

生产用于电子束光刻的图案生成器，可在不损害 SEM 功能的情况下实现电子束光刻。

销售收入	营业利润
（未披露）亿日元	（未披露）亿日元

诚南工业（株）

【未上市】誠南工業株式会社

http://www.seinan-ind.co.jp/

从事生产电子束光刻设备，以电子显微镜为基础进行观察和微细加工，可在硅晶圆等各种晶圆上直接绘图。

销售收入	营业利润
（未披露）亿日元	（未披露）亿日元

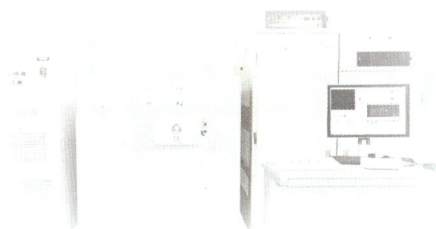

环球先进科技（株）

【未上市】イーグローバレッジ株式会社

https://www.e-globaledge.com/

生产和销售CABL-9000C（50kV）系列电子光刻设备，适用于通信用半导体激光器DFB-LD的生产。

销售收入 (2023.03)	营业利润
93 亿日元	**3** 亿日元

（株）elionix

【未上市】株式会社エリオニクス

https://www.elionix.co.jp/

生产可自由组合加速电压、腔室尺寸、传输机构和隔振台的电子束光刻装置，并且可通过与自动晶圆处理系统（EFEM）对接进行多阶段处理。

销售收入 (2023.09)	营业利润
33 亿日元	（未披露）亿日元

度，可满足先进半导体制造等对细微结构的严格要求。

②灵活精确：可以根据不同的设计需求，精确地绘制出各种复杂的图案，具有很强的适应性。

③可控性强：通过精确控制电子束的扫描路径、强度等参数，确保图案描画的准确性和一致性。

④稳定性强：具备可靠的运行稳定性，长时间工作也能保持良好的性能表现，具有相对较高的描画效率。

⑤先进的光学系统：拥有高质量的光学组件和系统设计，以保障电子束的聚焦和成像效果。

⑥适应多种材料：可以很好地适应不同类型的掩膜材料，满足多样化的需求。

⑦工艺兼容性好：能与其他半导体制造工艺和设备良好配合，实现整体流程的顺畅衔接。

在半导体制造等领域，电子束掩膜描画装置是关键的设备之一，它为生产高质量、高性能的芯片等产品提供了重要的基础。

半导体制造装置　工业机器人　传感器　计量设备

06

ALD装置关联企业

ALD装置関連企業

莎姆克（株）

【6387】サムコ株式会社

https://www.samco.co.jp/

生产等离子体ALD装置及其他ALD装置，是一种将有机金属原料和氧化剂交替供给反应室并仅利用表面反应形成薄膜的装置。

销售收入	(2023.07)	营业利润	
78 亿日元		**18** 亿日元	

ALD 设备 (Atomic Layer Deposition: 原子层沉积)

芝浦机电一体化 (株)

（株）菅制作所

【未上市】株式会社菅製作所

https://agus.co.jp/

生产各种型号的原子层沉积（ALD）设备，如台式、大型等，可实现高温控制。

销售收入	营业利润
（未披露） 亿日元	（未披露） 亿日元

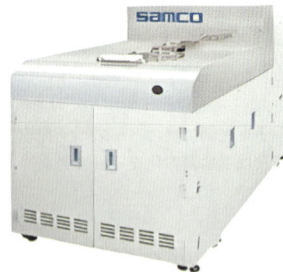

ALD 成膜设备

莎姆克 (株)

Watty（株）

【未上市】ワッティー株式会社

https://watty.co.jp/

主要生产用于实验和研发的原子层沉积设备，采用双结构腔室，且能实现最佳温度控制。

销售收入	(2022.12)	营业利润	
151 亿日元		**20** 亿日元	

（株）HTL

【未上市】株式会社エイチ・ティー・エル

https://www.htlco.co.jp/index.html

生产台式/等离子体辅助原子层沉积成膜设备，是一种小型紧凑的桌面型ALD设备，适用于实验室研究。

销售收入	(2023.03)	营业利润	
30 亿日元		（未披露） 亿日元	

（株）EIKO

【未上市】株式会社エイコー

https://www.1974eiko.co.jp/

其产品等离子体ALD设备，具有等离子体ALD和热ALD两种成膜模式，使用TMP和干泵排气系统，可以进行具有高质量阶梯膜特性的原子层沉积。

销售收入	营业利润
（未披露） 亿日元	（未披露） 亿日元

（株）Technofine

【未上市】株式会社テクノファイン

http://www.technofine.jp/

制造和销售适用于 Al_2O_3 的原子层沉积成膜设备，采用双重吹扫系统排出原料气体，其反应室使用石英玻璃制成，可进行清洁更换。

销售收入	营业利润
（未披露） 亿日元	（未披露） 亿日元

　　ALD 装置是利用原子层沉积法（Atomic Layer Deposition，ALD）形成纳米级薄膜的装置。由于薄膜是按原子逐层形成的，因此具有精确的膜厚可控性和精确的阶梯涂布性能。 ALD 装置多用于半导体生产工艺、FPD 生产工艺等。近年来，这项技术已成为 DRAM 生产中不可或缺的一部分。以下是使用 ALD 装置生产的薄膜的一些示例。

　　1. 栅极氧化膜 FET，这是一种具有高介电常数的薄膜，是形成 FET 等晶体管时所需要的，主要采用 Al_2O_3、ZrO_2 等氧化膜。

　　2. 阻挡膜，由 ALD 形成的氮化膜称为阻挡膜，用于防止布线材料等过渡金属的扩散，防止布线周围的金属污染和绝缘劣化。

　　3. 防渗透膜，这是防止水分渗透到树脂基材和有机 EL 面板的薄膜。

　　预计到 2028 年，全球 ALD 装置市场将达到 65 亿美元。在目前的薄膜成型市场中，真空镀膜装置（CVD）占据了大部分市场份额。其中，

参考资料　　一般社团法人　　东京都千代田区六番町 3 番地 六号町 SK 大厦 6F
日本半导体制造装置协会　　电话：03(3261)8260　　https://www.seaj.or.jp

桌型 ALD 装置

东横化学（株）

（株）昭和真空

【6384】株式会社昭和真空

https://www.showashinku.co.jp/

生产原子层沉积成膜装置。通过重复循环形成单个原子层，实现形成高质量和优异阶梯覆盖率的薄膜。

销售收入	营业利润
74.6 亿日元	**2** 亿日元

成膜设备

（株）昭和真空

（株）MATSUBO

【未上市】株式会社マツボー

https://www.matsubo.co.jp/

研发和生产颗粒原子层沉积成膜设备，其特点是控制膜厚均匀，多种反应器尺寸，单独温度控制，可应用于电池材料、3D打印、医用器材等。

销售收入	(2023.03)	营业利润	
116.7 亿日元		**9.8** 亿日元	

东横化学（株）

【未上市】東横化学株式会社

https://www.toyokokagaku.co.jp/

主要生产和销售台式ALD设备及粉末ALD设备，用于各原子层的精密成膜工艺，均为紧凑型研发系统，可安装于桌面。

销售收入	(2023.03)	营业利润	(税前利润)
517 亿日元		**48** 亿日元	

ALD 成膜设备

JSWAFTY（株）

JSW AFTY（株）

【未上市】JSWアフティ株式会社

https://jsw-afty.co.jp/

该公司生产的ALD设备能够在低温下沉积高质量薄膜，其特点是超精密膜厚控制以及低原料成本。

销售收入	营业利润	(2023.03净损失)
（未披露） 亿日元	**-2** 亿日元	

ALD 技术不仅在半导体器件的制造过程中发挥着非常重要的作用，而且具有较高的沉积性能和生产速度。

ALD 装置小常识

ALD 装置配备不锈钢或铝制成的真空室，由原料气体供给部分、排出原料气体的排气部分以及控制过程的控制单元组成。充当前体的有机金属材料称为前体。首先，将前体引入真空室内并吸附到基板的表面上，然后在室内排气一次以去除多余的前体，然后氧化和氮化以形成薄膜。

一个原子层在一个循环中形成，并且可以通过多次重复该循环来沉积薄膜。由于膜厚根据循环次数而变化，因此具有膜厚控制性高的特点。净化工序在 ALD 成膜过程中也非常重要，因为腔室内残留的不同前体和氧化源会对薄膜质量产生负面影响。为了提高成膜效率，可以加热基底或等离子体辅助基底。加热法称为热 ALD，等离子体辅助法称为等离子体 ALD。

工业机器人　传感器　计量设备

07

CVD装置关联企业

CVD装置関連企業

JAPAN CREATE （株）

【未上市】ジャパンクリエイト株式会社

https://www.japancreate.net/

主要生产氧化膜/氮化膜等离子体CVD设备、DLC镀膜设备、三维物体CVD设备、PET瓶/金属容器/医用容器等离子体CVD设备等。

销售收入	营业利润	(2021.03净利润)
（未披露） 亿日元		4 亿日元

（株）爱发科

【6728】株式会社アルバック

https://www.ulvac.co.jp/

生产a-Si沉积或薄膜沉积时必需的PE-CVD设备、金属CVD和热CVD设备，有枚叶式、批量式及开发专用型等多种类型。

销售收入	(2023.06)	营业利润	
2,275 亿日元		**199** 亿日元	

莎姆克 （株）

【6387】サムコ株式会社

https://www.samco.co.jp/

主要产品包括等离子体增强型CVD设备、液体原料CVD设备以及原子层沉积成膜设备。

销售收入	(2023.07)	营业利润	
78 亿日元		**18** 亿日元	

（株）日本生产技术研究所

【未上市】株式会社日本生産技術研究所

http://www.jpel.co.jp/

生产等离子体CVD装置，薄膜类型包括SiN/SiO₂/SiON/a-Si/TEOS/PSG/BPSG，多用于研发、批发生产、大学实验室研究等。

销售收入	营业利润	
（未披露） 亿日元	（未披露） 亿日元	

神港精机 （株）

【未上市】神港精機株式会社

https://www.shinko-seiki.com/

生产和销售大型等离子体CVD设备，该设备可以形成致密的氧化硅薄膜，适合制造薄膜电容器。

销售收入	(2023.12)	营业利润	(净利润)
50 亿日元		**1.2** 亿日元	

佐藤真空 （株）

【未上市】佐藤真空株式会社

https://www.satovac.co.jp/

生产小型CVD装置，一种管式炉式高温热CVD装置，适用于大学和研究机构开发石墨烯等各种碳氢化合物材料。

销售收入	(2022.09)	营业利润	
6.2 亿日元		（未披露） 亿日元	

ARIOS （株）

【未上市】アリオス株式会社

https://www.arios.co.jp/

生产和销售金刚石合成用MP-CVD及HFCVD设备，以及等离子体CVD实验设备等真空镀膜相关装置。

销售收入	(2022.11)	营业利润	
6 亿日元		（未披露） 亿日元	

（株）天谷制作所

【未上市】株式会社天谷製所

http://www.amaya-cvd.co.jp/

主要生产常压CVD设备，适用于半导体制造、太阳能电池制造等，可形成SiO₂、BPSG、BSG、PSG等多种薄膜类型，能在低温（200℃）至中温（500℃）范围内广泛成膜。

销售收入	(2023.03)	营业利润	
38 亿日元		（未披露） 亿日元	

CVD（Chemical Vapor Deposition，化学气相沉积）装置是用于薄膜生成和表面处理的装置。CVD是一种利用化学反应将化学物质以气相沉积到固体表面的过程。CVD装置是加热一个或多个基材并将气相反应气体或蒸气输送到其表面的装置。基材上的反应物发生化学反应，形成薄膜或涂层。该过程可以制作各种类型的薄膜和涂层。CVD具有高度的可控性和可再现性，因此可以制作出高质量的薄膜。可以控制需要控制的性能，例如膜厚度、均匀性和结晶度。

CVD装置常用于半导体产品制造。例如，CVD用于在硅衬底上形成SiO_2膜作为绝缘体使用，在集成电路中作为绝缘层和栅极氧化物非常重要。CVD也可用于形成金属薄膜，例如铜或铝。由此，能够形成布线、电极等导电层。

CVD装置有热CVD装置、等离子体CVD装置、光CVD装置等。

1）热CVD装置

参考资料　一般社团法人 日本半导体制造装置协会　东京都千代田区六番町3番地 六号町 SK 大厦 6F　电话：03(3261)8260　https://www.seaj.or.jp

(株) SANVAC

【未上市】株式会社サンバック

https://www.sanvac.com/

产品包括热CVD设备、等离子体CVD设备、MOCVD设备、光CVD设备、微波CVD设备以及催化CVD设备。

销售收入	(2021.03)	营业利润	
	3.5	（未披露）亿日元	

(株) Epiquest

【未上市】株式会社エピクエスト

https://www.epiquest.co.jp/index.html

生产SiC用CVD设备、一体式CVD设备、高温CVD设备以及液体原料供应MOCVD设备等。

销售收入	营业利润
（未披露）亿日元	（未披露）亿日元

(有) HITS

【未上市】有限会社ハイテクノサービス

https://hitsjpn.com/

生产和销售立式减压CVD设备、卧式低压CVD设备/卧式等离子CVD设备以及半导体制造设备的过程控制器。

销售收入	营业利润
（未披露）亿日元	（未披露）亿日元

Thermocera日本 (株)

【未上市】テルモセラ・ジャパン株式会社

https://www.thermocera.com/

从事紧凑型薄膜实验装置的生产和销售，以纳米CVD设备为主，多用于石墨烯/碳纳米管（SWNT）薄膜沉积实验。

销售收入	营业利润
（未披露）亿日元	（未披露）亿日元

(株) 渡边商行

【未上市】株式会社渡辺商行

https://www.m-watanabe.co.jp/

主要生产常压CVD（APCVD）设备，多用于形成层间绝缘膜、钝化膜、牺牲膜等氧化硅膜，产品包括高性能单晶圆、高生产率连续及小规模生产开发用常压CVD设备等。

销售收入	(2024.02)	营业利润
	104	（未披露）亿日元

(株) 第一机电

【未上市】株式会社第一機電

https://www.d-kdn.co.jp/

能够对晶圆进行连续热处理，最大处理数量为16片晶圆，从晶圆输送到热处理全自动，装载锁定式CVD设备

销售收入	营业利润
（未披露）亿日元	（未披露）亿日元

入江 (株)

【未上市】入江株式会社

https://www.irie.co.jp/

日本商社/代理店，主要提供小型真空镀膜CVD装置。

销售收入	(2023.03)	营业利润	
	137.7	**5.5**	

泛林集团 (美国)

【Nasdaq：LRCX】LAM RESEARCH CORPORATION

https://www.lamresearch.com/

全球半导体设备主要提供商之一，其中提供包括真空镀膜CVD装置。

销售收入	(2023.06)	营业利润	
	174.28 亿美元	**51.74** 亿美元	

热 CVD 装置是将作为原料的气体输送到容器内，让基板或容器内处于高温，使原料的气体在基板上发生化学反应的装置，高温方法分基板高温和容器内高温两种。

2）等离子体 CVD 装置

等离子体 CVD 装置是将作为原料的气体形成等离子体状态，层叠在基板上的装置，与热 CVD 装置相比，该装置能在低温下形成基板的温度，更符合高精度尺寸半导体制造要求。

3）光 CVD 装置

光 CVD 装置是通过放电管或激光对作为原料的气体照射光而引起化学反应的一种装置，通过促进化学反应和切断分子结合的作用，使不同种类的光的使用方式也发生变化，与其他 CVD 装置相比，光 CVD 装置可在非常低的温度下生成薄膜。

08

光刻胶生产关联企业

レジスト製造関連企業

(株) 清水

【未上市】株式会社シミズ

https://shimizu-corp.co.jp/

生产阳离子负极光刻胶电沉积涂层，主要用于电镀和刻蚀用掩膜。

销售收入 （未披露） 亿日元　　营业利润 （未披露） 亿日元

东京应化工业 (株)

【4186】東京応化工業株式会社

https://www.tok.co.jp/

该公司半导体用光刻胶的全球市场份额约为26.1%，全球市场占有率第一，产品包括EUV用光刻胶、ArF用光刻胶、KrF用光刻胶及g线/i线用光刻胶。

销售收入 (2023.12) **1,622** 亿日元　　营业利润 **227** 亿日元

信越化学工业 (株)

【4063】信越化学工業株式会社

https://www.shinetsu.co.jp

生产各种类型的光刻胶，且其产品与使用i线、KrF、ArF和EUV光源的尖端光刻技术兼容。

销售收入 **24,149** 亿日元　　营业利润 **7,010** 亿日元

JSR (株)

【退市】JSR株式会社

https://www.jsr.co.jp/

主要生产适用于生产高灵敏度、超高分辨率的g线和i线光刻胶，以及生产适用于248纳米（KrF）和193纳米（ArF）光波长的高分辨率光刻胶。2024年3月被日本产业革新投资机构（JIC）公开收购后退市。

销售收入 **4,046** 亿日元　　营业利润 **36** 亿日元

OptoSirius (株)

【未上市】オプトシリウス株式会社

https://www.optosirius.co.jp/

该公司在纳米硅材料的研究、开发和合成方面处于领先地位，其生产的硅基纳米材料和半导体光刻抗蚀剂被广泛应用于纳米电子、传感、能源等领域。

销售收入 （未披露） 亿日元　　营业利润 （未披露） 亿日元

富士胶片电子材料 (株)

【未上市】富士フイルムエレクトロニクスマテリアルズ株式会社

https://www.fujifilm.com/ffem/ja

生产半导体制造用感光材料光刻胶，包括宽带、g线、i线、KrF、ArF（干式和浸没式）、e-beam和EUV技术。

销售收入 （未披露） 亿日元　　营业利润 (2023.03净利润) **95** 亿日元

长濑 ChemteX (株)

【未上市】ナガセケムテックス株式会社

https://group.nagase.com/nagasechemtex/

致力于生产一种与剥离工艺兼容的独特光刻胶（感光材料），产品包括单层剥离工艺用光刻胶、紫外激光直写光刻胶等。

销售收入 (2023.03) **254** 亿日元　　营业利润 **18** 亿日元

(株) Asahi化学研究所

【未上市】株式会社アサヒ化学研究所

https://www.asahi-kagaku.co.jp/

生产FPC板用碱性显影光阻焊油墨，特点是低曝光、高分辨率。

销售收入 （未披露） 亿日元　　营业利润 （未披露） 亿日元

　　光刻胶是一种在刻蚀和焊接等过程中保护电路板特定部分的材料。通常半导体工艺中使用的"光致抗蚀剂"简称为"光刻胶"。

　　当光刻胶吸收特定波长的光时，其化学结构会发生变化，并且其在清洁和显影溶液中的溶解度也会发生变化。因此，在基板上涂布光刻胶后，通过隔着描绘有电路图案的掩膜对基板照射光，能够仅使光刻胶的一部分溶解或不溶解。如果在该状态下用显影液清洗基板，则仅会溶出可溶性

抗蚀剂，基板的其余部分会被光刻胶保护。光刻胶有两种类型："正性光刻胶"，其中受光照射的区域溶解在显影剂中；"负性光刻胶"，其中受光照射的区域变得不溶解。光刻胶是一种在刻蚀和焊接等工艺过程中保护特定区域的材料，是制造高集成度、微细化的半导体集成电路不可缺少的材料之一。

参考资料　一般社团法人　东京都千代田区六番町 3 番地 六号町 SK 大厦 6F
日本半导体制造装置协会　电话：03(3261)8260　https://www.seaj.or.jp

■ 九州地区半导体投资所引起的经济增长预期
(根据九州金融集团数据测算)

1. JASM 对九州熊本县的经济增长预期

2022 年起未来 10 年经济增长预期约为 4.3 万亿日元（2022 年 9 月测算）。

① 半导体关联产业的生产预期：约 2.9 万亿日元；

② 半导体关联产业的投资预期：约 1.2 万亿日元；

③ 工业园区、土建带来的投资预期：约 780 亿日元；

④ 住宅建设带来的投资预期：约 1,360 亿日元。

初步估计约 80 家企业将在熊本县内增设营业点和工厂设施。

雇用预期：全部约带动 7500 人就业。（其中：JASM 直接雇用 1700 人）

2. 电子设备产业（JASM、索尼、三菱电机等）对熊本县的经济贡献预期

以台积电 2022 年进入熊本县为起点的未来 10 年间，相关的电子设备产业的经济增长预期约为 6.9 万亿日元（2023 年 8 月测算）。

① 半导体产业的生产预期：约 4.1 万亿日元；

② 半导体关联产业的投资预期：约 2.4 万亿日元；

③ 工业园区、土建带来的投资预期：约 1010 亿日元；

④ 住宅建设带来的投资预期：约 2050 亿日元。

初步估算约 90 家企业将在熊本县内增设营业点和工厂设施。

雇用预期：全部可带动约 10700 人就业。

资料来源：日本经济产业省《半导体／数字产业战略的现状和未来》，第 37 页。

■ 九州地区半导体投资已经产生的经济效果
(根据厚生劳动省和经济产业省资料整理)

1. 对九州地区设备投资增加的经济效果

九州 7 县 2023 年设备投资额（计划值）比 2022 年实际增加 61.7% 达 1.1 万亿日元，创 1956 年以来最大增幅。制造业设备投资增长 2.1 倍达 5146 亿日元，其中有色金属（含半导体硅片）、制造装置等"精密机械"设备投资扩大了 3~4 倍；非制造业设备投资增长了 29%，达 4959 亿日元；新设批发、零售企业设备投资扩大了 2.1 倍，车站和机场的再开发使"运输业"设备投资增长了 56.9%。

资料来源：《日本经济新闻》2023 年 8 月内容，以及转自日本经济产业省《半导体／数字产业战略的现状和未来》，第 38 页。

2023 年日本地区设备投资增长率对比　(单位：%)

	全产业	制造业
九州地区	61.7	114.0
日本平均	20.1	27.0

资料来源：日本政策投资银行 2023 年地域别投资计划调查。

2. 推动九州地区工资的增加

日本目前企业平均月工资水平如下。

新入职大学毕业生 22.85 万日元；

研究生院毕业 26.79 万日元。

九州台积电工厂的月工资水平如下。

大学毕业生 28 万日元；

硕士毕业生 32 万日元；

博士毕业生 36 万日元。

台积电工厂的月工资比日本企业全国月平均工资高 5 万日元以上。

资料来源：日本厚生劳动省 2022 年工资构造基本统计调查，转自日本经济产业省《半导体／数字产业战略的现状和未来》，第 38 页。

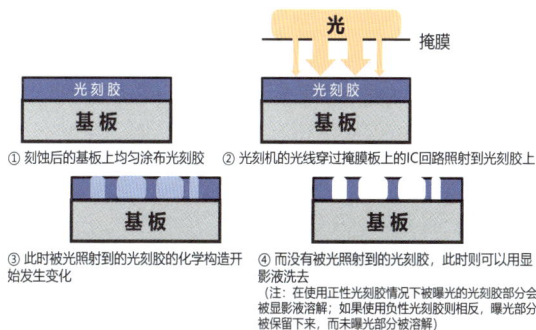

①刻蚀后的基板上均匀涂布光刻胶

②光刻机的光线穿过掩膜板上的IC回路照射到光刻胶上

③此时被光照射到的光刻胶的化学构造开始发生变化

④而没有被光照射到的光刻胶，此时则可以用显影液洗去
（注：在使用正性光刻胶情况下被曝光的光刻胶部分会被显影液溶解；如果使用负性光刻胶则相反，曝光部分被保留下来，而未曝光部分被溶解）

g 线光刻胶（波长436纳米）主要用于6寸晶圆

i 线光刻胶（波长365纳米）主要用于6寸、8寸晶圆

KrF 光刻胶（波长248纳米）主要用于8寸晶圆

ArF 光刻胶（波长193纳米）12寸晶圆

EUV 光刻胶（波长13.5纳米）主要用于12寸晶圆

09

光刻胶涂布装置关联企业

レジスト塗布装置関連企業

大途电子（株）

【7609】ダイトロン株式会社

https://www.daitron.co.jp/

生产自动和手动涂布机，采用单晶片旋转方法对GaAs、GaP、蓝宝石等晶片进行抗蚀剂涂敷、刻蚀和清洗。

销售收入	(2023.12)	营业利润	
921 亿日元		**59** 亿日元	

东丽工程（株）

【未上市】東レエンジニアリング株式会社

https://www.toray-eng.co.jp/

生产高精度枚叶涂布装置、喷墨涂布机、条纹涂布装置、高黏度用分切涂布机、透明导电性材料用涂布装置等。

销售收入	(2023.03)	营业利润	
638 亿日元		**11** 亿日元	

HiSOL（株）

【未上市】ハイソル株式会社

https://www.hisol.jp/

生产精密旋涂机，多提供给各领域相关大学及其他研究机构。

销售收入	(2022.12)	营业利润	
12 亿日元		（未披露）	亿日元

（株）ASAP

【未上市】株式会社エイ・エス・エイ・ピイ

https://www.asap-semi.co.jp/

制造和销售半导体制造过程中的光刻过程（涂层、曝光、显影）的加工设备，共有三种涂布机类型：开放式、封闭式和转杯式。

销售收入	(2022.12)	营业利润	
5.1 亿日元		（未披露）	亿日元

（株）Aiden

【未上市】株式会社アイデン

https://aiden.com/

生产简易旋涂机，用于从化合物溶液中生成薄膜，适用于生成化合物和聚合物的薄膜。

销售收入	(2023.12)	营业利润	
5 亿日元		（未披露）	亿日元

Litho Tech日本（株）

【未上市】リソテックジャパン株式会社

https://www.ltj.co.jp/

主要生产手动光刻胶涂布/显影装置、自动抗蚀涂布显影装置、冷却装置。

销售收入		营业利润	(2023.03净利润)
（未披露）	亿日元		**1.9** 亿日元

ON综合电机（株）

【未上市】オーエヌ総合電機株式会社

https://onec.co.jp/

在半导体装置领域主要生产化学溶液喷涂设备，可将室温或加热的化学溶液旋转喷涂到如半导体硅晶片、玻璃基板上的自动刻蚀装置，药液计量供给装置等。

销售收入	(2022.09)	营业利润	
1.2 亿日元		（未披露）	亿日元

（株）爱思设备

【未上市】株式会社エース設備

http://www.tecnoace.jp/

生产和销售涂布设备，用于螺栓、螺母等小件、微小零件（零件）的防锈处理，包括浸渍旋涂机和圆形喷涂机等。

销售收入		营业利润	
（未披露）	亿日元	（未披露）	亿日元

将光刻胶涂布到基材等目标物体的表面的装置，根据涂布方式的不同可分为旋涂机和喷涂机。旋涂机较常用于光刻胶的涂布。旋涂机可形成厚度为1微米至数十微米的薄膜，适合于平坦表面的涂布。喷涂机用于对表面不平整的三维物体进行涂布。

光刻胶在激光加工等工序中被用作光掩膜。虽然光刻胶材料可以由操作者手动操作来涂敷，但是很难形成具有均匀膜厚的膜。如果有没有涂布的地方或者涂层厚度不够的话，后续加工就会不成功，而且质量会出现偏差。从质量控制的角度来看，使用光刻胶涂布装置均匀地涂敷光刻胶材料非常重要。

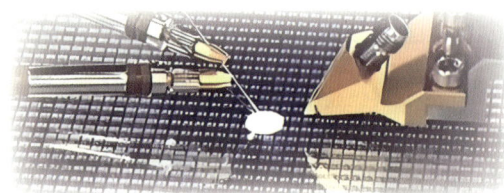

参考资料　一般社团法人　东京都千代田区六番町 3 番地 六号町 SK 大厦 6F
日本半导体制造装置协会　电话：03(3261)8260　https://www.seaj.or.jp

半
导
体
制
造
装
置

(株) MTC

【未上市】株式会社エムテーシー

http://www.mtcinfo.co.jp/

一家以光掩膜制造设备为主的半导体制造设备制造商，此外也生产玻璃掩膜涂布装置、显影、图案形成设备等。

销售收入　　　　　　　　营业利润

（未披露）亿日元　　　　（未披露）亿日元

(株) WHY集团

【未上市】株式会社ファイコーポレーション

http://www.why-co.jp/

主要生产油墨涂布装置（抗蚀油墨涂布装置），包括半自动/全自动喷涂机、空气喷涂机和静电喷涂机。

销售收入　　　　　　　　营业利润

（未披露）亿日元　　　　（未披露）亿日元

(株) EHC

【未上市】株式会社イーエッチシー

http://www.jehc.co.jp/index.html

开发和生产小型旋涂机，以及具有小型旋转器和样品台加热功能的旋涂机。

销售收入　　　　　　　　营业利润

（未披露）亿日元　　　　（未披露）亿日元

(株) JUSTEM

【未上市】株式会社ジャステム

https://www.justem.jp/

主要生产和销售旋涂机，是一种利用旋转离心力旋涂溶液的涂布装置。

销售收入　　　　　　　　营业利润

（未披露）亿日元　　　　（未披露）亿日元

(株) SDI

【未上市】株式会社SDI

https://www.sdicompany.com/

生产用于图案抗蚀涂层的全自动浸涂机，该产品可在印刷电路板制造过程中，实现连续浸涂、干燥和冷却。

销售收入　　　　　　　　营业利润

（未披露）亿日元　　　　（未披露）亿日元

(株) e square

【未上市】株式会社イー・スクエア

https://e2-square.co.jp/

该公司从事各种等离子设备、半导体、液晶、显示器件制造设备的开发、制造与销售。

销售收入　　　　　　　　营业利润

（未披露）亿日元　　　　（未披露）亿日元

MIKASA (株)

【未上市】ミカサ株式会社

http://www.mikasa-inc.jp/

生产和销售从光刻工艺涂层到曝光、显影、刻蚀和检测的一站式实验室半导体制造设备，其中包括各种类型旋涂机。

销售收入　　　　　　　　营业利润

（未披露）亿日元　　　　（未披露）亿日元

工
业
机
器
人

传
感
器

光刻胶涂布装置小常识

如上所述，光刻胶涂布装置的主要类型是旋涂机和喷涂机。旋涂机和喷涂机的涂布方法不同。旋涂机是一种利用离心力进行涂敷的装置。将光刻胶材料滴到待涂敷的物体上后，该物体高速旋转。这种旋转产生离心力，使光刻胶材料遍布到每个角落。使用旋涂机进行涂

布时，光刻胶材料的扩散可能会在表面凹凸不平的地方停止，因此难以在严重不平整的物体表面上涂布。在这种情况下，可以使用喷涂机涂布。

喷涂机采用喷涂方式，通过喷雾涂敷光刻胶材料。均匀涂敷的结构有多种，有些装置通过移动喷嘴来涂敷目标物体每个部分，有些装置在保持喷嘴固定的状态下旋转待涂布物体来进行涂敷。

计
量
设
备

10

半导体曝光装置关联企业

半導体露光装置関連企業

(株) 尼康

【7731】株式会社ニコン

https://www.nikon.co.jp

生产半导体曝光设备，开发浸没式曝光及多重图案化技术，其产品实现了更高的分辨率、叠加精度及高生产率。

销售收入	营业利润
7,172 亿日元	**397** 亿日元

(株) 大日本科研

【未上市】株式会社大日本科研

https://www.kakenjse.co.jp/

SMC主要生产焊接机器人、涂装机器人、操作机器人和洁净型机器人相关部件，如气缸、配管用元件、电动夹爪、气动滑台、压力控制元件等。

销售收入	(2023.03)	营业利润	(未披露) 亿日元
34.6 亿日元			

(株) 昭和科学

【未上市】株式会社昭和サイエンス

https://www.ssvi.co.jp/

主要从事各种精密除震平台的制造和销售，产品被广泛应用于液晶、半导体制造设备和检查设备等精密仪器中。

销售收入	(2023.03)	营业利润	(未披露) 亿日元
27.3 亿日元			

(株) 协同国际

【未上市】株式会社協同インターナショナル

https://www.kyodo-inc.co.jp/

研发生产微加工设备，其中涵盖各种曝光装置，如纳米图案曝光装置，是一种非接触式曝光设备。

销售收入	(2023.03)	营业利润	(未披露) 亿日元
54 亿日元			

牛尾电机 (株)

【6925】ウシオ電機株式会社

https://www.ushio.co.jp/jp/

相关产品主要包括投影式光刻机、分割投影光刻机、MIKASA光刻机、超高压水银灯（工业用特殊照明·工业用曝光高压水银灯）等。

销售收入	营业利润
1,794 亿日元	**129** 亿日元

(株) ORC制作所

【未上市】株式会社オーク製作所

https://www.orc.co.jp

生产晶圆级封装、面板级别封装用的高精度、高效率半导体曝光装置。

销售收入	营业利润	(净利润)
201 亿日元	**21** 亿日元	

Intexs (株)

【未上市】インテックス株式会社

https://www.intexs.com/

生产半导体i线曝光工程用灯源设备。

销售收入	营业利润
（未披露） 亿日元	（未披露） 亿日元

日本电波工业 (株)

【6779】日本電波工業株式会社

https://www.ndk.com/

生产使用独自开发的高纯度紫外激光（波长可达193纳米）人工水晶波长板的半导体曝光装置。

销售收入	营业利润
503 亿日元	**43** 亿日元

　　曝光装置是在半导体、液晶显示器等制造现场使用的装置，通过照射光在基板上描绘电路、像素等图案。由于它们使用极强的光线并需要精确控制平台等，许多产品体积庞大且价格以亿元计，是非常重要的设备。半导体和液晶显示器制造中，曝光工序也可以使用设计数据（CAD数据）的模式。

　　在半导体制造工艺中，硅晶片作为基板，在形成氧化膜后，涂敷光刻胶，并通过光掩膜照射

从曝光装置发出的强紫激光至涂敷表面。通过刻蚀等去除不需要的部分，这种使用曝光装置的方法称为光刻法。

　　曝光设备由光源、偏光透镜、光掩膜、聚光透镜、载物台、传送硅晶片的机械手等组成。镜头和光掩膜的设计精度极高，平台的运行精度也很高。操作过程中，曝光对象被精确固定在载物台上。工作时，每次曝光时载物台都会移动，在曝光的物体上描绘出各种图案。

参考资料　一般社团法人
日本半导体制造装置协会

东京都千代田区六番町 3 番地 六号町 SK 大厦 6F
电话：03(3261)8260　https://www.seaj.or.jp

(株) SCREEN半导体解决方案

【未上市】株式会社SCREENセミコンダクターソリューションズ

https://www.screen.co.jp/spe/

生产各种半导体装置，包括后工序用大型面板曝光装置。

销售收入	营业利润	（净利润）
3,847 亿日元	**643** 亿日元	

牛尾照明 (株)

【未上市】ウシオライティング株式会社

https://www.ushiolighting.com/

主要产品包括制版曝光装置、电子器件曝光设备、UV一体照度计、真空印刷机、高压紫外线灯、自动掩膜对准机等曝光装置。

销售收入	营业利润	(2023.03净利润)
（未披露）亿日元	**40** 亿日元	

NEOARK (株)

【未上市】ネオアーク株式会社

https://www.neoark.co.jp/

主要生产无掩膜曝光设备及3D激光曝光设备，常用于设计开发、三维、材料性能评价、生物技术、流体分析等领域。

销售收入	营业利润
（未披露）亿日元	（未披露）亿日元

(株) 清和光学制作所

【未上市】株式会社清和光学製作所

https://www.seiwaopt.co.jp/

主要产品包括FPC曝光装置、投影曝光装置、LED曝光装置、LED用全自动曝光装置等。

销售收入	营业利润
（未披露）亿日元	（未披露）亿日元

(株) Nano System Solution

【未上市】株式会社ナノシステムソリューションズ

https://www.nanosystem-solutions.com/

主要生产无掩膜曝光系统，采用独特的曝光方法进行高速扫描曝光，同时实现灰度显示功能。

销售收入	营业利润	(2023.03净利润)
（未披露）亿日元	**5.4** 亿日元	

(株) CERMA PRECISION

【未上市】株式会社サーマプレシジョン

https://www.cerma.co.jp/

企业主要生产面向半导体制造的8英寸晶圆批量投影曝光装置以及刻蚀装置等。

销售收入	营业利润	(2023.12净利润)
（未披露）亿日元	**1** 亿日元	

(株) Nanotec

【未上市】株式会社ナノテック

http://www.nanotec.co.jp/

生产可形成微细图案的半导体曝光装置（光刻机）。

销售收入	营业利润
（未披露）亿日元	（未披露）亿日元

(株) 菱光社

【未上市】株式会社菱光社

https://www.ryokosha.co.jp/

主要生产和销售半自动对准器、无掩膜曝光机、接触式曝光机等装置。

销售收入	(2023.03)	营业利润
146 亿日元		（未披露）亿日元

从光源发出波长短的强光，通过偏光透镜调整光的方向，然后照射到光掩膜上，光掩膜是配置电路图案的原型。穿过光掩膜的光被聚光透镜聚焦，并在曝光的目标上描绘出非常精细的电路图案。曝光过程结束后，曝光对象由机器人等设备运输。根据产品的不同，曝光对象也会被浸入液体中，以实现更高精度的曝光。

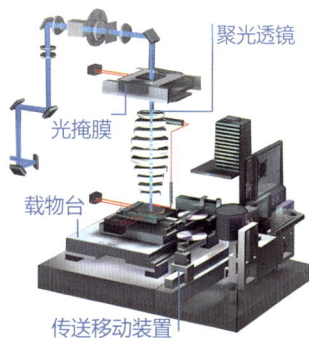

聚光透镜
光掩膜
载物台
传送移动装置

11

半
导
体
洗
净
装
置
关
联
企
业

半導体洗净装置関連企業

芝浦机电一体化 (株)

【6590】芝浦メカトロニクス株式会社

https://www.shibaura.co.jp/

生产晶圆抛光后清洗设备,主营一款300毫米的枚叶式研磨后洗净装置,该产品在半导体晶圆抛光后清洗工艺中应用,市场占有率第一。

销售收入	营业利润
675 亿日元	**116** 亿日元

300毫米的枚叶式研磨后洗净装置

芝浦机电一体化 (株)

三益半导体工业 (株)

【8155】三益半導体工業株式会社

https://www.mimasu.co.jp/

生产和销售多槽无载体批量清洗设备以及石英管清洗装置。

销售收入 (2024.05)	营业利润
891 亿日元	**103** 亿日元

DAIKIN FINETECH (株)

【未上市】ダイキンファインテック株式会社

https://daikin-finetech.co.jp/

半导体清洁设备制造商,产品包括紧凑型批量式清洁设备、高频电子元件精细图案清洗装置、治具清洗装置等。

销售收入	营业利润 (2023.03净利润)
(未披露) 亿日元	**11** 亿日元

(株) SCREEN控股

【7735】株式会社SCREENホールディングス

https://www.screen.co.jp/

生产和销售多种类型晶圆洗净装置,如单片晶圆清洗设备、旋转处理器、旋转洗涤器、晶圆背面清洗设备等。

销售收入	营业利润
5,049 亿日元	**941** 亿日元

由七个独立模块组成、每小时可清洗1000张硅晶圆、且搭载减压干燥系统的高吞吐量洗净装置

(株) SCREEN 控股

半导体洗净装置是在半导体制造的洗净工序中使用的设备的总称。洗净工序是整个半导体制造工序中的重要工序。在高温处理工序或薄膜形成工序之前,有作为前工序的清洗,目的是彻底除去污垢;在除去氧化物和薄膜的刻蚀工序之后,有作为后工序的清洗,目的是除去抗蚀剂残渣。半导体洗净装置大致分为使用化学品药液和纯水的湿式洗净装置和不使用药液的干式洗净装置。

半导体洗净装置应用于半导体制造的各种工序中。它既用于在硅晶圆上形成半导体元件的前工序中,也用于分离元件并封装它们以完成最终产品生产的后工序中。特别是在前工序中,硅晶圆片表面的污染物和沉积物对半导体质量和成品良品率有重大影响。因此,在硅晶片上形成氧化膜、薄膜的工序前,成膜工序后,刻蚀工序后等多个阶段都需要使用半导体洗净装置。

参考资料 一般社团法人 日本半导体制造装置协会 东京都千代田区六番町3番地 六号町SK大厦6F 电话:03(3261)8260 https://www.seaj.or.jp

入江 (株)

【未上市】入江株式会社

https://www.irie.co.jp/

生产化学补给泵、气动波纹管泵、晶圆快速干燥设备旋转干燥机、滤芯过滤器、气动隔膜泵等洗净装置相关产品。

销售收入 (2023.03)	营业利润
137.7 亿日元	**5.5** 亿日元

HUG Power (株)

【未上市】HUGパワー株式会社

https://hugpower.co.jp/

主要生产半导体蒸汽2液体洗净装置核心模组、蒸汽洗净装置、低温光刻胶剥离装置等。

销售收入	营业利润
（未披露）亿日元	（未披露）亿日元

莎姆克 (株)

【6387】サムコ株式会社

https://www.samco.co.jp/

产品包括等离子清洗装置，以及紫外线臭氧清洗机装置。

销售收入 (2023.07)	营业利润
78 亿日元	**18** 亿日元

龙云 (株)

【6266】タツモ株式会社

https://tazmo.co.jp/

生产制造单晶圆刻蚀/清洗装置，通过持续向晶圆表面提供洁净液体，精确控制化学品混合比例和流量等实现高洁净度清洗和精密刻蚀，此外也生产间歇式侵入式清洗/刻蚀装置。

销售收入 (2023.12)	营业利润
281 亿日元	**36** 亿日元

蒸汽2液体洗净装置

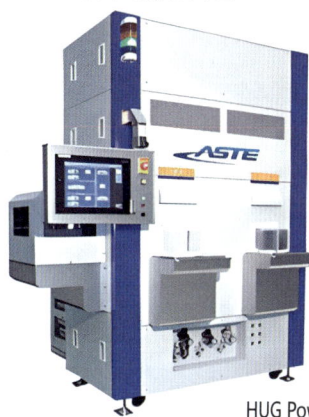

HUG Power (株)

批量式自动清洗装置

PHT (株)

PHT (株)

【未上市】PHT株式会社

https://pht.co.jp/

主要生产半导体晶圆搬送系统和半导体清洗装置（晶圆自动剥离装置、晶圆自动清洗装置、热处理后洗净装置、研磨后洗净装置等），以及液晶玻璃基板搬送装置等。

销售收入 (2023.04)	营业利润
50.5 亿日元	（未披露）亿日元

半导体洗净装置小常识

在半导体制造的前工序中，必须使用半导体洗净装置彻底清除硅晶圆表面附着的污垢。如果清洗不充分，不良品的发生率就会上升，对产品质量产生负面影响。使用药剂的湿式清洗设备不能同时使用多种类型的药剂，因此先用一种药剂清洗硅晶圆，然后用纯净水清洗，然后浸入下一个药液槽中。此外，清洗后还需要对硅晶圆进行干燥处理。

根据清洗方式的不同，半导体洗净装置可分为批量式和单片式两种。清洗的处理方法可分为干式和湿式。

按清洗方式分类，批量式装置将多片硅晶圆同时浸泡在处理槽中清洗。根据使用药液的不同可分为多槽式和单槽式处理槽。在多槽式中，根据药液的不同，处理槽按顺序准备和浸泡硅晶圆；而在单槽式中，药液仅在一个处理槽中进行更换和清洗，硅晶圆在旋转中一张一张地通过喷射药液的喷嘴进行清洁。

按清洗处理方法分类，一种是利用药液进行清洗的湿式清洗方法，另一种是使用非液体（如干式臭氧或氩气气溶胶）清洗。

半导体制造装置　工业机器人　传感器　计量设备

12

离子注入装置关联企业

イオン注入装置関連企業

(株) 爱发科

【6728】株式会社アルバック

https://www.ulvac.co.jp/

生产和销售用于半导体器件的高性能离子注入机，包括高能离子注入机、中电流离子注入机以及碳化硅高温离子注入机。

销售收入 (2023.06)	营业利润
2,275 亿日元	**199** 亿日元

高能离子注入装置

(株) 爱发科

(株) 离子技术中心

【未上市】株式会社イオンテクノセンター

https://iontc.co.jp/

生产离子注入及高温离子注入装置，拥有高能离子注入技术，可以实现宽能量范围离子注入和高温离子注入。

销售收入	营业利润
（未披露）亿日元	（未披露）亿日元

Applied Materials, Inc.

【Nasdaq: AMAT】アプライドマテリアルズジャパン株式会社

https://www.appliedmaterials.com/

全球著名的半导体设备提供商，也生产离子注入装置。

销售收入 (2023.10)	营业利润
265.17 亿美元	**76.54** 亿美元

中电流型离子注入装置

日新电机 (株)

日新电机 (株)

【退市】日新電機株式会社

https://nissin.jp/

生产半导体制造用离子注入设备，是一种将杂质离子（磷、硼等）注入作为半导体元件结构材料的晶圆中以形成半导体的装置。2023年4月26日该公司被住友电气工业全股份要约收购后已退市。

销售收入 (2023.03)	营业利润
803 亿日元	**88** 亿日元

日新离子机械 (株)

【未上市】日新イオン機器株式会社

https://www.nissin-ion.co.jp/

开发研究离子注入技术，除提供对300毫米晶圆的尖端硅元件的注入服务外，还提供对SiC和GaN装置等的高温注入和VCSEL的氢离子注入等服务。

销售收入 (2023.03)	营业利润
238 亿日元	**37** 亿日元

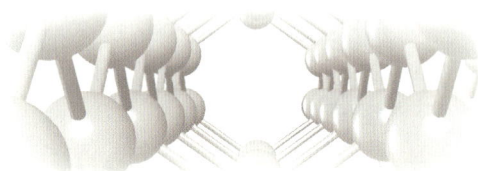

　　离子注入装置主要用于半导体器件制造中的杂质注入工序，也用于半导体以外的材料领域，用于改变材料的特性。

　　作为半导体衬底的硅晶片是绝缘材料，不能传导电流或传输电信号。通过从外部向硅晶片注入离子，形成具有 N 型半导体或 P 型半导体电特性的部分。 N 型半导体是注入有较多电子的元素作为杂质的半导体，P 型半导体是注入有较多空穴的元素作为杂质的半导体。

　　当制造 N 型半导体时，使用氮、磷和砷等第 15 族元素的离子；制造 P 型半导体时，使用硼和铝等第 13 族元素的离子。离子注入是通过刻蚀形成电路之后的工序。硅晶片的表面通过刻蚀分为暴露区域和光刻胶保护区域，当离子注入时，硅晶片的暴露区域变成 N 型半导体或 P 型半导体，具体取决于离子的类型。

　　离子注入是半导体制造中的一项关键工序。它的主要目的是通过将杂质离子加速并注入半导

参考资料　一般社团法人 日本半导体制造装置协会　东京都千代田区六番町 3 番地 六号町 SK 大厦 6F　电话: 03(3261)8260　https://www.seaj.or.jp

住友重机械工业 (株)

【6302】住友重機械工業株式会社

https://www.shi.co.jp/

主要生产一体化离子注入机、高能离子注入机、中电流离子注入机以及大电流离子注入机，通过集成高电流和中电流设备等实现广泛离子注入。

销售收入 (2023.12)	营业利润
10,815 亿日元	**743** 亿日元

(株) MATSUBO

【未上市】株式会社マツボー

https://www.matsubo.co.jp/

（神户制钢集团）神钢商事旗下经营产业机械、信息精密机械、粉体事业的专业商社，其中半导体/精密事业部主要生产粉末用离子注入装置、成膜、表面处理、电气控制等装置。

销售收入 (2023.03)	营业利润
116.7 亿日元	**9.8** 亿日元

中电流、高电流融合的离子注入装置，以及高能离子注入装置

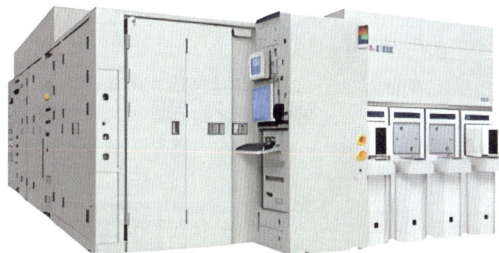

住友重机械工业 (株)

离子注入装置示意图

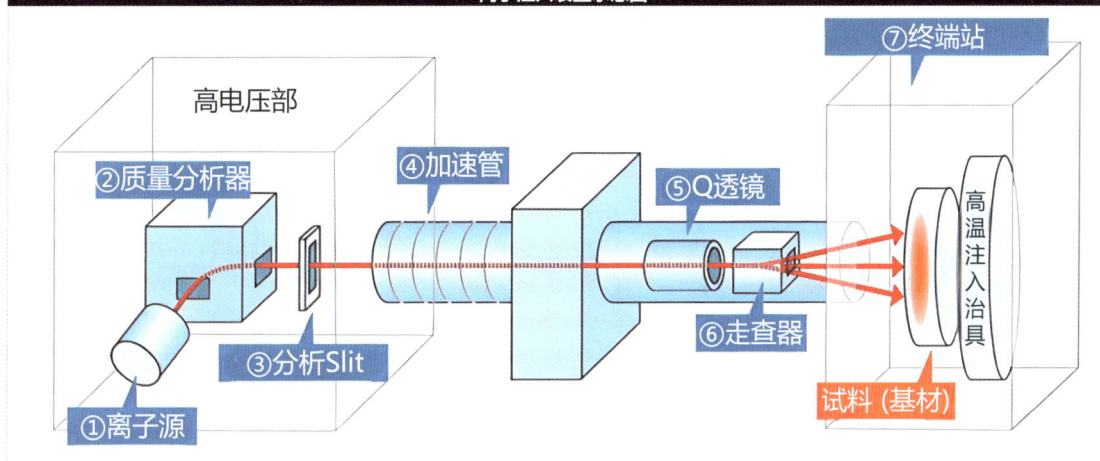

⑦终端站
高电压部
②质量分析器
④加速管
⑤Q透镜
高温注入治具
③分析Slit
⑥走查器
①离子源
试料 (基材)

体材料中，从而改变材料的电学性质。

其工作原理是，在离子源中产生所需的杂质离子，然后利用电场对这些离子进行加速，使其具有足够的能量可以穿透硅晶片表面并嵌入晶格中。通过精确控制离子的种类、剂量和注入能量，可以非常准确地调整半导体的电导率、载流子浓度等特性。

在半导体制造过程中，随着多层结构的形成，硅晶片表面会变得不平整，这会对后续的工序步骤产生不利影响。平坦化就是解决这个问题的重要手段。常见的平坦化技术有化学机械抛光技术等。该技术利用化学作用和机械摩擦的协同作用，使硅晶片表面变得平坦。它可以有效地降低硅晶片表面的粗糙度，改善层间的对准和接触性能，确保了后续的光刻、刻蚀等工序能够准确地进行，提高器件的性能和良品率。

13

硅晶圆研磨装置（CMP）关联企业

シリコンウェハ研磨装置関連企業

（株）SCREEN半导体解决方案

【未上市】株式会社SCREENセミコンダクターソリューションズ

https://www.screen.co.jp/spe/

主要生产各种半导体硅晶圆洗净装置、涂胶/显影装置、热处理装置和计测装置以及检查装置、后工序曝光装置等。

销售收入	营业利润	（净利润）
3,847 亿日元		**643** 亿日元

Applied Materials, Inc.

【Nasdaq：AMAT】アプライドマテリアルズジャパン株式会社

https://www.appliedmaterials.com/

全球最大半导体设备供应商，提供包括CMP设备在内的各种半导体制造装置。

销售收入 (2023.10)	营业利润
265.17 亿美元	**76.54** 亿美元

CMP 装置

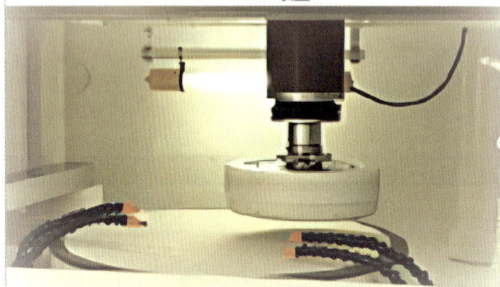

可高精度加工的单轴磨削装置

（株）东京精密

【7729】株式会社東京精密

https://www.accretech.com/

主要生产半导体芯片切割机、抛光机、研磨机、CMP平坦化装置、切片机等。

销售收入	营业利润
1,346 亿日元	**253** 亿日元

Techno Rise（株）

【未上市】テクノライズ株式会社

https://www.technorise.ne.jp/

生产的半导体关联机器中包括平面、球面研磨加工机器等。

销售收入	营业利润
（未披露） 亿日元	（未披露） 亿日元

Kitagawa GRESSTECH（株）

【未上市】北川グレステック株式会社

https://www.kemet.jp

从事半导体关联产品的研磨和研磨材的设计/开发及制造，以及研磨装置/研磨关联耗材的销售。

销售收入 (2023.03)	营业利润	（净利润）
29.8 亿日元		**4** 亿日元

研磨机和清洗机一体化装置

CMP（Chemical Mechanical Polishing）装置是一种硅晶圆研磨装置，CMP 是化学机械抛光的简称。由于半导体是在一个非常小面积的元件上进行加工制造的产品，而且要不断堆叠许多不同硬度的层级，因此需要进行非常均匀和高精度的抛光（研磨），研磨中要根据不同半导体层面的材料构成需求，使用不同的压力、不同的抛光剂和化学品进行研磨，使硅晶圆表面或凹凸部发生化学反应，然后通过砂浆用机械进行抛光。

CMP 装置主要用于半导体制造，在半导体工艺的刻蚀、氧化膜生成和离子扩散之后，用于凹凸部分的平坦化工序中。CMP 装置可实现硅晶圆的高精度平坦化，并使平整的表面更易于叠层。在选择 CMP 装置时要考虑平坦化的精度、所使用的药液和化学品种类，以及硅晶圆的处理速度等条件。

参考资料 一般社団法人 日本半导体制造装置协会 东京都千代田区六番町 3 番地 六号町 SK 大厦 6F 电话：03(3261)8260 https://www.seaj.or.jp

14 半导体制造胶带机装置

テーピング・マシン製造企業

（株）TOKYOWELD

【未上市】株式会社東京ウエルズ

https://www.tokyoweld.com/

设计、制造和销售电子部件制造机器的企业，产品有半导体制造用胶带机等。

销售收入 （2023.03）　营业利润
231 亿日元　　　　（未披露） 亿日元

上野精机（株）

【未上市】上野精機株式会社

https://www.ueno-seiki.co.jp/

主营业务为电子部件及半导体制造装置的开发、制造和销售，也是半导体制造胶带机的生产企业。

销售收入 （2023.04）　营业利润
118 亿日元　　　　（未披露） 亿日元

Hi-MECHA（株）

【未上市】ハイメカ株式会社

https://www.hi-mecha.co.jp/

主要生产半导体制造（后工序）检查用胶带机，是半导体制造用专业胶带机生产企业。

销售收入 （2023.06）　营业利润
39 亿日元　　　　（未披露） 亿日元

永田精机（株）

【未上市】永田精機株式会社

https://www.nagata-seiki.co.jp/

主要生产半导体制造用胶带机及关联设备，以及产品外观检查装置和与食品关联设备等营业和设计业务。

销售收入　　营业利润
（未披露） 亿日元　　（未披露） 亿日元

Vanguard systems（株）

【未上市】株式会社バンガードシステムズ

https://www.hp-vanguard.com/

开发、制造与销售以运动控制产品为主体的各种驱动控制器及应用产品，也开发及销售半导体制造用胶带机。

销售收入　　营业利润
（未披露） 亿日元　　（未披露） 亿日元

J•FiT（株）

【未上市】日本ファインテック株式会社

https://www.j-finetech.co.jp/

主要生产和销售半导体（含胶带机）/FPD/电子设备/医疗机器的高速搬送用部件以及自动化装置等。

销售收入　　营业利润
（未披露） 亿日元　　（未披露） 亿日元

半导体制造胶带机主要有以下几类。

半导体晶圆切割胶带贴合机：在硅晶圆切割过程中，将保护胶带精确地贴合在硅晶圆表面，以防止硅晶圆在切割时受损或破裂，贴合机采用高精度的视觉定位系统和真空吸附平台，确保胶带贴合的位置精度和平整度。

半导体封装胶带剥离机：半导体封装后，将封装外的胶带准确、快速地剥离，剥离机有智能感应装置，能根据胶带的黏性和材质自动调整剥离的力度和速度。

半导体芯片贴胶机：为半导体芯片进行贴胶操作，保障芯片在运输和后续加工中的稳定性和安全性。

半导体胶带自动分切机：将整卷的胶带按照设定的宽度和长度进行自动分切，满足不同半导体制造环节的需求，先进的分切机具有自动纠偏功能，保证分切后的胶带边缘整齐。半导体封装胶带检测机：通过高精度的传感器和先进的数据分析系统，检测胶带的黏性、厚度、宽度等参数是否符合半导体制造的标准。

東京都千代田区六番町 3 番地　六番町 S K ビル 6F
電話：03(3261)8260　https://www.seaj.or.jp/　一般社団法人　日本半導体製造装置協会

参考资料

15

半导体封装关联企业

半導体パッケージ関連企業

东京应化工业（株）

【4186】东京应化工業株式会社

https://www.tok.co.jp/

研究倒装芯片安装技术，使用突出的连接端子（凸块）来代替电线，从而实现半导体芯片小型化、轻量化、高性能。

销售收入	(2023.12)	营业利润	
1,622 亿日元		**227** 亿日元	

新光电气工业（株）

【6967】新光電気工業株式会社

https://www.shinko.co.jp/

生产和销售半导体封装用基板，如倒装芯片封装用基板、塑料BGA基板、2.3D封装基板等，以及引线框架及集成电路组装产品。

销售收入	营业利润
2,100 亿日元	**248** 亿日元

罗姆机械技术（株）

【未上市】ローム·メカテック株式会社

https://www.rohm-mechatech.co.jp/

生产半导体封装模具，包括冲压模具、修边/成型模具、注塑模具、传递模塑模具等。

销售收入	营业利润	(2023.03)
（未披露）亿日元	**10** 亿日元	

揖斐电（株）

【4062】イビデン株式会社

https://www.ibiden.co.jp/

该公司在IC封装基板领域与世界一流企业合作，积极开展技术创新。

销售收入	营业利润
3,705 亿日元	**475** 亿日元

（株）DENKEN

【未上市】株式会社デンケン

https://www.dkn.co.jp/

在半导体封装方面，利用多年半导体制造工艺的专业知识，为客户提供方案，如量产制造、模块/倒装芯片等。

销售收入	(2024.03)	营业利润	
94 亿日元		（未披露）亿日元	

日本特殊陶业（株）

【5334】日本特殊陶業株式会社

https://www.ngkntk.co.jp/

半导体封装相关产品包括IC封装（陶瓷）、表面贴装陶瓷封装、CMOS/CCD陶瓷封装、汽车陶瓷封装、光通信封装、RF高频封装等。

销售收入	营业利润
6,144 亿日元	**1,075** 亿日元

TOPPAN控股（株）

【7911】TOPPANホールディングス株式会社

https://www.holdings.toppan.com/ja/

该公司利用光刻技术和积层布线技术，开发和生产FC-BGA基板和各种引线框架，以满足更高性能和更小型LSI的需求。

销售收入	营业利润
16,782 亿日元	**742** 亿日元

南株式会社

【未上市】ミナミ株式会社

https://www.ho-minami.co.jp/

生产和销售网板印刷机、高速印刷机、半导体产业特定印刷机、锡球检测/ 补球机、植球机、雷射Reflow等半导体封装用产品。

销售收入	营业利润
（未披露）亿日元	（未披露）亿日元

半导体封装是将半导体芯片与其他电子元件一起密封并安装在电子基板上的过程。它为半导体芯片提供电源，保护半导体芯片免受外部环境（温度和湿度变化以及灰尘）的影响，将半导体芯片内部产生的信号传输到外围设备，并将来自周边设备的信号传输至内部。

半导体封装用于智能手机、平板电脑等生产。另外，现在家用的各种电子设备在不断变得更小、更轻、更复杂。因此，安装在这些设备的控制基板上的半导体器件和半导体封装也需要更小、更轻和更高性能，随着设备的发展，半导体的封装技术也在发展。基于用途的封装开发正在取得进展，新的结构技术也不断涌现。

半导体封装的类型根据端子的延伸方式分为插入安装型、表面安装型和其他类型。通常一种类型的半导体芯片适用于一个封装类型。近年来，为了应对装置的小型化和高性能化，很多企业已经采用了将不同工艺制造的多个半导体芯片组合

参考资料　一般社团法人 日本半导体制造装置协会　东京都千代田区六番町 3 番地 六号町 SK 大厦 6F　电话：03(3261)8260　https://www.seaj.or.jp

半导体制造装置

Henkel日本（株）

【FWB: HEN】ヘンケルジャパン株式会社

https://www.henkel.co.jp/

该公司为所有类型的先进封装、倒装芯片、晶圆级封装和存储器 3D TSV 封装提供芯片粘接、底部填充、密封剂和特种黏合剂。

销售收入 （2023.12） 营业利润
215 亿欧元 **26** 亿欧元

大分设备技术（株）

【未上市】大分デバイステクノロジー株式会社

https://www.odt.co.jp/

从事半导体制造中封装（后处理）业务以及陶瓷包装回收业务。

销售收入 营业利润
（未披露）亿日元 （未披露）亿日元

（株）SCREEN精细科技解决方案

【未上市】株式会社SCREENファインテックソリューションズ

https://www.screen.co.jp/ft/

在FPD制造中采用薄膜封装（TFE）技术，为了保护有机发光层免受大气中湿气和氧气的影响，通过气相沉积或喷墨印刷形成密封膜。

销售收入 营业利润 （净利润）
（未披露）亿日元 **11.5** 亿日元

AOI电子（株）

【6832】アオイ電子株式会社

https://www.aoi-electronics.co.jp/

该公司主要使用小芯片封装技术（Chiplet）和倒装芯片封装技术（Flip Chip）为客户提供服务。

销售收入 营业利润 （亏损）
339 亿日元 **-16** 亿日元

圣戈班集团（株）

【未上市】サンゴバン株式会社

https://www.saint-gobain.co.jp/

从事陶瓷封装的开发和设计，主要生产晶体器件、图像传感器、光接收器、激光雷达等产品的封装设备。

销售收入 营业利润
（未披露）亿日元 （未披露）亿日元

（株）加藤电器制作所

【未上市】株式会社加藤電器製作所

https://www.kdg.co.jp/katoh/

该公司提供的半导体封装业务特点为低成本，可实现Cu及多芯片封装的量产，目前致力于批量生产更薄的产品。

销售收入 （2023.09） 营业利润
214 亿日元 （未披露）亿日元

京瓷（株）

【6971】京セラ株式会社

https://www.kyocera.co.jp/

从事陶瓷封装的开发、设计，产品包括陶瓷封装、基板、盖子、底座，如晶体器件的包装/盖子、图像传感器封装/盖子、激光雷达封装、大规模集成电路封装等。

销售收入 营业利润
20,042 亿日元 **929** 亿日元

工业机器人

传感器

计量设备

并封装在一个半导体中的方法。根据封装体所用材料对半导体封装进行分类时，可分为塑料封装和陶瓷封装。

1. 系统级封装（System in Package，SIP）将多个芯片密封在一个封装中的结构。设计限制少，适合成本管理。端子从封装的一个方向延伸，属于插入安装型。具有优良的散热性能，用于小型半导体芯片。

2. 端子从集成电路封装（Small Out-Line Package，SOP）的两个方向延伸，使其呈 L 形，也称为海鸥翼型。

3. 端子从方形扁平封装（QFP）的四个方向延伸，这里的端子也是 L 形海鸥翼型。

4. 端子排列在触点阵列封装（Land Grid Array，LGA）的底部，以网格状进行插座安装。

16

回流焊装置关联企业

リフロー装置関連企業

千住金属工业 (株)

【未上市】千住金属工業株式会社

https://www.senju.com/ja/

生产部件封装用、高温焊锡用、焊锡球用回流焊炉,可适用于氮气、真空和空气环境,此外也生产波峰焊接装置、喷雾式助焊剂涂敷装置、焊锡回收装置等。

销售收入	(2023.12)	营业利润	
1,191 亿日元		（未披露） 亿日元	

(株) 田村制作所

【6768】株式会社タムラ製作所

https://www.tamura-ss.co.jp/jp/index.html

主要生产氮气回流焊系统、双传送带氮气回流焊系统及空气回流焊系统产品,此外也生产助焊剂、点焊系统、波峰焊系统等相关产品。

销售收入	营业利润	
1,066 亿日元	**49** 亿日元	

(株) 欧利晶

【6513】株式会社オリジン

https://www.origin.co.jp/

开发和生产甲酸还原真空回流焊炉,分为间歇式和多模块型两类,利用甲酸还原工艺,省略了后处理中助焊剂和助焊剂清洗的需要。

销售收入	营业利润	
282 亿日元	（亏损） -6 亿日元	

(株) 铃木

【6785】株式会社鈴木

https://www.suzukinet.co.jp/ja/

开发和制造高精度涂布和回流焊等各种类型的定制设备,其中回流焊关联设备主要为回流焊炉。

销售收入	(2023.06)	营业利润	
263 亿日元		**31** 亿日元	

LPKF Laser&Electronics (株)

【FWB: LPK】LPKF Laser&Electronics株式会社

https://www.lpkf.com/jp

生产和销售用于无铅焊接的台式回流焊炉。

销售收入	营业利润	(2023.12)
132 百万欧元	**4.3** 百万欧元	

平田机工 (株)

【6258】平田機工株式会社

https://www.hirata.co.jp

主要生产和销售真空回流焊设备,以电磁感应真空回流焊炉系列为主。

销售收入	营业利润	
828 亿日元	**60** 亿日元	

东丽工程 (株)

【未上市】東レエンジニアリング株式会社

https://www.toray-eng.co.jp/

该公司生产的回流焊相关装置以点式回流焊装置为主。

销售收入	(2023.03)	营业利润	
638 亿日元		**11** 亿日元	

神港精机 (株)

【未上市】神港精機株式会社

https://www.shinko-seiki.com/

主要生产和销售各种真空泵、真空仪器、精密电炉、半导体相关设备、精密投影仪、专业光学仪器。

销售收入	(2023.12)	营业利润	(净利润)
50 亿日元		**1.2** 亿日元	

Techno Alpha (株)

【3089】テクノアルファ株式会社

https://www.technoalpha.co.jp/

产品包括VPS回流焊装置。

销售收入	(2023.11)	营业利润	
43 亿日元		**2** 亿日元	

半导体制造工艺中的回流焊装置主要用于将表面贴装器件(SMD)焊接到电路板上的环节。该装置主要通过加热使焊膏融化,从而将元件引脚与电路板上的焊盘连接起来。回流焊装置通常由加热系统、温度控制系统、传送系统、氮气保护系统、冷却系统、炉膛等部分组成。回流焊装置的性能直接影响到半导体产品的焊接质量、可靠性和成品率。不同类型的回流焊装置,如气相回流焊、红外回流焊、热风回流焊等,在加热方式和工艺适应性上各有特点,以满足不同半导体制造场景的需求。

回流焊装置在半导体制造后工序中主要用于集成电路封装、表面贴装技术(SMT)、多芯片模块(MCM)组装、混合集成电路制造等。

日本的回流焊装置在全球市场中具有一定的竞争力,常见的日本回流焊装置大致有以下几类:

①小型回流焊炉:尺寸紧凑,它可以应用于面积为190毫米×130毫米的基板,并与无铅焊

参考资料   一般社団法人   东京都千代田区六番町 3 番地 六号町 SK 大厦 6F
日本半导体制造装置协会   电话: 03(3261)8260   https://www.seaj.or.jp

（株）弘辉技术

【未上市】株式会社弘輝テック

https://kokitec.co.jp/

主要生产选择性焊接系列产品，包括点喷射焊式、台式/一体式、直插式等类型，也生产回流焊、波峰焊系列产品及周边设备。

销售收入	(2023.03)	营业利润	
25 亿日元		（未披露） 亿日元	

EIGHTECH TECTRON CO., LTD.

【未上市】エイテックテクトロン株式会社

http://www.eightech.com/

致力于电子设备SMT的回流焊炉设备的开发、制造和销售，主要产品包括高性能/双重环保真空氮气回流焊炉设备、空气/小型空气回流焊炉设备等。

销售收入	(2022.04)	营业利润	
5 亿日元		（未披露） 亿日元	

Dynatechplus （株）

【未上市】ダイナテックプラス株式会社

https://dynatechplus.co.jp/

研发和生产高质量、低成本的回流焊设备，其产品增强了冷却能力，并采用多喷嘴加热器喷嘴技术，实现了快速冷却，提高加热效率。

销售收入	营业利润	
（未披露） 亿日元	（未披露） 亿日元	

安通姆 （株）

【未上市】アントム株式会社

https://www.antom.co.jp/

回流焊炉专业制造商，主营全长4米以下的小型/超小型回流焊炉装置，此外还支持各种定制及外围设备的生产销售。

销售收入	营业利润	
（未披露） 亿日元	（未披露） 亿日元	

台式／一体式回流焊装置

（株）弘辉技术

（株） SAWA通商

【未上市】株式会社SAWA通商

https://www.sawa-trading.com/

产品包括大气/氮气回流炉、真空回流炉等。

销售收入	营业利润	
（未披露） 亿日元	（未披露） 亿日元	

UniTemp GmbH （德国）

【未上市】UniTemp GmbH （ドイツ）

https://unitemp.de/

企业提供回流焊系统（Reflow Solder Systems）。

销售收入	营业利润	
（未披露） 亿日元	（未披露） 亿日元	

CIF （法国）

【未上市】CIF （フランス）

https://cif.fr/en/

企业提供回流焊装置（Reflow）。

销售收入	营业利润	
（未披露） 亿日元	（未披露） 亿日元	

料和薄膜基材兼容。

②热风回流焊设备：这类设备的热传递效率较高，无阴影效应，设备颜色对吸热量没有影响。日本的一些电子制造设备供应商可能提供具有先进技术和性能的热风回流焊设备。

③气相回流焊接系统：具有较高的热传递效率，但冷却效果相对较差。日本的一些公司可能在气相回流焊接系统的研发和生产方面具有一定的经验和技术实力。

此外，日本回流焊设备技术先进，有良好的气流设计、精确的传送系统，能够适应多种不同类型的电子元件、电路板和焊接材料，具有较强的通用性。在控制温度精度、加热均匀性、冷却技术等方面具有世界领先水平，能确保高质量的焊接效果。此外，日本企业非常重视回流焊装置的细节设计和优化，也能进行技术创新和改进，不断推出新的功能和特性，以满足不断变化的市场需求。

17

键
合
金
线
关
联
企
业

ボンディングワイヤ関連企業

拓自达电线（株）

【5809】タツタ電線株式会社

http://www.tatsuta.co.jp/

生产用于半导体封装的键合金线，包括半导体用键合金线、银键合线、铜键合线以及向铜键合线上镀钯等。

销售收入	营业利润
641 亿日元	**25** 亿日元

TAYA GROUP（中国台湾）

【TAYA GROUP（中国台湾）】大亚集团（株）

https://www.taya.com.tw/

提供封装铜键合线。

销售收入 (2023.12)	营业利润
264.3 亿新台币	**15.3** 亿新台币

以铜作为原料制作的半导体封装用铜键合线

田中贵金属集团（株）

【未上市】TANAKAホールディングス株式会社

https://www.tanaka.co.jp/index.html

生产和销售贵金属线材及贵金属被覆型线材（键合丝），其核心技术为更细拉丝、超高纯度溶解、贵金属镀层、微轧。

销售收入 (2023.03)	营业利润
6,800 亿日元	**359** 亿日元

兼松PWS（株）

【未上市】兼松PWS株式会社

https://www.pwsj.co.jp/

产品包括键合金线、合金银丝、涂覆铜线、合金铜线以及铜芯焊球。

销售收入	营业利润 (2023.03净利润)
（未披露）亿日元	**0.4** 亿日元

埃赛力达特种光源（株）

【未上市】エクセリタスノーブルライトジャパン株式会社

https://www.heraeus.com/jp/hng/home_hng/home_noblelight.html

生产和销售键合金丝、键合镀金银丝、键合银丝、铜质和镀铜键合线、键合铝丝、粗键合铝丝、粗键合铜丝等产品。

销售收入	营业利润
（未披露）亿日元	（未披露）亿日元

极细半导体用键合金线

田中贵金属集团（株）

　　键合金线是 IC、LSI 等半导体器件的制造工序之一的"引线键合"工序中使用的细金属线，是半导体器件与外部器件之间交换电力和电信号的连接材料。在半导体制造的前工序中制造的 IC 芯片将在后工序中与晶圆片分离，并一颗一颗地固定到封装内被称为引线框架的金属板上。之后，使用接合线连接芯片电极和引线框架。

　　键合金线在半导体器件制造的后工序中被用作连接半导体元件的电极焊盘和引线框架的材料。

　　引线键合工序是将引线连接到电极，使引线变形成环，将引线连接到外部端子后，高速重复切断导线的过程。

　　引线键合所使用的连接线过去一般由金制成，但是十几年前铜作为金的替代材料已经被快速用于键合线的制造中，它的部分优势包括较高的导电性和导热性，较少形成金属互化物，同时具备更好的机械稳定性。

参考资料　一般社团法人　东京都千代田区六番町 3 番地 六号町 SK 大厦 6F
日本半导体制造装置协会　电话：03(3261)8260　https://www.seaj.or.jp

18 半导体材料生产关联企业

半導体材料生産関連企業

半导体制造装置

工业机器人

传感器

计量设备

林纯药工业（株）

【未上市】林純薬工業株式会社

https://www.hpc-j.co.jp/

主要生产半导体制造中所用的各种刻蚀液、显影液、光刻胶剥离液等。

销售收入	(2023.12)	营业利润	
161 亿日元		（未披露）亿日元	

关东电化工业（株）

【4047】関東電化工業株式会社

https://www.kantodenka.co.jp/

日本工业特殊气体生产企业，其中主力产品有半导体制造用刻蚀和清洁用各种氟系气体。

销售收入	营业利润	(亏损)
647 亿日元	**-20** 亿日元	

（株）力森诺科 RESONAC

【4004】株式会社レゾナック・ホールディングス

https://www.resonac.com/jp

主要提供半导体晶圆的刻蚀、成膜、洗净等工艺，以及其他用途的高纯度气体。

销售收入	(2023.12)	营业利润	(亏损)
12,888 亿日元		**-38** 亿日元	

（株）ADEKA

【4401】株式会社ADEKA

https://www.adeka.co.jp/

生产高纯度半导体材料、光酸产生剂、电子线路板刻蚀装置及光固化树脂、光引发剂和其他高纯度刻蚀用气体等。

销售收入	营业利润
3,998 亿日元	**354** 亿日元

日产化学（株）

【4021】日産化学株式会社

https://www.nissanchem.co.jp/

半导体制造用主要产品有用于光刻工艺的防反射涂层材料，通过在光刻胶下的防反射材料，可解决曝光时的各种问题，产品可对应i线至ArF的线幅。

销售收入	营业利润
2,267 亿日元	**482** 亿日元

古河机械金属（株）

【5715】古河機械金属株式会社

https://www.furukawakk.co.jp/

是日本国内唯一一家可生产半导体制造中所需的高纯度金属砷的企业，并占有全球最高市场份额。

销售收入	营业利润
1,882 亿日元	**85** 亿日元

　　半导体制造用高纯度气体指的是在半导体制造过程中使用纯度达到99.999%，甚至更高的气体，使用这些具有极高纯度的气体，目的主要是避免杂质对半导体器件性能产生不良影响，如引起漏电、短路等问题。这些特殊高纯度化学气体的稳定性极好，在半导体制造的各种复杂工艺条件下能保持稳定，不会发生不必要的化学反应。此外，这些化学气体具有特定的物理化学性质，能满足特定工艺的需求，比如某些气体用于刻蚀特定材料，有些用于掺杂改变半导体的电学性能等。当然，这些高纯度特殊化学气体从生产、储存到输送等各个环节都有严格的质量管控，以确保气体的纯度和品质始终符合要求。

　　常见的半导体制造用高纯度气体包括氮气、氢气、氧气、氩气、氦气，以及氟化氢、磷化氢、砷化氢等特种气体，正是有了这些高纯度气体，半导体制造过程中的精确控制才得以实现。

19

晶圆吸附装置关联企业

ベルヌーイチャック関連企業

(株) JEL

【未上市】株式会社ジェーイーエル

https://www.jel-robot.co.jp/

生产半导体搬运机械手臂、玻璃基板搬运机械手臂、4轴圆柱坐标洁净机械手臂等。

销售收入	(2023.05)	营业利润	
145 亿日元		（未披露）	亿日元

SMC (株)

【6273】SMC株式会社

https://www.smcworld.com/

生产和制造非接触式卡盘，用于辅助非接触式工件搬运。

销售收入	营业利润
7,768 亿日元	**1,962** 亿日元

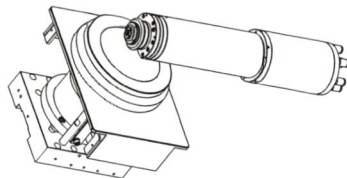

伯努利吸盘

泛林集团 (美国)

【Nasdaq: LRCX】LAM RESEARCH CORPORATION

https://www.lamresearch.com/

全球著名的半导体设备提供商。

销售收入	(2023.06)	营业利润
174.28 亿美元		**51.74** 亿美元

Fluoro机械 (株)

【未上市】フロロメカニック株式会社

https://www.furoro.jp/

生产和销售晶圆吸附头，以及生产用于非接触式运输的伯努利吸盘，可以运输尺寸为2英寸至12英寸的晶圆。

销售收入	营业利润	
（未披露） 亿日元	（未披露）	亿日元

(株) Harmotec

【未上市】株式会社ハーモテック

https://harmotec.com/

生产专用于特殊晶圆传送的机械手。 1993年成功产出了厚度为50微米的晶圆，并在圆筒室内产生了高速旋转流。利用旋转流中心的负压以非接触方式夹持晶圆。

销售收入	(2023.03)	营业利润	
3.5 亿日元		（未披露）	亿日元

伯努利吸盘

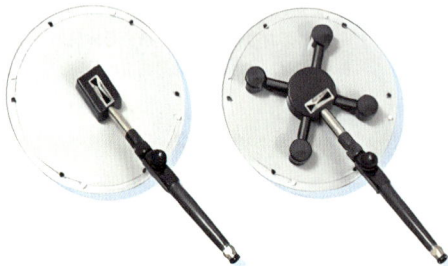

在半导体制造现场抓取轻薄晶圆片时，主要使用不损失工件的非接触性晶圆吸盘，晶圆吸附装置常见的有真空吸盘、伯努利吸盘、静电吸盘几种，其中伯努利吸盘是一种利用流体流动能量守恒定律（伯努利定理）的非接触性卡盘，这种吸盘的最大优势是在吸附过程中对晶圆表面几乎没有接触压力，适用于吸附表面非常脆弱、不能承受传统真空吸盘吸附压力的晶圆，譬如一些超薄、高精度的晶圆片。

参考资料　一般社团法人
日本半导体制造装置协会　东京都千代田区六番町 3 番地 六号町 SK 大厦 6F
电话：03(3261)8260　https://www.seaj.or.jp

▶ 近年日本企业和外国企业在日投资的主要半导体工厂

投资企业	生产规划	生产地点	投资金额 (参考)
JASM（株）第一工厂	22~28纳米、12~16纳米逻辑电路	九州熊本县菊池郡	约 10,000 亿日元
JASM（株）第二工厂	12~16纳米逻辑电路	九州熊本县菊池郡	不明
JASM（株）第三工厂	（计划中）		不明
索尼集团（株）	CMOS图像传感器	九州熊本县合志市	9,000 亿日元
JSMC（株）（SBI·PSMC）	40~28纳米逻辑电路	宫城县仙台市大衡村	约 8,000 亿日元
三菱电机（株）	SiC功率半导体	九州熊本县菊池郡	约 1,000 亿日元
罗姆（株）	SiC功率半导体	九州福冈县筑后市	1,700 亿日元
Rapidus（株）	2纳米尖端逻辑电路	北海道千岁市	3,300亿~50,000 亿日元
铠侠控股（株）	闪存存储器	岩手县北上市	约 10,000 亿日元
东芝（株）	功率半导体	石川县能美市加贺	约 2,000 亿日元
（株）SUMCO	硅晶圆片	九州佐贺县伊万里	2,015 亿日元
京瓷（株）	半导体关联部品	九州长崎县谏早市	620 亿日元
东京电子（株）	涂布机工作台/洗净装置等	九州熊本县合志市	300 亿日元
瑞萨电子（株）	功率半导体	山梨县甲府市	900 亿日元
美光科技（美国）	次世代DRAM	广岛县东广岛市	约 5,000 亿日元

资料来源：《东洋经济周刊》2023 年 10 月 7 日，第 36 页，根据《东洋经济周刊》和下述参考资料制成。
注 1：JSMC 为中国台湾半导体代工企业力晶积成（PSMC）与日本金融企业 SBI 集团合资建设的企业。注 2：Rapidus 公司由丰田汽车、电装、索尼集团、NTT、NEC、软银、铠侠、三菱 UFJ 银行共同出资设立。
参考资料 1：NHK2023 年 5 月 18 日报道"米マイクロンテクノロジー 広島の工場など最大 5000 億円投資へ"。
参考资料 2：NHK2023 年 5 月 25 日报道"ソニーグループ 熊本県内 2 か所目の半導体工場建設方針を発表"。
参考资料 3：《日本经济新闻》2022 年 3 月 31 日报道"東京エレクトロン、熊本の工場に開発棟 300 億円投資"。
参考资料 4：EE Times Japan 2023 年 11 月 8 日报道"ロームが宮崎の工場取得完了、SiC パワー半導体や基板生産へ"。
参考资料 5：NHK2023 年 9 月 1 日报道"先端半導体国産化へ 「Rapidus（ラピダス）」新工場 起工式"。
参考资料 6：東芝デバイス＆ストレージ株式会社 2022 年 2 月 4 日发表"300mm ウエハー対応パワー半導体新製造棟の建設決定について"。
　　　　 ～第 1 期分の稼働により生産能力を 2.5 倍に増強～
参考资料 7：《日本经济新闻》2022 年 3 月 23 日报道"キオクシア、岩手にメモリー工場棟建設発表 1兆円規模"。
参考资料 8：《日本经济新闻》2023 年 11 月 14 日报道"SBI と台湾力晶、宮城県で大学と先端半導体を開発へ"。

▶ 近年全球半导体产业的巨额投资企业

国家	企业	投资地	投资规划	投资金额
美国	英特尔 intel	波兰 菲罗茨瓦夫（Wroclaw）	封装、检测	约 6,000亿日元
中国台湾	台积电 tsmc	德国 德累斯顿（Dresden）	逻辑电路	约 14,500亿日元
美国	英特尔 inyel	德国 马格德堡（Magdeburg）	逻辑电路	约 43,000亿日元
美国	科锐旗下部门Wolfspeed	德国 恩斯多夫(Ensdorf)	SiC功率半导体	约 3,900亿日元
瑞士	ST Microelectronics	法国 克罗勒（Krol）	逻辑电路	约 10,000亿日元
美国	英特尔 intel	以色列 海法（Haifa）	逻辑电路	约 30,000亿日元
美国	德州仪器 Texas Instruments	马来西亚 吉隆坡、马六甲	封装、检测	约 4,400亿日元
德国	英飞凌科技 Infineon Technologies AG	马来西亚 居林（Kulin）	SiC功率半导体	约 7,000亿日元
美国	美光科技 Micron Technology	印度 古吉拉特邦	封装、检测	约 3,500亿日元
瑞士	ST Microelectronics	中国 重庆	SiC功率半导体	约 4,100亿日元
中国台湾	台积电 tsmc	美国 亚利桑那州凤凰城	逻辑电路	约 50,000亿日元
韩国	三星电子 Samsung	美国 得克萨斯州	逻辑电路	约 30,000亿日元
美国	英特尔 intel	美国 俄亥俄州	逻辑电路	约 26,000亿日元

资料来源：《东洋经济周刊》2023 年 10 月 7 日，第 36~37 页。

半导体制造装置

工业机器人

传感器

计量设备

20

光酸产生剂关联企业

光酸発生剤関連企業

（株）三和化学

【未上市】株式会社三和ケミカル

https://www.sanwa-chemical.co.jp/

生产和销售光酸产生剂相关产品，如三聚氰胺甲醛树脂、烷基化脲树脂、酸发生剂、紫外线吸收剂等。

销售收入	营业利润 （2024.01净损失）
（未披露） 亿日元	-0.3 亿日元

San-Apro（株）

【未上市】サンアプロ株式会社

https://www.san-apro.co.jp/

研发制造各种类型光酸产生剂，产品以三芳基锍盐型光酸产生剂为主，类型包括高灵敏度型、长波长吸收型等。

销售收入	营业利润 （2023.03净利润）
（未披露） 亿日元	5.3 亿日元

EIWEISS化学（株）

【未上市】アイバイツ株式会社

http://www.eiweiss.co.jp/index.html

开发新型光酸产生剂EEPAG，改善了传统离子型光酸产生剂的缺点，与有机介质高度兼容，储存稳定且性能高。

销售收入	营业利润
（未披露） 亿日元	（未披露） 亿日元

日本碳化物工业（株）

【4064】日本カーバイド工業株式会社

https://www.carbide.co.jp/

主要生产光酸产生剂，用于电子材料、油漆、油墨、涂料、黏合剂、抗蚀剂等领域。

销售收入	营业利润
432 亿日元	8 亿日元

东洋合成工业（株）

【4970】東洋合成工業株式会社

https://www.toyogosei.co.jp/

提供高纯度的化学增幅型光酸产生剂（PAG），主要用于半导体集成电路的微细加工，此外也制造和开发其他种类光酸产生剂。

销售收入	营业利润
319 亿日元	35 亿日元

光酸产生剂是指在紫外线等光照射下产生酸的化合物。该化合物通过产生的酸驱动其他化合物反应生成材料。这种酸用于促进阳离子光聚合引发的阳离子光聚合引发剂，并用作光刻时使用的抗蚀剂的光酸生成剂。

光酸产生剂用于光固化性树脂的固化工艺。光固化性树脂是一种在光照下发生聚合反应并硬化的材料。光酸产生剂暴露于光时会产生酸，并且该酸会引发聚合反应。环氧树脂是光固化黏合剂的典型材料。光酸产生剂也用作光刻工艺中的抗蚀剂材料。光刻技术是半导体和液晶显示器生产中的一项重要技术。该过程使用不透光掩膜将图案转印到基板上。光酸产生剂通过将其暴露于穿过掩膜的光来产生酸。该酸刻蚀基材表面并形成图案。

参考资料　一般社团法人　东京都千代田区六番町 3 番地 六号町 SK 大厦 6F
日本半导体制造装置协会　电话：03(3261)8260　https://www.seaj.or.jp

▶ 近年日本对半导体材料、装置进行的大规模财政补贴

主要补助对象 （企业名称）	投资额 （亿日元）	最大补助额 （亿日元）	补助内容	资金来源
Rapidus（株） ラピダス	不明	3,300	尖端逻辑电路（2纳米）	5G+基金
Japan Advanced Semiconductor Manufacturing（株） JASM（株）	超过1万亿	4,760	逻辑电路（22~28纳米，12~16纳米）	先进半导体基金
铠侠控股（株）（Kioxia Holdings Corporation） キオクシアホールディングス（株）注：东芝40.63%、贝恩资本56.24%、HOYA3.13%	2,788	929	3次元闪存储器	先进半导体基金
美光（日本） マイクロンメモリジャパン（合）	1,394	464	尖端存储器（DRAM）	先进半导体基金
（株）SUMCO （株）SUMCO	2,250	750	硅晶圆片	经济安保基金
揖斐电（株） イビデン（株）	不明	405	高性能封装基板	经济安保基金
新光电气工业（株） 新光電気工業（株）	533	178	次世代封装基板	经济安保基金
瑞萨电子（株） ルネサンスエレクトロニクス（株）	477	159	汽车·产业Iot等行业用MCU	经济安保基金
佳能（株） キヤノン（株）	333	111	i线光刻装置及KrF光刻装置	经济安保基金
（株）RESONAC/（株）RESONAC控股山形 （株）レゾナック/（株）レゾナックHD山形	309	103	SiC 晶圆片	经济安保基金
住友电气工业（株） 住友電気工業（株）	300	100	SiC 晶圆片	经济安保基金

资料来源：《东洋经济周刊》2023 年 10 月 7 日，第 38 页。

▶ 近年全球主要国家对半导体巨额投资预算

美国	欧洲	日本	中国	印度
芯片与科学法案 （CHIPS法）	欧盟芯片法案 （The European Chips Act）	5G促进法 经济安全保障推进法	国家集成电路产业投资基金	印度半导体任务 （Indian semicondutor mission）

<table>
<tr><td>

提供总额为527亿美元的补助，其中：
390亿美元为半导体投资企业提供投资补助，110亿美元为半导体研究开发企业提供研发补助。
投资额的25%可在4年间进行税务抵扣。
台积电投资美国凤凰城400亿美元的工厂建设补助金额未定。

</td><td>

将调动430亿欧元的公共和私人投资（其中33亿欧元来自欧盟预算），目标到2030年将欧盟在全球的半导体市场的份额从现在的10%提高到至少20%。该法案从2023年9月21日生效。
德国政府已决定给英特尔在德投资工厂补助99亿欧元，以及给英飞凌的工厂建设10亿欧元补助。
此外，法国政府给予瑞士ST Microelectronics 29亿欧元作为补助。

</td><td>

设立尖端半导体基金4,500亿日元；经济安保基金3,686亿日元；5G+基金4,850亿日元；合计约13,000亿日元。
（2022年度补充预算）
JASM（株）熊本第一工厂最大补助4,760亿日元；Rapidus（株）合计补助3,300亿日元；此外生产硅晶圆的（株）SUMCO、生产封装基板的揖斐电（株）以及生产半导体材料和生产装置的企业均可获补助。

</td><td>

半导体关联技术投资超过50,000亿日元；
地方政府半导体基金超过50,000亿日元；
此外，投资企业免除或减免法人税等。
中国正在自主建设自己的半导体产业链。
因在最尖端的半导体领域受限，主要投资面向成熟制程半导体生产线。

（注：此处投资金额以日元为单位是由《东洋经济周刊》制表时根据当时汇率换算。）

</td><td>

可以给予半导体工厂投资额最大50%的补助。

给予美光科技投资的新工厂最大8亿美元补助。

</td></tr>
</table>

资料来源：《东洋经济周刊》2023 年 10 月 7 日，第 37 页。

半导体制造装置

工业机器人

传感器

计量设备

引线键合设备关联企业

ワイヤーボンダ関連企業

涩谷工业 (株)

【6340】涩谷工業株式会社

https://www.shibuya.co.jp/

生产FB-e18 焊线机,可将 IC 和 LED 连接到电子板上,配备高速、高精度图像处理引擎、相机及4倍镜头。

销售收入	(2023.06)	营业利润	
978 亿日元		**80** 亿日元	

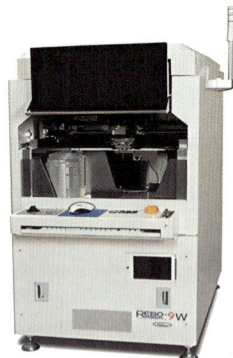

半导体生产线使用的引线键合设备

超音波工业 (株)

HISOL (株)

【未上市】ハイソル株式会社

https://www.hisol.jp/

主要产品包括手动楔焊机、台式手动楔焊线机、手动球焊机和凸点焊机、半自动焊线机以及半自动多楔焊线机等。

销售收入	(2022.12)	营业利润	
12 亿日元		（未披露） 亿日元	

兼松PWS (株)

【未上市】兼松PWS株式会社

https://www.pwsj.co.jp/

生产高速、高精度焊线机,其中某些选件可实现实时控制,设备还配备了健康检查和预测性维护等功能。

销售收入		营业利润	(2023.03净利润)
（未披露） 亿日元			**0.4** 亿日元

大途电子 (株)

【7609】ダイトロン株式会社

https://www.daitron.co.jp/

生产半自动粗线焊线机,该产品可以高精度和重复性地焊接粗铝线和粗铜线,支持多芯片,可进行多线接合,通过程序/图案识别可实现自动焊接。

销售收入	(2023.12)	营业利润	
921 亿日元		**59** 亿日元	

超音波工业 (株)

【未上市】超音波工業株式会社

https://www.cho-onpa.co.jp

生产和销售多种类型超声波旋转机头焊线机,可实现通过波形数据显示监控焊线状态,触摸屏,以及多点同时识别机能。

销售收入	(2023.03)	营业利润	
45 亿日元		**3.2** 亿日元	

Techno Alpha (株)

【3089】テクノアルファ株式会社

https://www.technoalpha.co.jp/

生产和销售铝线焊线机/带式焊线机,用于电源模块的新型焊线机/带式焊线机,铝粗线/细线/带状线楔焊机等。

销售收入	(2023.11)	营业利润	
43 亿日元		**2** 亿日元	

(株) 新川

【未上市】株式会社新川

https://www.yamaha-robotics.com/corporate/outline/shinkawa

生产和销售高速焊线机（铜线、金线）,可用于宽框架、LED及半导体等。

销售收入		营业利润	(2023.12净损失)
（未披露） 亿日元			**-4.8** 亿日元

引线键合设备是用于完成半导体器件中引线键合工艺的专用设备。

它的主要作用是将芯片上的焊点与外部引脚或基板上的焊点通过金属引线进行连接,从而实现电气导通。该设备一般是通过加热或施加超声波等方式,使金属引线的端部形成一定的塑性变形。然后利用键合工具将引线精确地放置在芯片上的焊点和外部引脚或基板上的焊点之间,并施加一定的压力使引线与焊点紧密接触。由于温度升高金属表面原子活性增强,促进原子间的扩散和结合,最终形成牢固的金属键连接。超声键合是利用超声波振动产生的机械能,使引线和焊点表面的氧化物等杂质被去除,同时促进金属原子间的相互作用实现键合。该工艺需要精确控制温度、压力、超声波等参数,以确保键合的质量和可靠性。

参考资料　一般社团法人　东京都千代田区六番町 3 番地 六号町 SK 大厦 6F
日本半导体制造装置协会　电话：03(3261)8260　https://www.seaj.or.jp

SPT JAPAN KK

【未上市】SPT JAPAN KK

https://www.smallprecisiontools.com

提供各种类型的半导体键合工具，从芯片粘贴到焊线，包括贴片工具，各种正装和倒装的吸嘴，球焊劈刀，楔焊劈刀。

销售收入	营业利润
（未披露）　亿日元	（未披露）　亿日元

（株）Kaijo

【未上市】株式会社カイジョー

https://www.kaijo.co.jp/

主要生产各种类型超声波热压球焊机（金、铜、银）以及激光焊线机，通过高精度的焊锡技术，实现高生产率。

销售收入	营业利润
（未披露）　亿日元	（未披露）　亿日元

L-TEC（株）

【未上市】エルテック株式会社

https://www.ltecinc.co.jp/

焊线机制造商，生产全自动焊线机用于焊接铝带、铜带等，以及半自动/手动焊线机用于研究和开发原型设计/实验以及中小型生产。

销售收入	营业利润
（未披露）　亿日元	（未披露）　亿日元

（株）INGS 信浓

【未上市】株式会社イングスシナノ

https://www.ings-s.co.jp/

生产产品包括焊线机（金线/铜线）、旋转头（自动）铝细线焊线机、焊线机（金线）、铝粗线焊线机等。

销售收入	营业利润
（未披露）　亿日元	（未披露）　亿日元

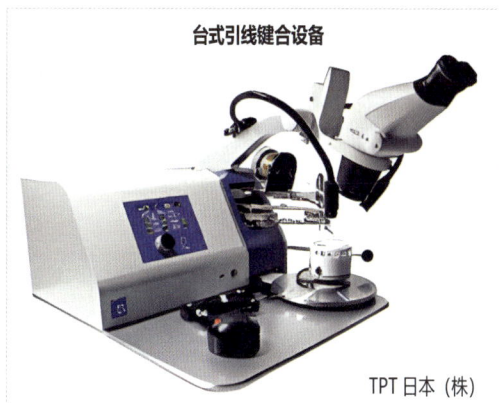

台式引线键合设备

TPT 日本（株）

TPT日本（株）

【未上市】TPTジャパン株式会社

https://www.tpt-japan.com/

TPT开发了世界上第一个HB系列，可以在不更换焊头的情况下进行楔焊和球焊，之后一直为用户提供多种功能台式引线键合设备。

销售收入	营业利润
（未披露）　亿日元	（未披露）　亿日元

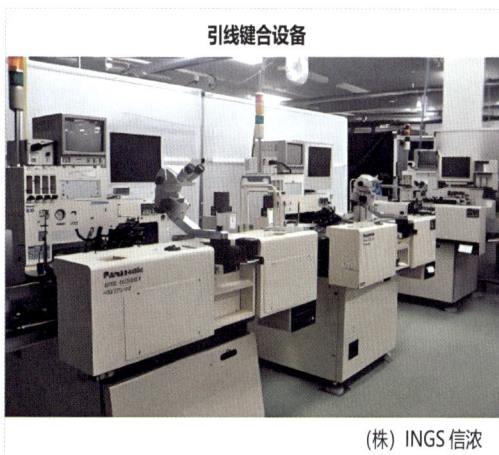

引线键合设备

（株）INGS 信浓

引线键合设备的精度对半导体封装有着重要影响：①键合质量，高精度能确保引线与焊点之间形成良好、牢固的连接，避免出现虚焊、脱焊，从而保障半导体器件的可靠性和稳定性。②电气性能，精确的键合有助于实现良好的电气导通，减少电阻、电容等参数的波动，提升半导体器件的电气性能表现。③信号传输，对于高速传输信号的半导体器件，高精度的键合设备可减少信号失真、延迟等问题，保证信号传输的准确性和完整性。④封装密度，可以在更小的空间内实现更精准的键合，有利于提高封装密度，满足半导体器件小型化、集成化的发展需求。⑤成品率，高键合精度能降低因键合不良导致的次品率，提高整体成品率，降低生产成本。⑥长期可靠性，使半导体器件在长期使用过程中保持稳定的性能，减少因键合缺陷引发的故障风险。

附

日本半导体产业关联领军企业

日本半导体产业関連リーディングカンパニー

▶ 日本市值最高的 50 家半导体产业关联企业 (2023 年 3 月期)

序	上市代码	企业名称 中文	企业名称 日文	市值总额 (亿日元)	PER (倍)
1	8035	东京电子（株）	東京エレクトロン（株）	100,151.2	33.3
2	4063	信越化学工业（株）	信越化学工業（株）	93,899.0	17.7
3	6902	（株）电装	（株）デンソー	78,195.6	16.6
4	7741	保谷（株）	HOYA（株）	57,928.8	31.8
5	6723	瑞萨电子（株）	ルネサンスエレクトロニクス（株）	45,886.5	14.8
6	6503	三菱电机（株）	三菱電機（株）	40,141.9	15.4
7	6857	（株）爱德万	（株）アドバンテスト	31,909.7	40.9
8	6146	（株）迪斯科	（株）ディスコ	29,579.0	42.2
9	4091	日本酸素（株）	日本酸素（株）	15,647.6	18.8
10	7911	凸版印刷（株）	凸版印刷（株）	12,290.3	27.3
11	4062	揖斐电（株）	イビデン（株）	11,774.5	32.2
12	7912	大日本印刷（株）	大日本印刷（株）	11,745.1	13.6
13	6504	富士电机（株）	富士電機（株）	10,367.1	15.4
14	4185	JSR（株）	JSR（株）	8,431.8	35.1
15	6967	新光电气工业（株）	新光電気工業（株）	8,130.5	21.9
16	7735	（株）SCREENHD	（株）SCREENHD	7,339.8	12.6
17	7731	（株）尼康	（株）ニコン	5,845.0	16.6
18	6526	Socionext（株）	ソシオネット（株）	5,614.8	26.7
19	3132	MACNICA（株）	マクニカHD（株）	4,022.6	9.5
20	4186	东京应化工业（株）	東京応化工業（株）	3,928.9	29.1
21	7729	（株）东京精密	（株）東京精密	3,224.8	18.4
22	5384	（株）FUJIMI INCORPORATED	（株）フジミインコーポレーテッド	2,579.1	28.6
23	6707	三垦电气（株）	サンケン電気（株）	2,406.9	17.1
24	6323	乐孜（株）	ローツェ（株）	2,012.7	12.8
25	8154	加贺电子（株）	加賀電子（株）	1,911.5	9.8
26	6368	奥加诺（株）	オルガノ（株）	1,854.3	16.5
27	4043	（株）德山	（株）トクヤマ	1,773.0	8
28	7433	伯东（株）	伯東（株）	1,235.5	22.8
29	8140	（株）RYOSAN	（株）リョーサン	1,086.2	21.7
30	2760	东京电子设备（株）	東京エレクトロ デバイス（株）	1,081.1	12.2
31	6590	芝浦机电一体化（株）	芝浦メカトロニクス（株）	1,039.9	19.9
32	6490	NIPPON PILLAR PACKING（株）	日本ピラー工業（株）	1,032.9	12.1
33	4369	（株）TCLC研究所	（株）トリケミカル研究所	974.9	36.1
34	6315	TOWA（株）	TOWA（株）	946.6	16.5
35	8068	菱洋电子（株）	菱洋エレクトロ（株）	881.7	11.7
36	6875	（株）Mega Chips	（株）メガチップス	866.4	24.7
37	6871	（株）日本微电子学	（株）日本マイクロニクス	848.5	33.9
38	6254	野村微科学（株）	野村マイクロ・サイエンス（株）	649.7	12
39	4187	大阪有机化学工业（株）	大阪有機化学工業（株）	573.0	20.4
40	6266	龙云（株）	タツモ（株）	456.9	22.8
41	4109	Stellachemifa（株）	ステラ ケミファ（株）	430.7	26.1
42	6627	（株）Tera Probe	（株）テラプローブ	410.2	12.2
43	6387	莎姆克（株）	サムコ（株）	379.6	27.7
44	7420	佐鸟电机（株）	佐鳥電機（株）	315.5	12.6
45	6298	Y.A.C.控股（株）	ワイエイシイHD（株）	277.6	12
46	6882	（株）三社电机制作所	（株）三社電機製作所	215.2	15.3
47	6227	AI MECHATEC（株）	AIメカテック（株）	162.4	18.4
48	6658	Shirai电子工业（株）	シライ電子工業（株）	88.4	5.8
49	6862	MINATO控股（株）	ミナトHD（株）	57.5	3.7
50	6656	INSPEC（株）	インスペック（株）	53.6	178.4

资料来源：《东洋经济周刊》2023 年 10 月 7 日，第 79 页。

参考资料 一般社团法人 东京都千代田区六番町 3 番地 六号町 SK 大厦 6F
日本半导体制造装置协会 电话：03(3261)8260 https://www.seaj.or.jp

► 日本市值最高的 50 家半导体产业关联企业 (2024 年 3 月期)

序	上市代码	企业名称（中文）	企业名称（日文）	市值总额（亿日元）	PER（倍）
1	8035	东京电子（株）	東京エレクトロン（株）	130,289	28.6
2	4063	信越化学工业（株）	信越化学工業（株）	126,187	23.6
3	6902	（株）电装	（株）デンソー	74,744	13.1
4	7741	保谷（株）	HOYA（株）	64,243	35.5
5	6503	三菱电机（株）	三菱電機（株）	51,742	16.2
6	6146	（株）迪斯科	（株）ディスコ	49,963	59.3
7	6723	瑞萨电子（株）	ルネサンスエレクトロニクス（株）	45,680	12.9
8	6857	（株）爱德万	（株）アドバンテスト	42,176	60.7
9	4091	日本酸素（株）	日本酸素（株）	18,775	17.9
10	7912	大日本印刷（株）	大日本印刷（株）	13,441	12.6
11	7911	凸版印刷（株）	凸版印刷（株）	13,057	22.8
12	7735	（株）SCREENHD	（株）SCREENHD	12,937	16.5
13	6504	富士电机（株）	富士電機（株）	12,124	14.4
14*	4185	JSR（株）	JSR（株）	8,432	35.1
15	4062	揖斐电（株）	イビデン（株）	8,043	30.7
16	6967	新光电气工业（株）	新光電気工業（株）	7,651	25.5
17	7731	（株）尼康	（株）ニコン	5,861	19.3
18	6526	Socionext（株）	ソシオネクト（株）	5,381	27.6
19	4186	东京应化工业（株）	東京応化工業（株）	4,839	23.2
20	7729	（株）东京精密	（株）東京精密	4,230	20.9
21	6323	乐孜（株）	ローツェ（株）	4,084	17.8
22	3132	MACNICA（株）	マクニカHD（株）	3,477	8.2
23	6368	奥加诺（株）	オルガノ（株）	3,018	18.6
24	5384	（株）FUJIMI INCORPORATED	（株）フジミインコーポレーテッド	2,328	33.2
25	6871	（株）日本微电子学	（株）日本マイクロニクス	2,213	51.7
26	6315	TOWA（株）	TOWA（株）	2,129	24.1
27	4043	（株）德山	（株）トクヤマ	2,095	8.4
28	6707	三垦电气（株）	サンケン電気（株）	1,792	–
29	8154	加贺电子（株）	加賀電子（株）	1,527	7.8
30	6254	野村微科学（株）	野村マイクロ・サイエンス（株）	1,389	14.9
31	6490	NIPPON PILLAR PACKING（株）	日本ビラー工業（株）	1,238	12.8
32	2760	东京电子设备（株）	東京エレクトロ デバイス（株）	1,197	13.2
33	7433	伯东（株）	伯東（株）	1,152	19.1
34	4369	（株）TCLC研究所	（株）トリケミカル研究所	1,120	30
35	6590	芝浦机电一体化（株）	芝浦メカトロニクス（株）	1,095	14.3
36*	8140	（株）RYOSAN	（株）リョーサン	1,086	21.7
37*	8068	菱洋电子（株）	菱洋エレクトロ（株）	882	11.7
38	6875	（株）Mega Chips	（株）メカチップス	853	14.8
39	4187	大阪有机化学工业（株）	大阪有機化学工業（株）	765	19.5
40	4109	Stellachemifa（株）	ステラ ケミファ（株）	537	18.8
41	6266	龙云（株）	タツモ（株）	468	15.1
42	6627	（株）Tera Probe	（株）テラプローブ	368	8.8
43	7420	佐鸟电机（株）	佐鳥電機（株）	363	11.6
44	6387	莎姆克（株）	サムコ（株）	330	24
45	6298	Y.A.C. 控股（株）	ワイエイシイHD（株）	214	10.1
46	6882	（株）三社电机制作所	（株）三社電機製作所	149	13.5
47	6227	AI MECHATEC（株）	AIメカテック（株）	138	86.1
48	6658	Shirai电子工业（株）	シライ電子工業（株）	94	6.2
49	6862	MINATO控股（株）	ミナトHD（株）	56	10.8
50	6656	INSPEC（株）	インスペック（株）	42	51.9

资料来源：根据各企业最新财务报表数据制成。　*该企业已退市，所用数据仍为 2023 年 3 月期的数据。

半导体制造装置

工业机器人

传感器

计量设备

東京都千代田区六番町 3 番地　六番町 S K ビル 6F
電話：03(3261)8260　https://www.seaj.or.jp/
一般社団法人
日本半導体製造装置協会
参考资料
067

▶ 日本半导体产业关联企业收益最高的 50 家企业 (2023 年 3 月期)

序	上市代码	企业名称 中文	企业名称 日文	本期销售额 (亿日元)	本期营业利润 (亿日元)
1	6902	（株）电装	（株）デンソー	69,500	6,200.0
2	6503	三菱电机（株）	三菱電機（株）	52,000	3,300.0
3	7751	佳能（株）	キヤノン（株）	43,630	4,000.0
4	6723	瑞萨电子（株）	ルネサンスエレクトロニクス（株）	14,800	4,200.0
5	4091	日本酸素（株）	日本酸素（株）	12,300	1,400.0
6	3132	MACNICA（株）	マクニカHD（株）	11,000	660.0
7	6504	富士电机（株）	富士電機（株）	10,800	1,000.0
8	7741	保谷（株）	HOYA（株）	7,500	2,250.0
9	8154	加贺电子（株）	加賀電子（株）	5,500	280.0
10	3156	（株）Restar	（株）レスターHD	5,000	100.0
11	7735	（株）SCREENHD	（株）SCREENHD	4,950	850.0
12	3436	（株）SUMCO	（株）SUMCO	4,200	750.0
13	6370	栗田工业（株）	栗田工業（株）	3,950	410.0
14	4043	（株）德山	（株）トクヤマ	3,800	300.0
15	6146	（株）迪斯科	（株）ディスコ	2,700	1,000.0
16	6707	三垦电气（株）	サンケン電気（株）	2,400	380.0
17	2760	东京电子设备（株）	東京エレクトロ デバイス（株）	2,350	138.0
18	6526	Socionext（株）	ソシオネット（株）	2,325	312.0
19	6890	（株）Ferrotec Holdings Corporation	（株）フェローテックHD	2,200	325.0
20	6920	Lasertec（株）	レーザーテック（株）	1,990	715.0
21	7433	伯东（株）	伯東（株）	1,900	80.0
22	8141	新光商事（株）	新光商事（株）	1,790	60.0
23	4186	东京应化工业（株）	東京応化工業（株）	1,640	235.0
24	7420	佐鸟电机（株）	佐鳥電機（株）	1,550	43.0
25	6368	奥加诺（株）	オルガノ（株）	1,500	160.0
26	8068	菱洋电子（株）	菱洋エレクトロ（株）	1,280	43.0
27	8155	三益半导体工业（株）	三益半導体工業（株）	900	110.0
28	6323	乐孜（株）	ローツェ（株）	880	216.0
29	6254	野村微科学（株）	野村マイクロ・サイエンス（株）	630	75.0
30	6590	芝浦机电一体化（株）	芝浦メカトロニクス（株）	590	73.0
31	6490	NIPPON PILLAR PACKING（株）	日本ピラー工業（株）	570	125.0
32	3445	（株）RS Technologies	（株）RS Technologies	508	131.0
33	9880	INNOTECH（株）	イノテック（株）	430	30.0
34	6298	Y.A.C.控股（株）	ワイエイシイHD（株）	370	37.0
35	6627	（株）Tera Probe	（株）テラプローブ	347	67.3
36	6266	龙云（株）	タツモ（株）	314	31.0
37	6658	Shirai电子工业（株）	シライ電子工業（株）	310	27.0
38	6882	（株）三社电机制作所	（株）三社電機製作所	305	20.0
39	6862	MINATO控股（株）	ミナトHD（株）	230	10.0
40	6227	AI MECHATEC（株）	AIメカテック（株）	200	14.2
41	5217	泰谷诺TECHNO（株）	テクノクオーツ（株）	190	36.5
42	6840	（株）AKIBAHD	（株）AKIBAHD	185	10.0
43	6730	（株）Axell	（株）アクセル	165	17.0
44	6338	（株）Takatori	（株）タカトリ	150	20.0
45	6918	（株）AVAL DATA	（株）アバールデータ	130	26.0
46	6668	（株）ADTEC plasma technology	（株）アドテックプラズマテクノロジー	128	22.5
47	6387	莎姆克（株）	サムコ（株）	86	20.0
48	6769	THine Electronics（株）	ザインエレクトロニクス（株）	67	7.1
49	6614	（株）SHIKINO	（株）シキノハイテック	67	5.6
50	6656	INSPEC（株）	インスペック（株）	23	0.7

资料来源：《东洋经济周刊》2023 年 10 月 7 日，第 79 页，2023 年 3 月期（2022 年 4 月～2023 年 3 月）

一般社団法人 东京都千代田区六番町 3 番地 六号町 SK 大厦 6F
日本半导体制造装置协会 电话：03（3261）8260 https://www.seaj.or.jp

▶ 日本半导体产业关联企业收益最高的 50 家企业 (2024 年 3 月期)

序	上市代码	企业名称 中文	企业名称 日文	本期销售额 (亿日元)	本期营业利润 (亿日元)
1	6902	(株) 电装	(株) デンソー	71,447	3,806.0
2	6503	三菱电机 (株)	三菱電機 (株)	52,579	3,285.2
3	7751	佳能 (株)	キヤノン (株)	41,809	3,753.6
4	6723	瑞萨电子 (株)	ルネサンスエレクトロニクス (株)	14,691	3,907.6
5	4091	日本酸素 (株)	日本酸素 (株)	12,550	1,720.4
6	6504	富士电机 (株)	富士電機 (株)	11,032	1,060.6
7	3132	MACNICA (株)	マクニカHD (株)	10,287	637.3
8	7741	保谷 (株)	HOYA (株)	7,626	2,365.6
9	8154	加贺电子 (株)	加賀電子 (株)	5,427	258.4
10	3156	(株) Restar	(株) レスターHD	5,124	159.3
11	7735	(株) SCREENHD	(株) SCREENHD	5,049	941.6
12	3436	(株) SUMCO	(株) SUMCO	4,259	730.8
13	6370	栗田工业 (株)	栗田工業 (株)	3,848	412.3
14	4043	(株) 德山	(株) トクヤマ	3,420	256.3
15	6146	(株) 迪斯科	(株) ディスコ	3,075	1,214.9
16	2760	东京电子设备 (株)	東京エレクトロ デバイス (株)	2,428	154.2
17	6707	三垦电气 (株)	サンケン電気 (株)	2,352	195.4
18	6890	(株) Ferrotec Holdings Corporation	(株) フェローテックHD	2,224	248.7
19	6526	Socionext (株)	ソシオネット (株)	2,212	355.0
20	7433	伯东 (株)	伯東 (株)	1,820	76.3
21	8141	新光商事 (株)	新光商事 (株)	1,758	48.7
22	4186	东京应化工业 (株)	東京応化工業 (株)	1,622	227.0
23	6920	Lasertec (株)	レーザーテック (株)	1,528	622.8
24	6368	奥加诺 (株)	オルガノ (株)	1,503	225.4
25	7420	佐鸟电机 (株)	佐鳥電機 (株)	1,481	47.5
26*	8068	菱洋电子 (株)	菱洋エレクトロ (株)	1,280	43.0
27	6323	乐孜 (株)	ローツェ (株)	932	241.3
28	8155	三益半导体工业 (株)	三益半導体工業 (株)	909	111.7
29	6254	野村微科学 (株)	野村マイクロ・サイエンス (株)	730	106.4
30	6590	芝浦机电一体化 (株)	芝浦メカトロニクス (株)	675	116.8
31	6490	NIPPON PILLAR PACKING (株)	日本ピラー工業 (株)	586	142.0
32	3445	(株) RS Technologies	(株) RS Technologies	519	118.9
33	9880	INNOTECH (株)	イノテック (株)	413	24.7
34	6627	(株) Tera Probe	(株) テラプローブ	354	71.8
35	6882	(株) 三社电机制作所	(株) 三社電機製作所	310	34.0
36	6658	Shirai电子工业 (株)	シライ電子工業 (株)	288	23.0
37	6266	龙云 (株)	タツモ (株)	281	36.5
38	6298	Y.A.C. 控股 (株)	ワイエイシイHD (株)	268	20.0
39	6862	MINATO控股 (株)	ミナトHD (株)	190	12.3
40	6730	(株) Axell	(株) アクセル	175	24.2
41	5217	泰谷诺TECHNO (株)	テクノクオーツ((株)	170	36.2
42	6338	(株) Takatori	(株) タカトリ	163	24.6
43	6840	(株) AKIBAHD	(株) AKIBAHD	158	8.3
44	6227	AI MECHATEC (株)	AIメカテック (株)	154	5.8
45	6668	(株) ADTEC plasma technology	(株) アドテック プラズマ テクノロ	125	22.4
46	6918	(株) AVAL DATA	(株) アバールデータ	125	21.0
47	6387	莎姆克 (株)	サムコ (株)	78	18.5
48	6614	(株) SHIKINO	(株) シキノハイテック	71	6.0
49	6769	THine Electronics (株)	ザインエレクトロニクス (株)	50	-0.4
50	6656	INSPEC (株)	インスペック (株)	16	-2.4

资料来源：根据各企业最新财务报表数据制成。　*该企业已退市，所用数据仍为 2023 年 3 月期的数据。

右侧竖排栏目：半导体制造装置　工业机器人　传感器　计量设备

22 日本的机器人工业

日本のロボット工业

以汽车工业为中心的制造业发展，是支撑日本 20 世纪 60 年代经济高速发展最重要的支柱，与此同时，日本的机器人工业则随着制造业发展而崛起，甚至有一种说法认为成就日本经济奇迹的就是机器人工业。进入 20 世纪 80 年代后，日本的机器人工业加速发展，日本的产业界一般认为 1980 年是日本机器人工业的"元年"。40 多年过去了，现在日本的机器人工业已能执世界之牛耳。

20 世纪 50 年代美国制造业的自动化主流是专用设备制造，虽然更加先进的自动化机械也在研究开发之中，但生产现场最急需这种设备的是美国的汽车制造业，当时美国制造一台汽车所用的薄钢板压铸件上需要点焊 4000 次，其中 70% 的点焊可由多点焊接专用机来完成，而剩下的点焊位置特殊，须由熟练电焊工来完成。因此，每当流水线上进行车型转换时，不仅耗费大量时间，而且需要对专用电焊机进行改造，这就是 20 世纪 50 年代工业自动化的痛点。

工业机器人是由美国工程师德沃尔（George Charles Devol）于 1954 年发明的。但直到 1956 年德沃尔遇到了实业家恩格尔伯格（Joseph Frederick Engelberger）后，工业机器人才得以正式成形。1957~1958 年恩格尔伯格拿着德沃尔的"可编程移机方案"，筹资并创建了世界上第一家机器人公司 Unimation。1961~1962 年 Unimation 生产出世界上第一台真正的工业机器人，这台叫"Unimate"的机器人形状像大炮，是一个集真空管、液压驱动、极坐标行等于一体，可搬动 12 公斤物体的庞然大物。后来借助不断进化的"Unimate"机器人，1969 年通用汽车每小时组装汽车的效率是引入机器人之前的两倍。

1966 年日本邀请恩格尔伯格去东京进行关于工业机器人的演讲，同样的演讲在美国举行时参会者不到 10 个人，这次在东京举行的关于工业机器人的演讲盛况空前，700 位热心的日本企业经营者蜂拥而至，演讲结束后仅答疑就进行了 2 个多小时。1967~1968 年美国 Unimation 公司开始寻找可进行技术合作的日本企业，最初挑选了 7 家日本电机企业作为候补对象，最后却与 7 家电机企业之外的川崎航空机工业（1969 年川崎航空机工业与川崎车辆、川崎重工合并为现在的川崎重工业）缔结了技术合作协议。据说选择川崎航空机工业的原因是"Unimate"机器人的回放（Playback）控制装置主要由液压伺服阀、位置检出编码器、数据存储鼓构成，而川崎航空机工业正好在液压伺服阀方面有技术优势。于是 1969 年"川崎 Unimate2000 型"机器人正式诞生，由此，日本正式拉开了工业机器人生产的历史序幕。

早期的"川崎 Unimate2000 型"机器人重达 1.6 吨，单台售价极其昂贵，高达 1200 万日元，而 20 世纪 70 年代初期日本企业大学毕业的新员工月薪只有 3 万日元。因此，初期日本机器人的普及速度也较慢，不过当时一台"川崎 Unimate2000 型"机器人一分钟可完成 320 个点焊，早晚两班可顶 20 个熟练焊接工，这对当时日本汽车产业极具吸引力，再加上机器人能为汽车流水线上车型转换节省时间，最终日本的汽车制造业首先接受了工业机器人。

1972 年日产汽车生产线最先引入工业机器人，随后富士重工业（现斯巴鲁 SUBARU）、丰田汽车、东洋工业（现马自达）也相继引入了"川崎 Unimate2000 型"机器人。1980 年日本成为全球最大的汽车生产国，年产量达到 1100 万辆，日本工业机器人也得到极大普及，截至 1980 年 5 月川崎重工业累计生产了 1000 台"川崎

参考资料　一般社团法人 工程技术协会　东京都港区虎门 -3-18-19UD 神谷町大厦 10F　电话：03-5405-7201（代表）https://www.enaa.or.jp/

Unimate2000 型"机器人,"川崎 Unimate2000 型"机器人从第 1 台到第 500 台花了 9 年时间,而生产第二个 500 台仅花了两年时间,1980 年全日本工业机器人数量接近 2 万台,因此 1980 年也被称为"日本机器人普及元年"。

1979 年川崎重工业从美国 Unimation 公司引进了电动小型垂直多关节机器人 PUMA(Programmable Universal Manipulator for Assembly),PUMA 是为高速、高精度地完成汽车部件搬送、移载、组装而设计的,占地面积和一个人差不多,机器仅 55 公斤,形状相当于人的手腕,可搬动 5~10 公斤的物体。从 1970 年代后期到 1980 年代,由于高性能的伺服马达登场后,日本出现了一波机器人产业热潮。当时日本制造业现场短缺 50 万熟练技术工人,因此机器人格外受到追捧。1980 年代中前期,日本甚至出现了 150~200 家机器人制造企业竞争的"战国时代"。

日本的汽车产业是日本的支柱产业,从二战后到泡沫经济破灭为止,支撑日本汽车业急速发展的是电弧焊接和点焊技术,以及在汽车组装生产线上发挥巨大作用的喷漆机器人等。众所周知,20 世纪 80 年代日本的工业竞争力和创新能力达到了难以被撼动的地步,其中日本的机器人就起了相当大的作用。尽管 20 世纪 70 年代有两次石油危机和 80 年代的日美贸易摩擦,但日本的机器人企业在这两个时代,迎来了技术自立和拓展国际市场的大好时机。

1968~1980 年日本机器人生产台数

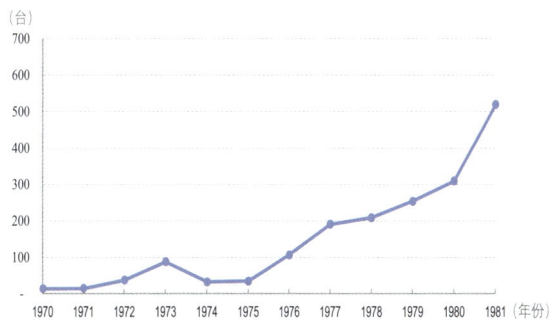

1968~1990 年日本机器人生产金额

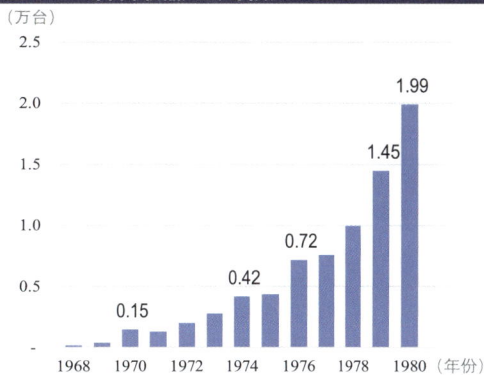

资料来源:桥本康彦《半个世纪的川崎重工机器人》,2018。

日本机器人产业主要是 20 世纪 80 年代崛起的,其中一个重要原因是液压机器人向电动机器人发展,即 DC 伺服马达向 AC 伺服马达过渡。随着微处理器的进步,机器人向更高精度迈进了一大步。1980 年前后日本山梨大学牧野洋教授发明的水平多关节(SCARA)机器人,就是当时日本工业创新能力的体现。1980 年代日本工业机器人技术的提高,也促进和带动了发那科、DAIFUKU 等一批日本机器人企业的技术升级和发展。

1990 年代日本经济尽管受到泡沫经济破灭的影响,但世界半导体市场从 1970 年代至 2000 年代仍以年平均 14% 的速度在成长,受惠于 1990 年代的"IT 热潮",日本工业机器人全球市场占有率达到了惊人的 90%。这是因为随着大规模集成电路工艺的微细化,半导体晶圆

1970~1981 年川崎 Unimate 机器人生产台数变化

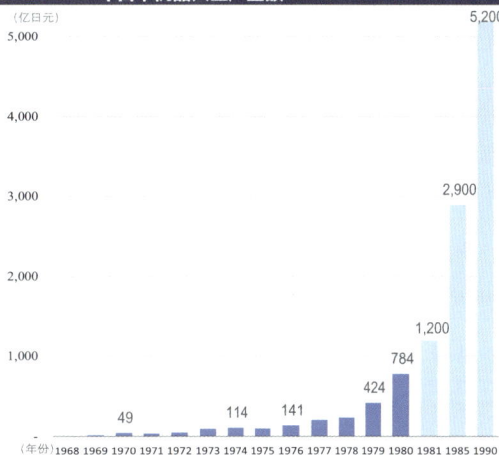

制造和硅晶片切割等加工工艺为防止混入灰尘，开始建设洁净度更高的无尘车间，这给工业机器人产业带来了巨大市场，并由此诞生了适用于洁净厂房的各种新型机器人。

进入21世纪以后，鉴于亚洲新兴市场的发展，日本工业机器人加速向亚洲的半导体产业、液晶产业以及汽车产业进军。此外，日本的工业机器人企业也与日本的电子/电气机器企业一起向海外转移部分生产能力，建立起海外生产据点，降低生产成本，提高产品竞争力，改变了长期以来的"垂直统合型"生产结构，开始转向"分业、水平展开"的格局。其中，中国是日本工业机器人企业重点投资的地区，也是日本工业机器人企业与欧洲工业机器人企业争夺的关键市场。2013年中国首次超过日本，成为世界最大的机器人市场。

目前全球工业机器人五大市场分别是中国、日本、美国、韩国、德国，2022年全球工业机器人市场的四分之三都在这5个国家。不过，真正的工业机器人生产大国还是日本，2022年日本工业机器人生产量约占全球产量的45%。

工业机器人技术涉及的学科相当广泛，归纳起来是机械学和微电子学的结合，即机电一体化技术。随着微电子技术和计算机技术的应用，第三代智能机器人不仅具有获取外部环境信息的各种传感器，而且具有记忆能力、语言理解能力、图像识别能力、推理判断能力等人工智能功能，总之，新一代机器人已开始向拟人化方向发展。

机器人技术的发展必将带动其他技术的发展，机器人技术的发展和应用水平也可以反映一个国家科学技术和工业技术的发展水平。随着制造业对工业机器人应用的推广，工业机器人亟须满足高速度、高精度、重载荷、智能化、多机协调等要求，以适应更加复杂、精细、快节奏的作业。工业机器人与制造工艺、制造过程的融合，辅助系统的配合，也极大影响着制造系统的整体性能。近年来，工业机器人已经从大规模生产线上封闭的工作站发展到人机协作空间，即人和机器人紧密协作共用一个开放作业空间。

根据国际机器人联盟（IFR）发布的2022年版世界各国制造业每万名员工拥有机器人数量的"机器人密度"来看，2021年日本制造业机器人密度，每万名员工拥有机器人399台，排在韩国和新加坡后面居第三位，但是增长率较低，有被后来者超过的趋势。2021年机器人密度世界平均水平为每万名员工拥有141台，是六年前的两倍，从地域看，亚洲增长最快达到了每万名员工拥有156台，其次是欧洲129台，南美与北美合计117台。机器人密度居前十位的分别是韩国（1000台）、新加坡（670台）、日本（399台）、德国（397台）、中国（322台）、瑞典（321台）、中国香港（304台）、中国台湾（276台）、美国（274台）、斯洛文尼亚（249台）。从全球工业机器人引入来看，亚洲仍是最大的机器人市场。

国际机器人联盟（IFR）2022年10月发布的2021年全球工业机器人引入数量为51.74万台，其中日本引入机器人数量为4.72万台，国内工厂实际在用39.33万台。不过2021年日本工业机器人出口18.61万台，达到了历史新高，作为世界工业机器人生产大国的地位丝毫没有动摇。

2023年5月31日，从日本机器人工业会发布的2022年日本工业机器人业绩来看，日本工业机器人的销售额为1.05万亿日元，订单金额和产值均创历史最高纪录。

参考资料　一般社团法人　工程技术协会　东京都港区虎门-3-18-19UD 神谷町大厦 10F　电话：03-5405-7201（代表）https://www.enaa.or.jp/

2017~2022 年日本工业机器人订单金额、产值、销售额变化

（百万日元）

订单额：**1.11**万亿日元
产值：**1.02**万亿日元
销售额：**1.05**万亿日元

纵轴：200,000 / 400,000 / 600,000 / 800,000 / 1,000,000 / 1,200,000

横轴：2017　2018　2019　2020　2021　2022（年份）

图例：■订单额　■产值　—销售额

资料来源：日本机器人工业会。

2011~2021 年全球工业机器人年安装量

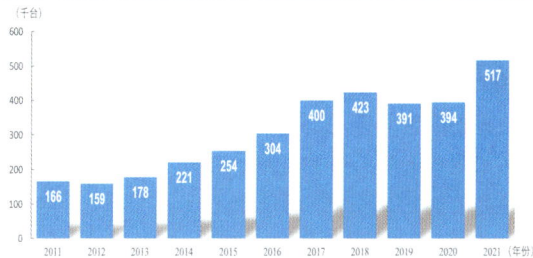

（千台）

纵轴：100 / 200 / 300 / 400 / 500 / 600

年份	安装量
2011	166
2012	159
2013	178
2014	221
2015	254
2016	304
2017	400
2018	423
2019	391
2020	394
2021	517

资料来源：World Robotics 2022。

2016~2025 年全球工业机器人年安装量变化和预估

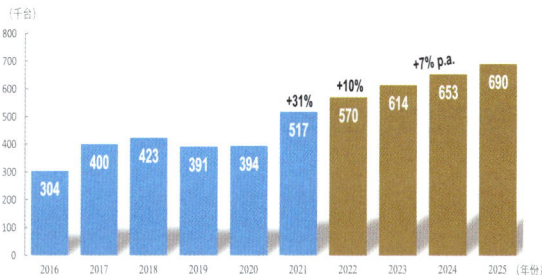

（千台）

纵轴：100 / 200 / 300 / 400 / 500 / 600 / 700 / 800

年份	安装量	增长
2016	304	
2017	400	
2018	423	
2019	391	
2020	394	
2021	517	+31%
2022	570	+10%
2023	614	
2024	653	+7% p.a.
2025	690	

资料来源：World Robotics 2022。

2019~2021 年全球工业机器人各行业年安装量

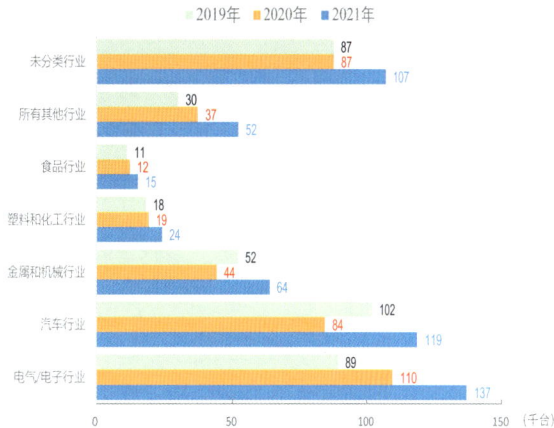

图例：■2019年　■2020年　■2021年

行业	2019年	2020年	2021年
未分类行业	87	87	107
所有其他行业	30	37	52
食品行业	11	12	15
塑料和化工行业	18	19	24
金属和机械行业	52	44	64
汽车行业	102	84	119
电气/电子行业	89	110	137

横轴：0 / 50 / 100 / 150（千台）

资料来源：World Robotics 2022。

2021 年最大的 15 个工业机器人装机市场

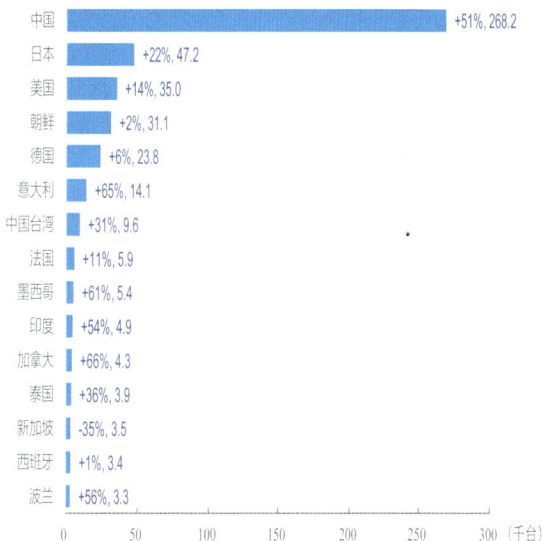

市场	数据
中国	+51%, 268.2
日本	+22%, 47.2
美国	+14%, 35.0
朝鲜	+2%, 31.1
德国	+6%, 23.8
意大利	+65%, 14.1
中国台湾	+31%, 9.6
法国	+11%, 5.9
墨西哥	+61%, 5.4
印度	+54%, 4.9
加拿大	+66%, 4.3
泰国	+36%, 3.9
新加坡	-35%, 3.5
西班牙	+1%, 3.4
波兰	+56%, 3.3

横轴：0 / 50 / 100 / 150 / 200 / 250 / 300（千台）

资料来源：World Robotics 2022。

全球制造业机器人密度（按平均每 1 万工人拥有的机器人安装量计算）

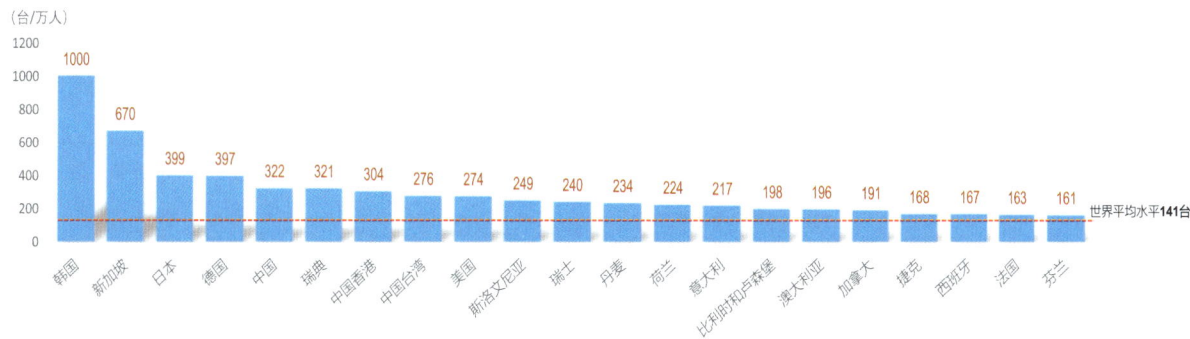

（台/万人）

纵轴：200 / 400 / 600 / 800 / 1000 / 1200

国家/地区	密度
韩国	1000
新加坡	670
日本	399
德国	397
中国	322
瑞典	321
中国香港	304
中国台湾	276
美国	274
斯洛文尼亚	249
瑞士	240
丹麦	234
荷兰	224
意大利	217
比利时和卢森堡	198
澳大利亚	196
加拿大	191
捷克	168
西班牙	167
法国	163
芬兰	161

世界平均水平**141**台

资料来源：World Robotics 2022。

半导体制造装置

工业机器人

传感器

计量设备

为了加快实现机器人对日本社会变革的推动，2019年5月8日，日本内阁府、文部科学省、厚生劳动省、经济产业省会同日本相关企业、大学及研究机构，专门成立了"机器人推动社会变革推进会议"跨领域探讨解决机器人引入、普及、人才培养、研究开发等课题，以及所需的制度和政策体系的顶层设计。2019年7月"机器人推动社会变革推进会议"发表了《机器人带来的环境变化和今后的对策方向性报告》。该报告提出了今后日本发展机器人政策的基本思路，虽然过去了4年多，该报告目前仍具有重要的参考价值。

▶ 日本今后发展机器人产业的基本思路

第一，继续推进和发展机器人是日本最重要的课题，日本虽拥有众多机器人制造企业，但引入工业机器人的密度仅居世界第四，因此有必要对中小企业从根本上强化和大力推进机器人引入工作。

第二，同时要利用在国内强化和推进机器人引入过程中获得的技术和知识，向国外企业更广泛地推行。

第三，鉴于此，日本要构筑集客户、工厂、系统整合商、大学及高专于一体的机器人生态系统，通过该机器人生态系统达到：

① 根据机器人所要求的通用功能，进行标准化研究开发；
② 探讨机器人的安全性和提高机器人用户素质；
③ 着眼于机器人的中长期研究开发和人才培养等。

日本期望通过快速推进上述措施，培育能够应对海外需求的"机器人解决方案供应商（大型集成商）"，以继续确保日本作为"世界先进机器人制造工厂"的地位。

▶ 日本构筑机器人生态系统的具体对策

通过 IoT 大数据，有必要在所有场所活用廉价机器人，形成以 Leading User 为核心的机器人生态系统（Leading User 指在某个领域或市场中具有影响力、引领趋势或率先使用新产品或服务的客户）。对引入机器人的现场课题（业务流程、数据共享、通信标准、安全性，以及新商业模式）进行研究梳理，不追求部分最佳，要追求整个工序的整体最佳。

有必要对用户中的共性需求和机器人业界中的共同功能进行整理，此外，还要提高机器人的读写能力（literacy）和用户安全性。因此，要创立供用户、系统整合商、企业、金融机构、投资者、大学 / 高等专科等可广泛实时讨论和共享信息的场所。与此同时，软件的标准化建设需要考虑与 AI 人才携手合作。

为了推进中小企业引入机器人工作，有必要从机器人系统整合的专业知识出发，帮助中小企业解决在引入和使用机器人上的问题。

▶ 日本构筑机器人生态系统的人才培养策略

1）构建产学联合人才培养框架

机器人的开发、引入与使用所需要的人才，不仅有进行机器人教学（teaching）的人才，也有产生新价值和新工艺的人才。机器人不仅在工程领域解决用户的难题，而且在经营方面也极具意义。为了广泛培养上述人才，需要构建产学合作体制，活用企业退休生产技术人员，从产业界向高等专科派遣讲师并提供机器人教材。此外，要支持机器人教学人员去企业短期实习，并推广面向企业员工的培训。

2）创立和设置机器人技能职称制度

为了提升年轻人的机器人使用技能，日本以创立可评估的机器人使用技能人才鉴定制度为目标，设置新的国家技能职称，并探讨如何在奥林匹克技能全国大赛中引入机器人竞赛项目。

▶ 日本构筑机器人生态系统的研究开发策略

1）构建应对中长期技术课题的产业合作体制

在海外需求比国内需求更大的情况下，如何在国内培育关键产品、强化系统集成能力，是日本加强国际竞争力的重要课题。在竞争对手急剧增加的过程中，产业界要在早期阶段确定应该协调的全部领域，利用大学的基础研究，要完善和推进（基础研究＋应用研究）产学合作体制的实施。

2）构建适应 AI 新技术研究环境

在 AI 等新技术变得越来越重要的情况下，为了使企业能够有效利用大学研究的新思路、新技术，要在产业界与大学之间建立桥梁，大学的 AI、机械、电气等知识要与企业生产紧密联系，建立与企业之间的知识桥梁，创造一个面向机器人社会并易于 AI 活用的生态环境。

参考资料　　一般社团法人　　东京都港区虎门 -3-18-19UD 神谷町大厦 10F
工程技术协会　　电话：03-5405-7201（代表）https://www.enaa.or.jp/

▶ 机器人产业市场动向

全球产业用机器人销售数量从 2010 年开始大幅增加，现在仍呈增长趋势。

日本是全球最大的机器人生产国，20 世纪 90 年代曾占全球市场的 90%，目前仍占 50% 左右。

过去汽车和集成电路企业是机器人最大用户，现在电机和电子产业也开始大量使用机器人，此外食品加工业等其他产业也开始使用机器人。

1980~2018 年世界产业用机器人出货数量

资料来源：IFR, World Robotics 2018。

2001~2017 年日本生产的工业机器人出货对象国和地区

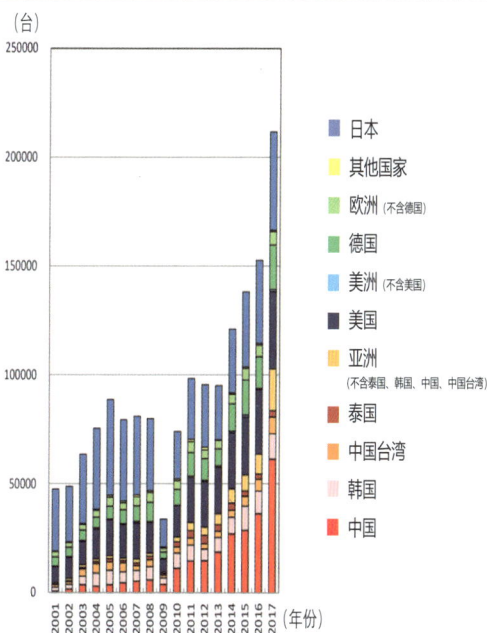

资料来源：JARA（日本机器人工业会）Manipulating Robot 年度统计。

2012 年和 2017 年世界主要国家和地区工业机器人引入情况

国家/地区	2012年	2017年	增长率
日本	28,680台 (1位)	45,566台 (2位)	+58.9%
北美	26,269台 (2位)	43,569台 (3位)	+65.7%
中国	22,987台 (3位)	137,920台 (1位)	+500.0%
韩国	19,424台 (4位)	39,732台 (4位)	+104.6%
德国	17,528台 (5位)	21,404台 (5位)	+22.1%
合计	159,346台	381,335台	+139.3%

资料来源：IFR, World Robotics 2013, World Robotics 2018。

2015~2017 年世界工业机器人销售台数（按产业分类推算值）

资料来源：IFR, World Robotics 2018。

2007 年和 2017 年日本机器人主要出口对象国家和地区对比

国家/地区	2017年	2007年	2017/2007
中国	61,399	5,360	1145%
美国*	35,615	13,859	215%
德国*	20,375	8,847	287%
韩国	11,691	6,122	237%
中国台湾*	7,705	3,250	333%
越南	7,702	93	8282%
瑞典	4,158	2,447	170%
新加坡*	4,080	162	2519%
泰国	2,878	1,240	232%
马来西亚	2,580	306	843%
印度	2,118	750	282%
当年出口总台数	166,493	44,931	371%
当年总出货台数	211,713	80,999	261%

注：* 包括大量转口到其他国家的间接出口数量。
资料来源：JARA（日本机器人工业会）Manipulating Robot 年度统计。

半导体制造装置

工业机器人

传感器

计量设备

23 主要机器人生产企业

主なロボット生産企業

发那科（株）

【6954】ファナック株式会社

https://www.fanuc.co.jp/

日本最具代表性的电气机器企业，工厂自动化设备是其主要产品，数控机床装置（CNC）占全球市场的50%、日本市场的70%；工业用机器人市场占有率居全球首位，占全球市场的17.3%（2021年），与日本安川电机、瑞士ABB集团、德国库卡（美的收购）同为世界四大工业机器人企业。产品的80%销往海外，为防止汇兑损失全部采用日元结算。公司员工的三分之一是研究开发人员，专利竞争力和产品信誉非常高。企业口号是：产品不会坏、坏前会通知、坏了立即能修好！发那科拥有很高的工业机器人技术，电弧焊、点焊、垂直多关节机器人最强，还有各种大型机种；骨干产品为控制装置和内置化伺服马达，拥有最高垂直多关节机器人专利。还开发出具有视觉、力觉的智能机器人、平联杆杆式机器人（parallel link robot）等，2015年生产出可搬动重量为2.3吨的6轴垂直多关节机器人，以及可搬动35公斤物体的人机合作机器人（collaborative robot），使人与机器人共存于一个空间的柔性生产线成为可能。2017年生产出水平多关节机器人（SCARA），创业界最快搬送速度。

销售收入	营业利润
7,952 亿日元	**1,419** 亿日元

各种工业机器人

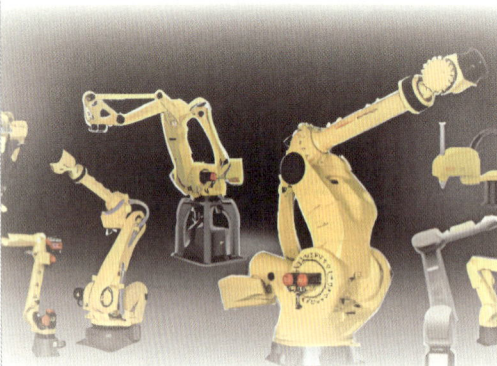

发那科（株）

欧姆龙（株）

【6645】オムロン株式会社

https://www.omron.com/jp/ja/

欧姆龙主要产品与服务为控制机器/工厂自动化系统、电子部件、车载电装部件、医疗健康服务等。核心技术是传感技术/控制技术的工业控制设备系统，欧姆龙的机器人主要为机器人控制集成系统、人机合作机器人、移动机器人、工业用机器人；其中"机器人控制集成系统"使机器人与周边设备无缝衔接，实现了过去只有人工才能完成的超高速、高精度复杂作业自动化。

销售收入	营业利润
8,187 亿日元	**343** 亿日元

（株）安川电机

【6506】株式会社安川電機

https://www.yaskawa.co.jp/

世界四大机器人生产企业之一，主要产品为工业机器人、伺服马达、变频器，其中伺服马达、变频器生产与销售量全球均为第一，2020年半导体装置等使用的AC伺服马达累计销售量达2000万台；工业机器人市场占有率全球排名第四，安川电机销售收入的40%来自工业机器人；企业全部产品海外销售占比达70%以上。机器人主要产品有人机合作机器人、多用途搬送机器人、电弧焊/电焊机器人、高轨迹精度机器人、喷涂机器人、防爆搬送机器人、码垛机器人、捡货机器人、双腕7轴机器人、垂直多关节机器人、高刚性机器人、医疗/医药机器人、净化车间半导体晶圆搬送机器人等。企业的核心技术为电动机及电动机的应用技术（动作控制、机器人、力量变换），机器人的伺服马达和变频器均内置化，目前安川电机拥有世界最高水准且独特的电机控制技术。

销售收入	(2024.02)	营业利润
5,756 亿日元		**662** 亿日元

机器人在汽车流水线工作

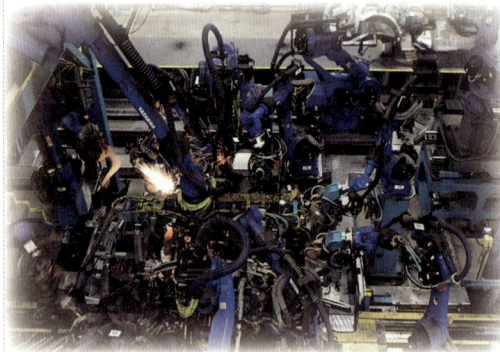

（株）安川电机

三菱电机（株）

【6503】三菱電機株式会社

https://www.mitsubishielectric.co.jp/

三菱电机作为综合类电机企业，销售额仅次于日立制作所位居日本第二，产品从一般家电到工业电机以及人造卫星，覆盖范围极广，主要生产工厂自动化设备（FA机器）、电梯、涡轮发电机、铁路车辆电机部品、功率半导体、卫星等，诸多产业用电气设备国内市场份额均较高。此外，和三菱重工一样在航天航空、国防领域的电子技术方面也有很强实力。三菱电机的工业机器人主要有垂直机器人、水平机器人、人机合作机器人、码垛机器人、耐环境用药品/食品机器人等，由于在定序器（Sequencer）等工厂自动化（FA机器）方面有技术优势，三菱电机生产的工业机器人不仅具有高速、高精度基本功能，而且与智能化传感器融合后，三菱电机的工业机器人在现场工作时更易操作、更具亲和性。

销售收入	营业利润
52,579 亿日元	**3,285** 亿日元

参考资料　一般社团法人
工程技术协会　东京都港区虎门 -3-18-19UD 神谷町大厦 10F
电话：03-5405-7201（代表） https://www.enaa.or.jp/

川崎重工业（株）

【7012】川崎重工業株式会社

https://www.khi.co.jp/

1969年在美国机器人之父恩格尔伯格的帮助下，川崎重工业生产出日本第一台工业机器人"川崎Unimate2000型"，对推动日本工业机器人的发展作出了重大贡献。目前其工业机器人销售额高于安川电机，是日本国内仅次于发那科的第二大机器人生产企业。现在，川崎重工业生产的半导体净化车间晶圆搬送机器人的市场份额全球最高。2017年川崎重工业在东京国际机器人展会上发布了第4版人型二足行走机器人RHP（Robust Humanoid Platform），该机器人身高174厘米，重量83公斤。2018年接着又发表了第5版人型二足行走机器人Kaleido，改进了轴结构使之轻量化，成功减重10公斤使之更苗条。2019年进一步发表第6版人型二足行走机器人，身高178厘米，体重85公斤，电池内置不要外部电源，安装力觉传感器可二足步行，由于安装了视觉传感器该机器人对物体的识别度较高，拟人化性能得到大幅度提高。

销售收入	营业利润	（税前利润）
18,492 亿日元		**320** 亿日元

工业机器人利用3D视觉自动组装航空部件

川崎重工业（株）

雅马哈发动机（株）

【7272】ヤマハ発動機株式会社

https://global.yamaha-motor.com/jp

主要产品是摩托车（含水上摩托、雪地摩托）、小船发动机、车用马达（含赛车马达）、高尔夫车、除雪机、发电机、工业无人机以及机器人等。其中工业机器人主要为各种电子表面组装机，其生产的单轴机器人、直交机器人、水平机器人、垂直多关节机器人、磁悬输送模块可在汽车、电气、电子、食品等生产线上实现对全套产品的备齐、搬送、供给、组装、检查。2019年后开始涉及半导体制造装置后工序领域的Bonding打线装置、Molding塑封装置、检查装置、照相机模块组装装置等机器人市场。

销售收入	（2023.12）	营业利润
24,147 亿日元		**2,506** 亿日元

（株）DAIHEN

【6622】株式会社ダイヘン

https://www.daihen.co.jp/

DAIHEN公司是日本八大重型电机企业之一（日立、东芝、三菱电机、富士电机、明电舍、DAIHEN、日新电机、东光高岳），主要产品是变压器、开闭器、受变电设备、电力调节器、能源管理系统、充电系统、工业机器人、洁净室晶圆/液晶面板搬送机器人、等离子焊接机、激光切断机、等离子发生用电源/自动整合器（高周波、微波）等。小型变压器、电弧焊接机、电弧焊/电焊机器人的国内市场份额最大，同时在国外市场也拥有较大占有率。DAIHEN公司机器人产业以焊接机器人为主。1980年DAIHEN电弧焊机器人首次投入市场，1985年利用电弧焊机器人技术开发出半导体晶圆搬送装置，自动装货机，1980年代后期开发出洁净厂房内大气环境/真空环境用晶圆搬送机器人，随后又开发出液晶面板搬送机器人，以及机器人周边工装具、机器人传感器、焊接机器人喷灯等。

销售收入	营业利润
1,885 亿日元	**151** 亿日元

机器人工厂

Robot factory

（株）DAIHEN

住友重机械工业（株）

【6302】住友重機械工業株式会社

https://www.shi.co.jp/

住友重机械工业是住友集团旗下的机械制造商，在全球尖端机电一体化领域开展业务，其中机器人相关产品包括自律移动机器人、控制系统、运动部件、协作机器人等。

销售收入	（2023.12）	营业利润
10,815 亿日元		**743** 亿日元

IDEC（株）

【6652】IDEC株式会社

https://jp.idec.com/

IDEC主要从事工业机器人相关产品的生产和制造，注重实现安全的人机协同作业，生产产品包括运动控制、可编程控制器等自动化设备、安全防爆设备、人机界面和自动识别设备等。

销售收入	营业利润
727 亿日元	**63** 亿日元

半导体制造装置

工业机器人

传感器

计量设备

（株）电装Wave

【未上市】株式会社デンソーウェーブ

https://www.denso-wave.com/

该公司主要由电装（75%）和丰田通商（15%）合资而设立，主要生产动态识别装置、工业用机器人、可编程控制器、IoT等设备，以及系统开发、制造等。鉴于电装Wave "电能机器人"的可靠性、柔软性、功能性等方面的优异表现，其在日本装配作业用小型机器人领域确立了一定市场领导地位。该公司生产的机器人遍布汽车、汽车部品、电机电子、半导体、金属加工、工业机床、化学/塑料、医疗机器、制药等领域。

销售收入	营业利润	（净利润）
564 亿日元	**7.3** 亿日元	

（株）不二越

【6474】株式会社不二越

https://www.nachi-fujikoshi.co.jp/

不二越公司是日本著名的工具、轴承、机床、机器人、液压机器等制造大企业，其商标NACHI，是根据1929年昭和天皇参观不二越公司，来近畿地区乘坐的重巡洋舰 "那智" 号名字的发音命名的。该公司主要产品为优质金属切削工具、高性能金属材料、各种精密轴承、多规格工业机器人、高精度工业机床、多业种液压装置。2013年不二越公司在中国设厂生产工业机器人。目前不二越公司生产的工业机器人主要有搬送机器人（多规格各种高速、超高速、高精度、小型、轻量、多目的智能机器人以及水平多关节机器人等），喷涂机器人，点焊机器人（高速、高密度），缝焊机器人，重物搬送机器人，码垛机器人（大容量马达和最佳动作控制、可高速对应各种形状大小的物品），玻璃基板搬送机器人（可搬送210～400公斤、包括第10代液晶面板，不仅可水平搬送，还可反转搬送），以及机器人控制装置等。

销售收入	(2023.11)	营业利润
2,654 亿日元		**118** 亿日元

高速电焊机器人

小型高性能焊接机器人

（株）不二越

精工爱普生（株）

【6724】セイコーエプソン株式会社

https://www.epson.jp/

精工爱普生主要生产复印机/打印机、投影仪、计算机、扫描仪等办公自动化设备，以及水晶振动子、半导体生产设备、手表等精密仪器设备等产品。在机器人方面，主要生产水平多关节机器人和垂直（6轴）多关节机器人，精工爱普生生产的机器人技术特点主要体现在高速/高精度领域的自动加速度和速度调整和超小型机器人减震振动控制技术，以及 "水晶+MEMS" 的陀螺传感器等方面技术。

销售收入	营业利润
13,140 亿日元	**575** 亿日元

高速/高精度工业机器人

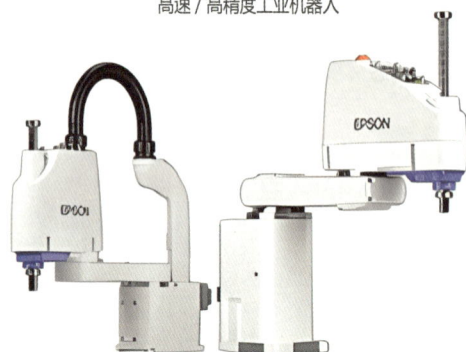

精工爱普生（株）

（株）Harmonic Drive Systems

【6324】株式会社ハーモニック・ドライブ・システムズ

https://www.hds.co.jp/

该公司的主要产品是波形齿轮和减速齿轮，主要用于小型工业机器人，在全球工业机器人关节部件市场上占有 50% 的份额，其产品可用于仿人机器人、半导体晶片传送机器人、产业用机器人、协动机器人等。

销售收入	营业利润
557 亿日元	**1** 亿日元

芝浦机械（株）

【6104】芝浦機械株式会社

https://www.shibaura-machine.co.jp/

芝浦机械主要生产注塑成型机、压铸机、挤出成型机、印刷机、精密加工机械、微细转印装置、电子控制装置、液压设备、半导体生产装置、机器人等。主要生产水平多关节机器人、垂直多关节机器人、直交机器人、液晶机器人等。

销售收入	营业利润
1,606 亿日元	**136** 亿日元

参考资料　一般社团法人 工程技术协会　东京都港区虎门-3-18-19UD 神谷町大厦10F　电话：03-5405-7201（代表）https://www.enaa.or.jp/

纳博特斯克（株）

【6268】ナブテスコ株式会社

https://www.nabtesco.com/

该公司生产的大中型工业机器人关节用精密减速机占全球
60%的市场份额，其特点是结构紧凑、重量轻，且高精度、
高刚性，多用于垂直多关节型工业机器人。

销售收入	（2023.12）	营业利润	
3,336 亿日元		**173** 亿日元	

SMC（株）

【6273】SMC株式会社

https://www.smcworld.com/

SMC主要生产焊接机器人、涂装机器人、操作机器人和洁净
型机器人相关部件，如气缸、配管用元件、电动夹爪、气动
滑台、压力控制元件等。

销售收入		营业利润	
7,768 亿日元		**1,962** 亿日元	

日本 2022 年 工业机械手、机器人订单 / 生产 / 出货实绩（按用途分）　单位：（台）　括弧内金额单位：（百万日元）

		2022年	比上年增减
订单		299,093	0.0
		(1,111,776)	(3.1%)
生产		280,051	9.1%
		(1,020,971)	(8.7%)

用途		2022年			比上年增减			2022年构成比		
		国内出货	出口	总出货	国内出货	出口	总出货	国内出货	出口	总出货
树脂成型		3,749	4,505	8,254	-4.1%	-10.7%	-7.9%	7.2%	2.0%	2.9%
焊接	电弧	4,133	19,455	23,588	20.5%	-16.2%	-11.4%	7.9%	8.4%	8.3%
	电焊	2,516	19,931	22,447	-14.7%	23.3%	17.4%	4.8%	8.6%	7.9%
	激光焊接	10	649	659	42.9%	12.9%	13.2%	0.0%	0.3%	0.2%
	其他焊接	67	193	260	8.1%	89.2%	58.5%	0.1%	0.1%	0.1%
	小计（台数）	6,726	40,228	46,954	4.3%	0.4%	1.0%	12.8%	17.5%	16.6%
	（金额）	(29,798)	(94,669)	(124,467)	(-14.2%)	(14.5%)	(6.0%)	(12.8%)	(11.6%)	(11.8%)
涂装		541	2,035	2,576	-16.9%	5.1%	-0.5%	1.0%	0.9%	0.9%
机械加工	load/unload	2,451	12,133	14,584	24.7%	106.3%	85.9%	4.7%	5.3%	5.2%
	机械裁断	29		29	93.3%		93.3%	0.1%		0.0%
	研磨/去毛刺	153	574	727	-3.2%	-24.5%	-20.8%	0.3%	0.2%	0.3%
	其他机械加工	51	70	121	4.1%	89.2%	40.7%	0.1%	0.0%	0.0%
	小计（台数）	2,684	12,777	15,461	22.7%	91.3%	74.4%	5.1%	5.5%	5.5%
	（金额）	(8,297)	(21,555)	(29,853)	(27.4%)	(109.7%)	(77.8%)	(3.6%)	(2.6%)	(2.8%)
电子部品安装		1,013	16,020	17,033	9.4%	-14.6%	-13.5%	1.9%	6.9%	6.0%
组装	一般组装	6,931	26,934	33,865	-3.6%	-19.0%	-16.3%	13.2%	11.7%	12.0%
	其他组装	2,194	7,033	9,227	-15.4%	23.4%	11.3%	4.2%	3.1%	3.3%
	（接合）	1,427	5,361	6,788	-11.1%	12.9%	6.8%	2.7%	2.3%	2.4%
	（焊接）	7		7	-93.1%	-100.0%	-97.9%	0.0%		0.0%
	（ceiling/上胶）	252	489	741	-40.1%	-25.6%	-31.3%	0.5%	0.2%	0.3%
	（紧固螺丝）	59	6	65	391.7%	500.0%	400.0%	0.1%	0.0%	0.0%
	（其他组装）	449	1,177	1,626	-1.1%	1894.9%	217.0%	0.9%	0.5%	0.6%
	小计（台数）	9,125	33,967	43,092	-6.8%	-12.8%	-11.6%	17.4%	14.7%	15.2%
	（金额）	(35,100)	(75,780)	(110,880)	(12.3%)	(29.0%)	(23.2%)	(15.0%)	(9.3%)	(10.6%)
入库出库		1,394	4,455	5,849	-20.0%	11.1%	1.7%	2.7%	1.9%	2.1%
材料处理		7,569	69,885	77,454	0.8%	12.8%	11.5%	14.4%	30.3%	27.4%
洁净室	（FPD）	855	1,634	2,489	-1.4%	-11.8%	-8.5%	1.6%	0.7%	0.9%
	（半导体）	14,877	23,783	38,660	27.4%	28.1%	27.9%	28.4%	10.3%	13.7%
	（其他）	1	712	713	-66.7%	43.5%	42.9%	0.0%	0.3%	0.3%
	小计（台数）	15,733	26,129	41,862	25.4%	24.9%	25.1%	30.0%	11.3%	14.8%
	（金额）	(59,448)	(105,808)	(165,257)	(24.4%)	(24.9%)	(24.8%)	(25.5%)	(12.9%)	(15.7%)
其他用途		2,358	6,397	8,755	21.4%	55.0%	44.2%	4.5%	2.8%	3.1%
不明用途		1,523	14,121	15,644	-34.0%	52.7%	35.4%	2.9%	6.1%	5.5%
按用途计（台数）		**52,415**	**230,519**	**282,934**	**4.9%**	**8.9%**	**8.1%**	100.0%	100.0%	100.0%
按用途计（金额）		(233,463)	(817,406)	(1,050,869)	(4.7%)	(10.6%)	(9.2%)	(100.0%)	(100.0%)	(100.0%)

注：括号内的金额数据仅公布小计和总计。资料来源：日本机器人工业会。

半
导
体
制
造
装
置

工
业
机
器
人

传
感
器

计
量
设
备

24

其他主要机器人生产企业

その他ロボット生产企业

医疗服务机器人

(株) Harmonic Drive Systems

【6324】株式会社ハーモニック・ドライブ・システムズ

https://www.hds.co.jp/

以高精度产品为主，生产多种医疗机械设备，如三维机械手、手术辅助机器人、精密关节驱动装置、光学元件检测设备、X射线分析仪等。

销售收入	营业利润
557 亿日元	**1** 亿日元

(株) 医疗机器人

【未上市】株式会社メディカロイド

https://www.medicaroid.com/

致力于医疗机器人的营销、开发、销售和售后服务，生产hinotori™手术支持机器人，以及实现外科医生在手术中所需的精细动作。

销售收入 (2023.03)	营业利润 (净损失)
36 亿日元	**-5.7** 亿日元

(株) Mujin

【未上市】株式会社Mujin

https://www.mujin.co.jp/

Mujin公司主要开发和销售智能机器人控制器，提供智能机器人解决方案，致力于生产用于物流行业的自动分拣和搬运机器人，也常用于药品分拣。

销售收入	营业利润
（未披露）亿日元	（未披露）亿日元

(株) 普利司通

【5108】株式会社ブリヂストン

https://www.bridgestone.co.jp/

世界领先的轮胎制造商，同时涉足机器人领域业务，生产软式机器人手臂，将机器臂与人手链接实现高精度操作。此外也生产仓库机器人、无人搬运机器人等。

销售收入 (2023.12)	营业利润
43,138 亿日元	**4,817** 亿日元

CYBERDYNE (株)

【7779】CYBERDYNE株式会社

https://www.cyberdyne.jp

筑波大学的一家企业，开发了机器人服"HAL"，致力于研究开发身体功能辅助设备，即可穿戴机器人，同时生产除菌/清洁机器人和搬运机器人。

销售收入	营业利润 (亏损)
43 亿日元	**-20** 亿日元

RIVERFIELD (株)

【未上市】リバーフィールド株式会社

https://www.riverfieldinc.com/

主要从事手术辅助机器人等医疗设备的开发和销售，生产产品包括眼科手术辅助机器人、小型紧凑型以及可随意操作内窥镜的内窥镜支架机器人等。

销售收入	营业利润 (2023.09净损失)
（未披露）亿日元	**-5.5** 亿日元

朝日SURGICALROBOTICS (株)

【未上市】朝日サージカルロボティクス株式会社

https://asahi-surgrob.com/

该公司主要开发腹腔镜手术机器人，将日本制手术辅助机器人商业化，通过开发手术机器人，提高日本腹腔镜手术的准确性和安全性。

销售收入	营业利润
（未披露）亿日元	（未披露）亿日元

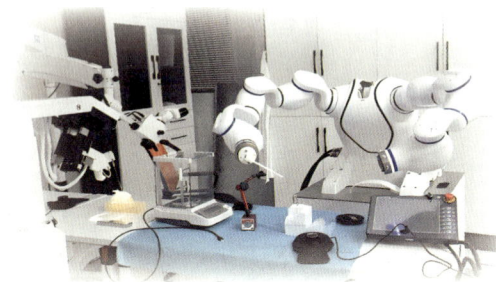

医疗服务机器人

　　医疗服务机器人是一类专门为医疗领域设计的机器人，它们具有多种功能和应用场景。

　　常见的医疗服务机器人：①导医机器人，可以在医院大厅为患者提供引导服务，告知科室位置、就诊流程等信息。②配送机器人，负责在医院内运输药品、医疗器械、样本等物品，提高工作效率。③护理机器人，协助医护人员进行一些基础护理工作，如为患者测量体温、血压等。④康复机器人，帮助患者进行康复训练，例如辅助肢体运动等。

　　医疗服务机器人的优点是提高效率和准确性，减少人为错误；可以24小时不间断工作，降低医护人员的工作强度，能够提供更优质的服务，提升患者满意度。医疗服务机器人在医疗领域具有广阔的应用前景，随着技术进步，机器人的智能化程度会不断提高，适应更复杂的医疗任务。未来可能会出现更加智能的手术机器人，能够自主完成一些高难度手术；或者出现具备情感交互能力的护理机器人，更好地照顾患者的心理需求。总之，医疗服务机器人有望在未来成为医疗领域

参考资料　一般社团法人　工程技术协会　东京都港区虎门-3-18-19UD 神谷町大厦 10F
电话：03-5405-7201（代表）https://www.enaa.or.jp/

半导体制造装置

工业机器人

传感器

计量设备

社交机器人

Avatarin（株）
【未上市】avatarin株式会社（アバターイン）
https://about.avatarin.com/

该公司主营与机器人相关的产品和服务，其产品avatarin机器人"newme"是一种可交流、可自由移动的远程存在机器人，通常用于为人力资源短缺的各行业提供服务。

销售收入	营业利润	(2022.03净损失)
（未披露）亿日元		**-9** 亿日元

（株）ORY研究所
【未上市】株式会社オリィ研究所
https://orylab.com/

该公司主要设计和开发了一种可进行远隔操作的分身机器人"OriHime"，目的是给残疾或疾病人士提供外出交流的实感体验，现用于残疾人持续就业支援等设施。

销售收入	营业利润	(2022.08净损失)
（未披露）亿日元		**-2.2** 亿日元

IRISOHYAMA（株）
【未上市】アイリスオーヤマ株式会社
https://www.irisohyama.co.jp/

该公司全股收购了东京大学的机器人研发公司Smile Robotics，主要生产各类服务机器人，包括清洁机器人、配餐/运输机器人，广泛用于饮食、办公和医疗等领域。

销售收入 (2023.12)	营业利润
7,540 亿日元	**320** 亿日元

Yukai Engineering Inc.
【未上市】ユカイ工学株式会社
https://www.ux-xu.com/

该公司利用机器人平台进行服务开发，设计出一款社交机器人"BOCCO emo"。它操作简单，适用范围广，可用于育儿交流/记录、用药提醒、健康促进、业务改善等各种场景。

销售收入	营业利润	(2022.06净损失)
（未披露）亿日元		**-2.1** 亿日元

索尼集团（株）
【6758】ソニーグループ株式会社
https://group.sony

索尼集团将机器人应用扩展到物流、建筑、零售、娱乐等多个行业和业务类别，追求圆滑化、高品质化、自在化的革新，生产的机器人具有自动驾驶、自动跟踪、系统状态检测等功能，可以与人实现交互。

销售收入	营业利润
130,207 亿日元	**12,088** 亿日元

全日空控股（株）
【9202】ANAホールディングス株式会社
https://www.ana.co.jp/

ANA控股公司的旗下子公司avatarin主营机器人相关业务，它推出一种远程存在型机器人，只要利用avatarin平台，就可以使机器人在目标任务、目标地点的瞬间移动。

销售收入	营业利润
20,559 亿日元	**2,079** 亿日元

GROOVE X（株）
【未上市】GROOVE X株式会社
https://groove-x.com/

GROOVE X公司采用敏捷开发方法，在小单元内重复实施和测试，以"LOVE + ROBOT"为开发理念，开发出一款宠物型机器人"LOVOT"，并且搭载有左右人感情的技术。

销售收入	营业利润	(2023.10净损失)
（未披露）亿日元		**-27** 亿日元

（株）日立制作所
【6501】株式会社日立製作所
https://www.hitachi.co.jp/

日立制作所推出了"EMIEW"自主机器人和机器人IT基础设施，"EMIEW"是一种灵活、小巧、轻便的交互式机器人，可以为商店和公共场所的服务运营提供支持。

销售收入	营业利润
97,287 亿日元	**7,558** 亿日元

不可或缺的一部分，为改善医疗服务质量和效率发挥重要作用。

社交机器人

社交机器人是一种能够与人类进行社交互动的机器人。其特点和作用：①模拟社交行为，可以通过语言、表情、动作等方式与人类进行互动交流。②提供陪伴，给人们带来心理上的慰藉和陪伴，尤其是对那些孤独的人群。③信息传播与娱乐功能，能够快速传播信息和知识，为人们带来欢乐和乐趣。

其应用领域包括：①家庭场景，作为家庭伙伴，与家庭成员互动。②教育领域，辅助教学，与学生交流互动，提高学习兴趣。③客服领域，承担部分客服工作，解答常见问题。

社交机器人有以下一些常见的应用场景：在养老领域，可以陪伴老年人，与他们聊天、讲故事，缓解他们的孤独感。在儿童教育领域，成为孩子的伙伴，辅助其学习知识、玩游戏等。在网络社交平台领域，以虚拟形象出现，参与话题讨论，增加活跃度。在心理治疗领域，帮助患者进行心理疏导和情绪调节。

软银集团（株）

【9984】ソフトバンクグループ株式会社

https://group.softbank/

软银集团是一家日本控股公司，灵活利用AI、IoT以及机器人等尖端科技进行业务革新。并且制造了人型机器人"Pepper"，现用于小学和初中学生的编程教育，解决社会问题。

销售收入	营业利润	（税前利润）
67,565 亿日元	**578** 亿日元	

夏普（株）

【6753】シャープ株式会社

https://corporate.jp.sharp/

该公司推出一款小巧、便于携带的移动机器人电话，它与移动通信兼容，可使用基本移动电话功能，配备多种专用应用程序，还能根据用户的使用状态和个人资料进行学习，实现更自然的交流。

销售收入	营业利润	（亏损）
23,219 亿日元	**-203** 亿日元	

基础设施机器人

松下控股（株）

【6752】パナソニックホールディングス株式会社

https://holdings.panasonic/jp

松下集团在家电服务/物流、护理/医疗、基础设施检查等广泛领域开发了机器人技术，其中包括基础设施检查机器人、大坝点检机器人和设施点检机器人等。

销售收入	营业利润
84,964 亿日元	**3,610** 亿日元

（株）Hibot

【未上市】株式会社ハイボット

https://www.hibot.co.jp/ja/home

该公司生产的"hibot"机器人具有灵活的移动性和易操作性，可以在危险区域和密闭空间内进行高效检查，并且能减少检测环境中的操作中断和停机时间。

销售收入	营业利润	(2023.06净损失)
（未披露）亿日元	**-2** 亿日元	

点检巡检机器人

（株）正兴电机制作所

【6653】株式会社正典電機製作所

https://www.seiko-denki.co.jp/

主营电力、产业设备、电子产业、电子控制机器制造等业务，产品包括点检机器人。

销售收入	(2023.12)	营业利润
270 亿日元		**16** 亿日元

（株）小川优机制作所

【未上市】株式会社小川優機製作所

https://www.ogawayuki.com/

业务主要为生产设备的改修/改善提案，电子部件、各种机器的研究开发及受托制造等，产品包括隧道检测机器人等。

销售收入	营业利润
（未披露）亿日元	（未披露）亿日元

基础设施机器人

　　基础设施机器人是一类应用于基础设施建设领域的机器人。如：①建筑施工，可以进行砌砖、抹灰、焊接等工作，提高施工效率和质量。②道路桥梁建设，协助进行道路铺设、桥梁检测和维护等任务。③管道铺设，负责铺设和检修各类管道。④电力设施维护，对电力设备进行巡检和故障排除。基建设施机器人可以降低人力成本和劳动强度，能够在恶劣环境下工作，保障工人安全，并提升工作的精度和一致性，加快工程进度，缩短建设周期。

　　基建设施机器人的发展趋势主要是：具备更强的感知、决策和学习能力，能够更好地适应复杂多变的基建环境。可以同时完成多种不同的基建任务，提高综合效率。与工人以及其他机器人实现更紧密、高效的协作。能够在各种恶劣条件和特殊工况下稳定工作。小型化可在不同的基建场景中灵活部署和操作。通过远程技术实现对机器人的精准控制和实时监控。如与5G、大数据等技术深度结合，可发挥更大效能。

参考资料　一般社团法人 工程技术协会　东京都港区虎门 -3-18-19UD 神谷町大厦 10F　电话：03-5405-7201（代表）https://www.enaa.or.jp/

（株）日立产业控制解决方案

【未上市】株式会社日立産業制御ソリューションズ

https://info.hitachi-ics.co.jp/

日立集团旗下为制造业、物流业、IoT、AI/大数据、医药制造等行业提供解决方案的企业，产品包括桥梁点检机器人照相机等。

销售收入 (2023.03)	营业利润
762 亿日元	83 亿日元

三菱重工（株）

【7011】三菱重工業株式会社

https://www.mhi.com/

主营能源、成套设备、基础设施、产业机械、交通系统、汽车产业等，产品包括工业巡检防爆机器人等。

销售收入	营业利润 (税前利润)
46,571 亿日元	3,151 亿日元

（株）石川铁工所

【未上市】株式会社石川鉄工所

https://iiw-future.com/

产品主要为工业机械、激光设备、医疗相关设备、检测设备（包括管渠检查机器人）等。

销售收入	营业利润
（未披露） 亿日元	（未披露） 亿日元

成套设备自动巡检防爆机器人

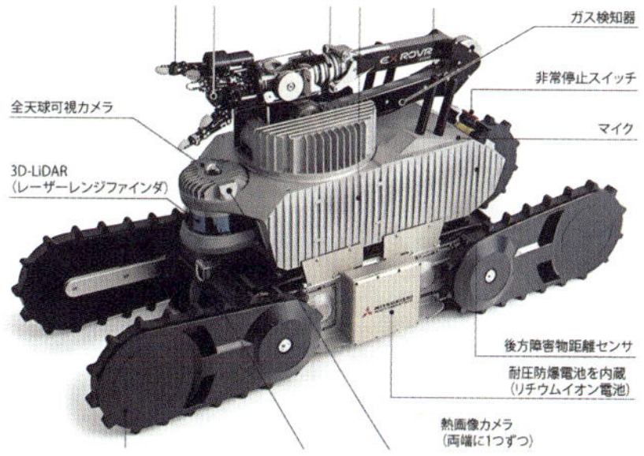

三菱重工（株）

双腕机器人

THK（株）

【6481】THK株式会社

https://www.thk.com/

产品主要为产业机械、运输机械、机器人（含双腕机器人）、IoT服务、医疗机器、再生能源等。

销售收入 (2023.12)	营业利润
3,519 亿日元	237 亿日元

川田机器人（株）

【未上市】カワダロボティクス株式会社

https://www.kawadarobot.co.jp/

日本专业产业机器人制造商，已推出4种研究用/产业用双腕机器人。

销售收入	营业利润 (2023.03净损失)
（未披露） 亿日元	-2.4 亿日元

川崎重工业（株）

【7012】川崎重工業株式会社

https://kawasakirobotics.com/

产品遍及电机、电子、船舶、航空、交通、机械、半导体、汽车、化学等行业，也是日本主要机器人生产企业。

销售收入	营业利润 (税前利润)
18,492 亿日元	320 亿日元

（株）特电

【未上市】株式会社特電

https://www.kk-tokuden.co.jp/

主要业务为FA/自动化系统、机器人系统（含双腕机器人）、IoT系统设计/制作以及自动控制机器的销售等。

销售收入 (2023.03)	营业利润
63 亿日元	（未披露） 亿日元

精工爱普生（株）

【6724】セイコーエプソン株式会社

https://www.epson.jp/

产品主要包括复印机/打印机，各种精密电子设备/器件、产业机器人（含自律型双腕机器人）等。

销售收入	营业利润
13,140 亿日元	575 亿日元

双腕机器人

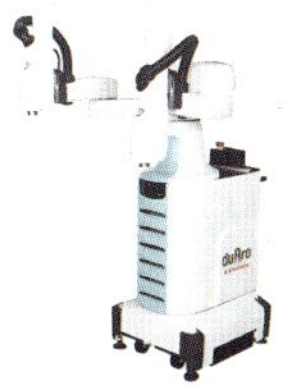

川崎重工业（株）

双腕机器人

川田机器人（株）

半导体制造装置
工业机器人
传感器
计量设备

25

移动机器人关联企业

モバイルロボット関連企業

(株) 丰田自动织机丰田叉车公司

【未上市】株式会社豊田自動織機トヨタL&Fカンパニー

http://www.toyota-lf.com/

主要生产搬运机器及牵引车，搬运机器有多种型号，适用于不同场景，如用于重物水平搬运，重物上举等。牵引车则以小型电动牵引车为主。

销售收入	(2023.03)	营业利润	
33,798 亿日元		（未披露）亿日元	

(株) SHIKO

【未上市】株式会社シコウ

https://shiko.biz/

主营无人搬运车（AGV），产品包括传送带式AGV、低底盘型AGV、平板型/重量级型AGV、牵引型SGV以及特殊性AGV等。

销售收入	(2023.12)	营业利润	
7.5 亿日元		（未披露）亿日元	

尼得科传动技术株式会社

【未上市】ニデックドライブテクノロジー株式会社

https://www.nidec.com/jp/nidec-drivetechnology/

生产和销售无人搬运车，其产品特点是无导轨行走，可以通过平板电脑进行简单操作，低地板设计，同时可适应多种使用方法，支持IoT、搭载通信功能（Wi-Fi）。

销售收入	(2023.03)	营业利润	（净利润）
209 亿日元		**53** 亿日元	

库卡日本 (株)

【FWB：KU2】KUKA Japan株式会社

https://www.kuka.com/

设计自动移动机器人（AMR），可独立导航，配备最新锂离子电池，可实现全天候运行，被广泛用于仓储、制造、医疗保健和零售等行业。

销售收入		营业利润	
（未披露）亿日元		（未披露）亿日元	

(株) DAIHEN

【6622】株式会社ダイヘン

https://www.daihen.co.jp/

生产和销售自动运输车AiTran，可实现厂内运输和升降机装卸的自动化，无须引导指示行驶路线。

销售收入		营业利润	
1,885 亿日元		**151** 亿日元	

爱知机械Techno System (株)

【未上市】愛知機械テクノシステム株式会社

https://www.aiki-tcs.co.jp/

生产各种型号无人搬运车（AGV），如防水型、低底盘型、低底盘防水型、拖车牵引型、升降/手动升降型、超低速型等。

销售收入		营业利润	(2023.03净利润)
（未披露）亿日元		**0.2** 亿日元	

欧姆龙 (株)

【6645】オムロン株式会社

https://www.omron.com/jp/ja/

制造和销售工业机器人、移动机器人以及协作性机器人，其中工业机器人包括并联机器人、六轴关节型机器人、SCARA机器人等类型，移动机器人则主要用于工厂或室内搬运。

销售收入		营业利润	
8,187 亿日元		**343** 亿日元	

(株) 理光

【7752】株式会社リコー

https://www.ricoh.co.jp/

生产无人搬运车，采用高精度导航模式，能在狭小场所通行，并且可以通过连接系统实现自动运输。

销售收入		营业利润	
23,489 亿日元		**620** 亿日元	

　　移动机器人是一种具备自主移动能力的机器人，已被制造业发达国家工厂大量使用。移动机器人能够感知周围环境，自主规划路径，即使在狭窄空间也能避开拥堵和障碍物，完成有效搬运，不仅解决了人手不足问题，也缩短了作业时间；移动机器人还可以执行企业内巡逻、清洁等多种任务，由于配备传感器和控制系统，移动机器人可实现一定的智能决策和自主行动。

　　目前，移动机器人在工厂内主要用于物料搬运、生产线协作，提高生产效率和物流自动化水平；在仓库中可以独立完成货物的分拣、搬运和存储工作，提高仓库的运营效率和空间利用率；在酒店中可以提供咨询、行李搬运、送餐服务等，提升了酒店的服务质量和客户体验。在医院可协助护士进行药品配送、病房巡视，也可用于医疗设备运输、病房服务等，减轻了医护人员的工作

参考资料　一般社团法人　工程技术协会　东京都港区虎门-3-18-19UD 神谷町大厦 10F　电话：03-5405-7201（代表）https://www.enaa.or.jp/

Otto Motors（美国）

【未上市】Otto Motors（米国）

https://ottomotors.com/

罗克韦尔自动化公司下属的专门制造"自主物料搬运机器人"的生产商，可生产有效荷载150公斤到1900公斤的搬运机器人，日本有该企业认证集成商。

销售收入		营业利润	
（未披露）	亿日元	（未披露）	亿日元

有效荷载150公斤、移动速度2米/秒的移动机器人产品

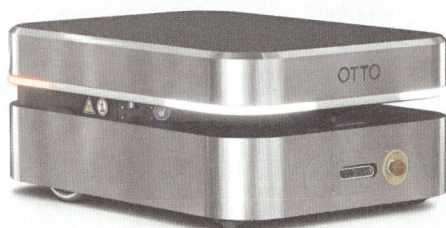

Otto Motors（美国）

（株）Doog

【未上市】株式会社Doog

https://doog-inc.com/

生产协作运输机器人，有自动跟踪人/推车功能、线路跟踪功能、记忆跟踪功能，适用于各种场景。

销售收入		营业利润	
（未披露）	亿日元	（未披露）	亿日元

Industry Alpha（株）

【未上市】Industry Alpha株式会社

https://www.industryalpha.net/

主要为物流和制造行业提供无人搬运车（AGV），其特点是AGV可自动行走，自动生成环境地图，自动充电，有多种搬运方式，负载量高且速度快。

销售收入		营业利润	
（未披露）	亿日元	（未披露）	亿日元

（株）ZMP

【未上市】株式会社ZMP

https://www.zmp.co.jp/

从事物流支援机器人、自动运输机器人、步行速机器人等移动机器人的开发、制造和销售，可用于物流、医院、外卖配送等多种领域。

销售收入		营业利润	（2022.12净损失）
（未披露）	亿日元	**-9.8**	亿日元

Vstone（株）

【未上市】ヴイストン株式会社

https://www.vstone.co.jp/

主营机器人相关业务，其中移动机器人以麦克纳姆轮机器人、全向轮移动机器人、三轮驱动全向轮机器人（圆形/三角形）等产品为主。

销售收入		营业利润	
（未披露）	亿日元	（未披露）	亿日元

（株）NST

【未上市】株式会社エヌエスティー

https://www.nst-co.com/

生产和销售无人搬运车，由铺设在地面上的磁带引导和驱动，配有升降功能，可根据工作需要调节高度。

销售收入	（2023.12）	营业利润	
25	亿日元	（未披露）	亿日元

Mobile Industrial Robots A/S（丹麦）

【未上市】モバイルインダストリアルロボットA/S

https://mobile-industrial-robots.com/

主要制造室内运行的载物（轻型/重型）移动机器人，企业在美国、欧洲和亚洲设有分支机构，亚洲在东京、首尔和上海均有据点。

销售收入		营业利润	
（未披露）	亿日元	（未披露）	亿日元

负担；在科研领域可帮助科研人员收集数据等。移动机器人也可在机场、车站、图书馆等公共场所使用，用于引导、咨询、巡逻等服务，提高服务效率和便利性。

常见的移动机器人包括轮式移动机器人、履带式移动机器人、足式移动机器人等。未来，移动机器人将呈现以下发展趋势。

① 随着人工智能、传感器技术和通信技术的不断发展，移动机器人的自主性、智能化和适应性将

不断提高。

② 移动机器人将逐渐渗透到更多的行业和领域，为人们的生活和工作带来更多的便利和效率。

③ 移动机器人将与人类更加紧密地协作，实现人机共生的工作模式，提高工作效率和安全性。

④ 移动机器人的发展将带动相关产业的发展，形成完整的产业生态链，包括零部件供应商、系统集成商、终端用户等。

半
导
体
制
造
装
置

工
业
机
器
人

传
感
器

计
量
设
备

26

协作式机器人关联企业

協働ロボット関連企業

(株) 不二越

【6474】株式会社不二越

https://www.nachi-fujikoshi.co.jp

生产和销售多种类型机器人，包括搬运/密封机器人、码垛机器人、点焊机器人、重物搬运机器人等。

销售收入	(2023.11)	营业利润	
2,654 亿日元		**118** 亿日元	

(株) Dyadic系统

【未上市】株式会社ダイアディックシステムズ

https://dyadic.co.jp/

设计开发人机协作式机器人，可应用于码垛、拾放、包装、零件插入、试剂灌装、涂胶等多种场景。

销售收入	营业利润
（未披露）亿日元	（未披露）亿日元

三菱电机 (株)

【6503】三菱電機株式会社

https://www.mitsubishielectric.co.jp/

主要生产垂直多关节机器人、水平多关节机器人等类型的协作式机器人，同时提供售后服务、协作式机器人注册及软件注册服务。

销售收入	营业利润
52,579 亿日元	**3,285** 亿日元

发那科 (株)

【6954】ファナック株式会社

https://www.fanuc.co.jp

设计推出全新协作式机器人CRX系列，获得CRX系列机器人奖，主要用于搬运、装配和弧焊，有落地式、吸顶式等不同安装形式。

销售收入	营业利润
7,952 亿日元	**1,419** 亿日元

(株) 安川电机

【6506】株式会社安川電機

https://www.yaskawa.co.jp/

主营协作式机器人，产品可用于焊接、码垛、切割加工、装卸等多种场景，此外也生产相关外围设备。

销售收入	(2024.02)	营业利润	
5,756 亿日元		**662** 亿日元	

协作式机器人（产品组装现场）

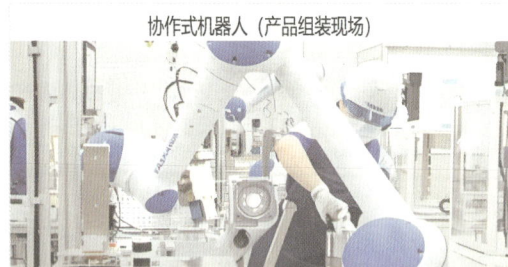

(株) 安川电机

大电 (株)

【未上市】大電株式会社

https://www.dyden.co.jp/

生产和销售机器人电缆，在日本国内市场占有率第一，可分为小直径/轻量化、高耐用性、兼容海外标准、扁平电缆等不同类型。

销售收入	(2023.12)	营业利润	
207 亿日元		**6** 亿日元	

Universal-robots (美国)

【未上市】ユニバーサルロボット（米国）

https://www.universal-robots.com/ja/

生产 3、5、12.5、16、20、30千克的6种可搬不同重量的协作式机器人。

销售收入	(2023.12)	营业利润	
3.4 亿美元		（未披露）亿美元	

　　协作式机器人是允许人与机器人在同一区域（无须安全围栏）高效工作的机器人，协作式机器人具备多种安全机制，确保在与人类近距离接触时不会对其造成伤害。协作式机器人具有5轴或6轴关节，比传统机器人更加灵活，可以高速高精度地完成任务。由于配备了摄像头和图像处理功能，它不仅可以识别物体，还可以识别周围环境。其初期投资低于传统专用自动化生产线，能够快速适应不同的任务和工作场景，易于重新

编程和部署，可在不停止生产线运行的情况下进行额外安装，通常设计较为直观，方便工作人员进行交互和操作，更容易被中小企业采用。随着图像处理能力提高，协作式机器人可以区分大量零部件的颜色、形状、方向等，可以自动拣选部件将其放入下一工序。

　　协作式机器人的应用非常广泛。目前主要用于制造业、医疗领域（辅助医生进行手术或康复治疗）、科研实验、物流仓储（协助进行分拣、

参考资料

一般社団法人
工程技术协会

东京都港区虎门-3-18-19UD 神谷町大厦 10F
电话：03-5405-7201（代表）https://www.enaa.or.jp/

川田机器人（株）

【未上市】カワダロボティクス株式会社

https://www.kawadarobot.co.jp/

生产和销售人形协作式工业机器人，能够在识别周边环境工作目标的同时进行工作，适用于装配、检查和包装等各种行业领域。

销售收入	营业利润	(2023.03净损失)
（未披露） 亿日元	**-2.4** 亿日元	

CKD（株）

【6407】CKD株式会社

https://www.ckd.co.jp/

生产和销售协作式工业机器人用卡爪、卡盘，如平行卡爪、支点卡爪、带测长功能卡爪、Universal Robots 认证夹爪等。

销售收入	营业利润
1,344 亿日元	**131** 亿日元

（株）Advance

【未上市】株式会社アドバンス

https://www.ad-ltd.co.jp/

该公司生产的协作式机器人用于运输树脂罐，可检查罐内是否有泄漏情况，以及生产零件插入机器人。

销售收入	营业利润
（未披露） 亿日元	（未披露） 亿日元

（株）电装Wave

【未上市】株式会社デンソーウェーブ

https://www.denso-wave.com/

开发人机协作式机器人，具有独特机械臂构造，小型易搬运，常被用于线束组装自动化以及蝴蝶白板（BUTTERFLY BOARD）自动化生产设备中。

销售收入	营业利润	(净利润)
564 亿日元	**7.3** 亿日元	

信浓绢丝（株）

【未上市】シナノケンシ株式会社

https://jp.aspina-group.com/ja/

主营协作式机器人的末端执行器电动机器人爪，具有夹持力可调、中空结构等特点，提供适用于圆形工件的三爪型号和适用于方形工件的二爪型号。

销售收入	(2024.02)	营业利润	(净利润)
514 亿日元		**8.8** 亿日元	

IDEC FACTORY SOLUTIONS（株）

【未上市】IDECファクトリーソリューションズ株式会社

https://idec-fs.com/

机器人系统集成商，致力于协作式工业机器人系统研发事业，提供综合各种制造商的协作式机器人和视觉传感器、人工智能、自动行驶搬运机器人（AMR）等系统的研发。

销售收入	营业利润	(2023.03净利润)
（未披露） 亿日元	**2** 亿日元	

（株）Flareoriginal

【未上市】株式会社フレアオリジナル

https://www.flareoriginal.com/

从事工业机器人系统的设计、生产、安装和运营支持等业务，同时代理和销售其他协作式机器人制造商的产品，如不二越、SMC等。

销售收入	营业利润
（未披露） 亿日元	（未披露） 亿日元

浜田制作（株）

【未上市】浜田製作株式会社

https://www.hamadaseisaku.co.jp/

主要生产工业机器人，其产品可用于拾取放置、重量+外观检查、瓶盖安装、机器人组装、协作式机器人码垛、线路模拟等多种场景。

销售收入	营业利润
（未披露） 亿日元	（未披露） 亿日元

包装）等。

协作式机器人的交互方式主要有：①通过轻柔的物理触碰，引导机器人运动方向；②通过语音指令让机器人执行相应动作或提供信息；③通过可视化界面操作与机器人进行交互；④利用特定的手势来传达意图（机器人则识别手势做出相应反应）；⑤借助智能穿戴设备连接，实现对机器人的控制和信息交流。

其发展趋势主要有以下几个方面。

第一，随着制造业的不断发展和工业机器人使用密度的提高，协作式机器人的市场规模有望进一步扩大。

第二，协作式机器人将在更多领域得到应用，如商业、医疗、教育等。同时，在工业领域的应用也将进一步拓展。

第三，随着协作式机器人的应用场景不断拓展和复杂化，协作式机器人的服务能力及响应速度将受重视。

半导体制造装置

工业机器人

传感器

计量设备

27

并联机器人关联企业

パラレルロボット関連企業

(株) 安川电机

【6506】株式会社安川電機

https://www.yaskawa.co.jp/

生产和销售用于拣货和包装的并联机器人，如适用于小型物品高速运输的有效负载并联机器人，可处理小型码垛的有效负载垂直多关节机器人等。

销售收入	(2024.02)	营业利润
5,756 亿日元		**662** 亿日元

川崎重工业 (株)

【7012】川崎重工業株式会社

https://www.khi.co.jp/

设计开发高速分拣机器人，广泛用于食品、药品、化妆品、电机、电子、机械部件等产业领域，能进行搬运作业以及生产线上的高效分类作业。

销售收入	营业利润	(税前利润)
18,492 亿日元	**320** 亿日元	

松下控股 (株)

【6752】パナソニックホールディングス株式会社

https://www.panasonic.com/jp/home.html

该公司的产品提供安装、装配、检查和包装等工序的自动化解决方案，如使用多关节机器人搬运物品，双臂机器人装配等。

销售收入	营业利润
84,964 亿日元	**3,610** 亿日元

(株) GKM

【未上市】株式会社GKM

http://www.gkm.co.jp/

从事工业机器人相关零部件及设备的制造和销售业务，其产品主要分为提升加工效率和迷你便携两种类型。

销售收入	营业利润
(未披露) 亿日元	(未披露) 亿日元

村田机械 (株)

【未上市】村田機械株式会社

https://www.muratec.jp

其旗下子公司Muratec machtronics从事并联机器人的开发、制造和销售。

销售收入	营业利润
4,974 亿日元	**791** 亿日元

MURATEC机电 (株)

【未上市】ムラテックメカトロニクス株式会社

https://www.muratec.jp/mmc/

其生产的并联机器人特点为高速运行、高精准度、工作范围广、有效载荷、有轻量化手臂以及耐用性高等。

销售收入	(2023.03)	营业利润
363 亿日元		**17** 亿日元

欧姆龙 (株)

【6645】オムロン株式会社

https://www.omron.com/jp/ja/

主要生产和销售四种可以实现高速拾放的并联机器人，多适用于食品、药品和医疗行业。

销售收入	营业利润
8,187 亿日元	**343** 亿日元

高速/高精度4轴并联机器人　　食品业、药品业、医疗业界用并联机器人

欧姆龙 (株)

　　并联机器人是一种使用并联连接的手臂，在单点上执行高速、精确运动的工业机器人，其机械手臂由连杆和关节等部件组成，通过将多个电机的输出集中在手臂前端部一点上的结构，可以实现高输出和高精度的动作，三臂产品是主流。

　　并联机器人的特点是无累积误差、精度较高、驱动装置可置于定平台上或接近定平台的位置、运动部分重量轻、速度高、动态响应好、结构紧凑等。并联机器人在需要高刚度、高精度或者大载荷且无须很大工作空间的领域得到了应用，如飞行模拟器、6维力与力矩传感器和并联机床等。由于能够进行高速、高精度的移动，它适用于分拣、工件拾取、移动等相对较轻的作业，如托盘上装载和分类食品、在化妆品上粘贴标签以及拾取轻质半导体零件等。

　　并联机器人出现的发展趋势：①通过引入人工智能、机器学习等技术，提高了机器人的自主性和适应性；②采用标准化、通用化设计理念，

参考资料　　一般社団法人 工程技术协会　　东京都港区虎门-3-18-19UD 神谷町大厦 10F　电话：03-5405-7201（代表）https://www.enaa.or.jp/

2017~2022 年日本机器人订单 / 生产 / 出货额情况

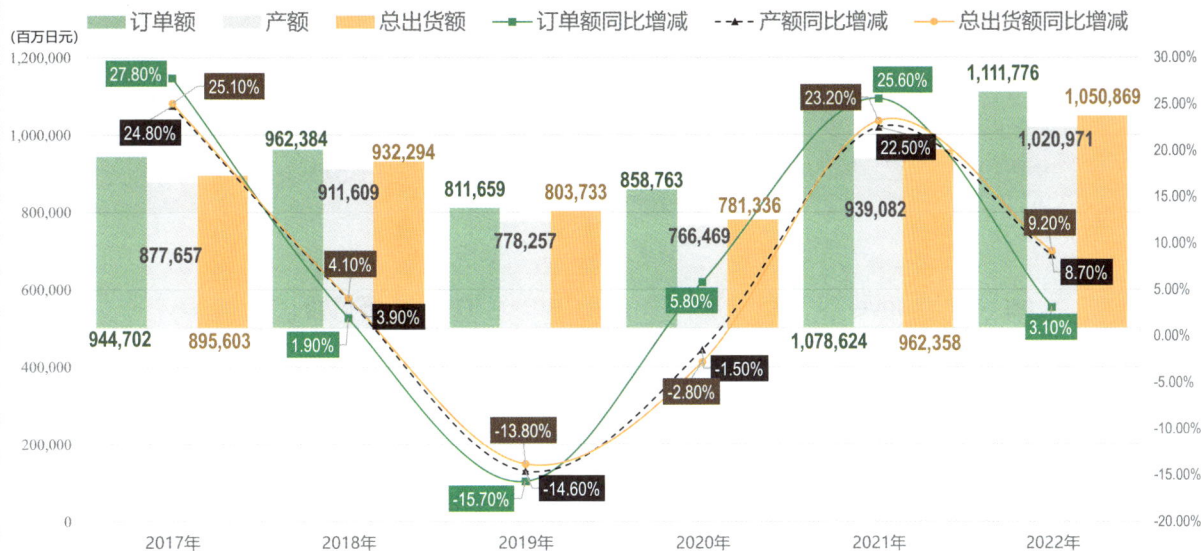

（百万日元）

图例：订单额　产额　总出货额　订单额同比增减　产额同比增减　总出货额同比增减

年份	订单额	产额	总出货额	订单额同比增减	产额同比增减	总出货额同比增减
2017年	944,702	877,657	895,603	27.80%	24.80%	25.10%
2018年	962,384	911,609	932,294	1.90%	4.10%	3.90%
2019年	811,659	778,257	803,733	-15.70%	-14.60%	-13.80%
2020年	858,763	766,469	781,336	5.80%	-1.50%	-2.80%
2021年	1,111,776	1,078,624	962,358 / 939,082	23.20%	22.50%	25.60%
2022年	1,111,776	1,020,971	1,050,869	3.10%	9.20%	8.70%

资料来源：日本机器人工业会。

2017~2022 年日本机器人国内出货额 / 出口额情况

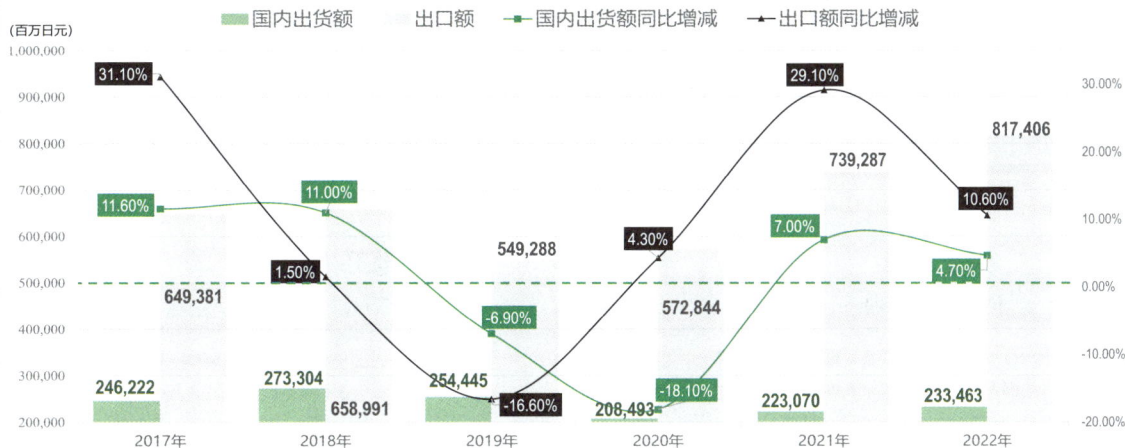

（百万日元）

图例：国内出货额　出口额　国内出货额同比增减　出口额同比增减

年份	国内出货额	出口额	国内出货额同比增减	出口额同比增减
2017年	246,222	649,381	11.60%	31.10%
2018年	273,304	658,991	11.00%	1.50%
2019年	254,445	549,288	-6.90%	-16.60%
2020年	208,493	572,844	-18.10%	4.30%
2021年	223,070	739,287	7.00%	29.10%
2022年	233,463	817,406	4.70%	10.60%

资料来源：日本机器人工业会。

将机器人划为不同功能模块，实现了不同模块的互换和组合；③优化运动算法、引入新材料和新型结构等技术手段，提高了并联机器人的运动效率；④通过引入智能交互界面、强化人机交互，提高了生产效率和降低了误差。

并联机器人的应用场景主要有以下几个方面。

工业生产领域：在食品、药品等包装领域，可实现快速、精准的分拣和包装操作；在电子零部件的装配方面能完成精细、高效的任务。

物流仓储领域：可进行货物的快速分拣和搬运。

医疗领域：可以辅助医疗手术，如在微创手术中精准定位和操作医疗器械。

科学研究领域：模拟复杂的运动和力学环境。

航空航天领域：用于航天器的装配和检测等任务。

汽车制造领域：参与汽车零部件的装配和生产线上的物料搬运等。

28 垂直多关节工业机器人

垂直多关节ロボット関連企業

（株）堀内电机制作所

【未上市】株式会社堀内電機製作所

https://www.horiden.com/

生产激光微焊接机器人，使用半导体激光器进行非接触式焊接，通过控制机器人程序的激光输出来设置最佳焊接条件，从而实现高质量且稳定的焊接。

销售收入	营业利润
（未披露）亿日元	（未披露）亿日元

（株）电装Wave

【未上市】株式会社デンソーウェーブ

https://www.denso-wave.com/

生产和销售各种型号垂直多关节工业机器人，最大可搬运质量从2.5千克到60千克不等，最大动作领域从430毫米到2257毫米不等。

销售收入	营业利润 （净利润）
564 亿日元	**7.3** 亿日元

（株）JANOME

【6445】株式会社ジャノメ

https://www.janome.co.jp/industrial.html

利用缝纫机技术制造工业设备，生产台式机器人、直角坐标机器人等。

销售收入	营业利润
364 亿日元	**17** 亿日元

（株）FUJI

【6134】株式会社FUJI

https://www.fuji.co.jp/

以生产电子元件安装机器人、机床为主。生产紧凑型多关节机器人、传送支持机器人等。

销售收入	营业利润
1,270 亿日元	**134** 亿日元

（株）不二越

【6474】株式会社不二越

https://www.nachi-fujikoshi.co.jp/

产品包括便携式协作机器人、高速/高精度机器人、超小型机器人、高速缝焊机器人等。

销售收入 （2023.11）	营业利润
2,654 亿日元	**118** 亿日元

（株）杉野机械

【未上市】株式会社スギノマシン

https://www.sugino.com/

开发、设计、制造和销售镜面加工工具、生物质纳米纤维、工业机器人等。生产多轴机器人。

销售收入 （2023.03）	营业利润
234 亿日元	**31** 亿日元

（株）IAI

【未上市】株式会社アイエイアイ

https://www.iai-robot.co.jp/index.html

开发、设计、制造和销售小型工业机器人。可应用于汽车行业、电子元件、精密仪器、家用电器、液晶和半导体行业。

销售收入 （2022.12）	营业利润 （税前利润）
345 亿日元	**48** 亿日元

日东精工（株）

【5957】日東精工株式会社

https://www.nittoseiko.co.jp/

日东精工以其紧固、装配、测量和检测技术为基础，提供高品质的产品。生产自动拧螺钉机器人。

销售收入 （2023.12）	营业利润
447 亿日元	**26** 亿日元

垂直多关节工业机器人是一种具有多个旋转关节的工业机器人，它的外形通常较为紧凑，由多个连杆和关节组成，可以实现灵活的三维空间运动。其关节类似于人类手臂关节，能够在多个方向上进行旋转和伸展等动作。其特点是模仿人类手臂的动作实现复杂的姿态和轨迹，可通过多个关节的组合运动覆盖较广的作业范围，并高精度执行抓取、装配、焊接等任务，以及能够适应不同形状和尺寸工件的多样化的生产需求。

垂直多关节工业机器人的技术发展趋势：①不断提升运动控制精度和动作速度，以满足更高要求的生产任务；②具备更强大的自主学习和自适应能力，能够根据不同情况自动优化动作和策略；③与人类工人更加安全、紧密地协作，实现人机共融的工作模式；④体积更小、重量更轻，便于在更多场景中灵活部署；⑤实现复合功能一机多用，同时具有焊接、打磨、搬运功能等；⑥可以通过网络进行远程监控和故障诊断；⑦能够

参考资料　一般社团法人　东京都港区虎门 -3-18-19UD 神谷町大厦 10F
工程技术协会　电话：03-5405-7201（代表）https://www.enaa.or.jp/

半导体制造装置

工业机器人

传感器

计量设备

平田机工（株）

【6258】平田機工株式会社

https://www.hirata.co.jp

生产大型正交直线机器人、小型正交直线机器人、紧凑型机器人、垂直多关节工业机器人。

销售收入	营业利润
828 亿日元	**60** 亿日元

精工爱普生（株）

【6724】セイコーエプソン株式会社

https://www.epson.jp/

生产高速高精度型、全方位活动折叠式、节省空间的高性价比机型的垂直多关节工业机器人。

销售收入	营业利润
13,140 亿日元	**575** 亿日元

垂直多关节六轴工业机器人

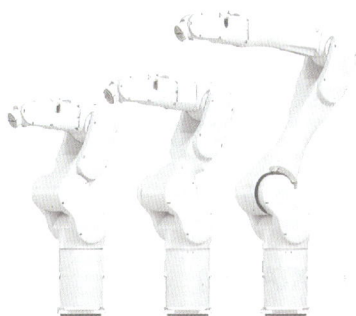

精工爱普生（株）

芝产业（株）

【未上市】芝産業株式会社

https://www.ciba.jp/

生产的铰接式机器人可用于抽吸传送、夹持传送等。

销售收入	营业利润
（未披露）亿日元	（未披露）亿日元

川崎重工业（株）

【7012】川崎重工業株式会社

https://www.khi.co.jp/

为医疗工业系统和工厂产品开发和提供相应的机器人。

销售收入	营业利润 （税前利润）
18,492 亿日元	**320** 亿日元

三菱电机（株）

【6503】三菱電機株式会社

https://www.mitsubishielectric.co.jp/

生产垂直多关节工业机器人和水平多关节机器人，适用范围广。

销售收入	营业利润
52,579 亿日元	**3,285** 亿日元

发那科（株）

【6954】ファナック株式会社

https://www.fanuc.co.jp

提供机器人钻孔机、小型切割机、电动注塑机、电动放电加工机等。

销售收入	营业利润
7,952 亿日元	**1,419** 亿日元

雅马哈发动机（株）

【7272】ヤマハ発動機株式会社

https://global.yamaha-motor.com/jp

工业机器人包括单轴机器人、正交直线机器人、SCARA 机器人、垂直多关节工业机器人，适用于运输、供应、组装和检查等各种生产流程。

销售收入 （2023.12）	营业利润
24,147 亿日元	**2,506** 亿日元

搬运更重的物体，适应大型工件的处理需求。以及向新应用领域拓展、与新技术融合（人工智能、大数据、5G）等趋势。

垂直多关节工业机器人广泛应用于汽车制造、电子、机械加工等众多工业制造领域和医疗、仓储物流领域，在提高生产效率、提升产品质量、降低人工劳动强度等方面发挥着重要作用。

其应用场景如下：① 可以准确地进行焊接且偏差较小；② 可快速将产品和零部件进行排列或移动重物作业；③ 将抓取的零部件组装到其他部件上或拧紧螺丝等工作；④ 通过使用安装在垂直多关节工业机器人上的喷枪用于对汽车车身等进行涂装上色；⑤ 将零部件置入检查摄像机和传感器的测量范围内，判定外观和质量好坏的作业等；⑥ 医疗康复训练；⑦ 分拣码垛搬运等。

2023~2024

日　本　产　业　概　览 > 第二章 >> 日本工业机器人
半导体制造装置 | 工业机器人 | 传感器 | 计量设备

欧姆龙（株）

【6645】オムロン株式会社

https://www.omron.com/jp/ja/

生产在制造现场执行分拣、装配、运输、加工、拧紧螺钉、检查、包装和测试等任务的机器人。

销售收入	营业利润
8,187 亿日元	**343** 亿日元

（株）安川电机

【6506】株式会社安川電機

https://www.yaskawa.co.jp/

该公司采用了自研的伺服电机优化工业机器人，其生产的工业机器人被广泛用于电气和电子设备、半导体制造、生物技术、食品、医疗产品和物流等领域。

销售收入	(2024.02)	营业利润	
5,756 亿日元		**662** 亿日元	

伊藤忠机械技术（株）

【未上市】伊藤忠マシンテクノス株式会社

https://www.itcmt.co.jp/

生产各种优质工业机械，包括薄膜和塑料、涂布机械、印刷机械、造纸和纸浆相关设备、金属和新材料加工机械、液晶和半导体制造和输送设备、电子相关设备、石油和化工厂设备、环保和回收相关设备等。

销售收入		营业利润	(2023.03净利润)
（未披露） 亿日元		**18** 亿日元	

大电（株）

【未上市】大電株式会社

https://www.dyden.co.jp/

生产电线电缆、电力设备、网络设备、液压设备、精密金属加工产品、精密塑料成型产品及相关产品。提供适用于机器人剧烈运动部件的高寿命电缆。产品具有出色的抗弯曲和抗扭曲性能。

销售收入	(2023.12)	营业利润	
207 亿日元		**6** 亿日元	

STAUBLI（株）（瑞士）

【未上市】ストーブリ株式会社（スイス）

https://www.staubli.com/jp/ja/home.html

工业机器人、连接器和纺织机械领域的机电一体化供应商。其机器人事业部提供应用广泛的解决方案，包括具有高生产率和高精度的紧凑型4轴SCARA机器人、超高速拾取机，具有中型和重型有效载荷的6轴机器人，以及用于恶劣环境条件的洁净机器人和用于潮湿环境的机器人。

销售收入	(2023.12)	营业利润	
16 亿瑞士法郎		（未披露） 亿瑞士法郎	

HIWIN（株）

【HYW（NYSE）】ハイウィン株式会社

https://www.hiwin.co.jp/

该公司设计和制造直线电机、直线执行器、磁性刻度尺和直线运动系统等。提供紧凑型、高精度的单轴机器人。

销售收入	营业利润	(2023.12净损失)
（未披露） 亿日元	**-5.9** 亿日元	

IGUS（株）（德国）

【未上市】イグス株式会社（ドイツ）

https://www.igus.co.jp/

产品用于现有应用扩展的整个机械臂或单个组件。

销售收入	(2022.12)	营业利润	
9.6 亿欧元		（未披露） 亿欧元	

芝浦机械（株）

【6104】芝浦機械株式会社

https://www.shibaura-machine.co.jp/

生产和销售TVM系列、TV系列垂直多关节工业机器人以及相关控制器和示教器，在组装、检查等各种生产线的自动化、省力化、提高生产性中作出贡献。

销售收入	营业利润
1,606 亿日元	**136** 亿日元

ORIMVEXTA（株）

【未上市】オリムベクスタ株式会社

https://www.orimvexta.co.jp/

生产3～6轴垂直关节机器人。

销售收入	(2023.03)	营业利润	
48 亿日元		（未披露） 亿日元	

COMS（株）

【未上市】コムス株式会社

https://www.coms-corp.co.jp/

生产精密台式3轴机器人，可实现三维空间定位，定位精度达到业内最高水平。

销售收入		营业利润	
（未披露） 亿日元		（未披露） 亿日元	

（株）近畿

【未上市】株式会社近畿コーポレーション

https://www.k-corp.co.jp/

为以工业机器人为中心的自动化系统的规划和设计、必要组件的生产、施工和安装等一系列任务提供一站式支持。

销售收入		营业利润	
（未披露） 亿日元		（未披露） 亿日元	

参考资料　一般社团法人 工程技术协会　东京都港区虎门-3-18-19UD 神谷町大厦 10F　电话：03-5405-7201（代表）https://www.enaa.or.jp/

川田机器人（株）

【未上市】カワダロボティクス株式会社

https://www.kawadarobot.co.jp/

生产一体化双臂机器人，可在识别周围环境和工作对象的同时工作，并能灵活应对各种可变产量的生产。

销售收入	营业利润	(2023.03净损失)
（未披露）亿日元		**-2.4** 亿日元

SERENDIP RXM（株）

【未上市】セレンディップ・ロボクロスマーケティング株式会社

https://www.serendip-rxm.com/

生产合作型机器人，操作简单、易于安装，并且可以与人一起工作。

销售收入	营业利润	(2023.03净利润)
（未披露）亿日元		**0.2** 亿日元

2017~2022 年日本机器人对国内电机 / 电子机械制造业出货情况

出货金额　出货台数同比增减　出货金额同比增减

（百万日元）

- 34.50%
- 27.10%
- 10.20%
- 3.30%
- 出货台数: 18,338
- 92,476
- -8.40%
- -11.10%
- -15.70%
- 出货台数: 15,466
- -19.80%
- 74,144
- 21.10%
- 10.40%
- 出货台数: 18,737
- 81,820
- 16.80%
- 10.50%
- 出货台数: 20,707
- 95,549
- 出货台数: 18,707
- 97,710
- 出货台数: 20,619
- 100,951

2017年　2018年　2019年　2020年　2021年　2022年

资料来源: 日本机器人工业会。

2017~2022 年日本机器人对国内汽车制造业出货情况

出货金额　出货台数同比增减　出货金额同比增减

（百万日元）

- 22.10%
- 出货台数: 17,481
- 75,046
- 17.00%
- 1.00%
- 0.50%
- -1.90%
- -2.30%
- 出货台数: 17,889
- 76,501
- 出货台数: 14,650
- 65,376
- -20.40%
- -30.10%
- 出货台数: 12,226
- 59,742
- 10.50%
- 2.30%
- 出货台数: 13,515
- 61,109
- -6.90%
- -11.30%
- 出货台数: 12,579
- 54,180

2017年　2018年　2019年　2020年　2021年　2022年

资料来源: 日本机器人工业会。

29

弧焊工业机器人

アーク溶接ロボット関連企業

(株) 神户制钢所

【5406】株式会社神戸製鋼所

https://www.kobelco.co.jp/

生产用于储罐和压力容器的钢板和锻件、热交换器用钛、特种钢管、焊接材料等。

销售收入	营业利润
25,431 亿日元	**1,866** 亿日元

(株) 不二越

【6474】株式会社不二越

https://www.nachi-fujikoshi.co.jp/

公司从汽车生产线中汲取自动化方面的专业知识，提供最先进的机器人，以满足不断发展的产品生产基地的需求，让客户高枕无忧。

销售收入 (2023.11)	营业利润
2,654 亿日元	**118** 亿日元

日铁溶接工业 (株)

【未上市】日鉄溶接工業株式会社

https://www.weld.nipponsteel.com/

生产自动板材生产线焊接设备、光滑壁焊接机、对接焊机等。

销售收入 (2023.03)	营业利润
238 亿日元	**12** 亿日元

(株) 安川电机

【6506】株式会社安川電機

https://www.yaskawa.co.jp/

将控制软件技术与应用技术相结合，最大限度地提高机器人的能力，从而实现焊接和喷涂等应用的最佳结构和功能。

销售收入 (2024.02)	营业利润
5,756 亿日元	**662** 亿日元

大电 (株)

【未上市】大電株式会社

https://www.dyden.co.jp/

拥有多台左右弯曲、扭转和 U 形弯曲试验机，可进行电缆耐久性试验，以提供高耐久性、长寿命的电缆。根据多年积累的试验数据和各种材料的基本数据开发的寿命模拟软件，可以快速、高精度地计算机器人电缆的弯曲寿命，还可用于新产品开发等。

销售收入 (2023.12)	营业利润
207 亿日元	**6** 亿日元

(株) DAIHEN

【6622】株式会社ダイヘン

https://www.daihen.co.jp/

提供高精度机器人、协作式机器人、晶片传送机器人等。

销售收入	营业利润
1,885 亿日元	**151** 亿日元

川崎重工业 (株)

【7012】川崎重工業株式会社

https://www.khi.co.jp/

生产执行弧焊操作的工业机器人。

销售收入	营业利润 (税前利润)
18,492 亿日元	**320** 亿日元

发那科 (株)

【6954】ファナック株式会社

https://www.fanuc.co.jp

生产的弧焊工业机器人可用于机械加工、电气和电子、食品和饮料等领域。

销售收入	营业利润
7,952 亿日元	**1,419** 亿日元

　　弧焊工业机器人是一种体积小、高度自动化的焊接设备，可通过电弧放电而发出强烈的光线和紫外线，焊接点处可产生高达 20000 摄氏度的高温，主要用于连接钢、铝和钛等金属材料，是一种几乎可用于所有金属结构的焊接设备，包括用于金属骨架焊接、工程机械、汽车、铁道车辆、飞机、船舶等大型机械加工等领域。它通常由机器人本体、送丝系统、焊枪、控制系统等部分组成，其外形为一个机械臂，能够灵活地移动和定位。这种机器人具有以下特点：①高精度和高稳定性，可以精确控制焊接轨迹和焊接参数，确保

焊接质量稳定可靠；②高效性，能够长时间持续工作，大大提高焊接效率；③适应复杂环境，可以在恶劣的焊接环境中工作，减少对人工的伤害；④可重复编程，根据不同的焊接任务和工件要求，进行灵活的编程调整。

　　弧焊工业机器人广泛应用于汽车制造、船舶制造、机械加工等众多工业领域，对提高焊接生产的自动化水平和产品质量起到了重要作用。其主要使用场景包括：①汽车制造业，用于车身焊接、零部件焊接等，保证焊接质量和生产效率；②船舶工业，焊接船体结构、管道等大型构件；

参考资料

一般社团法人
工程技术协会

东京都港区虎门 -3-18-19UD 神谷町大厦 10F
电话：03-5405-7201（代表）https://www.enaa.or.jp/

川重商事（株）

【未上市】川重商事株式会社

https://www.kawasakitrading.co.jp/

川崎重工业集团所属商社，生产和销售产业用机器/设备（包括川崎重工生产的各种类型的机器人）及发电、钢铁等成套设备。

销售收入	营业利润
（未披露）亿日元	（未披露）亿日元

医疗型机器人　可搬动 100~300 公斤物品的机械手

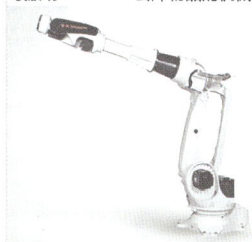

川重商事（株）

松下CONNECT

【未上市】パナソニックコネクト株式会社

https://connect.panasonic.com/jp-ja/

松下集团旗下从事电子部件组装、半导体、焊接（包括弧焊工业机器人）、计测/检查等设备的研究开发的制造企业。

销售收入 (2023.03)	营业利润 （亏损）
5,833 亿日元	**-55** 亿日元

Panasonic Factory Solutions Sales & Engineering Japan Co., Ltd.

【未上市】パナソニックFSエンジニアリング株式会社

https://www.panasonic.com/

从事各种弧焊工业机器人/弧焊切断装置方案的开发、制造、销售及服务。

销售收入	营业利润
（未披露）亿日元	（未披露）亿日元

ABB（Asea Brown Boveri）

【SIX: ABBN】ABB（Asea Brown Boveri）

https://new.abb.com/

全球著名机器人与机械自动化供应商之一，专注于提供机器人、自主移动机器人和机械自动化解决方案等全套产品组合。

销售收入 (2023.12)	营业利润
82 亿美元	**11.2** 亿美元

YASKAWA MECHATREC末松九机（株）

【未上市】安川メカトレック末松九機株式会社

https://www.ym-c.co.jp/

为FA/工业机器人 / 机电一体化、环境系统、社会系统等产业，提供各种电气设备、机械设备（含弧焊设备）。

销售收入	营业利润 (2023.02净利润)
（未披露）亿日元	**11** 亿日元

（株）CREO Technology

【未上市】株式会社クレオテクノロジー

https://www.creotechnology.co.jp/

主要提供工业机器人及周边装置的开发与设计（含弧焊工业机器人），以及一般产业机械以及食品、药品包装机械的设计服务等。

销售收入	营业利润
（未披露）亿日元	（未披露）亿日元

KUKA Roboter GmbH（德国）

【未上市】KUKA Roboter GmbH（ドイツ）

https://www.kuka.com/

该公司是全球知名的工业机器人制造商之一，其产品以其高精度、高可靠性和高性能而闻名，产品广泛用于汽车制造、电子、物流、医疗等多个行业。

销售收入 (2022.12)	营业利润 (2022.12)
44 亿欧元	**1.2** 亿欧元

③ 机械制造业，如机床、重工机械等的焊接工作；④ 钢结构建筑，对钢梁、钢柱等进行焊接；⑤ 管道工程，长距离管道的焊接；⑥ 航天航空领域，飞机、航天器零部件的焊接；以及金属制品业、家电制造的各类生产焊接。

弧焊工业机器人的发展趋势主要包括以下几个方面。

① 智能化，具备更强的智能感知和决策能力，能够自动识别焊接环境、工件状态等，实时调整焊接参数和策略。

② 多轴化和灵活化，拥有更多的自由度和更灵活的运动能力，以适应更复杂的焊接形状和任务。

③ 协作化，与人类工人更加紧密地协作，在同一工作空间内安全、高效地共同完成焊接作业。

④ 高精度和高质量，不断提升焊接的精度和质量，减少焊接缺陷，满足更高的工艺要求。

⑤ 远程控制和监控，可以实现远程操作和实时监控，便于集中管理和优化生产。

⑥ 一体化集成，与其他生产设备和系统更好地集成，形成高度自动化的生产流水线，以及轻量化、适应性材料等。

30

正交直线机器人

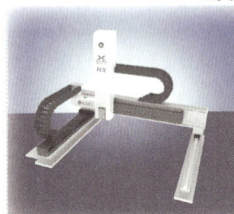

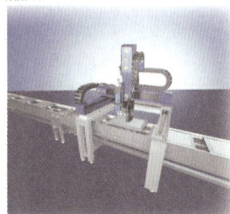

直交ロボット関連企業

（株）STAR精机

【未上市】株式会社スター精機

https://www.stertec.co.jp/

生产侧入式机械手、摆动式取出机器人等。

销售收入	(2022.12)	营业利润	
260 亿日元		（未披露） 亿日元	

物流／箱包码垛机器人

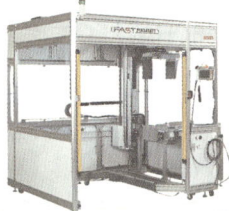

金属加工／工件搬运机器人

（株）STAR 精机

（株）宫山技术研究所

【未上市】株式会社宫山技術研究所

http://www.miyayama.co.jp/robot/

企业为弹珠台制造商设计和制造工厂设备，提供电路设计和控制面板生产以及各种应用软件的开发、生产和销售；生产收缩包装机、全自动打钉机、自动拧螺丝机器人等。

销售收入	营业利润
（未披露） 亿日元	（未披露） 亿日元

（株）近藤制作所

【未上市】株式会社近藤製作所

https://www.konsei.co.jp/

从进料、出料和输送，到测量、检测和装箱，从专用设备到机器人系统提供一站式服务。生产平行手、支点手、旋转接头、液晶手柄等。

销售收入	(2023.08)	营业利润	
83 亿日元		（未披露） 亿日元	

（株）ESTIC

【6161】株式会社エステック

https://www.estic.co.jp/

日本专业工业机器人制造商，除生产各种类型（包括正交直线机器人）工业机器人外，还生产电动工具和工业自动组装生产线等。

销售收入	营业利润
72 亿日元	**15** 亿日元

THK（株）

【6481】THK株式会社

https://www.thk.com/jp/ja/

生产的机器人具有无控制箱、布线少、操作简便和体积小的特点，其核心产品是 THK 在工业应用中使用的高可靠性组件。

销售收入	(2023.12)	营业利润
3,519 亿日元		**237** 亿日元

武藏工程技术（株）

【未上市】武藏エンジニアリング株式会社

https://www.musashi-engineering.co.jp/

其正交直线机器人在生产线设计方面具有很高的自由度，以满足日益多元的自动化需求。

销售收入	营业利润	(2024.03净利润)
（未披露） 亿日元		**0.2** 亿日元

正交直线机器人

武藏工程技术（株）

正交直线机器人（Orthogonal Robot）又称直角坐标机器人，它的外形通常呈笛卡尔坐标系的形式，由三个相互正交的直线运动轴组成，分别为 X 轴、Y 轴和 Z 轴，机器人可以在三个方向上进行精确的直线运动。这种机器人的特点是能够在三维空间内实现高精度定位和运动；可以以相同的动作保证生产一致性和高重复性；通过三个直线轴的组合运动，可以覆盖较大的工作区域；可根据不同的任务需求，通过编程灵活实现各种复杂的运动轨迹。

正交直线机器人广泛应用于工业自动化领域，如小型精密机械零件、汽车零件、电路板安装，以及医疗和制药领域。应用场景如将零部件准确地放置在指定位置并进行拧紧、插接等操作装配、在生产线或仓库之间搬运物品或移动位置、可精确地控制焊枪头的位置和运动，实现高质量的焊接、可精确地控制喷头的位置和运动，确保涂层的均匀性和一致性，可精确地控制涂胶头的位置

参考资料　一般社团法人 工程技术协会　东京都港区虎门 -3-18-19UD 神谷町大厦 10F　电话：03-5405-7201（代表）https://www.enaa.or.jp/

(株) 三英科技

【未上市】株式会社サンエイテック

https://www.san-ei-tech.co.jp/home

该公司生产的 AXG 系列正交直线机器人适用于重型工件或在线生产线，有效载荷容量大，即使是大型工具也能安装。

销售收入		营业利润	
（未披露） 亿日元		（未披露） 亿日元	

IGUS (株) （德国）

【未上市】イグス株式会社（ドイツ）

https://www.igus.co.jp/

生产的正交直线机器人易于安装，尺寸可大至 6 米，并可为有效载荷高达 10 千克的负载量身定制。可防水、防灰尘和防御其他恶劣环境。

销售收入	(2022.12)	营业利润	
9.6 亿欧元		（未披露） 亿欧元	

(株) G-NET

【未上市】株式会社ジーネット

https://g-net.co.jp/

公司业务为工作机床、机具、设备机械（包括正交直线机器人）、环境机械等日本国内销售和进出口。

销售收入	(2023.12)	营业利润	
644 亿日元		**10.5** 亿日元	（净利润）

雅马哈发动机 (株)

【7272】ヤマハ発動機株式会社

https://global.yamaha-motor.com/jp

该公司生产的正交直线机器人适用于运输、供应、组装和检查、粘接设备，成型设备等各种生产流程。

销售收入	(2023.12)	营业利润	
24,147 亿日元		**2,506** 亿日元	

(株) 特电

【未上市】株式会社特電

https://www.kk-tokuden.co.jp/

主要从事 FA 自动化系统、机器人系统（包括正交直线机器人）、物联网（IoT）系统的设计、制作和销售。

销售收入	(2023.03)	营业利润	
63 亿日元		（未披露） 亿日元	

ORIMVEXTA (株)

【未上市】オリムベクスタ株式会社

https://www.orimvexta.co.jp/

生产使用 α STEP （Alpha Step） AZ 系列的正交直线机器人。

销售收入	(2023.03)	营业利润	
48 亿日元		（未披露） 亿日元	

(株) JANOME

【6445】株式会社ジャノメ

https://www.janome.co.jp/industrial.html

生产正交直线机器人，功能多样，组合变化丰富，即使是大型工件也能精确作业。

销售收入		营业利润	
364 亿日元		**17** 亿日元	

芝浦机械 (株)

【6104】芝浦機械株式会社

https://www.shibaura-machine.co.jp

产品具有高度可靠性和易用性，生产单轴和正交直线单轴机器人。

销售收入		营业利润	
1,606 亿日元		**136** 亿日元	

平田机工 (株)

【6258】平田機工株式会社

https://www.hirata.co.jp/

生产大型正交直线机器人和小型正交直线机器人。

销售收入		营业利润	
828 亿日元		**60** 亿日元	

和运动，实现均匀地涂胶、可将产品放入包装盒、贴标签、可实现高精度的金属、塑料、木材等材料切割。

目前在食品领域，经过特殊加工的机械手臂还可以准确地抓取和移动精致的食物，例如易碎且难以处理的豆腐。正交直线机器人的操作比 6 轴机器人更简单，而且在价格上也有优势。即使在潮湿地区或使用腐蚀性气体的半导体工厂等恶劣条件下也能稳定使用。

正交直线机器人的优点是可以任意组合，每根直线运动轴最长可达 6 米，带载能力从 10 千克到 200 千克不等；负载能力强，单根直线运动单元负载通常小于 200 千克，采用多滑块刚性联结时负载能力可增加数倍；轻负载时最大运行速度可达 5 米／秒，加速度可达 4 米／秒²，按传动方式及配置在整个行程内其重复定位精度可达到 0.05 毫米到 0.01 毫米。此外，它还有扩展能力强、使用寿命长等优点。

31 水平多关节机器人

スカラロボット関連企業

浜田制作（株）

【未上市】浜田製作株式会社

https://www.hamadaseisaku.co.jp/

为客户与机器人相关设备制造商之间的联络人，以工业机器人为中心的自动化系统的规划和设计、必要组件的制造、施工和安装等一系列任务提供一站式支持。

销售收入 | 营业利润
（未披露）亿日元 | （未披露）亿日元

（株）不二越

【6474】株式会社不二越

https://www.nachi-fujikoshi.co.jp

超薄型10千克长臂机器人拥有轻型机身、长距离手臂。有效载荷功率提高了手部设计的灵活性，即使在狭窄空间也能灵活操作。

销售收入 （2023.11） | 营业利润
2,654 亿日元 | 118 亿日元

（株）JANOME

【6445】株式会社ジャノメ

https://www.janome.co.jp/industrial.html

生产的机器人的高刚性机械臂实现了高速度、高精度和高便携性。

销售收入 | 营业利润
364 亿日元 | 17 亿日元

平田机工（株）

【6258】平田機工株式会社

https://www.hirata.co.jp/

该公司生产的新型SCARA机械手是高速、高精度的机械手，利用了丰富的制造经验和技术。

销售收入 | 营业利润
828 亿日元 | 60 亿日元

东芝产业机器系统（株）

【未上市】東芝産業機器システム株式会社

https://www.toshiba-tips.co.jp

在工业领域实现了从流体到固体的测量和检测。 推出有助于提高工业产品质量的X射线无损检测系统。

销售收入 （2023.03） | 营业利润 （净损失）
778 亿日元 | -4.9 亿日元

（株）电装Wave

【未上市】株式会社デンソーウェーブ

https://www.denso-wave.com/

该公司开发、制造和销售自动识别设备、工业机器人、可编程控制器和物联网等设备和系统。

销售收入 | 营业利润 （净利润）
564 亿日元 | 7.3 亿日元

（株）IAI

【未上市】株式会社アイエイアイ

https://www.iai-robot.co.jp/index.html

该公司涵盖小型工业机器人的开发、设计、制造和销售，水平多关节机器人适用于轻型工件的高速传送。

销售收入 （2022.12） | 营业利润 （税前利润）
345 亿日元 | 48 亿日元

川崎重工业（株）

【7012】川崎重工業株式会社

https://www.khi.co.jp/

生产中小型通用机器人、大型/超大型通用机器人、拣选机器人、制药机器人、弧焊工业机器人等。

销售收入 | 营业利润 （税前利润）
18,492 亿日元 | 320 亿日元

　　水平多关节机器人（Selective Compliance Assembly Robot Arm，SCARA）是一种特殊类型的工业机器人，它一般有4个自由度方向，包含沿X、Y、Z轴方向的平移和绕Z轴的旋转方向。在X、Y方向上具有顺从性，而在Z轴方向上具有良好的刚度。大臂和小臂是串联的两杆结构，类似人的手臂，可以伸进有限的空间中进行作业，然后收回。它的第一、第二、第四轴具有转动特性，

第三轴具有线性移动特性，并且第三轴和第四轴可以根据工作需要的不同，制造成相应多种不同的形态。精工爱普生（EPSON）和雅马哈发动机（YAMAHA）是日本水平多关节机器人市场的龙头企业。

　　水平多关节机器人多被用于零件的插入、配置、紧固，以及零部件的捡拾、压入等组装作业。例如，在电子制造业中，水平多关节机器人可以

参考资料　一般社团法人工程技术协会　东京都港区虎门 -3-18-19UD 神谷町大厦 10F
电话：03-5405-7201（代表）https://www.enaa.or.jp/

大电（株）

【未上市】大電株式会社

https://www.dyden.co.jp/

为高性能工业机器人、合作型机器人提供FA电缆。

销售收入	(2023.12)	营业利润
207 亿日元		**6** 亿日元

雅马哈发动机（株）

【7272】ヤマハ発動機株式会社

https://global.yamaha-motor.com/jp/

生产微型（超小型）、中型、大型（高负载）壁挂式SCARA机械手、防尘/防水等水平多关节机器人。

销售收入	(2023.12)	营业利润
24,147 亿日元		**2,506** 亿日元

精工爱普生（株）

【6724】セイコーエプソン株式会社

https://www.epson.jp/

生产的水平多关节机器人适用于小部件精密装配和推入操作。

销售收入		营业利润
13,140 亿日元		**575** 亿日元

HIWIN（株）

【HYW (NYSE)】ハイウィン株式会社

https://www.hiwin.co.jp/

生产的机器人用于取放、包装、校准、装配、树脂应用、码垛、测量和检测。MR-RS405/410利用自主研发的组件实现了灵活、高精度和高柔性的运动。末端的旋转轴增加了自由度方向，末端执行器可以更换，以实现高精度和快速装配操作。

销售收入		营业利润 (2023.12净损失)
（未披露）亿日元		**-5.9** 亿日元

三菱电机（株）

【6503】三菱電機株式会社

https://www.mitsubishielectric.co.jp/

该公司采用先进的工厂自动化机器人系统。其机器人高速、高精度的基本性能与智能传感器相结合，使其成为单元生产领域的理想选择。

销售收入		营业利润
52,579 亿日元		**3,285** 亿日元

发那科（株）

【6954】ファナック株式会社

https://www.fanuc.co.jp/

以高可靠性、高性能和低成本为宗旨，生产水平多关节机器人、协作式机器人、微型机器人、弧焊工业机器人等。

销售收入		营业利润
7,952 亿日元		**1,419** 亿日元

欧姆龙（株）

【6645】オムロン株式会社

https://www.omron.com/

生产高速、高精度4轴的水平多关节机器人，适用于装配、输送、包装、机床加工和拧紧螺钉。

销售收入		营业利润
8,187 亿日元		**343** 亿日元

芝浦机械（株）

【6104】芝浦機械株式会社

https://www.shibaura-machine.co.jp

其产品用于精密度要求较高的电子设备和汽车零部件的装配和检测过程。

销售收入		营业利润
1,606 亿日元		**136** 亿日元

精确地将微小的电子元件放置到电路板上；在食品包装行业，它能够快速地将食品进行独立包装，然后再分类装入盒子里。

水平多关节机器人的特点有以下几个方面。

① 高速度和高精度，能够快速而准确地完成各种操作任务。

② 可在平面内灵活运动，适应多种工作场景。

③ 机器结构相对紧凑，可在有限范围内工作，空间利用率高。

水平多关节机器人在工业生产中有着广泛应用，例如，零部件装配作业、物料搬运工作、产品快速检测等。医疗领域中可以协助进行药品的分拣和包装，以及一些小型医疗器械的组装。

右侧竖排分类标签：半导体制造装置 / 工业机器人 / 传感器 / 计量设备

2023～2024

32

焊接机器人

はんだ付けロボット関連企業

（株）电装Wave

【未上市】株式会社デンソーウェーブ

https://www.denso-wave.com/

生产垂直多关节工业机器人、水平多关节机器人、协作式机器人、制药和医疗用机器人、自动拧螺丝机器人。

销售收入	营业利润	（净利润）
564 亿日元		**7.3** 亿日元

白光（株）

【未上市】白光株式会社

https://www.hakko.com/japan/

该公司生产的焊接机器人系统操作简单，无须专业知识。

销售收入	(2023.03)	营业利润	
65 亿日元		（未披露） 亿日元	

（株）Nanotec

【未上市】株式会社ナノテック

http://www.nanotec.co.jp/

该公司提供不锈钢管的氩弧焊和金属加工，以及自动和手动焊接技术。

销售收入	营业利润
（未披露） 亿日元	（未披露） 亿日元

（株）理光

【7752】株式会社リコー

https://www.ricoh.co.jp/

生产的PCB焊接机器人可以自动、高质量地焊接插入元件。

销售收入	营业利润
23,489 亿日元	**620** 亿日元

（株）日本优尼

【未上市】株式会社ジャパンユニックス

https://www.japanunix.com/

生产铰接式焊接机器人、台式焊接机器人、正交直线机器人、激光焊接机器人。

销售收入	营业利润
（未披露） 亿日元	（未披露） 亿日元

（株）津津巳电机

【未上市】株式会社津々巳電機

https://tsutsumi-elec.co.jp/

该公司生产的焊接机器人具有高度定制性，可为汽车制造商提供多种安全规格。

销售收入	营业利润
（未披露） 亿日元	（未披露） 亿日元

（株）今野工业所

【未上市】株式会社今野工業所

https://www.kk-corp.co.jp/

该公司生产的焊接机器人使用设计轻巧、方便和可靠的云台拍摄图像，具有机械装置和加热器部分一体化的特点。

销售收入	营业利润
（未披露） 亿日元	（未披露） 亿日元

太洋电机产业（株）

【未上市】太洋電機産業株式会社

https://www.goot.jp/

生产的焊接机器人用于低成本、高效率和高质量的焊接工作。

销售收入	(2022.12)	营业利润	
15 亿日元		（未披露） 亿日元	

垂直多关节焊接机器人　　　直交型焊接机器人

（株）日本优尼

　　焊接机器人（Soldering Robot）是一种自动化设备，用于完成电子元件焊接工作。它可以通过程序控制和机械臂操作，精确地将焊锡丝或焊条施加到电路板或其他焊接工件上，实现焊接过程的自动化。主要优点是提高焊接质量和一致性、提高生产效率、减少人工操作带来的误差和疲劳等。焊接机器人还可以完成一些复杂的焊接任务，如微小零件的焊接、多焊点的同时焊接等。总之，焊接机器人是电子制造行业中一种重要的自动化设备，可以提高生产效率和产品质量，降低生产成本和人工劳动强度。

　　焊接机器人在电子行业用于电路板的焊接，能够精确地将电子元件焊接到电路板上，确保焊接质量的一致性和可靠性。例如，在手机、电脑等电子产品的生产中进行高效的焊接作业。也包括在家电制造中对家电内部的电路连接进行焊接，保障家电的正常运行和稳定性。如电视、冰箱等家电的生产组装过程。

参考资料

一般社团法人
工程技术协会

东京都港区虎门 -3-18-19UD 神谷町大厦 10F
电话：03-5405-7201（代表）https://www.enaa.or.jp/

Apollo Seiko（株）

【未上市】アポロ精工株式会社

https://www.apolloseiko.co.jp/

公司提供焊接业务、设备业务、图像处理业务。生产的焊接机器人适用于小批量、多品种生产和在线应用。其中L-CAT NEO-N是顶级型号，具备焊接所需的所有功能。 可用于在线和单元生产。

销售收入　　　　　　　营业利润　　　　　　（2023.03）

（未披露）亿日元　　　　　　　**0.2** 亿日元

昭立电气工业（株）

【未上市】昭立電気工業株式会社

https://www.shoritsudenki.co.jp/

生产新一代旋风式焊接烙铁清洗机，在清洗过程中，借助空气产生类似涡流的气流，以非接触的方式清除烙铁头上的污垢。

销售收入　　　　（2023.12）　营业利润

51 亿日元　　　　　　　（未披露）亿日元

（株）MEIKO

【6787】株式会社メイコー

https://www.meiko-elec.com/

通过对硬件和软件的原始开发，创造了专门用于焊接的专用机器人。 除 SCARA 焊接机器人外，还提供一系列台式焊接机器人。

销售收入　　　　　　　营业利润

1,794 亿日元　　　　　**116** 亿日元

Dynatron（株）

【未上市】ダイナトロン株式会社

https://dynatron.co.jp/

以印刷电路板相关产品的生产、软件策划、开发、销售为主。提供金属掩膜激光加工机、安装板防潮剂涂布机等。

销售收入　　　（2023.04）　营业利润

8.2 亿日元　　　　　　　**1.8** 亿日元

（株）堀内电机制作所

【未上市】株式会社堀内電機製作所

https://www.horiden.com/

生产激光微焊接机器人，使用半导体激光器进行非接触式焊接。

销售收入　　　　　　　营业利润

（未披露）亿日元　　　　　（未披露）亿日元

（株）Mediarobotech

【未上市】株式会社メディアロボテック

https://www.mediarobotech.co.jp/

使用三维力感应装置的工业机器人远程操作和示教系统，该系统利用三维力感应装置（触觉装置）对机器人手臂进行远程操作、记录和高精度重放。

销售收入　　　　　　　营业利润

（未披露）亿日元　　　　　（未披露）亿日元

安地斯电气（株）

【未上市】アンデス電気株式会社

https://www.andes.co.jp/

业务有高密度表面的组装（SMT）、PWB组合、电子设备关联OEM\ODM的生产、计算机硬件的设计研发、电子仪器配件的装配等，主要设备有自动焊接装置/局部焊接装置/电路板切断机/BGA、CSP返工装置图像检查机/ICT测试仪/条形码管理系统/无尘室（等级10000）。

销售收入　　　（2023.04）　营业利润

40 亿日元　　　　　　　（未披露）亿日元

（株）Kplavision

【未上市】株式会社ケイプラビジョン

https://kplavision.com/

主要生产汽车、机械、电子元器件行业所需要的各种焊锡机器人。

销售收入　　　（2023.04）　营业利润

1.3 亿日元　　　　　　　（未披露）亿日元

焊接机器人在汽车电子控制系统、工业控制领域的制造中发挥着重要作用，可精确焊接各种汽车传感器、控制模块等，以及工业设备中的控制电路和电子部件等，以确保汽车和设备的精确控制和稳定运行。在仪器仪表生产领域，该机器人可帮助生产精密的仪器仪表，实现高难度、高精度的焊接操作。焊接机器人种类有台式、机械手、正交直线型、水平多关节型等，焊接机器人的主要工法有烙铁工法和激光工法。

焊接工业机器人具有以下特点和功能。
①多采用轴联动机械手，以及精密步进马达驱动及先进运动控制算法，实现高精度定位和重复精度；②能存储多个可编程序，对不同产品进行焊接加工；③焊点轨迹可见，方便操作员了解焊接进度；④具有自动清洗功能，一定程度上保持了焊接加工质量，延长烙铁嘴使用寿命；⑤可视化人机界面，采用触摸显示器，操作简单方便。

33

机器人系统集成商

主なロボットシステムインテグレーター

IDEC（株）

【6652】IDEC株式会社

https://jp.idec.com/

研发发挥协作式机器人潜力的安全系统，通过识别机器人，而使其停机，以防止事故发生。

销售收入 **727** 亿日元　　营业利润 **63** 亿日元

（株）丰电子工业

【未上市】株式会社豊電子工業

https://www.ytk-e.com/

通过先进的技术能力和系统集成为工厂建设提供全面支持，除了制造机器人系统和配电控制系统外，企业还开展从前期设计开发和提案到交付后维护和后续服务等业务。

销售收入 （2019.12） **134** 亿日元　　营业利润 （未披露） 亿日元

mitsuiwa（株）

【未上市】ミツイワ株式会社

https://www.mitsuiwa.co.jp/

该公司以ICT服务和电子设备为两大支柱，充分发挥从ICT系统咨询到系统开发、信息设备销售（提供）、维护和运营支持的全面支持能力，提供贯穿整个ICT生命周期的一站式解决方案。

销售收入 （2023.03） **498** 亿日元　　营业利润 （净利润） **12.6** 亿日元

STARTECHNO（株）

【未上市】スターテクノ株式会社

https://www.startechno.com/

为所有行业的生产现场提供专用机器人，具有自机器人技术诞生以来积累的先进开发和技术能力，以及从规划、设计到使用最先进设备进行内部制造的综合生产系统。

销售收入 （2023.12） **22** 亿日元　　营业利润 （未披露） 亿日元

（株）HIROTEC

【未上市】株式会社ヒロテック

https://www.hirotec.co.jp/

设计和制造汽车白车身车门和排气系统，设计和制造用于汽车白车身的冲压模具、装配系统和包边设备。

销售收入 **647** 亿日元 （2023.12）　　营业利润 （未披露） 亿日元

（株）近藤制作所

【未上市】株式会社近藤製作所

https://www.konsei.co.jp/

提供图像3D随机放料器、图像2D机器人系统、图像2.5D笛卡尔系统、检测试验台（视觉传感器）、可转位Poka-yoke检测，用于图像检测的LED照明、可视化产品信息捕捉器，适用于低成本的装载机、GENKOTSU机器人系统、康西机械手、卡盘等。

销售收入 （2023.08） **83** 亿日元　　营业利润 （未披露） 亿日元

（株）日本设计工业

【未上市】（株）日本设计工业

https://www.nissetsuko.co.jp/

提供精密机械业务，包括切削加工、铸件和压铸件的二次加工、研磨和抛光、去毛刺和边缘抛光、焊接、自动清洗、表面处理等。

销售收入 （2020.03） **25** 亿日元　　营业利润 （未披露） 亿日元

（株）户苅工业

【未上市】株式会社戸苅工業

http://www.togarikogyo.co.jp/

为工业机器人提供入门支持、各种机器人的教学、从工作和引进后的跟踪、运动分析和诊断等服务。

销售收入 （2023.03） **21.5** 亿日元　　营业利润 （未披露） 亿日元

　　很多人可能不知道，仅靠机器人本体是无法完成现场任何工作的，因为机器人本体是"无生命"的，要给机器人注入"生命"它才能发挥作用，所谓给机器人注入"生命"就是根据生产场景对机器人进行系统集成、最终供终端客户使用。这些对工业机器人注入"生命"的企业就是系统集成商，他们对机器人进行装配和编程，让其满足生产需求，以形成高效的自动化生产过程。通俗地说就是无"生命"的机器人在实际应用前要

面对现场进行二次开发，这种二次开发包括对现场使用的工装夹具、焊枪、喷枪以及配套软件进行完整系统的调试与开发，最终赋予工业机器人"生命"。

　　工业机器人系统集成简单来说主要包括：①根据生产场景进行机器人选型；②根据用户工种需求选择外设应用设备；③按照生产线加工需求及工序要求编写操作程序；④将机器人本体与应用设备、控制系统集成起来，实现工厂自动化生

参考资料　一般社团法人　　　东京都港区芝公园 3 丁目 5 番 8 号 机械会馆 B108 室
日本机器人系统集成商协会　电话：03-6453-0131（代表）传真：03-6453-0132

三明机工（株）

【未上市】三明機工株式会社

https://www.sanmei-kikou.co.jp/

该公司将最新的机器人技术与机械和电力相结合，为每一位客户提供最佳系统。

销售收入	(2023.03)	营业利润	（税前利润）
14.7 亿日元			**0.3** 亿日元

三和机器人（株）

【未上市】三和ロボティクス株式会社

https://sanwa-robotics.co.jp/

三和机器人拥有精密机械业务和智能工厂业务，前者负责精密部件的加工和组装，后者负责开发和销售机器人系统和其他省力化系统。

销售收入	(2023.04)	营业利润	
12 亿日元		（未披露） 亿日元	

（株）HCI

【未上市】株式会社HCI

https://www.hci-ltd.co.jp/

该公司的集成系统包括机器人系统、人工智能系统、机器人模拟、人机交互机器人与人工智能实验室等。

销售收入	(2022.12)	营业利润	
10 亿日元		（未披露） 亿日元	

高丸工业（株）

【未上市】高丸工業株式会社

https://www.takamaru.com/

该公司的机器人技术中心（RTC）为工业机器人系统的测试（FS 项目）、设计、制造和操作员培训提供一系列服务。

销售收入	(2022.08)	营业利润	
9 亿日元		（未披露） 亿日元	

（株）BYNAS

【未上市】株式会社バイナス

https://bynas.com/

设计和制造工业机器人及外围设备，为各公司的制造业提供支持。迄今为止已为食品、流通、建材、电气、汽车、制药和金融等行业制造了机器人单元生产装置。

销售收入	(2023.03)	营业利润	（净利润）
14.2 亿日元			**1.8** 亿日元

（株）柳原机械

【未上市】株式会社ヤナギハラメカックス

https://www.y-mechax.com/

该公司无论在汽车领域，还是在机床、半导体设备、工厂自动化及其周边设备等工业设备领域都拥有尖端技术的世界领先制造商。

销售收入	(2023.03)	营业利润	
10 亿日元		（未披露） 亿日元	

松荣技术服务（株）

【未上市】松栄テクノサービス株式会社

https://www.shoeitechno.co.jp/

提供机器人和焊接机的维护和修理服务，生产可最大限度提高机器人性能的设备和夹具，以及提供处理二手机器人等服务。

销售收入	(2023.03)	营业利润	
10 亿日元		（未披露） 亿日元	

太平电气（株）

【未上市】太平電気株式会社

https://taiden.jp/trc/

该公司为设备的规划、设计、生产、安装，以及附属设备作业（机械和电气）和售后支持提供一体化机器人系统。

销售收入	(2021.12)	营业利润	
5.6 亿日元		（未披露） 亿日元	

产线的建立；⑤ 将机器人系统与控制系统以及 ERP（Enterprise Resource Planning）系统等进行联网，实现信息共享和实时监控。

目前机器人系统集成呈现出以下特点：① 智能装备项目特点，越来越个性化、定制化、绿色化；② 制造需求特点，多品种 / 变批量，混线生产，追求高质量、低成本、节能减排；③ 技术特点，体现智能化，以机器代替人，实现高度灵活的生产加工作业。

工业机器人产业链的上游供应商主要提供减速机、伺服电机、控制器等工业机器人核心零部件；工业机器人中游产业链主要是负责机器人本体制造的生产商；而工业机器人系统集成商主要位于机器人产业链下游应用端，专门为终端客户提供应用解决方案和负责工业机器人应用的二次开发和周边自动化配套设备的集成，他们不仅是工业自动化应用的重要组成部分，也是工业机器人产业链中一个承上启下的关键角色。

半导体制造装置

工业机器人

传感器

计量设备

（株）田口铁工所

【未上市】株式会社田口鉄工所

https://taguchi-mw.com/

该公司专门从事铸件加工业务，在加工各种类型的钢、铜和其他有色材料方面经验丰富。

销售收入	(2023.03)	营业利润	
5 亿日元		（未披露） 亿日元	

筑波工程（株）

【未上市】筑波エンジニアリング株式会社

https://www.syouryokuka-kikai.com/

主营业务涉及电力和工业工厂设施的电气、仪表和管道设计及软件领域，生产太阳能发电设备、质子束处理设备、热电厂设备、水处理设施、建筑设施等。

销售收入	(2023.11)	营业利润	
4.1 亿日元		（未披露） 亿日元	

TOMPLA（株）

【未上市】TOMPLA株式会社

https://www.tompla.tokyo/

为机器人、无人机提供多样化服务，包括工业机器人和无人机的系统集成、维护与管理，以及物流和配送服务。为企业提供自动化解决方案咨询和培训服务，帮助其提升生产效率。通过先进的机器人技术推动智能制造的发展。

销售收入	(2023.12)	营业利润	（税前利润）
0.5 亿日元		**0.3** 亿日元	

LINKWIZ（株）

【未上市】リンクウィズ株式会社

https://linkwiz.co.jp/

在制造现场引入工业机器人，并使机器人本身能够思考并纠正自己的动作。

销售收入	营业利润	(2023.07净损失)
（未披露） 亿日元	**-5.3** 亿日元	

东洋理机工业（株）

【未上市】東洋理機工業株式会社

http://www.toyoriki.co.jp/

提供应用优化的定制机器人，以满足多样化的个性化需求。

销售收入	营业利润
（未披露） 亿日元	（未披露） 亿日元

▶ 机器人系统集成图解

机器人/关联设备供应商

提供各种机器人/备品备件

提供系统构建功能

系统集成商（Sier）

提供满足用户需求的系统

最佳匹配解决方案
符合最终用户目的系统

最终用户

获得有竞争力的生产系统规划

"日本机器人系统集成商协会（Sier）"是2018年从"日本机器人工业会"中独立出来的一般社团法人。该协会的目标是超越各企业的利益、积极提高日本机器人系统集成能力，具体是：①构建机器人系统集成网络；②加强机器人系统集成事业基础；③提升机器人系统集成专业化水平等。

促使"日本机器人系统集成商协会（Sier）"设立的原因之一，可能是2016年中国机器人运行数量超过日本，目前中国国内机器人数量是日本的3倍，这对日本工业机器人业界产生一定震动。因为日本国内的老龄化日趋严重，一直以来支撑日本制造业的中小企业将面临后继无人的局面，这就是今天日本制造业中小企业的严峻现状。

"日本机器人系统集成商协会（Sier）"认为日本拥有50年工业机器人系统集成的技术和历史，也拥有可以将机器与技术组合后进行再磨合的特长，以行业力量作为日本机器人系统集成的

参考资料　一般社团法人　东京都港区芝公园3丁目5番8号 机械会馆B108室
日本机器人系统集成商协会　电话：03-6453-0131（代表）传真：03-6453-0132

▶ 机器人关联技术附加价值分布

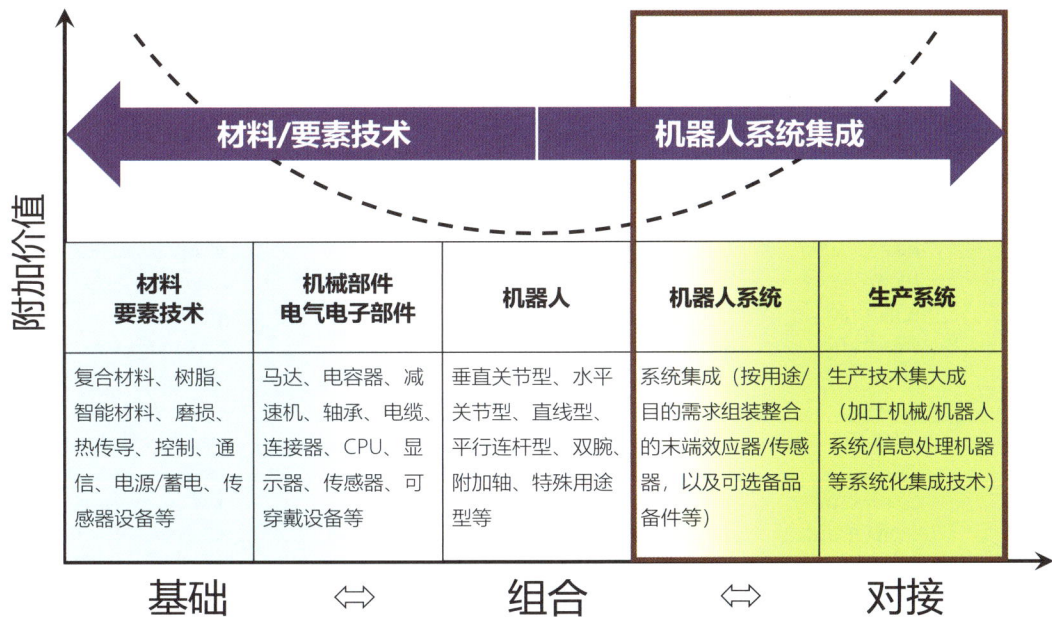

	材料/要素技术		机器人系统集成	
材料 要素技术	**机械部件 电气电子部件**	**机器人**	**机器人系统**	**生产系统**
复合材料、树脂、智能材料、磨损、热传导、控制、通信、电源/蓄电、传感器设备等	马达、电容器、减速机、轴承、电缆、连接器、CPU、显示器、传感器、可穿戴设备等	垂直关节型、水平关节型、直线型、平行连杆型、双腕、附加轴、特殊用途型等	系统集成（按用途/目的需求组装整合的末端效应器/传感器，以及可选备品备件等）	生产技术集大成（加工机械/机器人系统/信息处理机器等系统化集成技术）

附加价值（纵轴）

基础 ⇔ **组合** ⇔ **对接**

2020~2027 年世界机器人系统集成市场规模预测 (CAGR: 8.83%)

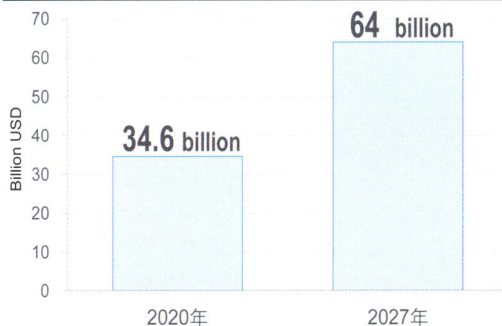

34.6 billion — 2020年
64 billion — 2027年
Billion USD

资料来源: | 株式会社グローバルインフォメーション, 2021年12月22日出版ロボットシステムインテグレーションの世界市場規模、現状、予測（2022年），Global Robotics System Integration Market Size, Status and Forecast 2022"。

核心竞争力，对抗中国的机器人发展势头。2023年日本经济产业省制造业局机器人政策室长石曽根智昭在"日本机器人系统集成商协会（Sier）"的成立周年会议上明确表示，扩大日本机器人产业的关键一环是系统集成商，日本目前还有很多不得不保留的技术和产业，希望通过系统集成商将机器人、现存产业与日本的未来建立起联系。总之，工业机器人的发展将在一定程度上对日本未来制造业产生很大影响。

根据日本株式会社环球信息 2021 年 12 月发表的资料，2020 年全球工业机器人系统集成市场规模为 346 亿美元，并预测该市场 2021~2027 年按复合年增长率 8.83% 计算，2027 年市场规模约将达到 640 亿美元。目前机器人系统集成市场主要集中在亚太地区，占全球市场份额的 68%。

（资料来源：日本机器人系统集成商协会。）

半导体制造装置

工业机器人

传感器

计量设备

附

日本机器人系统集成商协会　会员

日本ロボットシステムインテグレーター協会会員

	日本机器人系统集成商协会　会员		
A	A.R.P	株式会社A・R・P	https://www.arp-id.co.jp/
	ACCENTURE	アクセンチュア株式会社	https://www.accenture.com/
	ACE 设计产业	エース設計産業株式会社	https://www.ace-tech.co.jp/
	AGEKKE	株式会社エイジェック	https://www.agekke.co.jp/
	AGILE	株式会社アジャイル.COM	https://agile-j.com/
	AIR GROUND	株式会社エアグラウンド	https://air-ground.jp/
	Aitec	アイテック株式会社	https://www.aitec-j.com/
	AIZ ROBO	アイズロボ株式会社	https://www.aizrobo.co.jp/
	ANRITSU （6754）	アンリツ株式会社	https://www.anritsu.com/
	AUC	株式会社ＡＵＣ	https://www.a-u-c.co.jp/
B	BL AUTOTEC	ビー・エル・オートテック株式会社	https://www.bl-autotec.co.jp/
	Bridge Solution	株式会社ブリッジ・ソリューション	http://www.bridgesolution.co.jp/
	BYNAS	株式会社バイナス	https://bynas.com/
C	CHIAKIKOU	有限会社チアキ機工	https://chiakikikou.com/
	COSMO技研	株式会社コスモ技研	https://www.cosmo-gi.com/
D	DAIDO	ダイドー株式会社	https://www.daido-net.co.jp/
	DESIGN NETWORK	株式会社デザインネットワーク	https://www.design-network.co.jp/
	DHOWA TECHNOS	株式会社ドーワテクノス	https://www.dhowa-technos.co.jp/
	DSPIRIT	株式会社ディースピリット	https://dspirit.jp/
E	EDEC LINSEY	株式会社エデックリンセイシステム	https://www.edeclinsey.jp/
F	FA SUPPORT	株式会社FAサポート	https://fa-support.com/
	FA-Products	株式会社FAプロダクツ	https://fa-products.jp/
	FLAREORIGINAL	株式会社フレアオリジナル	https://www.flareoriginal.com/
G	GIC	ジック株式会社	https://www.gic-bike.com/
	GLORY （6457）	グローリー株式会社	https://www.glory.co.jp/
H	HACHIX	株式会社HACHIX	https://www.hachi-x.com/
	HBA	株式会社HBA	https://www.hba.co.jp/
	HCI	株式会社HCI	https://www.hci-ltd.co.jp/
	HCR	ホソダクリエイティブ株式会社	https://www.hocr.jp/
	HIROTEC	株式会社ヒロテック	https://www.hirotec.co.jp/
I	I.M.PACK	株式会社アイエムパック	https://www.im-pack.co.jp/
	ICHIKAWA	株式会社ICHIKAWA	https://ibnet.co.jp/
	ICS SAKABE	有限会社ICS　SAKABE	https://www.icssakabe.com/
	IDEC工厂解决方案	IDECファクトリーソリューションズ株式会社	https://idec-fs.com/
	IEC	株式会社IEC	https://iec-jpn.co.jp/
	IKOMA机器人技术	IKOMAロボテック株式会社	http://www.ikoma-rb.com/
	Integral	インテグリアル株式会社	https://www.integralkk.com/
	INTEGRESTAR	インテグレスター株式会社	http://integrestar.jp/
	INTERRA	株式会社インテラ	http://interra.co.jp/
	IS工程技术	株式会社アイエスエンジニアリング	https://www.iseng.co.jp/
J	Japan High Comm	日本ハイコム株式会社	http://www.highcomm.co.jp/
	JBM工程技术	ジェービーエムエンジニアリング株式会社	https://www.jbm.co.jp/
	JET	JET株式会社	https://jet-co.jp/
K	KADO	株式会社KADO	http://www.kado-corporation.com/
	Kasai-elec	カサイエレック株式会社	http://www.kasai-elec.co.jp/
	Keiyo-Bend	京葉ベンド株式会社	http://www.keiyo-bend.co.jp/
	KIQ机器人	KiQ Robotics株式会社	https://kiq-robotics.co.jp/
	Kohara	株式会社コハラ	https://www.kohara.net/
	K's BELTECH	株式会社ケイズベルテック	http://www.ks-beltech.com/
	KSS	株式会社ケイエスエス	https://kss-co.jp/
	KUTSUZAWA	株式会社クツザワ	http://www.kutuzawa.co.jp/

参考资料　　一般社団法人　　东京都港区芝公园 3 丁目 5 番 8 号 机械会馆 B108 室
日本机器人系统集成商协会　电话：03-6453-0131（代表）　传真：03-6453-0132

L	LINE WORKS	株式会社ラインワークス	https://lineworks.info/
	Linkwiz	リンクウィズ株式会社	https://linkwiz.co.jp/
M	Makitech	株式会社マキテック	https://www.makitech.co.jp/
	MARUEM商会	株式会社マルエム商会	https://www.maruem.jp/
	MARUICHI	株式会社マルイチ	https://www.maruichi-tec.co.jp/
	MAXIS工程技术	株式会社マクシスエンジニアリング	https://maxis-inc.com/
	MENTECWORLD	株式会社メンテックワールド	http://www.mentecworld.co.jp/
	MITAX	株式会社ミタックス	http://www.mitax-apr.co.jp/
	Mitsuiwa	ミツイワ株式会社	https://www.mitsuiwa.co.jp/
N	Nabell Holdings	株式会社ナベルホールデイングス	https://www.nabellholdings.co.jp/
	NAMU	株式会社ナム	http://www.namu-co.jp/
	NBK	NBK株式会社(鍋屋バイテック株式会社)	https://www.nbk1560.com/
	NIKKO	株式会社ニッコー	https://www.pipe-nikko.co.jp/
O	OMRON FIELD ENGINEERING	オムロンフィールドエンジニアリング株式会社	https://socialsolution.omron.com/field-engineering
P	PAL	株式会社PAL	https://www.pal-style.co.jp/
	PLUS-CORPORATION	株式会社プラスコーポレーション	http://www.pluscorporation.co.jp/
	PROCODES	株式会社プロコード	https://www.procodes.co.jp/
	PROTEC	株式会社プロテックシステム．Ｌａｂ	https://www.protecsystem-lab.com/
R	RESTEX	株式会社レステックス	https://restex.co.jp/
	ROBOPLUS	株式会社ロボプラス	https://www.roboplus.co.jp/
	ROBOTCOM	ロボコム株式会社	https://robotcom.jp/
	RYODEN（8084）	株式会社RYODEN	https://www.ryoden.co.jp/
	RYOSAN（8140）	株式会社リョーサン	https://www.ryosan.co.jp/
S	San System	株式会社サンシステム	https://www.sansystem.jp/
	SANEI工程技术	株式会社サンエイエンジニアリング	http://www.sannei-eng.co.jp/
	SANKO INDUSTRIAL AUTOMATION	株式会社サンコー・インダストリアル・オートメーション	https://www.sanko-ia.co.jp/
	Sanyo Engineering & Construction（1960）	株式会社サンテック	https://www.suntec-sec.co.jp/
	Seiken-Graphics	西研グラフィックス株式会社	https://www.seiken-g.com/
	SEQUENCE	株式会社シーケンス	http://sequence.co.jp/
	SET	エス・イー・ティー株式会社	http://set-fa.co.jp
	SHIMANO（7309）	株式会社シマノ	https://www.shimano.com/jp
	Shinano Kenshi	シナノケンシ株式会社	https://jp.aspina-group.com
	SOFIX	株式会社ソフィックス	https://www.sofix.co.jp/
	STARTECHNO	スターテクノ株式会社	https://www.startechno.com/
	Sun Mechanic	株式会社サンメカニック	https://www.sunmechanic.co.jp/
	Synergy System	シナジーシステム株式会社	https://www.synergy-s.co.jp/
	Systec	株式会社システック	https://www.systec.co.jp/
T	TAC	株式会社タック	http://www.tac-co.com/
	Taihei Technos	タイヘイテクノス株式会社	http://www.taiheitechnos.co.jp/
	TAKEBISHI（7510）	株式会社たけびし	https://www.takebishi.co.jp/
	TAMADIC	株式会社タマディック	https://www.tamadic.co.jp/
	TECHNOSL	株式会社テクノス	https://www.technos1.co.jp/
	TECHTRAGE	株式会社テクトレージ	https://www.techtrage.co.jp/
	TEMS	（有限会社）テムス	https://www.tems-fa.co.jp/
	TIS	株式会社ティ・アイ・エス	https://www.tis-web.co.jp/
	TOKYO BELT	東京ベルト株式会社	https://tokyo-belt.co.jp/
	TRI ENGINEERING	トライエンジニアリング株式会社	https://trieg.co.jp/
	TRYTECHS	株式会社トライテクス	http://www.trytechs.co.jp/
	TS	株式会社ティーエス	https://ts-ltd.co.jp/
U	UCHIGEN	株式会社ウチゲン	https://www.uchigen.co.jp/
	UENO Technica	株式会社ウエノテクニカ	https://uenotechnica.com/
	UGO	ugo株式会社	https://ugo.plus/company/
	UNIMEC	株式会社ユニメック	https://www.unimec.co.jp/

半导体制造装置

工业机器人

传感器

计量设备

U	U-TechnoSolutions	株式会社ユーテクノソリューションズ	https://www.u-technosolutions.u-tc.co.jp/
V	VALO电机工业	バロ電機工業株式会社	https://valo-e.com/
	VR TECHNO CENTER	株式会社ブイ・アール・テクノセンター	https://www.vrtc.co.jp/
Y	YATOMI-eng	YATOMIエンジ株式会社	https://www.yatomi-eng.co.jp/
a	爱知产业	愛知産業株式会社	https://www.aichi-sangyo.co.jp/
b	白月工业	白月工業株式会社	http://www.shiratsuki.co.jp/
	浜田制作	浜田製作株式会社	http://www.hamadaseisaku.co.jp/
	北川铁工所（6317）	株式会社北川鉄工所	https://www.kiw.co.jp/
	不二输送机工业	不二輸送機工業株式会社	https://www.fujiyusoki.com/
c	仓敷纺织（3106）	クラボウ（倉敷紡績株式会社）	https://www.kurabo.co.jp/
	川重商事	川重商事株式会社	https://www.kawasakitrading.co.jp/
d	大仓服务	オークラサービス株式会社	https://okrs.co.jp/
	大丰产业	大豊産業株式会社	https://www.taihos.co.jp/
	大和工程技术	大和エンジニアリング株式会社	https://www.daiwa-eng.com/
	大气社（1979）	株式会社大気社	https://www.taikisha.co.jp/
	大喜产业	大喜産業株式会社	https://www.daiki-sangyo.co.jp/
	大新技研	大新技研株式会社	https://www.daishin-giken.co.jp/
	大泽工业	大沢工業株式会社	https://www.oosawa.co.jp/
	第一设施工业	第一施設工業株式会社	https://www.daiichi-shisetsu.co.jp/
	东邦工业	東邦工業株式会社	http://www.toho.ne.jp/
	东京贸易TECHNO-SYSTEM	東京貿易テクノシステム株式会社	https://www.tbts.co.jp/
	东精工程	株式会社東精エンジニアリング	https://www.toseieng.co.jp/
	东丽工程技术	東レエンジニアリング株式会社	https://www.toray-eng.co.jp/
	东洋机器工业	東洋機器工業株式会社	http://www.toyokiki.com/
	东洋计装	東洋計装株式会社	https://toyo-keisou.co.jp/
	东洋理机工业	東洋理機工業株式会社	http://www.toyoriki.co.jp/
	豆藏	株式会社豆蔵	https://www.mamezou.com/
f	丰电子工业	株式会社豊電子工業	https://ja.wikipedia.org/
	丰和工业	豊和工業株式会社	https://www.howa.co.jp/
	富士电机（6504）	富士電機株式会社	https://www.fujielectric.co.jp/
	富士软件（9749）	富士ソフト株式会社	https://www.fsi.co.jp/
g	钢板工业	鋼鈑工業株式会社	https://www.i-koko.jp/
	港产业	港産業株式会社	https://www.minatogr.co.jp/
	高科技精工	ハイテック精工株式会社	http://www.hightech-seiko.co.jp/
	高松帝酸	高松帝酸株式会社	https://www.takatei.co.jp/
	高丸工业	高丸工業株式会社	https://www.takamaru.com/
	宫协机械成套设备	宮脇機械プラント株式会社	https://www.mkp-fa.co.jp/
	古贺机械制作所	株式会社古賀機械製作所	https://kogakikai.co.jp/
	光传导机	光 伝導機株式会社	https://www.hikaridendoki.jp/
h	户苅工业	株式会社戸苅工業	http://www.togarikogyo.co.jp/
j	机电一体化	株式会社メカトロニクス	https://www.mechatronics.ne.jp/
	机器人工程技术	ロボットエンジニアリング株式会社	http://roboeng.co.jp/
	加美机工	株式会社加美機工	https://k-kami.co.jp/
	金城机工	金城機工株式会社	http://www.kinjokikoo.co.jp/
	金泽机工	金沢機工株式会社	https://www.kanazawakiko.jp/
	津田驹工业（6217）	津田駒工業株式会社	https://www.tsudakoma.co.jp/
	近藤制作所	株式会社近藤製作所	https://www.konsei.co.jp/
	京二	株式会社京二	https://kyoni.co.jp/
	精工爱普生（6724）	セイコーエプソン株式会社	https://www.epson.jp/
	井原精机	井原精機株式会社	https://www.ibaraseiki.co.jp/
	静光电机工业	静光電機工業株式会社	https://www.sd-inc.co.jp/
l	立花电气技术	株式会社立花エレテック	https://www.tachibana.co.jp/
	菱和电机	菱和電機株式会社	http://www.ryowa-elec.co.jp/

参考资料 一般社団法人 东京都港区芝公园 3 丁目 5 番 8 号 机械会馆 B108 室
日本机器人系统集成商协会 电话：03-6453-0131（代表） 传真：03-6453-0132

l	柳原机械	株式会社ヤナギハラメカックス	https://www.y-mechax.com/
n	纳博特思克服务	ナブテスコサービス株式会社	https://www.nabtesco-service.co.jp/
	鸟羽	株式会社鳥羽	https://www.toba-group.co.jp/
q	千代田兴业	千代田興業株式会社	http://www.chiyodakogyo.com/
	日本产商	日本産商株式会社	https://www.nsansho.com/
	日本机材	日本機材株式会社	https://www.nihonkizai.co.jp/
	日本设计工业	（株）日本設計工業	https://www.nissetsuko.co.jp/
	日本省力机械	日本省力機械株式会社	https://www.n-s-k.co.jp/
	日传（9902）	株式会社日伝	https://metoree.com/
	日晃自动化	日晃オートメ株式会社	https://www.nikko-fa.co.jp/
	日进机工	日進機工株式会社	https://nissinkiko.com/
r	日立Systems Field Services	株式会社日立システムズフィールドサービス	https://www.hitachi-systems-fs.co.jp/
	日立产业控制解决方案	株式会社日立産業制御ソリューションズ	https://info.hitachi-ics.co.jp/
	日立系统	株式会社日立システムズ	https://www.hitachi-systems.com/
	日立自动化	株式会社日立オートメーション	https://www.hitachi-automation.co.jp/
	日酸TANAKA	日酸TANAKA株式会社	https://www.nissantanaka.com/
	日铁TEXENG	日鉄テックスエンジ株式会社	https://www.tex.nipponsteel.com/
	日下部机械	日下部機械株式会社	https://kusakabe-kikai.jp/
	日研Total Sourcing	日研トータルソーシング株式会社	https://www.nikken-totalsourcing.jp/
	三宝精机工业	三宝精機工業株式会社	https://www.sanpo-seiki.com/
	三光电业	三光電業株式会社	https://www.sumnet.co.jp/
	三和机器人	三和ロボティクス株式会社	https://www.google.com/
	三基工程技术	三基エンジニアリング株式会社	https://sanki-eg.com/
	三井物产MACHINE TECH	三井物産マシンテック株式会社	https://www.mmknet.com/
	三菱电机系统服务	三菱電機システムサービス株式会社	https://www.melsc.co.jp/
	三明机工	三明機工株式会社	https://www.sanmei-kikou.co.jp/
s	三松	株式会社三松	https://www.sanmatsu.com/
	山和工程技术	株式会社山和エンヂニアリング	https://www.sanwa-eg.jp/
	山阳机电技术（1960）	株式会社サンテック	https://www.google.com/
	石川工机	株式会社石川工機	https://ishikawakouki.jimdofree.com/
	疋田产业	疋田産業株式会社	http://www.hikida.jp/
	松本产业	マツモト産業株式会社	https://mac-exe.co.jp/
	松荣技术服务	松栄テクノサービス株式会社	https://www.shoeitechno.co.jp/
	松下工业	株式会社 松下工業	https://mkcore.com/
	太平电气	太平電気株式会社	https://www.google.com/
	太洋工业（6663）	太洋工業株式会社	https://www.taiyo-tx.com/
t	泰成工业	株式会社泰成工業	https://www.taisei-sankoh.co.jp/
	特电	株式会社特電	https://www.kk-tokuden.co.jp/
	田口铁工所	株式会社田口鉄工所	https://taguchi-mw.com/
w	丸文通商	丸文通商株式会社	https://www.marubun-tsusyo.co.jp/
x	西田机械工作所	株式会社西田機械工作所	https://www.nishida-machine.co.jp/
	筱原Press	しのはらプレスサービス株式会社	http://www.shinohara-press.co.jp/
	协荣PRINT技研	協栄プリント技研株式会社	https://www.kpg.jp/
y	新东工业（6339）	新東工業株式会社	https://www.sinto.co.jp/
	新东智能工程技术	新東スマートエンジニアリング株式会社	https://www.ic-corp.jp/
	兴和TechMake	興和テックメイク株式会社	https://tech-m.co.jp/
	雅马哈发动机（7272）	ヤマハ発動機株式会社	https://global.yamaha-motor.com/
	芝浦机械（6104）	芝浦機械株式会社	https://www.shibaura-machine.co.jp/
	竹中机械制作所	株式会社竹中機械製作所	http://www.takenaka-kikai.co.jp/
z	住友电设（1949）	住友電設株式会社	https://www.sem.co.jp/
	筑波工程	筑波エンジニアリング株式会社	http://www.tsukuba-eng.jp/
	左贺成套设备工业	株式会社佐賀プラント工業	https://sagaplant.co.jp/

半导体制造装置

工业机器人

传感器

计量设备

		日本机器人系统集成商协会　协作会员		
	（一般财团法人）日本品质保证机构	一般財団法人日本品質保証機構	https://www.jqa.jp/
	（一般社团法人）日本机器人工业会	一般社団法人日本ロボット工業会	https://www.jara.jp/
	3M日本	スリーエムジャパン株式会社	https://www.3mcompany.jp/
A	ALPS技研（4641）	株式会社アルプス技研	https://www.alpsgiken.co.jp/
	APERZA	株式会社アペルザ	https://www.aperza.co.jp/
	APERZA日本	アクセレントジャパン株式会社	https://www.aperza.com/
C	CKD（6407）	CKD株式会社	https://www.ckd.co.jp/
	COGNEX	コグネックス株式会社	https://www.cognex.com/
	CONVUM（6265）	コンバム株式会社	https://convum.co.jp/
	Creative Machine	株式会社クリエイティブマシン	https://www.crtv-m.com/
D	DAIHEN（6622）	株式会社ダイヘン	https://www.daihen.co.jp/
	DIC（4631）	DIC株式会社	https://www.dic-global.com/
F	F.O.D	株式会社F.O.D	https://www.fod.co.jp/
	FUJI（6134）	株式会社ＦＵＪＩ	https://www.fuji.co.jp/
H	HIWIN	ハイウィン株式会社	https://www.hiwin.co.jp/
I	IDEC（6652）	IDEC株式会社	https://jp.idec.com/
	Industry-partners	株式会社インダストリーパートナーズ	https://industry-partners.co.jp/
	I-PEX（6640）	I-PEX株式会社	https://corp.i-pex.com/
J	JANOME（6445）	株式会社ジャノメ	https://www.janome.co.jp/
K	KOSMEK	株式会社コスメック	http://www.kosmek.co.jp/
M	Mech-Mind	Mech-Mind株式会社	https://mech-mind.co.jp/
M	MEIKO（6787）	株式会社メイコー	https://www.meiko-elec.com/
N	NADEX（7435）	株式会社ナ・デックス	https://www.nadex.co.jp/
	NIPPON THOMPSON（6480）	日本トムソン株式会社	https://www.ikont.co.jp/
	Novanta日本	ノヴァンタ・ジャパン株式会社	https://www.novanta.co.jp/
O	On Robot Japan	OnRobot Japan 株式会社	https://onrobot.com/
	ORIENTAL MOTOR	オリエンタルモーター株式会社	https://www.orientalmotor.co.jp/
P	Piap 日本	ピアブ・ジャパン株式会社	https://www.piab.com/ja-jp/
R	Restar Electronics	株式会社レスターエレクトロニクス	https://www.restar-ele.com/
	ROLLON	ローロン・ジャパン株式会社	https://www.rollon.com/
	RUTILEA	株式会社RUTILEA	https://rutilea.com/
S	Schmalz	シュマルツ株式会社	https://www.schmalz.co.jp/
	SEC（3741）	株式会社セック	https://www.sec.co.jp/
	SHINYU	株式会社シンユー	https://izana-ezo.jp/
	SMC（6273）	SMC株式会社	https://www.smcworld.com/
	SMFL租赁	SMFLレンタル株式会社	https://www.smfl-r.co.jp/
	Sonic System	ソニックシステム株式会社	https://sonicsystem-kk.co.jp/
	STAUBLI	ストーブリ株式会社	https://www.staubli.com/jp
	SUNWA科技（8137）	サンワテクノス株式会社	https://www.sunwa.co.jp/
	SUS	SUS株式会社	https://www.sus.co.jp/
T	THK（6481）	THK株式会社	https://www.thk.com/jp
	Tokyo Century（8439）	東京センチュリー株式会社	https://www.tokyocentury.co.jp/
	Touchence	タッチエンス株式会社	http://touchence.jp/

参考资料　一般社团法人　东京都港区芝公园 3 丁目 5 番 8 号 机械会馆 B108 室
日本机器人系统集成商协会　电话：03-6453-0131（代表）　传真：03-6453-0132

T	TUV Rheinland	テュフラインランドジャパン株式会社	https://www.tuv.com/
W	WACOH-TECH	株式会社ワコーテック	https://wacoh-tech.com/
a	安川电机（6506）	株式会社安川電機	https://www.yaskawa.co.jp/
	奥井组	株式会社奥井組	https://okuigumi.co.jp/
b	北海道砥石商会	株式会社北海道砥石商会	http://old.hokkai-toishi.co.jp/
	成电社	株式会社成電社	https://www.sdnsha.co.jp/
c	川崎重工业（7012）	川崎重工業株式会社	https://www.khi.co.jp/
	椿本兴业	椿本興業株式会社	https://www.tsubaki.co.jp/
	大仓工业	オークラ工業株式会社	https://okurakogyo.com/
	大石机械	大石機械株式会社	https://www.oishi-machine.com/
	大铣产业	大銑産業株式会社	http://www.daisensangyo.co.jp/
	大星电机	大星電機（株）	https://estrella.co.jp/
d	第一实业（8059）	第一実業株式会社	https://www.djk.co.jp/
	第一自动化	株式会社ファースト・オートメーション	https://first-automation.jp/
	电装Wave	株式会社デンソーウェーブ	https://www.denso-wave.com/
	东北机械学	有限会社東北メカニクス	https://t-mecha.co.jp/
	东阳	株式会社東陽	https://www.toyo-tos.co.jp/
f	发那科（6954）	ファナック株式会社	https://www.fanuc.co.jp/
	饭冢铁工所	株式会社飯塚鉄工所	https://www.e-iizuka.co.jp/
g	冈谷岩井北海道	岡谷岩井北海道株式会社	https://www.oih.co.jp/
	金陵电机	金陵電機株式会社	https://www.kinryo-electric.co.jp/
j	井高	株式会社井高	https://www.idaka.co.jp/
o	欧姆龙（6645）	オムロン株式会社	https://www.omron.com/jp
r	日本HP	株式会社日本HP	https://jp.ext.hp.com/
	日本认证	日本認証株式会社	https://www.japan-certification.com/
	三机	株式会社三機	https://www.sanki1948.co.jp/
	三菱电机（6503）	三菱電機株式会社	https://www.mitsubishielectric.co.jp/
	三菱电机金融解决方案	三菱電機フィナンシャルソリューションズ株式会社	https://www.mefs.co.jp/
	山下机械	山下機械株式会社	http://yamashita-machinery.com/
s	神户机材	株式会社神戸機材	https://www.kobekizai.co.jp/
	水户工业	水戸工業株式会社	https://www.mitokogyo.co.jp/
	松田电机工业所	株式会社松田電機工業所	https://matsudadenki.co.jp/
	松屋产业	マツヤ産業株式会社	https://www.matsuya-ind.co.jp/
	松下系统网络工作开发研究所	株式会社パナソニック　システムネットワークス開発研究	https://group.connect.panasonic.com/psnrd/compa
t	太阳CABLETEC	太陽ケーブルテック株式会社	https://www.taiyocable.com/
w	末松九机	末松九機株式会社	https://www.suematsu.co.jp/
y	伊东商会	株式会社伊東商会	https://www.itnet.co.jp/
	芝原工业	芝原工業株式会社	http://shibahara.co.jp/
	中村留精密工业	中村留精密工業株式会社	https://www.nakamura-tome.co.jp/
	中央工机	中央工機株式会社	http://www.chuo-koki.co.jp/
z	冢田理研工业	塚田株式会社理研工業株式会社	https://www.tukada-riken.co.jp/
	住友重机械工业（6302）	住友重機械工業株式会社	https://www.shi.co.jp/
	佐藤商事（8065）	佐藤商事株式会社	https://www.satoshoji.co.jp/

半导体制造装置

工业机器人

传感器

计量设备

附

日本工业机械手、机器人统计

日本マニピュレータ、ロボット統計

2017~2022 年日本机器人对国内 "电子部件安装用" 设备出口情况

（百万日元） 出口金额 ■ 出口台数同比增减 ■ 出口金额同比增减

- 2017年: 190,357 | 出口台数: 12,418 | 43.30% / 47.90%
- 2018年: 215,208 | 出口台数: 13,501 | 13.10% / 8.70%
- 2019年: 190,300 | 出口台数: 11,493 | -11.60% / -14.90%
- 2020年: 216,428 | 出口台数: 14,468 | 25.90% / 13.70%
- 2021年: 279,504 | 出口台数: 18,760 | 29.70% / 29.10%
- 2022年: 250,291 | 出口台数: 16,020 | -14.60% / -10.50%

2017~2022 年日本机器人对国内 "焊接行业" 设备出口情况

（百万日元） 出口金额 ■ 出口台数同比增减 ■ 出口金额同比增减

- 2017年: 103,125 | 出口台数: 41,321 | 24.10% / 29.30%
- 2018年: 94,517 | 出口台数: 36,682 | -11.20% / -8.30%
- 2019年: 61,212 | 出口台数: 26,398 | -35.20% / -28.00%
- 2020年: 58,467 | 出口台数: 27,000 | 2.30% / -4.50%
- 2021年: 82,664 | 出口台数: 40,055 | 41.40% / 48.40%
- 2022年: 94,669 | 出口台数: 40,228 | 14.50% / 0.40%

2017~2022 年日本机器人对 国内 "电子部件安装用" 设备出货情况

（百万日元） 出货金额 ■ 出货台数同比增减 ■ 出货金额同比增减

- 2017年: 30,754 | 出货台数: 1,660 | 28.10% / 31.40%
- 2018年: 32,195 | 出货台数: 1,620 | 4.70% / -2.40%
- 2019年: 26,834 | 出货台数: 1,296 | -16.70% / -20.00%
- 2020年: 17,806 | 出货台数: 880 | -32.10% / -33.60%
- 2021年: 19,204 | 出货台数: 926 | 7.90% / 5.20%
- 2022年: 20,534 | 出货台数: 1,013 | 9.40% / 6.90%

以上资料来源：日本机器人工业会。

参考资料 一般社团法人 工程技术协会 东京都港区虎门 -3-18-19UD 神谷町大厦 10F 电话：03-5405-7201（代表） https://www.enaa.or.jp/

日本 2022 年 工业机械手、机器人国内出货实绩（按业种分） 单位：（台） 括弧内金额单位：（百万日元）

行业		2021年	2022年	比上年增减	2021年构成比	2022年构成比
金属制品		2,376	2,734	15.1%	4.8%	5.2%
机械	建筑机械/矿山机械	173	114	-34.1%	0.3%	0.2%
	金属加工机械	647	824	27.4%	1.3%	1.6%
	其他机械	3,409	4,226	24.0%	6.8%	8.1%
	小计（台数）	4,229	5,164	22.1%	8.5%	9.9%
	小计（金额）	(19,269)	(23,018)	(19.5%)	(8.6%)	(9.9%)
电气机械	电子计算机	375	22	-94.1%	0.8%	0.0%
	民生用电气机械	944	1,144	21.2%	1.9%	2.2%
	产业用电气机械	1,033	1,380	33.6%	2.1%	2.6%
	通信机械	1,533	1,107	-27.8%	3.1%	2.1%
	映像/音响机械	51	41	-19.6%	0.1%	0.1%
	电子部件/电子设备/电子电路	11,802	14,426	22.2%	23.6%	27.5%
	其他电气机械	2,999	2,587	-13.7%	6.0%	4.9%
	小计（台数）	18,737	20,707	10.5%	37.5%	39.5%
	小计（金额）	(81,820)	(95,549)	(16.8%)	(36.7%)	(40.9%)
精密机械		320	204	-36.3%	0.6%	0.4%
汽车	整车	4,517	4,274	-5.4%	9.0%	8.2%
	汽车部件	8,998	8,305	-7.7%	18.0%	15.8%
	小计（台数）	13,515	12,579	-6.9%	27.1%	24.0%
	小计（金额）	(61,109)	(54,180)	(-11.3%)	(27.4%)	(23.2%)
其他运输机械		345	412	19.4%	0.7%	0.8%
食品、饮料、香烟、饲料		847	883	4.3%	1.7%	1.7%
化学工业（医药品、化妆品等）		356	374	5.1%	0.7%	0.7%
塑料制品		2,111	1,077	-49.0%	4.2%	2.1%
其他制造业		2,933	2,968	1.2%	5.9%	5.7%
非制造业		441	398	-9.8%	0.9%	0.8%
无法分类业种		3,740	4,915	31.4%	7.5%	9.4%
国内出货小计（台数）		49,950	52,415	4.9%	100.0%	100.0%
	（总出货占比）				19.1%	18.5%
国内出货小计（金额）		(223,070)	(233,463)	(4.7%)	(100.0%)	(100.0%)
	（总出货占比）				(23.2%)	(22.2%)
出口小计（台数）		211,686	230,519	8.9%	80.9%	81.5%
出口小计（金额）		(739,287)	(817,406)	(10.6%)	(76.8%)	(77.8%)
总出货计（台数）		261,636	282,934	8.1%	100.0%	100.0%
总出货计（金额）		(962,358)	(1,050,869)	(9.2%)	(100.0%)	(100.0%)

注：括号内的金额数据仅公布小计和总计。资料来源：日本机器人工业会。

2017~2022 年 日本机器人对 国内"焊接行业"设备出货情况

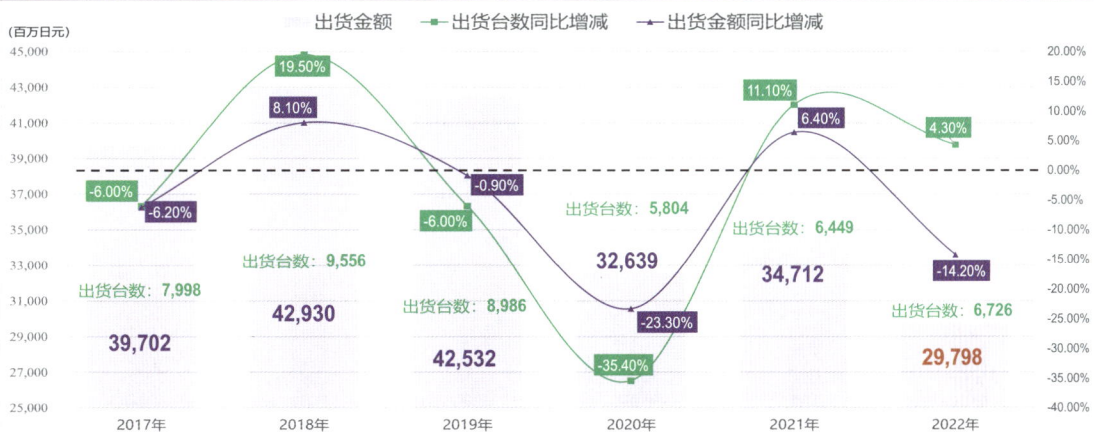

出货金额　出货台数同比增减　出货金额同比增减

（百万日元）

资料来源：日本机器人工业会。

半导体制造装置　工业机器人　传感器　计量设备

日本工业机械手、机器人按金额统计推移表（2005~2022 年）　单位:（百万日元）

年份	订单		生产		国内出货		出口		总出货	
	金额	同比增减 %	金额	同比增减 %	金额	同比增减 %	金额	同比增减 %	金额	同比增减 %
2005	701,064	12.8%	656,521	11.4%	308,021	13.1%	368,594	21.1%	676,616	17.3%
2006	749,120	6.9%	730,351	11.2%	297,877	-3.3%	437,200	18.6%	735,077	8.6%
2007	736,270	-1.7%	712,321	-2.5%	285,242	-4.2%	438,170	0.2%	723,412	-1.6%
2008	621,008	-15.7%	621,958	-12.7%	247,157	-13.4%	402,653	-8.1%	649,809	-10.2%
2009	270,345	-56.5%	288,759	-53.6%	124,271	-49.7%	175,805	-56.3%	300,075	-53.8%
2010	575,180	112.8%	556,420	92.7%	148,743	19.7%	407,640	131.9%	556,383	85.4%
2011	588,611	2.3%	603,923	8.5%	167,461	12.6%	430,914	5.7%	598,376	7.5%
2012	507,994	-13.7%	527,817	-12.6%	178,262	6.4%	362,707	-15.8%	540,969	-9.6%
2013	509,829	0.4%	492,728	-6.6%	152,169	-14.6%	351,533	-3.1%	503,702	-6.9%
2014	603,709	18.4%	594,048	20.6%	166,739	9.6%	423,341	20.4%	590,079	17.1%
2015	702,743	16.4%	680,611	14.6%	201,001	20.5%	482,413	14.0%	683,413	15.8%
2016	739,298	5.2%	703,387	3.3%	220,618	9.8%	495,404	2.7%	716,022	4.8%
2017	944,702	27.8%	877,657	24.8%	246,222	11.6%	649,381	31.1%	895,603	25.1%
2018	962,384	1.9%	911,609	3.9%	273,304	11.0%	658,991	1.5%	932,294	4.1%
2019	811,659	-15.7%	778,257	-14.6%	254,445	-6.9%	549,288	-16.6%	803,733	-13.8%
2020	858,763	5.8%	766,469	-1.5%	208,493	-18.1%	572,844	4.3%	781,336	-2.8%
2021	1,078,624	25.6%	939,082	22.5%	223,070	7.0%	739,287	29.1%	962,358	23.2%
2022	1,111,776	3.1%	1,020,971	8.7%	233,463	4.7%	817,406	10.6%	1,050,869	9.2%

日本工业机械手、机器人按台数统计推移表（2005~2022 年）

年份	订单		生产		海外生产		国内出货		出口		总出货	
	台数	同比增减 %	台数	同比增减 %	台数	同比增减 %	台数	同比增减 %	台数	同比增减 %	台数	同比增减 %
2005	112,087	8.0%	107,910	10.0%			52,451	13.2%	57,201	10.1%	109,652	11.6%
2006	109,364	-2.4%	109,067	1.1%			45,634	-13.0%	60,385	5.6%	106,019	-3.3%
2007	110,880	1.4%	108,239	-0.8%			44,205	-3.1%	63,247	4.7%	107,452	1.4%
2008	93,393	-15.8%	97,878	-9.6%			38,714	-12.4%	59,548	-5.8%	98,262	-8.6%
2009	45,479	-51.3%	42,470	-56.6%			15,382	-60.3%	26,948	-54.7%	42,330	-56.9%
2010	98,566	116.7%	93,587	120.4%			24,959	62.3%	67,453	150.3%	92,412	118.3%
2011	122,015	23.8%	119,529	27.7%			31,882	27.7%	87,387	29.6%	119,269	29.1%
2012	109,933	-9.9%	110,639	-7.4%			33,601	5.4%	81,016	-7.3%	114,617	-3.9%
2013	119,542	8.7%	108,725	-1.7%	7,999		27,275	-18.8%	83,614	3.2%	110,889	-3.3%
2014	140,125	17.2%	136,917	25.9%	13,191	64.9%	32,119	17.8%	105,215	25.8%	137,334	23.8%
2015	155,086	10.7%	153,785	12.3%	15,992	21.2%	37,703	17.4%	117,818	12.0%	155,521	13.2%
2016	182,098	17.4%	174,606	13.5%	19,768	23.6%	42,596	13.0%	133,012	12.9%	175,608	12.9%
2017	235,268	29.2%	233,981	34.0%	35,087	77.5%	49,171	15.4%	184,215	38.5%	233,386	32.9%
2018	248,283	5.5%	240,339	2.7%	40,902	16.6%	59,068	20.1%	183,059	-0.6%	242,127	3.7%
2019	201,659	-18.8%	192,820	-19.8%	32,516	-20.5%	53,612	-9.2%	143,011	-21.9%	196,622	-18.8%
2020	210,365	4.3%	192,974	0.1%	46,366	42.6%	41,655	-22.3%	154,946	8.3%	196,601	0.0%
2021	299,035	42.2%	256,783	33.1%	65,209	40.6%	49,950	19.9%	211,686	36.6%	261,636	33.1%
2022	299,093	0.0%	280,051	9.1%	65,155	-0.1%	52,415	4.9%	230,519	8.9%	282,934	8.1%

注: 蓝色数字表示为历年来的最大值，红色数字表示负值。资料来源：日本机器人工业会。

2017~2022 年日本机器人对主要国家和地区出口情况

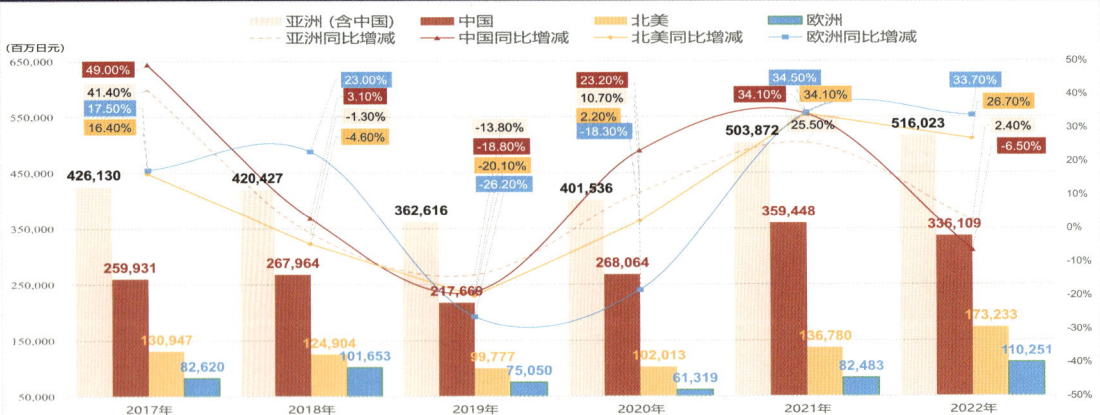

参考资料　一般社团法人 工程技术协会　东京都港区虎门-3-18-19UD 神谷町大厦 10F　电话: 03-5405-7201（代表）https://www.enaa.or.jp/

世界产业用机器人工作台数推定 (manipulating robot) (2019~2022 年)

年份 国家/地区	2019	同比 增减	2020	同比 增减	2021	同比 增减	2022	同比 增减
亚洲/大洋洲地区	1,698,288	14.80%	1,925,315	13.40%	2,265,994	17.70%	2,593,184	14.40%
日本	354,878	11.60%	374,038	5.40%	393,326	5.20%	414,281	5.30%
中国	788,810	21.30%	956,477	21.30%	1,226,255	28.20%	1,501,535	22.40%
印度	26,306	14.70%	28,639	8.90%	33,418	16.70%	37,995	13.70%
印度尼西亚	9,147	5.70%	9,559	4.50%	10,238	7.10%	10,701	4.50%
马来西亚	13,117	5.80%	14,159	7.90%	15,449	9.10%	16,904	9.40%
新加坡	21,935	10.50%	27,037	23.30%	30,151	11.50%	35,266	17.00%
韩国	324,049	7.90%	342,985	5.80%	366,529	6.90%	374,737	2.20%
中国台湾	71,825	6.00%	75,839	5.60%	84,242	11.10%	88,708	5.30%
泰国	33,962	5.00%	35,263	3.80%	38,543	9.30%	39,406	2.20%
越南	15,865	15.10%	17,564	10.70%	19,936	13.50%	22,470	12.70%
其他亚洲地区	30,467	25.60%	36,102	18.50%	39,902	10.50%	43,027	7.80%
澳大利亚/新西兰	7,927	-2.70%	7,653	-3.50%	8,005	4.60%	8,154	1.90%
美洲地区	388,295	7.60%	409,843	5.50%	452,596	10.40%	491,535	8.60%
美国	299,674	5.10%	314,219	4.90%	341,782	8.80%	365,002	6.80%
加拿大	25,230	16.70%	27,796	10.20%	32,035	15.30%	35,258	10.10%
墨西哥	37,275	13.90%	40,638	9.00%	45,957	13.10%	51,957	13.10%
巴西	15,303	7.90%	16,117	5.30%	17,413	8.00%	18,631	7.00%
南美其他地区	10,813	44.70%	11,073	2.40%	15,409	39.20%	20,687	34.30%
欧洲地区	581,853	7.10%	613,610	5.50%	674,866	10.00%	728,391	7.90%
奥地利	12,016	7.70%	12,607	4.90%	14,156	12.30%	16,166	14.20%
比利时	10,109	5.70%	10,384	2.70%	11,057	6.50%	12,124	9.60%
捷克	19,391	10.20%	20,571	6.10%	22,614	9.90%	25,006	10.60%
丹麦	6,824	3.10%	7,027	3.00%	7,875	12.10%	8,859	12.50%
芬兰	4,728	3.80%	4,827	2.10%	5,130	6.30%	5,491	7.00%
德国	223,387	3.50%	230,653	3.30%	248,061	7.50%	259,636	4.70%
法国	42,054	10.40%	44,817	6.60%	49,914	11.40%	55,245	10.70%
匈牙利	9,212	8.60%	10,081	9.40%	11,248	11.60%	12,309	9.40%
意大利	74,420	7.60%	76,843	3.30%	84,546	10.00%	91,504	8.20%
荷兰	14,370	7.40%	15,344	6.80%	17,238	12.30%	19,387	12.50%
波兰	15,769	15.70%	17,019	7.90%	20,229	18.90%	22,742	12.40%
俄罗斯	6,185	23.80%	6,963	12.60%	8,135	16.80%	8,439	3.70%
斯洛伐克	8,326	6.80%	8,580	3.10%	9,101	6.10%	9,737	7.00%
西班牙	36,916	4.80%	38,007	3.00%	40,081	5.50%	41,954	4.70%
瑞典	14,224	4.20%	14,447	1.60%	15,643	8.30%	16,600	6.10%
瑞士	9,506	11.90%	10,446	9.90%	12,032	15.20%	14,007	16.40%
土耳其	15,033	11.40%	16,465	9.50%	19,325	17.40%	22,735	17.60%
英国	21,678	4.80%	23,027	6.20%	24,859	8.00%	26,515	6.70%
欧洲其他地区	37,705	22.10%	45,502	20.70%	53,622	17.80%	59,935	11.80%
非洲地区	6,547	18.60%	6,686	2.10%	7,547	12.90%	8,129	7.70%
南非	5,122	16.00%	5,064	-1.10%	5,725	13.10%	5,988	4.60%
非洲其他地区	1,425	29.00%	1,622	13.80%	1,822	12.30%	2,141	17.50%
其他地区	61,763	19.00%	71,488	15.70%	77,718	8.70%	82,394	6.00%
合计	2,736,746	12.10%	3,026,942	10.60%	3,478,721	14.90%	3,903,633	12.20%

资料来源：国际机器人联盟（IFR）World Robotics-Industrial Robots，统计数据截至 2023 年 10 月 31 日。

半 导 体 制 造 装 置

工 业 机 器 人

传 感 器

计 量 设 备

附

日本第十届机器人大奖

经济产业大臣奖
【移动机器人 LD/HD 系列】

欧姆龙（株）[オムロン株式会社]

【概述】该产品具有在保证人和障碍物安全性的同时保持自动驾驶功能；配备运营管理软件，一次最多可管理 100 台设备。无须导入工厂布局的 CAD 数据，通过在道路行驶过程中扫描周围环境，自动生成行驶用的地图。另外，操作简单，即使对机器人不熟悉的用户也能够指示移动机器人执行运输、搬运、配送等简单作业，从而人可以专注于附加价值更高的工作。

【评价要点】相较于许多自主移动机器人（AMR）的平台，具有更高的完整度。综合各项技术共同创建了一个实用的系统。已在 40 个国家销售了 3000 多台，对生产现场的效能改善作出了很大贡献。通过与系统集成商的合作，未来有望应用于各个领域的交通平台。

总务大臣奖
【水空合体无人机】

（株）KDDI 综合研究所 / KDDI 智能无人机（株）/（株）无人机
[株式会社 KDDI 総合研究所 /KDDI スマートドローン株式会社 / 株式会社プロドローン]

【概述】水空合体无人机是空中无人机和水下无人机的组合，是世界上第一架可以潜水的无人机。声学定位设备可用于定位无法使用卫星定位系统 (GPS) 的水域。以前必须开船由潜水员完成的水下监测和摄影，现在可以在陆地上完成，水下监控和摄影将变得更加容易。

【评价要点】通过将 GPS 与水下定位技术相结合，可以获得高精度的水下检测位置。我们对通过连接空中无人机和水下无人机开发的整体高可靠通信系统表示赞赏。如果利用电缆、通信距离、水声定位、空中无人机和水下无人机的结合实现商业化，预计将产生重大社会影响。

文部科学大臣奖
【toio™（托奥创意机器人）】

（株）索尼互动娱乐 [株式会社ソニー・インタラクティブエンタテインメント]

【概述】toio™ 的机器人 "Cube" 可以使用光学传感器检测特殊垫子上印刷的特殊图案从而检测物体的绝对位置。它还使用 6 轴检测系统来检测物体的三维姿势和运动轨迹。作为一款培养 "创造、玩耍、激发灵感" 的小型机器人，它不仅可供普通用户使用，还可以用作学校和课外活动的程序。

【评价要点】基于麻省理工学院媒体实验室开发的可视化编程语言 Scratch，机器人只需连接块即可完成编程。它旨在供从编程初学者到学习高级编程的任何人使用，并且具有广泛的用途。因为内部规范已开源发布，在第三方应用程序开发方面取得的进展也受到赞赏。

参考资料　一般社团法人
工程技术协会

东京都港区虎门 -3-18-19UD 神谷町大厦 10F
电话：03-5405-7201（代表）https://www.enaa.or.jp/

厚生劳动大臣奖

【hinotori ™ 手术机器人系统】

(株) 医疗机器人 [株式会社メディカロイド]

【概述】支持腹腔镜手术的机器人系统。 外科医生通过将手术器械（如连接到机器人的镊子和电动手术刀）和内窥镜摄像机插入患者腹壁上的多个孔（端口）来查看 3D 图像，从而可减轻患者负担进行微创手术。

【评价要点】美国占据手术辅助机器人研发的垄断地位，日本的研发具有重要意义。日本国内的医院已经配备了数十台手术机器人，预计今后在日本和国外都将得到广泛使用。

农林水产大臣奖

【利用自动收获机器人实现可再现的农业】

AGRIST(株) [AGRIST 株式会社]

【概述】通过开发能够自动收割的机器人来补充劳动力并收集数据，机器人通过温室园艺中的图像分析来确定是否适合收割。 机器人在温室内安装的类似于索道的电线上移动。 他们还开发了机械手来收获辣椒。

【评价要点】在温室中自动收割蔬菜是一项不仅在日本而且在世界各地都引起高度关注的技术。其引进成本是 3 年 150 万日元的租赁费以及机器人收割的青椒价值的 10%。

国土交通大臣奖

【实现工作面作业机械化的山地隧道施工机器人】

大成建设 (株)/ 前田建设工业 (株)/ 古河凿岩机 (株)/Mac(株)
[大成建設株式会社 / 前田建設工業株式会社 / 古河ロックドリル株式会社 / マック株式会社]

【概述】在隧道施工中，开挖工作是通过重复一系列步骤进行的：钻孔、装药、爆破、清除废料、安装支撑、喷洒和锚杆支护。 作业时因工作面坠落造成的事故是最常见的生产事故，而将工作面的支护和插入锚杆工作自动化，不仅节省劳动力而且提高了生产率还能消除事故灾难。

【评价要点】我们已经实现了工作面支护和插入锚杆作业的完全机械化，这些作业曾经是危险、艰苦的工作，在生产事故中占很大比例。 山岭隧道本身就是造福广大人民的基础设施，"山地隧道施工机器人"的贡献受到高度评价有利于建筑和土木工程业的发展。

中小企业 / 风险投资公司奖 (中小企业厅长官奖)

【熟食装盘机器人 Delibot ™】

连联机器人 (株) / TeamCrossFA
[コネクテッドロボティクス株式会社 / TeamCrossFA]

【概述】该产品用于生产率且自动化程度较低的食品行业，是支持食品装盘工序的机器人系统。按预定重量测量土豆沙拉等不规则形状原料并将其放置在产品托盘上的过程是自动化的，以满足典型食品工厂所需的速度，在典型食品工厂中，四台机器每小时可提供 1000 份餐点。 通过更换磁力手，一台机器即可提供不同类型的配菜和不同尺寸的装盘。

【评价要点】我们对其仅使用力传感器和依靠机器人（标量型 4 轴）的动作而实现了不定形食材的装盘表示称赞。此外，为了更方便地在没有机器人专家的领域使用，它使用了磁铁来吸附和拆卸手尖并通过反复试验还开发了一种薄膜来覆盖手尖。它针对的是需求很高的食品行业，并且拥有卓越的技术，因此我们预期它在未来会得到更广泛的应用。

日本机械工业联合会会长奖

【利用自动收获机器人实现可再现的农业】

松下控股（株）/ 藤泽 SST 管理（株）
[パナソニック ホールディングス株式会社 / Fujisawa SST マネジメント株式会社]

【概述】为了实施机器人送货解决方案，我们开发了可在公共道路行驶的自动送货机器人，以及可远程监控和操作多个机器人的控制系统。以住宅区为示范点，松下、藤泽公司和当地居民、商店将共同开展机器人送货服务的社会性示范。在公共道路上行驶的操作员与住宅区共享远程监控，实现了一个操作员同时驾驶四辆送货机器人的全远程公共道路驾驶。

【评价要点】我们实现了客户付费使用机器人送货的送达服务。拥有付费客户使我们能够识别实际问题并针对性地制定技术改善方案，从而形成一个不断改进服务规范的循环。这不仅为业务发展提供了新的目标，也不断评估出具有潜力和竞争优势的核心产品。此外，将远程控制系统与自动送货机器人相结合，也推动有关机器人在公共道路上移动的法律修订，大大扩大了机器人的使用范围。

日本机械工业联合会会长奖

【用于电缆识别的 3D 视觉传感器 KURASENSE】

仓敷纺织（株）[仓敷纺织（株）]

【概述】通过高速的 3D 扫描和识别技术，能够在看到以往的传感器难以识别的线状物（电线、多芯电缆、电缆束、扁平电缆、连接器等）的情况下识别的机器人用传感设备。电缆识别用的高速 3D 视觉传感器是像人一样瞬间识别形状的设备，实现了以往没有的高速高精度的 3D 扫描。

【评价要点】该公司以内部培育的图像处理技术为基础，开发了专门用于识别电缆等的高速立体处理传感器，并因开发了包含该传感器的机器人系统而受到高度评价。在机械手和系统方面，该公司将业务所需的技术开发与机器人制造商的合作相结合，并为新技术的传播和普及作出贡献。

纪 念 特 别 奖

【海豹型精神型机器人"帕罗"】 (获得第一届机器人大奖优秀奖)

（株）智能系统 / 产业技术综合研究所 / 微基因科技（株）
[株式会社知能システム / 国立研究開発法人産業技術総合研究所 / マイクロジェニックス株式会社]

【概述】荣获第一届（2006）机器人大奖服务机器人类别优秀奖。一种旨在替代家庭宠物并在医疗和福利机构提供治疗的机器人。它拥有各种各样的传感器，包括覆盖整个身体的表面触觉传感器，具有使用人工智能自主学习的能力。

【评价要点】少子化和人口老龄化导致日本劳动力短缺，阿尔茨海默病人数量增加是全球面临的共同问题。2002 年，帕罗在世界上率先采用机器人技术，其治疗效果得到认可，是日本引以为豪的护理设施，并且在国际上广受好评。

纪 念 特 别 奖

【适用于移动机器人的紧凑型轻型测距传感器 URG 系列】 (获得第一届机器人奖优秀奖)

北阳电气（株）[北陽電機株式会社]

【概述】荣获第一届（2006）机器人奖中小企业 / 风险投资类优秀奖。传感器是可以自主移动的机器人的眼睛，例如服务机器人和自动运输机器人，通过光可以判断对象物的位置、大小、移动方向，找出能够避免碰撞而通行的路径。它帮助机器人实现了所需的小型、轻量、省电功能。

【评价要点】自首次获奖以来，该传感器后续型号开始发售，迄今为止已售出超过 400000 台。尽管它最初是针对移动机器人发布的，但后来其应用范围不断扩大，现已安装在各种机器人中，包括下一代智能机器人和自主移动机器人（AMR）。该公司因拓展了机器人的使用领域、为行业发展作出了贡献而受到赞誉。

优 秀 奖（商业 / 社会 应用领域）

【护理助力服 J-PAS flairy】

（株）捷太格特 [株式会社ジェイテクト]

【概述】护理人员在护理工作时穿着的助力服，可减轻护理人员腰部的负担。除了重量轻、易于穿脱之外，该助力服还可以根据使用情况，通过按下手上的按钮来选择最佳模式（普通辅助、站立辅助、自由操作模式）。该产品是一款"缩短人与机器人之间的距离"并消除护理人员使用机器人障碍的产品。

【评价要点】迄今为止，大部分辅助服都是外骨骼型，但本着专业护理的理念，我们采用了"内骨骼型＋主动辅助"，并正在探索由软材料制成的服装类型。通过护理大学和护理就业展览会，以该助力服为主开展腰痛预防和转移技术的教育和传播活动，使其得到了广泛关注。

优 秀 奖（研究开发部门）

【全身型力控机器人 Torobo】

东京机器人（株）[東京ロボティクス株式会社]

【概述】一种先进的力控机器人，旨在加速从工厂到仓库、商店、办公室和家庭的自动化流程。它的体型与人类相同，拥有与人类相似的关节结构，可以用手臂和臀部控制力量。

【评价要点】该产品配备内置电机、减速机、扭矩传感器，具有完整的上半身力控制和各种阻抗控制功能，它不仅被认为是一个研发平台，而且被认为是一项潜在的工业技术，有望为促进机器人的发展作出贡献。

优 秀 奖（社会基础设施 / 灾害应对 / 消防领域）

【隧道检查系统 iTOREL】

东急建设（株）/ 东京大学 / 湘南工科大学 / 东京理科大学 /（株）小川优机制作所 /（株）菊地制作所
[東急建設株式会社 / 東京大学 / 湘南工科大学 / 東京理科大学 / 株式会社小川優機製作所 / 株式会社菊池製作所]

【概述】旨在利用机器人技术代替近距离目视检查、锤击声音检查等人类检查工作的系统。配备自动检测隧道混凝土衬砌裂缝和浮子的检测装置。根据隧道情况，可以用于龙门架型或配备检测臂的高空作业车型。由于沿混凝土衬砌有多个检查单元，因此可以缩短工作时间并节省劳动力，并可高精度地获得裂缝、浮子等的位置和形状，这对于确定维护周期非常重要。

【评价要点】由于许多基础设施老化，检查工作增加，因此基础设施工作的自动化检查已成为迫切需要。采用锤击声检测装置和线传感器的高精度裂纹检测实用系统已经开发出来，人们对它的使用抱有很高的期望。

优 秀 奖（ICT 应用领域）

【小型土木工程施工现场的 ICT 建设（智能化施工）】

（株）EARTHBRAIN[株式会社 EARTHBRAIN]

【概述】智能化施工是一种创新的解决方案，通过将建筑企业现场进行的整个施工生产过程与数字数据连接起来，显著节省劳动力并精细化施工流程，从而实现建筑工地的数字化转型。这将成为日本 ICT 建设全面铺开的有效工具。

【评价要点】土木工程和建筑行业占大多数的小企业在采用信息技术方面远远落后。该产品服务将通过综合实施方案在小型建筑工地应用信息通信技术，从而提高生产力。由于缺少直接竞争的产品和服务，并且该产品可以实现比传统产品更高的性价比，因此预计该产品将被小企业广泛使用。

34

日本のセンサー産業

日本的传感器工业

传感器与计算机技术、通信技术并称为现代信息技术的三大支柱，也被号称是改变世界和人们生活的最重要科技产品之一。毋庸置疑，传感器是现代科技的前沿技术，也是全球公认的最具有发展前途的高技术产业。

传感器能感受到我们日常生活中"看不见"的东西，它不仅能应用于社会基础设施，也是应用于社会防灾及生命活动观测产品的重要零部件，譬如自动驾驶的车载传感器就是汽车必不可少的部件。随着技术进步，传感器将在我们的社会生活中变得越来越可靠，反应速度越来越快。此外，传感器在不断扩大的物联网（IoT）中也扮演着主要部件的角色。传感器的种类繁多、使用范围极其广泛，传感器技术是指使用传感器对检测对象物理、化学或生物特性的量进行检测，并将该信息（量）转化为高附加价值的技术。传感器技术随着作业流程的自动化将不断进化，更高性能、更网络化的传感器将会不断诞生。日本国内传感器将在基础设施关联市场（环境、气象、土木、能量采集器等）、交通工具（汽车、铁路、航空等）、产业机器（工业机器人、无人飞机、生产设备、计测器等）、农业／畜牧业关联市场（农畜产业机器人、各种辅助设备、畜产用动态监测等）、智能住宅／智能办公楼（住宅、家电、娱乐、食品管理等）、护理（健康、医疗、护理机器等），以及防灾、安全、自律机器人、次世代移动设备等领域不断扩大应用。

众所周知，日本与美国、德国并称世界三大传感器产业制造强国，其传感器产品在世界传感器市场中有着举足轻重的地位，尤其是在全球工业自动化、机器人等领域，日本传感器的市场份额更大，其中在十分重要的微电机传感器（Micro-Electro-Mechanical System，MEMS）领域中，日本一直与美国、欧盟三分天下。美国企业的MEMS虽在军事装备领域具有强大综合技术实力，但在汽车电子用MEMS、机器人用MEMS领域，日本企业则具有无可争辩的全球领先地位，而欧盟企业则在汽车电子用MEMS和消费电子用MEMS领域拥有一定市场份额。

根据日本经济新闻社2023年10月的调查，2022年日本生产的传感器按产品数量统计约占全球总数量的50%，其中图像传感器和温度传感器占比均高达50%以上。众所周知，仅日本索尼一家企业就在CMOS图像传感器生产方面占了全球市场的半壁江山。

日本传感器产业之所以发达，是因为日本很早就将传感器技术视作基础技术，对开发和利用传感器技术非常重视，并将传感器技术列为国家重点发展的核心技术之一。近年来在需求牵引和技术推动的影响下，传感器集成化、微型化、低功耗、高性能、高反应、智能化已成为计算机深度学习、人工神经网络、5G、6G、物联网等技术发展的重要推动力，因为现代传感器技术已不局限于单纯的视觉、听觉、嗅觉、味觉等"感觉功能"，而是在向"感知而不是感觉"的新传感器体系进化，即发展为可像大脑那样对"感觉信息"处理后具有"感知功能"的智能传感器。

日本"次世代传感器协议会"2018年10月为纪念该组织成立30周年，协议会会长兼东京工业大学名誉教授小林彬先生发表了《传感器技术的普及和今后的社会》一文，呼吁日本建立"五感感知功能传感器发展进化系统SENSPIRE"，SENSPIRE是Sensor和Inspire的合成词，意为活用传感器技术，有更新传感器产业体系的意思。换言之，新的传感器技术体系已经开始要求企业开发具有感知功能的新产品。日本构想中的SENSPIRE系统基本由微处理器、独立电源、通信设备等构成，通过自定义算法对传感器信息进行信号处理、统计处理等演算，再通过比较、分析整合接入外部数据接口；将形成的传感信息通过网络云端上传给大数据终端进行深层学习等。总之，日本的目标是将SENSPIRE集约化、模块化，最后只要连接到插口上即可使用。

日本"次世代传感器协议会"认为现在的传感器系统处于由AI云端（大脑）+视觉／听觉／触觉传感器（感觉）+IoT 4G/LFT（神经）构成再过渡到物联网5G的阶段，传感器技术已经进入上述所谓大脑、感觉、神经协调融合的新阶段，并且正逐渐形成一个全新的传感器技术系统，传感器技术将在连接物理空间和云端边缘计算机的物联网中发挥重要作用，未来各种传感器件和各种应用软件之间的结合将越来越密切，形成新的

参考资料　一般社団法人　工程技术协会　东京都港区虎门-3-18-19UD 神谷町大厦 10F　电话：03-5405-7201（代表）https://www.enaa.or.jp/

传感器技术体系。

譬如未来的传感器技术将是温度、湿度、气象、加速度、陀螺仪、超声波、电波、红外线、激光、图像、瓦斯、MEMS、电流、电力、感应、红外相机、麦克风阵列、GPS/GNSS 等各种传感器与图像识别、大数据、神经网络、机器学习、信号处理、语音识别／合成、蓝牙、边缘计算、纳米 MEMS、地理信息处理、安保、传感器网络、半导

体器件、生物科技、原料／材料等应用软件的大融合。

日本传感器产业认为正在融合进化的传感器技术体系是今天传感器技术的重大变革，日本的传感器企业需要在各个领域不断解决技术难题，加速日本社会创新。"次世代传感器协议会"为日本未来智能化社会描绘了如下愿景。

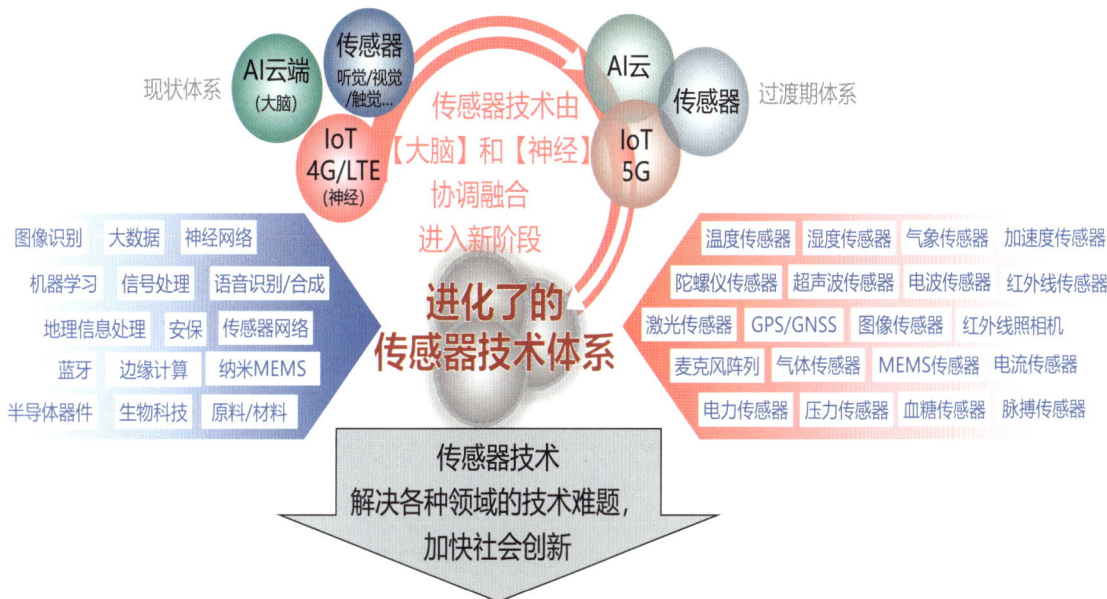

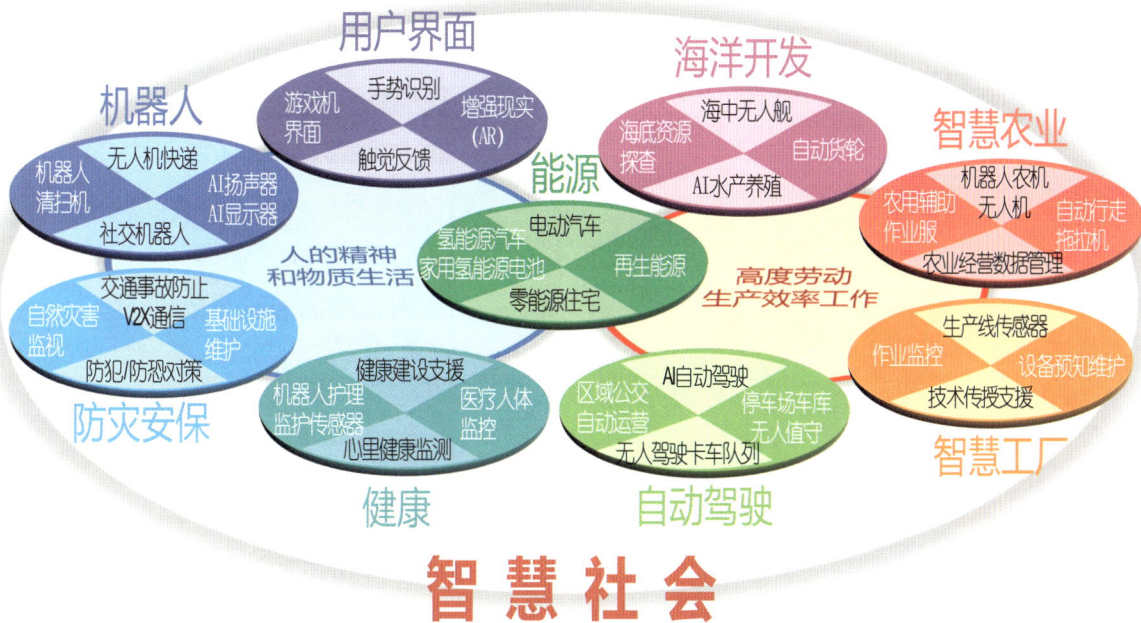

资料来源: 次世代センサ協議会「センシング技術の普及とこれからの社会　スマート社会×センサ２０３０」。

此外,根据上文我们可以看出,日本将在多个领域大力发展传感器技术,最终支撑和构成日本的智能社会。

譬如能源领域,日本除了在电动汽车、氢能源汽车、家用氢能源电池、再生能源等方面大量使用传感器,还在住宅建设方面促进传感器技术的发展。

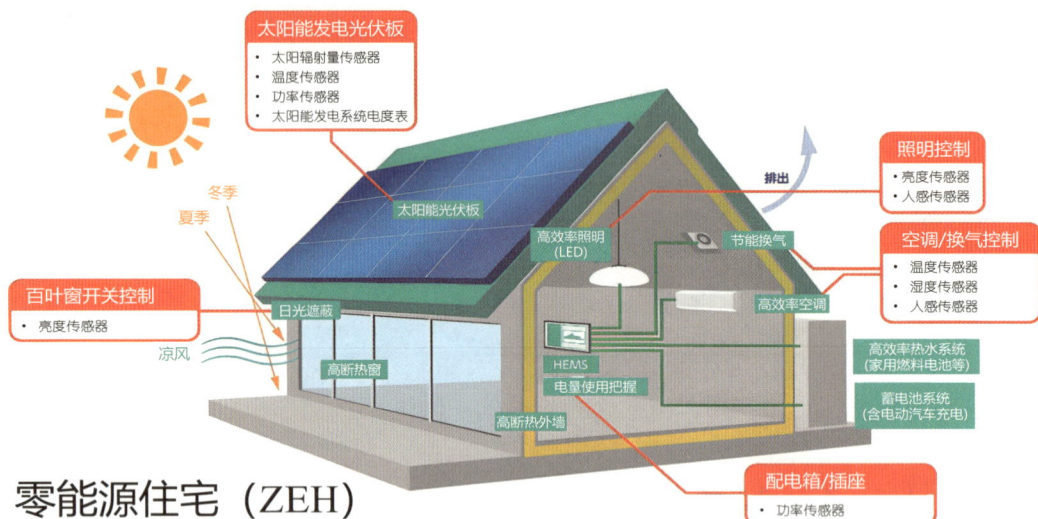

太阳能发电光伏板
- 太阳辐射量传感器
- 温度传感器
- 功率传感器
- 太阳能发电系统电度表

太阳能光伏板

冬季
夏季

百叶窗开关控制
- 亮度传感器

日光遮蔽
凉风

高断热窗

照明控制
- 亮度传感器
- 人感传感器

排出

高效率照明(LED)
节能换气

空调/换气控制
- 温度传感器
- 湿度传感器
- 人感传感器

高效率空调

高效率热水系统(家用燃料电池等)

蓄电池系统(含电动汽车充电)

HEMS
电量使用把握

高断热外墙

配电箱/插座
- 功率传感器

零能源住宅(ZEH)

日本目前在既有的视觉、触觉、嗅觉、听觉传感器技术的基础上,正开发生物传感器技术,这将在微米和纳米环境下大大改进医疗诊断和药物监视体系。

此外,在健康领域,日本除了在疾病预防、健康生活、体育锻炼、心理健康测量、护理监视传感器、机器人护理和高龄者事故预防等方面采用传感器和移动端平台外,还在大力发展人体内外精密检查医疗传感器。

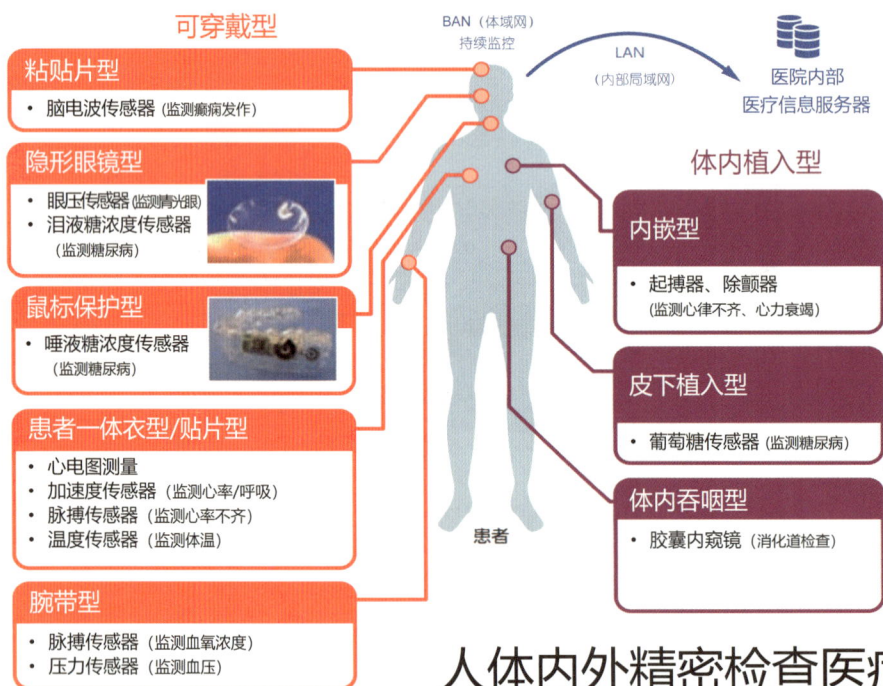

可穿戴型

BAN(体域网)持续监控
LAN(内部局域网)
医院内部医疗信息服务器

粘贴片型
- 脑电波传感器(监测癫痫发作)

隐形眼镜型
- 眼压传感器(监测青光眼)
- 泪液糖浓度传感器(监测糖尿病)

鼠标保护型
- 唾液糖浓度传感器(监测糖尿病)

患者一体衣型/贴片型
- 心电图测量
- 加速度传感器(监测心率/呼吸)
- 脉搏传感器(监测心率不齐)
- 温度传感器(监测体温)

腕带型
- 脉搏传感器(监测血氧浓度)
- 压力传感器(监测血压)

体内植入型

内嵌型
- 起搏器、除颤器(监测心律不齐、心力衰竭)

皮下植入型
- 葡萄糖传感器(监测糖尿病)

体内吞咽型
- 胶囊内窥镜(消化道检查)

患者

人体内外精密检查医疗传感器

当然,日本是一个自然灾害多发的国家,在防灾安保领域,除了社会基础设施维护、交通事故防止、防犯/防恐对策外,日本在应对自然灾害方面也充分应用了传感器。

参考资料
一般社团法人
工程技术协会
东京都港区虎门 -3-18-19UD 神谷町大厦 10F
电话: 03-5405-7201(代表) https://www.enaa.or.jp/

半
导
体
制
造
装
置

工
业
机
器
人

自然灾害的应对

远程传感技术
- 光学照相机
- 激光传感器
- 微波传感器
- SAR合成孔径雷达

飞机　　人造卫星
灾害调查无人机

滑坡/山崩监测
- 加速度/地磁传感器（倾斜监测）

泥石流监测
- 位移传感器
- 振动传感器
- 声音传感器

洪水监测
- 水位计
  （水压传感器、浮动开关、光传感器、电波传感器、超声波传感器）
- 洪涝监测

火山监测
- 地震计
- 空气振荡计
- 照相机
- 加速度/地磁传感器
- GPS—地壳变形监测
- 红外线照相机
- 温度计
- 紫外线光谱仪
  —二氧化硫排放量测定

河流/沿岸监测
- 水位计
- 照相机

在用户界面领域，日本除了在手势、身体姿势与机器终端的互动理解、头戴式显示器的360°实时电波可视化等方面使用各种传感器外，还在传达触感和舒适感方面有所创新。

传达触感和舒适感的设备

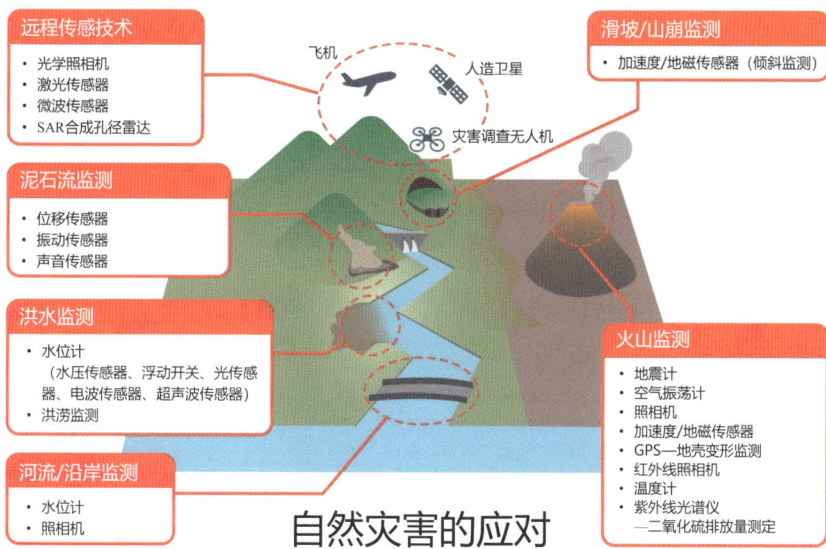

- 材料的手感
- 操作时临场感
- 对象物的压入感

触感提示
- 振动器

皮肤振动监测
- 高分子电压元件传感器（PVDF薄膜）
  PVDF：聚偏氟乙烯

记录/变调/再生
- 均衡器
- 感应放大器

名古屋工业大学与（株）Tech Gihan 共同开发的触觉记录装置【指记录器】

●无纺布　　●尼龙搭扣

随着质量和技术的不断提高，传感器目前已经在各行各业发挥着巨大作用。日本不仅在智慧工厂、自动驾驶、医疗护理、公共安全、环境监测、海洋开发等领域为传感器应用提供了广阔前景，还在智慧农业领域中的农作物生长调查、农业辅助作业服以及机器人农机方面取得了传感器实际应用成果。

日本预测未来数年智能传感器技术将会诞生，

机器人农机

作业土深测量
- 超声波传感器

超声波
田面
作业深度
电流
车轮型电极
硬地基

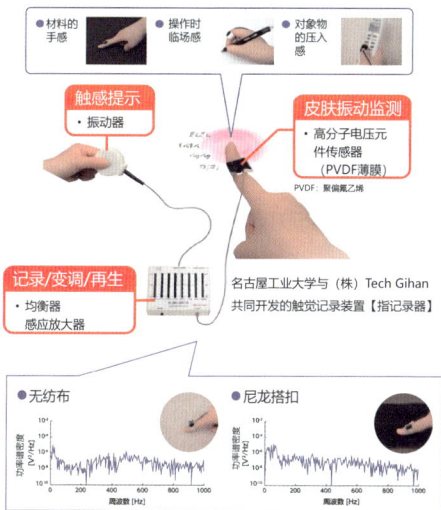

土壤肥沃度 SFV测量
- 电流传感器

搭载土壤传感器的可变施肥农业种植机（井关农机株式会社）

位置测定
- GPS

倾斜角度测量
- 加速度/陀螺仪传感器

前方图像获取
- 照相机

制御BOX
草刈り機エンジン
クローラ
草刈り機

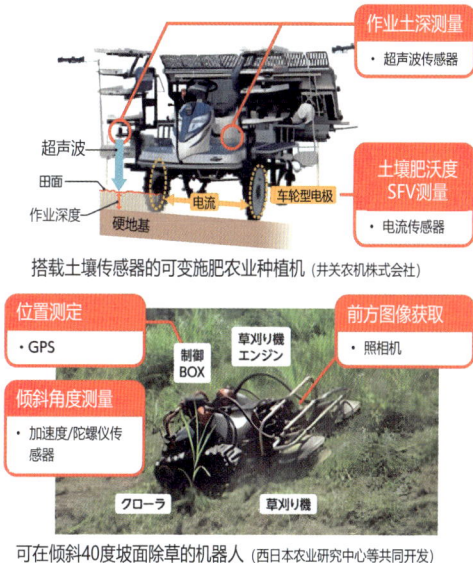

可在倾斜40度坡面除草的机器人（西日本农业研究中心等共同开发）

资料来源：次世代センサ協議会
「センシング技術の普及とこれからの社会　スマート社会×センサ２０３０」P5-19。

除了能测定"看不见"的东西，传感器设备的进化也将使人们可以无拘无束地使用可穿戴设备（wearable devices）。譬如日本传感器企业横河电机开发的柔性混合电子技术（Flexible Hybrid Electronics，FHE）非常引人注目，这是一种将印刷技术和硅材料技术相结合的新型传感器技术，可以将传感器印刷在大面积柔软薄的材料上，不仅有利于可穿戴设备的开发，也将在产业基础设施、生产溯源（traceability）、汽车机器人、医疗保健、成套设备监测以及物流管理领域广泛应用。总之，未来的传感器技术非常值得期待。

传
感
器

计
量
设
备

35

日本传感器生产大企业

日本の大手センサーメーカー

IMV（株）

【7760】IMV株式会社

https://we-are-imv.com/

IMV于1957年成立，主要提供振动测试设备、测量系统、与信号处理和机器控制系统有关的软件及相关设备、环境可靠性评估系统及相关设备的开发、制造、销售、维修服务。

销售收入	(2023.09)	营业利润	
139 亿日元		**13** 亿日元	

阿自倍尔（株）

【6845】アズビル株式会社

https://www.azbil.com/jp/

主要提供电气电信、空调、防灾和安全、光学、医疗、空气净化等控制设备系统的开发、设计、制造、销售、租赁、建造、维修、保养、进出口以及合同测试和检验等服务。

销售收入		营业利润	
2,909 亿日元		**368** 亿日元	

（株）eLAB experience

【未上市】株式会社イーラボ·エクスペリエンス

https://www.elab-experience.com/

eLAB experience公司开发和销售物联网设备，构建云环境，并设计和开发浏览器界面还致力于在各领域引入人工智能。主要产品有Field-EX FE系列危机管理型水位计系统、Field Server FS-2300农业环境数据监测系统等。

销售收入		营业利润	
（未披露）亿日元		（未披露）亿日元	

NEC解决方案革新者（株）

【未上市】NECソリューションイノベータ株式会社

https://www.nec-solutioninnovators.co.jp/

公司主营系统集成业务、服务业务、基础软件开发业务、设备销售等，人脸识别软件包Bio-IDiom KAOATO拥有业界领先的人脸识别引擎和极高的识别准确率。

销售收入	(2023.03)	营业利润	
3,180 亿日元		**384** 亿日元	

KANKEN （株）

【未上市】カンケンテクノ株式会社

https://www.kanken-techno.co.jp/

主营业务为环保相关设备的设计、制造，主要产品有半导体废气处理设备、除臭VOC处理设备、除湿设备。

销售收入	(2023.03)	营业利润		(净利润)	
241 亿日元		**22** 亿日元			

（株）岛津制作所

【7701】株式会社島津製作所

https://www.shimadzu.co.jp

岛津制作所成立于1917年，主营分析和测量仪器、医学成像设备、真空设备/工业机械、液压设备、航空/海洋/磁性测量仪器、光学元件/分光仪器/折射仪等。

销售收入		营业利润	
5,119 亿日元		**727** 亿日元	

IMRA日本（株）

【未上市】イムラ·ジャパン株式会社

https://www.aisin.com/jp/group/imra-japan/

IMRA日本致力于汽车电气化等技术开发和能源相关业务，打造全球性业务平台，产品范围涵盖了与汽车相关的大部分产品，业务范围广泛，可满足包括移动和能源相关在内的各种需求并具备超强的技术开发能力和创新能力，目前推出了最新车内监测传感系统，可实时监测车内人员的动静。

销售收入		营业利润	(2023.03净利润)	
（未披露）亿日元			**1.2** 亿日元	

NEC Platforms （株）

【未上市】NECプラットフォーム株式会社

https://www.necplatforms.co.jp/

公司产品主要有POS设备、商业终端、自动识别、支付终端、显示控制产品、信息亭终端、生物识别等。

销售收入	(2023.03)	营业利润	
3,601 亿日元		（未披露）亿日元	

传感器几乎在所有产业领域中都有使用，家电领域中的使用率最高，其次是汽车、IT/通信领域。智能手机上搭载的加速度传感器、陀螺仪传感器、光学传感器、接近传感器、温度传感器等为跟踪参数、自动控制提供系统集成。日本全球信息公司在2021年发布的全球传感器市场调查报告《センサー市场の成长機会·成长予测（２０２１～２０２８）》预计全球传感器市场在2021~2028年内将大幅增长，报告说2019年全球传感器市场规模为1667亿美元，2021~2028年期间的年均增长率（CAGR）将达到8.9%，预测

2028年会达到3457亿美元。主要原因是移动设备和高级医疗设备中温度传感器和人感传感器的增加，以及产业领域中运动传感器和位置传感器的采用增加等因素。另外，陀螺仪、加速度计在家电产品中的应用日益增加，以及手势识别、生物识别、运动等与传感技术创新应用相结合，所带来的市场需求也在增加。全球传感器市场趋势按类型可分为雷达、光学、生物、触摸、图像、压力、温度、接近、位移、水平、运动、位置、湿度、加速度等传感器；按技术可分CMOS、MEMS、NEMS等传感器；按最终用户可分电子、

参考资料 一般社团法人 工程技术协会
东京都港区虎门 -3-18-19UD 神谷町大厦 10F
电话：03-5405-7201（代表）https://www.enaa.or.jp/

SK Global Advisers（株）

【未上市】SKグローバルアドバイザーズ株式会社
http://www.skga.co.jp/

公司主营业务为管理、新技术开发和商业化、兼并与收购（M&A）以及海外合作方面的咨询、规划、起草等相关工作。

销售收入	营业利润
（未披露） 亿日元	（未披露） 亿日元

（株）easy measure

【未上市】株式会社イージーメジャー
https://www.easy-measure.co.jp/

公司的理念是"传感器是技术的源泉"，公司的核心业务是提供产品和售后服务，以满足研发部门和生产基地的测量和控制需求。主要产品有无线传感器、旋转体远传测量仪、无线传感器信号转换器 "Wireless Sigcon" 等。

销售收入	营业利润
（未披露） 亿日元	（未披露） 亿日元

旭化成（株）

【3407】旭化成株式会社
https://www.asahi-kasei.com/jp

旭化成以化学技术为竞争核心，产品涉及纤维、化学品和电子相关材料领域，以材料、住房和医疗保健三大板块为主。用于医疗机构的R系列除颤器于2014年获得生产销售授权。

销售收入	营业利润
27,848 亿日元	1,407 亿日元

五洋建设（株）

【1893】五洋建設株式会社
https://www.penta-ocean.co.jp/

五洋建设主营业务为建筑设计和承包、咨询和测量、区域、城市和海洋开发，房地产、环境修复和污染控制，钢桥和钢结构制造与安装，砾石和土方开采。

销售收入	营业利润
6,177 亿日元	291 亿日元

（株）OKI-OCE

【未上市】株式会社OKIコムエコーズ
https://www.oki-oce.jp/

OKI-OCE面向制造业，推出"电子元器件可用性信息调查服务"，涵盖产品中使用的所有元器件。其光纤传感器采用独特的"SDH-BOTDR"高速光通信技术。实时测量光纤的温度和应变分布。

销售收入	营业利润 (2023.03)净利润
42 亿日元	1.3 亿日元

欧姆龙（株）

【6645】オムロン株式会社
https://www.omron.com/

作为全球自动化领域的领导者，欧姆龙的业务领域非常广泛，从工业自动化和电子元件到社会系统，包括自动检票机和太阳能调节器、医疗保健等。目前，欧姆龙在130多个国家提供产品和服务。

销售收入	营业利润
8,187 亿日元	343 亿日元

（株）共和电业

【6853】株式会社共和電業
https://www.kyowa-ei.com/jpn

共和电业主营业务为测量仪器、测量软件、应变传感器和测量系统的销售、提案等。

销售收入 (2023.12)	营业利润
149 亿日元	11 亿日元

IT/通信、产业、汽车、航空宇宙、国防、医疗健康等传感器。

全球传感器市场的主要应用领域包括以下几个方面：① 工业自动化中用于生产过程监测、设备状态检测等的传感器；② 汽车用压力传感器、温度传感器、氧气传感器等广泛用于汽车电子控制系统、安全系统等的各类传感器；③ 消费电子领域中用于智能手机、可穿戴设备等传感器；④ 智能家居领域中用于环境监测、人体感应的传感器等；⑤ 航空航天领域中对各种参数进行精确测量和监控的传感器；⑥ 医疗设备中用于检测生理指标的传感器；⑦ 环境监测领域中用于检测空气质量、水质环境等的传感器；⑧ 智能交通领域中用于交通流量监测、车辆识别等的传感器。

日本传感器市场。① 按类型分：温度、压力、液位、流量、接近度、环境、化学、惯性、磁性和振动；② 按工作模式分：光学、电阻、生物传感器、压阻式、图像、电容式、压电式、激光雷达和雷达；③ 按最终用户行业：汽车、消费电子产品、能源、工业、医疗和福利、建筑、农业和采矿、航空航天和国防。其中消费电子产品可细分为智能手机、平板电脑、笔记本电脑和计算机、

東京都港区虎ノ門 3-18-19 ＵＤ神谷町ビル１０階
電話：０３‐５４０５‐７２０１（代）https://www..enaa.or.jp/ 一般社団法人 エンジニアリング協会 参考资料

半导体制造装置 工业机器人 传感器 计量设备

(株)谷田

【未上市】株式会社タニタ

https://www.tanita.co.jp

谷田主营皮下脂肪厚度测量仪、血压计、温度计/湿度计、酒精检测仪、活动量计/气压计、烹饪秤、计时器、状况传感器等产品，为人们的日常生活需要提供支持。

销售收入	(2021.03)	营业利润	(未披露)
192 亿日元			亿日元

(株)SONIC

【未上市】株式会社ソニック

https://www.u-sonic.co.jp

SONIC将超声波技术从军事工业转移到民用工业，并将其发展为用于渔业资源管理的捕鱼声纳和鱼长探测仪，现在又将其应用扩展到波高计和风速计等测量设备。

销售收入	(2023.03)	营业利润	(净损失)
33.4 亿日元		**-0.7** 亿日元	

(株)谷田

【未上市】株式会社タニタ

https://www.tanita.co.jp

谷田主营皮下脂肪厚度测量仪、血压计、温度计、酒精检测仪、活动量计/气压计、烹饪秤、计时器、温度计/湿度计、状况传感器等产品，为人们的日常生活需要提供支持。

销售收入	(2021.03)	营业利润	(未披露)
192 亿日元			亿日元

(株)东京测器研究所

【未上市】株式会社東京測器研究所

https://www.tml.jp

东京测器研究所成立于1958年，处于土木工程技术开发的最前沿，主要产品包括应变传感器、载荷传感器、位移传感器、压力传感器、加速度传感器，以及土木工程和建筑用传感器等。

销售收入	(2023.03)	营业利润	(未披露)
51.8 亿日元			亿日元

东京计器(株)

【7721】東京計器株式会社

https://www.toyokeiki.jp

东京计器致力于自动化技术研发和测量设备生产。主要产品包括气压控制仪表、流量测量仪器、压力测量仪器、温度测量仪器、水质测量仪器等。

销售收入	营业利润
471 亿日元	**27** 亿日元

(株)东芝

【退市】株式会社東芝

https://www.global.toshiba/jp

东芝利用物联网/人工智能和量子技术开发、制造和销售系统集成并提供ICT解决方案。

销售收入	(2023.03)	营业利润	
33,616 亿日元		**1,105** 亿日元	

长野计器(株)

【7715】長野計器株式会社

https://www.naganokeiki.co.jp

长野计器成立120余年，是世界上生产和销售规模最大的压力测量专业制造商之一。主要产品有压力传感器、差压传感器、数字压力表、差压计、温度计、流量计、热量计等。

销售收入	营业利润
679 亿日元	**71** 亿日元

FACILITY (株)

【未上市】ナゴヤホカンファシリティーズ株式会社

https://www.facilitysec.jp/

FACILITY为客户提供设施维护、更新、咨询、物联网和人工智能等服务，并对运行状况进行数据收集、分析和评估，声音和图像识别与传感，振动和热能回收，维护管理机器人开发，利用物联网和人工智能进行维护管理等。

销售收入	(2022.03)	营业利润	(净利润)
5 亿日元		**0.1** 亿日元	

可穿戴设备和智能家电或设备。2024年Mordr Intelligence市场咨询公司的调查报告显示，目前日本的传感器市场规模大约为100亿美元，预计2024~2029年的年均增长率（CAGR）为7.9%。

　　未来，随着日本智慧城市市场转向节能领域，人们对家庭自动化的需求不断增长，此外，健身和健康监测设备已融入人们的日常生活，个人数字健康设备的需求正在增长。另外，机器人的大量使用将加大对传感器的需求，随着机器人复杂性的增加，市场将需要更先进和更专业的传感器。

日本传感器市场趋势

　　汽车行业需求将激增。因为车用传感器种类繁多，如速度传感器、停车传感器、温度传感器、气流传感器、氧气传感器和燃油温度传感器等；其中自动驾驶将增加激光雷达传感器、图像传感器的需求。

　　传感器技术是工业机器人最重要的应用技术之一，在工业自动化领域，传感器起到了决定性的作用。日本是仅次于中国的机器人市场，生产了全球近50%的机器人，因此图像传感器、力觉

参考资料　一般社团法人　工程技术协会　东京都港区虎门-3-18-19UD 神谷町大厦 10F　电话：03-5405-7201（代表）https://www.enaa.or.jp/

NAMICS （株）

【未上市】ナミックス株式会社
https://www.namics.co.jp/

NAMICS主营半导体、环境、能源、设备、系统五大模块。公司竞争力由工艺技术和材料技术两项核心技术支撑；除了主要产品封装剂和导电浆料外，公司近年来还致力于开发可在低温和短时间内固化的黏合剂。

销售收入	(2023.03)	营业利润	
560 亿日元		（未披露） 亿日元	

（株）ALEPH

【未上市】株式会社日本アレフ
https://www.nippon-aleph.co.jp/

公司以自有元件干簧管、红外线 LED 和光电晶体管为基础，创造并提出以磁传感器和光传感器为主的各种传感器。

销售收入	营业利润
（未披露） 亿日元	（未披露） 亿日元

（株）日立制作所

【6501】株式会社日立製作所
https://www.hitachi.co.jp/

日立制作所主营数字、金融、社会基础设施、大数据、云计算、物联网/数据利用等。核心技术包括金属加工（切割、塑性）、树脂加工（成型、粘接）、三维光学测量、粉末/液体测量等。

销售收入	营业利润
97,287 亿日元	**7,558** 亿日元

富士电机 （株）

【6504】富士電機株式会社
https://www.fujielectric.co.jp/

富士电机主营驱动控制设备、低压配电设备、超高压高压配电设备、供电设备、测量设备、能源管理、监测和控制系统、监测和诊断系统、信息系统等。主要传感器类型为压力传感器。

销售收入	营业利润
11,032 亿日元	**1,060** 亿日元

日清纺Micro Devices （株）

【未上市】日清紡マイクロデバイス株式会社
https://www.nisshinbo-microdevices.co.jp/

日清纺Micro Devices从事电子设备和微波产品的生产和销售，目前微波的应用从卫星通信和雷达扩展到传感和医疗等新领域，公司将多年积累的微波技术与先进的半导体技术相结合。

销售收入	(2022.12)	营业利润	
812 亿日元		**82** 亿日元	

日本航空电子工业 （株）

【6807】日本航空電子工業株式会社
https://www.jae.com/

日本航空电子工业主营连接器的开发、设计和分析，以及技术营销工作。公司还负责高频连接器的开发、设计、分析和技术营销，主要用于信息和通信技术应用。

销售收入	营业利润
2,257 亿日元	**144** 亿日元

横河电机 （株）

【6841】横河電機株式会社
https://www.yokogawa.co.jp

横河电机以测量、控制和信息技术为基础，提供最先进的产品和解决方案。采用高度可靠的测量技术，在测量仪器领域，公司提供高精度测量仪器，如示波器功率分析仪和光学测量仪器。

销售收入	营业利润
5,401 亿日元	**788** 亿日元

（株）Matsushima Measure Tec

【未上市】株式会社マツシマメジャテック
https://www.matsushima-m-tech.com/

Matsushima Measure Tec 的主要产品有粉末和液体液位计、粉尘计、带式输送机保护设备、电动执行器、各种控制装置、系统设备等。

销售收入	营业利润
（未披露） 亿日元	（未披露） 亿日元

传感器等市场需求将会显著增加。

　　海外企业积极参与日本市场竞争。日本的传感器市场竞争激烈，海外著名企业如 ABB Limited、Honeywell International Inc.、Texas Instruments Incorporated、Siemens AG 和 NXP Semiconductors BV 均是日本传感器市场的主要参与者和领导者。譬如，2023 年 1 月恩智浦半导体推出用于下一代 ADAS 和自动驾驶系统的 28 纳米 RFCMOS 雷达单芯片 IC 系列，将高性能雷达传感器和处理技术整合到单个器件中，以满足更严格的 NCAP 安全要求。2022 年 9 月意法半导体

推出了下一代双图像传感器，可监控整个驾驶室，包括驾驶员和所有乘员的前排乘客安全带检查、手势识别、生命体征监测以及高质量图像和视频录制等应用。

传感器小常识

　　传感器行业概述。传感器是一种用于感知和采集环境信息的器件，其制造过程涉及材料、工艺、装配、测试等多个环节，具有制造业的特征。由于传感器制造过程中也需要使用大量的电子元器

東京都港区虎ノ門 3-18-19 ＵＤ神谷町ビル１０階
電話：０３-５４０５-７２０１（代） https://www..enaa.or.jp/
一般社団法人
エンジニアリング協会

半导体制造装置

工业机器人

传感器

计量设备

三菱电机（株）

【6503】三菱電機株式会社

https://www.mitsubishielectric.co.jp/

该公司生产力觉传感器、位移传感器、接触式位移传感器、图像传感器、加速度传感器、红外线传感器、米波雷达、视觉传感器、边缘传感器。

销售收入	营业利润
52,579 亿日元	**3,285** 亿日元

UNIADEX （株）

【未上市】ユニアデックス株式会社

http://www.uniadex.co.jp/

UNIADEX是一家提供全面ICT基础设施服务的公司，具有多云服务、下一代网络、DX和IT外包方面的优势。

销售收入 (2023.03)	营业利润
1,382 亿日元	**89** 亿日元

罗姆（株）

【6963】ローム株式会社

https://www.rohm.co.jp/

罗姆作为半导体和电子元件制造商，在60多年中积累了设计和制造技术、质量保证技术以及解决方案提案能力。致力于在物联网和AI的数据利用以及自动驾驶领域实现模拟半导体的优化。

销售收入	营业利润
4,677 亿日元	**433** 亿日元

2016~2027 年亚太地区工业传感器市场规模预测 (单位: 10亿美元)

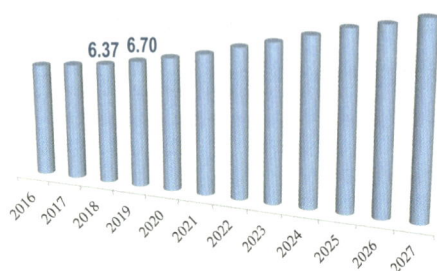

美蓓亚三美（株）

【6479】ミネベアミツミ株式会社

https://www.minebeamitsumi.com

该公司生产分解器、位置检出器、编码器、应变传感器、测力计、转矩变换器、模具内压力传感器。

销售收入	营业利润
14,021 亿日元	**735** 亿日元

（株）日立高科技

【未上市】株式会社日立ハイテク

https://www.hitachi-hightech.com/jp/

日立高科技主要负责半导体制造设备、医疗设备/生命科学产品、电子显微镜/探针显微镜、分析设备等制造。

销售收入 (2023.03)	营业利润
6,742 亿日元	**898** 亿日元

2019 年全球工业传感器按种类划分的市场份额

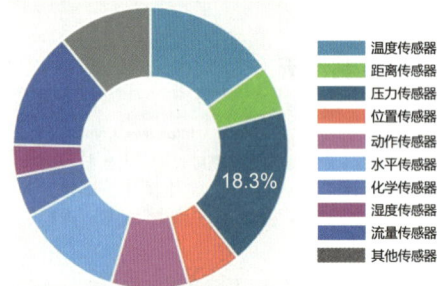

2019 年中国工业传感器按种类划分的市场份额

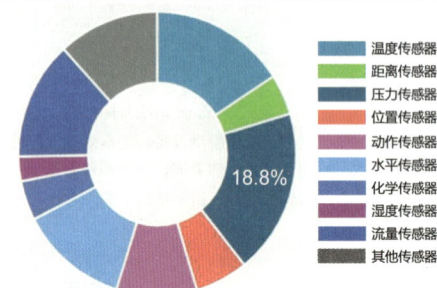

以上插图资料来源: *www.fortunebusinessinsight.com*。

件和电子技术，因此传感器制造也和电子信息技术行业有关。总之，传感器作为先进制造业中的核心技术之一，已成为各行业中的一个重要分支。

传感器的应用范围。传感器的应用范围大致如下。工业领域：自动化制造、机器人、智能物流等；城市建设领域：安防监控、智能交通、智能家居等；医疗健康领域：医疗诊断、生命体征监测、智能康复等；农业领域：智能灌溉、无人机农业、农业环境监测等。

传感器行业类别。传感器作为应用于各种行业的设备，根据不同的分类标准，传感器所属的行业类别不同。根据应用领域分类，传感器主要分为工业传感器、医疗传感器、环境传感器、安防传感器、汽车传感器等；根据工作原理分类，传感器可以分为电容式、电感式、电阻式、磁敏感式、压电式、光电式、声电式等类型。

传感器产业链分析。传感器涉及电子信息技术行业和制造业，其产业链包括材料供应商、半导体制造商、传感器制造商、系统集成商、应用服务商等，传感器由产业链中各个环节共同推动发展。传感器是电子信息技术行业和制造业的某种融合，其发展和应用既离不开电子元器件和相关技术，也离不开制造业中的材料、工艺和生产能力。

参考资料　一般社团法人　工程技术协会　东京都港区虎门-3-18-19UD 神谷町大厦 10F　电话: 03-5405-7201（代表）https://www.enaa.or.jp/

2023 年排名靠前生产传感器的部分大企业

松下控股（株）

【6752】パナソニックホールディングス株式会社

https://www.panasonic.com/jp/home.html

编码器、光纤传感器、陀螺仪传感器、激光传感器、接触式传感器、测长传感器、形状计测传感器、液面传感器、接近传感器、光电耦合器、光传感器、ToF传感器、图像传感器、压力传感器、磁传感器、NTC热敏电阻、加速度传感器、流量传感器、区域传感器、流体传感器、光敏微传感器、环境传感器、图像识别传感器、数字压力传感器、视觉传感器、片式热敏电阻、定位传感器、流速传感器、热敏电阻、颜色传感器、光束传感器、微光传感器、角速度传感器、尘埃传感器、无线传感器。

TDK（株）

【6762】TDK株式会社

https://www.tdk.com/ja/index.html

超声波传感器、陀螺仪传感器、湿度传感器、ToF传感器、压力传感器、NTC热敏电阻、PTC热敏电阻、电流传感器、角度传感器、3轴加速度传感器、片式热敏电阻、粉粒体传感器、蜂鸣器。

美蓓亚三美（株）

【6479】ミネベアミツミ株式会社

https://www.minebeamitsumi.com/

美蓓亚三美主营电子设备、测量设备、半导体、传感器、精密部件、光学设备、汽车零部件、工业机械部件等，传感器具有检测温度精度高、电流消耗低的特点，其中数字压力传感器和6轴力传感器利用了MEMS 技术。

三菱电机（株）

【6503】三菱電機株式会社

https://www.mitsubishielectric.co.jp/

三菱电机主营重型电气系统、工业机电一体化、信息和通信系统、电子设备、家用电器等，主要传感器产品为图像传感器、红外线传感器等。

富士通（株）

【6702】富士通株式会社

https://www.fujitsu.com/jp/

生物传感器。

TOPPAN控股（株）

【7911】TOPPANホールディングス株式会社

https://www.holdings.toppan.com/ja/

ToF传感器、触摸传感器。

（株）电装

【6902】株式会社デンソー

https://www.denso.com/jp/ja/

旋转传感器。

京瓷（株）

【6971】京セラ株式会社

https://www.kyocera.co.jp/

GPS传感器。

（株）藤仓

【5803】株式会社フジクラ

https://www.fujikura.co.jp

压力传感器、氧气传感器、氧气监视器。

松下工业（株）

【未上市】パナソニックインダストリー株式会社

https://industrial.panasonic.com/

超声波传感器、振动传感器。

传感器三大类别。物理传感器应用的是物理效应，将被测信号量的微小变化转换成电信号，诸如压电效应，磁致伸缩现象，离子化、极化、热电、光电、磁电等效应，如声、力、光、磁、温、湿、电、射线等；化学传感器是以化学吸附、电化学反应等现象为因果关系的传感器，如各种气敏、pH 值、离子化、极化、化学吸附、电化学反应等现象；生物传感器利用各种生物特性以检测与识别生物体内化学成分，如酶电极和介体生物电等。

传感器其他分类方式。① 按转换原理可分为物理传感器、化学传感器和生物传感器；② 按传感器的检测信息可分为声敏、光敏、热敏、力敏、磁敏、气敏、湿敏、压敏、离子敏和射线敏等传感器；③ 按照供电方式可分为有源和无源传感器；④ 按其输出信号可分为模拟量输出、数字量输出和开关量传感器；⑤ 按传感器使用的材料分为半导体材料、晶体材料、陶瓷材料、有机复合材料、金属材料、高分子材料、超导材料、光纤材料、纳米材料等；⑥ 按能量转换可分为能量转换型传感器和能量控制型传感器；⑦ 按照其制造工艺，可分为机械加工工艺、复合与集成工艺、薄膜/厚膜工艺、陶瓷烧结工艺、MEMS 工艺、电化学工艺等。

半导体制造装置

工业机器人

传感器

计量设备

36 图像传感器主要生产企业

イメージセンサーメーカー

（株）NIRECO

【6863】株式会社ニレコ

https://www.nireco.jp/

NIRECO是一家为各行各业提供控制、测量和检查设备的制造商。其小型通用图像解析装置可满足各种系统的需求，包括图像文件分析、显微镜图像输入以及自动调台和自动对焦系统的组合系统。

销售收入	营业利润
98 亿日元	**13** 亿日元

（株）基恩士

【6861】株式会社キーエンス

https://www.keyence.co.jp/

基恩士制造销售自动化传感器、视觉系统、扫码器、激光打标机、测量仪器、数字显微镜等。其图像传感器产品具有独特的高性能检测照明功能，并配备人工智能的图像辨别传感器。

销售收入	营业利润
9,672 亿日元	**4,950** 亿日元

松下控股（株）

【6752】パナソニックホールディングス株式会社

https://holdings.panasonic/

该公司负责生产物流基地的设备和系统，包括家用电器和住房设备、电池和电子元件。图像处理机包括LUMIX无镜单反相机和数码相机等。

销售收入	营业利润
84,964 亿日元	**3,610** 亿日元

三菱电机（株）

【6503】三菱電機株式会社

https://www.mitsubishielectric.co.jp/

三菱电机作为综合性电机企业，自主研发配置从传感器IC到光源的各种关键部件，旗下产品视觉传感器CIS可提供高速数字输出的高清图像。

销售收入	营业利润
52,579 亿日元	**3,285** 亿日元

（株）PEPPERL+PUCHUS（德国）

【未上市】株式会社ピーアンドエフ（ドイツ）

https://www.pepperl-fuchs.com/japan/ja/25.htm

PEPPERL+PUCHUS是德国企业在日本的分公司，为全球自动化市场开发和制造电子传感器和组件。PEPPERL+PUCHUS基于独特的SmartRunner技术，产品光学切割法传感器可在各种照明条件下可靠地检测位置。

销售收入	(2023.12)	营业利润	
9.3 亿欧元		（未披露）	亿欧元

SICK（株）（德国）

【未上市】ジック株式会社（ドイツ）

https://www.sick.com/jp/ja/

SICK的主要业务是自行车和自行车相关产品的销售和进出口，其生产的工业用图像处理传感器包括光电传感器、接近传感器、电容传感器、磁传感器、色标传感器、区域传感器、绝对旋转编码器、增量旋转编码器、线性编码器。

销售收入	(2023.12)	营业利润	
23 亿欧元		（未披露）	亿欧元

夏普（株）

【6753】シャープ株式会社

https://corporate.jp.sharp/

夏普的主要业务是生产和销售电信设备、电气设备和一般电子应用设备以及电子元件。其生产的相机图像传感器包括8K摄像机8C-B60A。

销售收入	营业利润	
23,219 亿日元	（亏损）**-203** 亿日元	

佳能IT解决方案（株）

【未上市】キヤノンITソリューションズ株式会社

https://www.canon-its.co.jp/

生产用于捕捉物体图像的高速、高灵敏度工业用区域相机和视觉传感器。

销售收入	(2023.12)	营业利润	
1,269 亿日元		**108** 亿日元	

图像传感器（Image Sensor)主要搭载在数码相机和摄影器材上，CCD (Charge Coupled Device)和 CMOS (Complementary Metal Oxide Semiconductor)都可以称为图像传感器。这里的图像传感器是指在生产线上的 CCD 图像传感器，如汽车部件、食品、医疗用品、电子元器件、液晶、半导体、树脂产品生产线上的传感器。图像传感器是一种替代人眼视觉检查的系统，譬如用于生产线产品数量计数、发现产品是否有缺陷，以及产品的外观检查等。此外，通过与先进图像分析技术结合，可实现字符识别（Optical Character Recognition ）和三维测量。图像传感器也是自动驾驶系统中必备的电子器件。

图像传感器小常识

CCD 图像传感器由一种高感光度的半导体材

参考资料　一般社团法人 工程技术协会　东京都港区虎门 -3-18-19UD 神谷町大厦 10F
电话：03-5405-7201（代表）https://www.enaa.or.jp/

欧姆龙（株）

【6645】オムロン株式会社

https://www.omron.com/

作为一家自动化公司，欧姆龙公司开发了包括以工厂自动化为主的控制设备、电子元件、社会系统以及医疗保健在内的业务。图像传感器（Omron Corporation机器视觉系统）包括IPC应用控制器和SmartVision MX视觉系统。

销售收入	营业利润
8,187 亿日元	**343** 亿日元

奥泰斯工业自动化（株）

【未上市】オプテックス・エフエー株式会社

https://www.optex-fa.jp/

该公司生产的图像传感器和图像检测设备包括从简单、低成本的图像传感器到中高端图像检测设备，例如用于印刷检测的图像传感器，以及用于颜色和形状检测的图像传感器、标签检测系统、IDS工业相机等。

销售收入	(2023.12)	营业利润	(净利润)
96.5 亿日元		**4.2** 亿日元	

COGNEX（株）（美国）

【Nasdaq: CGNX】コグネックス株式会社（米国）

https://www.cognex.com/

工业视觉系统将先进的视觉工具库与高速图像采集和处理技术相结合。

销售收入	(2023.12)	营业利润
8.3 亿美元		**1.3** 亿美元

Canon Marketing Japan（株）

【8060】キヤノンマーケティングジャパン株式会社

https://canon.jp/corporate/

佳能开发配备三维识别功能的RV系列产品，可以实现零件供应过程的自动化。

销售收入	(2023.12)	营业利润
6,094 亿日元		**524** 亿日元

BANNER日本（美国）

【未上市】バナー・エンジニアリング・ジャパン（米国）

https://www.bannerengineering.com/

BANNER日本为美国品牌在日本的分公司，传感器类型包括光电传感器、光纤放大器，纤槽、标签和区域检测传感器，树脂标记、颜色和荧光传感器等。

销售收入	营业利润
（未披露） 亿日元	（未披露） 亿日元

大洋ELECS（株）

【未上市】大洋エレックス株式会社

https://www.taiyo-elecs.co.jp/

外观检查装置包括瓶坯检测设备、瓶盖检测系统、铰链盖检测系统等。

销售收入	营业利润
（未披露） 亿日元	（未披露） 亿日元

ifm efector（株）（德国）

【未上市】ifm efector株式会社（ドイツ）

https://www.ifm.com/jp/ja

该公司为德国 ifm electronic gmbh在日本的分公司，业务包括传感器、系统生产与许可证服务提供等。该公司具有最先进的ToF图像传感器，在环境光下具有高稳定性。

销售收入	(2023.12)	营业利润
14.5 亿欧元		（未披露） 亿欧元

PRECITEC日本（株）

【未上市】プレシテック・ジャパン株式会社

https://www.precitec.com/

PRECITEC日本的产品为三维计量的传感器，在线3D测量具有非接触式、精确、坚固耐用、功能无误并能提供高清晰度3D成像的特点。

销售收入	营业利润
（未披露） 亿日元	（未披露） 亿日元

料制成，能把光线转变成电荷，通过模数转换器芯片转换成数字信号，数字信号经过压缩以后由相机内部的闪速存储器或内置硬盘卡保存，因而可以轻而易举地把数据传输给计算机，并借助于计算机的处理手段，根据需要和想象来修改图像。

CCD 图像传感器和 CMOS 图像传感器是两种不同的技术，它们在图像质量、功耗、灵敏度和集成度等方面有所区别。两者结构和原理区别为：CCD（电荷耦合器件）通过电荷耦合传输电荷，由光敏元件和电荷传输器件组成，光敏元件接收光信号并转化为电荷，然后通过电荷传输器件逐行传输至读取电路；CMOS（互补金属氧化物半导体）由大量像素单元组成，每个像素单元包含一个光敏元件和一个转换电路，可将信号转化为电压信号，每个像素单元都独立处理光信号。

半导体制造装置

工业机器人

传感器

计量设备

37 3D传感器关联企业

3Dセンサー関連企業

Infineon Technologies AG日本（株）

【FWB：IFX】インフィニオンテクノロジーズジャパン株式会社

https://www.infineon.com/

REAL3™是该公司的3D成像仪系列，由高度集成的飞行时间（ToF）传感器组成。这些单芯片成像器可在阳光下正常工作，具有高度可扩展性，可集成到各种消费、汽车和工业应用中。

销售收入 (2023.09)	营业利润
163 亿欧元	**39** 亿欧元

SICK（株）（德国）

【未上市】ジック株式会社（ドイツ）

https://www.sick.com/jp/ja/

SICK的主要业务是自行车和自行车相关产品的销售和进出口，其生产的工业用图像处理传感器包括光电传感器、接近传感器、电容传感器、磁传感器、色标传感器、区域传感器、绝对旋转编码器、增量旋转编码器、线性编码器。

销售收入 (2023.12)	营业利润
23 亿欧元	（未披露） 亿欧元

旭化成电子（株）

【未上市】旭化成エレクトロニクス株式会社

https://www.akm.com/

"Currentier"是一种内置高灵敏度霍尔元件的磁性开放式电流传感器。它们可以快速、高精度地检测直流和交流电流。

销售收入 (2023.03)	营业利润
578 亿日元	**79** 亿日元

COGNEX（株）（美国）

【Nasdaq：CGNX】コグネックス株式会社（米国）

https://www.cognex.com/

In-Sight 3D-L4000是三维（3D）视觉技术领域的一项突破。这种独特的视觉系统将三维激光位移技术与智能相机相结合。

销售收入 (2023.12)	营业利润
8.3 亿美元	**1.3** 亿美元

Sony Semiconductor解决方案（株）

【未上市】ソニーセミコンダクタソリューションズ株式会社

https://www.sony-semicon.com/

图像传感器包括产业用图像传感器、安防相机用图像传感器、民用相机用图像传感器、车载用图像传感器等。索尼半导体解决方案（下称SSS）的图像传感器在全球市场份额位居榜首。提供各种高性能图像传感器，满足了从产业到民用相机、车载和移动设备等广泛领域的多样需求。

销售收入 (2023.03)	营业利润
13,983 亿日元	**2,349** 亿日元

欧姆龙（株）

【6645】オムロン株式会社

https://www.omron.com/

欧姆龙具有综合检测能力和处理速度的封装图像传感器和3D机器人视觉系统。

销售收入	营业利润
8,187 亿日元	**343** 亿日元

（株）YOODS

【未上市】株式会社YOODS

https://yoods.co.jp/

其产品YCAM3D/YCAM3DM是适合手眼操作的高精度3D视觉传感器

销售收入 (2023.12)	营业利润
2 亿日元	（未披露） 亿日元

3D 视觉传感器

YCAM3DM　（株）YOODS

3D 传感器是指可以捕捉三维形状的传感器。在生活中我们是靠眼睛、耳朵、手的触觉等五感来接受对象物的刺激而获取信息的，3D 传感器就是代替人的五感来获取对象物信息的传感系统。

3D 传感器主要用于汽车、加工食品、半导体、电气电子部件、建材等行业的产品，由于这些产品在制造过程中需要稳定的测量精度和一定的工程处理速度，因此除了 2D 摄像机外还需要配合使用 3D 传感器。

3D 传感器在制造工程中主要用于尺寸测量、外观检查和定位。

尺寸测量：在制造完成后进行尺寸测量检查，以确保加工后的零件和产品符合规定的尺寸。迄今为止，使用微型量规、游标卡尺、检查夹具等进行的尺寸测量存在因个体差异和测量条件而产生的误差等问题。另外，在进行人工检验时，也存在因无法满足产和检的间隙节奏时间而放弃100% 检验仅进行抽样检验的情况。

通过使用 3D 传感器拍摄高速图像并将其应用于在线检查，不仅可以实现 100% 的检查，而且由于可以对测试结果进行数字化管理，因此测量结果还具备了可追溯性。

外观检查：根据照射工件表面获得的图像的明暗程度来检测工件表面的划痕和异物。 对于2D 传感器，如果物体表面弯曲或扭曲，就会出现照明不均匀的问题。 此外，在很多情况下，二维图像中很难区分划痕等，导致过度检测和生产线频繁停机。

参考资料　一般社团法人 工程技术协会　东京都港区虎门 -3-18-19UD 神谷町大厦 10F　电话：03-5405-7201（代表） https://www.enaa.or.jp/

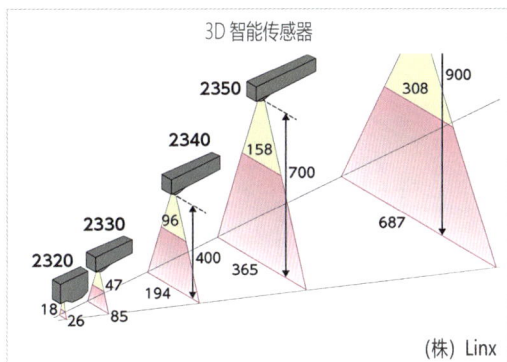

3D智能传感器

2350 900 308
2340 700 158
2330 687 96
2320 365 400
2320 194 47
18 26 85

(株) Linx

(株) Linx

【未上市】株式会社リンクス

https://linx.jp/

Gocator 2610/2618是世界上分辨率最高的集成式光学介质传感器，可在保持视野的情况下实现微米级别的高精度测量。

销售收入	(2023.03)	营业利润	
66 亿日元		（未披露） 亿日元	

HAIMER日本（株）（德国）

【未上市】ハイマージャパン株式会社（ドイツ）

https://www.haimer.com/jp

HAIMER日本所产的3D传感器是用于铣床和电火花加工机床的测量装置（隔离式测头）。

销售收入	(2023.12)	营业利润	
1 亿欧元		（未披露） 亿欧元	

(株) ARGO

【未上市】株式会社アルゴ

https://www.argocorp.com/

该公司是一家主营特殊传感器（含3D传感器）、图像设备、产业用部件、计测组件进口和销售专业商社及技术支援代理店。

销售收入	营业利润
（未披露） 亿日元	（未披露） 亿日元

横河电机（株）

【6841】横河電機株式会社

https://www.yokogawa.co.jp/

日本著名电机企业，业务遍及石化、电力、医药、食品、半导体、电机、电子等领域。产品主要为控制系统和计量计测，其中高吞吐量细胞功能探索系统CellVoyagerCV8000涉及3D传感器技术。

销售收入	营业利润
5,401 亿日元	**788** 亿日元

共焦点生产线 3D 传感器

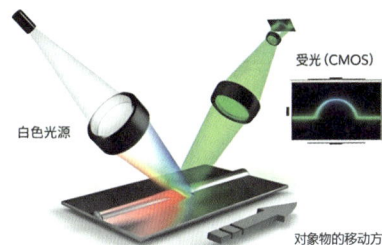

受光（CMOS）

白色光源

对象物的移动方向

(株) Linx

使用 3D 传感器进行视觉检测可以解决上述这些问题。不仅根据明暗度，还根据高度值进行判断，可以实现比 2D 传感器更稳定的外观检查。此外，与图像处理软件相结合，3D 传感器可以利用类似于人类感觉的感官判断来进行检查。

定位：为了使手工操作的生产过程实现自动化，机器人和夹具需要对目标物体进行精确操作。通过精确测量物体偏离参考位置的距离和方向，机器人的自动操作成为可能。3D 传感器不仅可以计算二维位置偏差，还可以计算深度和三维角度偏差，从而实现更精确的定位。到目前为止，由于开发三维定位系统需要专业知识，随着 3D 视觉软件的不断开发，这项工作会变得越来越容易实现。

根据测量方法的不同，3D 传感器有多种类型。用于获取 3D 形状的传感技术大致可分为三种主要类型：时间延迟法、三角测量法和聚焦法。

3D 传感器小常识

3D 传感器是一种深度传感技术，可增强相机的人脸和物体识别能力。作为一种特别的传感器技术，3D 传感器可以通过不同的角度，用非常清晰且深入的细节记录，去分析现实生活中物体的尺寸，并创建 3D 虚拟图像，该图像可将现实生活中的物体，复制到虚拟世界中，并且有 360°视野的智能 AI 进行辅助。

半导体制造装置

工业机器人

传感器

计量设备

38

CMOS 图像传感器生产企业

CMOS センサーメーカー

夏普（株）

【6753】シャープ株式会社

https://corporate.jp.sharp/

夏普的图像传感器相机和图像处理系统提高了生产现场的图像检查和视觉检查的效率，以满足高速和高精度检查和测量的需求。

销售收入	营业利润	（亏损）
23,219 亿日元	**-203** 亿日元	

Sony Semiconductor解决方案（株）

【未上市】ソニーセミコンダクタソリューションズ株式会社

https://www.sony-semicon.com/

公司的车载用图像传感器采用高动态范围（HDR）拍摄及LED防闪烁（LFM / LED Flicker Mitigation）等技术，实现了在汽车各种行驶场景下取得稳定的高精细图像的性能。推进了自动驾驶（Automated Driving）及高级驾驶辅助系统（ADAS / Advanced Driver-Assistance Systems）领域中的产品开发。

销售收入	(2023.03)	营业利润
13,983 亿日元		**2,349** 亿日元

意法半导体（株）（瑞士）

【NYSE: STM】STマイクロエレクトロニクス株式会社（スイス）

https://www.st.com/content/st_com/ja.html

提供陀螺仪传感器（角速度传感器）、加速计、气压传感器、温度传感器、距离测量传感器、红外线传感器、汽车传感器、电子罗盘、车载传感器等。

销售收入	(2023.12)	营业利润
172.86 亿美元		**46.11** 亿美元

安森美半导体（株）（美国）

【Nasdaq: ON】オン·セミコンダクター株式会社（米国）

https://www.onsemi.jp/

安森美在汽车、工业和云电源半导体元件领域具有行业领先地位，产品包含CMOS图像传感器。

销售收入	(2023.12)	营业利润
82.53 亿美元		**25.38** 亿美元

车载用高动态范围（HDR）技术 CMOS 图像传感器
采用了（HDR）技术　　未采用（HDR）技术

Sony Semiconductor 解决方案（株）

广角且高解析度、超过人眼的高感度车载 CMOS 图像传感器

Sony Semiconductor 解决方案（株）

（株）基恩士

【6861】株式会社キーエンス

https://www.keyence.co.jp/

CMOS图像传感器LR-X系列是世界上第一款使用绿色激光的CMOS图像传感器，不仅检测性能高，而且体积超小。

销售收入	营业利润
9,672 亿日元	**4,950** 亿日元

浜松光电（株）

【6965】浜松ホトニクス株式会社

https://www.hamamatsu.com/

生产适用于UV-VIS-NIR的CCD/CMOS/NMOS图像传感器，用于半导体、分析仪器。产品包括线阵传感器和面阵传感器。

销售收入	(2023.09)	营业利润
2,214 亿日元		**566** 亿日元

CMOS 图像传感器是用于数码相机等摄影设备的图像传感器。传感器面上配置有多个受光元件，各个受光元件接收到的光被转换为电荷，但该电荷经过 CMOS 构成的放大电路，作为与光的强度对应的电压或电流被取出。

以前 CCD 图像传感器是图像传感器的主流。CCD 图像传感器在灵敏度、信噪比、低暗电流方面比 CMOS 图像传感器具有优势，但在电源结构复杂、拖尾现象不可避免，且制造工艺特殊、一般 CMOS LSI 生产设备不能使用等方面处于劣势。最近，由于在减少暗电流影响和信噪比改善方法方面取得了进展，CMOS 图像传感器成为图像传感器的主力产品。

过去，因为制造成本低廉，所以搭载在智能手机和平板电脑上的相机一直采用的是 CMOS 图像传感器。另外，要求高画质的单反相机和摄像机主要使用信噪比低的 CCD 图像传感器。

但是，随着 CMOS 图像传感器的噪声去除手

参考资料　一般社团法人 工程技术协会　东京都港区虎门 -3-18-19UD 神谷町大厦 10F　电话：03-5405-7201（代表）https://www.enaa.or.jp/

欧司朗（株）（德国）

【未上市】オスラム株式会社（ドイツ）

https://www.osram.jp/cb/

德国欧司朗在日本的企业，主营各种照明设备，产品包含光电半导体和CMOS图像传感器。

销售收入	(2023.12)	营业利润	(亏损)
35.9 亿欧元		**-14.3** 亿欧元	

WHEC （株）

【未上市】WHEC株式会社

https://www.w-hec.com/

公司生产DIS容量图像传感器、MIS磁图像传感器、AIS面阵传感器、指静脉传感器、CIS接触式图像传感器，其中CIS接触式图像传感器包括CIS工业相机、高速工业相机、宽幅工业相机、微距工业相机、2D工业相机、高分辨率工业相机、机器视觉相机。

销售收入		营业利润	
（未披露）亿日元		（未披露）亿日元	

斯图加特微电子研究所（德国）

【未上市】Institut für Mikroelektronik Stuttgart

https://www.ims-chips.com/

该研究所致力于微电子和纳米技术的研究与开发，其研究领域包括纳米电子和纳米光学系统、先进的光掩膜和衍射光学元件的开发和生产等。该研究所是一家公立研究机构，与工业界和学术界有广泛的合作。它在微电子领域具有较高的声誉和影响力，其研究成果在半导体制造、光电子学、传感器技术等领域有广泛的应用。

销售收入		营业利润	
（未披露）亿欧元		（未披露）亿欧元	

Pixelplus （韩国）

【未上市】Pixelplus Co., Ltd.（韩国）

https://www.pixelplus.com/

Pixelplus是一家以图像传感器为主要产品的半导体公司，产品主要用于安防、汽车、医疗及其他高科技领域。在中国大陆、中国台湾、日本、美国、以色列、俄罗斯设有销售代理点。

销售收入		营业利润	
（未披露）亿日元		（未披露）亿日元	

特励达易图威（英国）

【未上市】Teledyne e2v Ltd.（英国）

http://www.teledyne-e2v.jpn.com/

该公司是Teledyne Technology的成员公司，它是一家在英国具有重要地位的高科技公司，专注于设计和制造高性能的半导体产品、提供成像解决方案以及设计相关的电子元件和系统。该公司在图像传感器、数据转换器、微控制器等领域拥有先进的技术和丰富的经验，产品广泛应用于医疗成像、工业检测、航空航天、科学研究等多个领域。

销售收入		营业利润	
（未披露）亿欧元		（未披露）亿欧元	

原相科技（中国台湾）

【TWSE:3227】PixArt Imaging Inc.（中国台湾）

https://www.pixart.com

该公司1998年7月成立于中国台湾的新竹市，产品以CMOS图像传感器为主，在美国硅谷、中国大陆、日本、韩国、丹麦设有分支机构。

销售收入	(2023.12)	营业利润	(净利润)
58.4 亿新台币		**8** 亿新台币	

ZeeAnn （韩国）

【未上市】ZeeAnn Co., Ltd.（韩国）

http://www.zeeann.com/

ZeeAnn于2009年在韩国成立，一直专注于开发针对快速增长的电动汽车市场定制的下一代图像传感器，以及先进微型显示成像仪，该成像仪具有较高的分辨率。

销售收入		营业利润	
（未披露）亿日元		（未披露）亿日元	

CLAIRPIXEL （韩国）

【未上市】Clairpixel Co., Ltd.（韩国）

http://clairpixel.co.kr/

该公司是一家韩国的半导体公司，该公司专注于设计和开发CMOS图像传感器，产品主要应用于安防监控、汽车、医疗和移动设备等领域。此外，该公司还提供定制化的图像传感器解决方案，以满足客户的特定需求。

销售收入		营业利润	
（未披露）亿日元		（未披露）亿日元	

段的改善，也因为 CCD 图像传感器的拖尾和光晕问题不会出现在 CMOS 图像传感器上，CCD 图像传感器逐渐被 CMOS 图像传感器取代，现在已用于所有成像设备。

CCD 图像传感器全盛的时候，索尼占据了垄断的市场地位，但现在 CMOS 图像传感器成了主角，并且主要用于智能手机，索尼的市场份额正在逐渐下降。调查结果显示，2021 年图像传感器的市场份额，以金额为基础计算，排名第一位的索尼（Sony）为 45%，第二位的三星（Samsung）为 26%，第三位的豪威科技（OmniVision）为 11%。

39

光传感器主要生产企业

光センサーメーカー

ifm efector（株）（德国）

【未上市】ifm efector株式会社（ドイツ）

https://www.ifm.com/jp/ja

该公司为德国在日本的分公司，光电传感器包括轮廓传感器、激光测距传感器、漫反射光电开关、镜面反射光电开关、对射式光电开关等。

销售收入	(2023.12)	营业利润	
14.5 亿欧元		（未披露） 亿欧元	

（株）基恩士

【6861】株式会社キーエンス

https://www.keyence.co.jp/

该公司生产的光传感器应用广泛，包括不受工件材料影响的稳定检测传感器、远距离检测传感器、带金属外壳的坚固耐用的传感器，以及集成放大器的超小型传感器。

销售收入	营业利润
9,672 亿日元	**4,950** 亿日元

欧姆龙（株）

【6645】オムロン株式会社

https://www.omron.com/

其微型传感器，属于结构紧凑、操作简单的光传感器，用于检测工件的内置设备。有多种槽式（透射式）和反射式类型，可用于各种安装配置。

销售收入	营业利润
8,187 亿日元	**343** 亿日元

罗姆（株）

【6963】ローム株式会社

https://www.rohm.co.jp/

罗姆提供各种光传感器器件，如红外发光二极管、光电晶体管、二极管激光器、透射式光电断路器、反射式光电传感器和传感器IC等。

销售收入	营业利润
4,677 亿日元	**433** 亿日元

Balluff（株）（德国）

【未上市】バルーフ株式会社（ドイツ）

https://www.balluff.com/ja-jp

提供适用于所有光线类型的传感器。如漫反射光电传感器、逆反射式光电传感器、透射式光电传感器、交叉型光电传感器、角度型光电传感器等。对于特殊应用，该公司还可提供微型传感器、彩色传感器、光带和对比度传感器。

销售收入	(2023.12)	营业利润	
6 亿欧元		（未披露） 亿欧元	

松下控股（株）

【6752】パナソニックホールディングス株式会社

https://www.panasonic.com/

其产品包括紧凑型光传感器、超小型光传感器、超薄光传感器、新型光传感器、用于长距离检测的光传感器和用于液体检测的光传感器。

销售收入	营业利润
84,964 亿日元	**3,610** 亿日元

斯坦雷电气（株）

【6923】スタンレー電気株式会社

https://www.stanley.co.jp/

其光传感器类型主要是反射式传感器，KUA0118A 是标准光反射器模块，包括红外线 LED 和光接收集成电路的组合，应用于多种场合。

销售收入	营业利润
4,723 亿日元	**358** 亿日元

阿自倍尔（株）

【6845】アズビル株式会社

https://www.azbil.com/jp/

其光传感器包括光纤型、槽型、环境防护型、通用型、距离设定型、特定用途型光传感器等。

销售收入	营业利润
2,909 亿日元	**368** 亿日元

　　光传感器（或光电传感器）是一种将光信号转换成电信号的设备，它通常由光电探测器和相关的电子电路组成。

　　光传感器可以检测到各种类型的光，包括可见光、红外线、紫外线等。它们被广泛用于以下领域。

　　图像传感器：用于数码相机、手机摄像头等设备中，将光信号转换成数字图像。

　　环境监测：测量光照强度、紫外线强度等，

用于气象、农业、环保等领域。

　　工业自动化领域：用于检测物体的存在、位置、颜色等，可以在自动化生产线中进行质量控制。

　　通信领域：在光纤通信中用于检测光信号的强度和波长等。

　　医疗领域：可用于测量血氧饱和度、心率等生理参数的变化等。

　　农业领域：由于果汁中溶解的糖分和果酸越多，光的折射率就越大，所以光传感器也用于水

参考资料　一般社团法人　东京都港区虎门 -3-18-19UD 神谷町大厦 10F
工程技术协会　电话：03-5405-7201（代表）https://www.enaa.or.jp/

浜松光电 （株）

【6965】浜松ホトニクス株式会社

https://www.hamamatsu.com/

其光传感器包括光电二极管、雪崩光电二极管（APD）、光IC、光电倍增管（PMT）、光谱仪/光谱传感器等，光IC是一款功能多样的智能光传感器，在同一封装中集成了带有信号处理IC的光电二极管。

销售收入	(2023.09)	营业利润	
2,214 亿日元		**566** 亿日元	

FESTO （株） （德国）

【未上市】フエスト株式会社（ドイツ）

https://www.festo.com/jp/ja/

其产品包括光纤装置SOE4、彩色传感器、漫反射光传感器、矩形光传感器，其中矩形光传感器距离最远可达20米，带电缆或插头连接。

销售收入	(2023.12)	营业利润	
36.5 亿欧元		（未披露） 亿欧元	

北阳电机 （株）

【未上市】北陽電機株式会社

https://www.hokuyo-aut.co.jp/

其光传感器包括通用光电传感器系列（透射、逆反射、漫反射和有限反射）、距离测量反射式（BGS）光电传感器、薄型光电传感器等。

销售收入	(2023.03)	营业利润	（净利润）
163 亿日元		**35.3** 亿日元	

佳能Precision （株）

【未上市】キヤノンプレシジョン株式会社

https://prec.canon/ja/index.html

光电半导体传感器是佳能数码相机和摄像机等成像设备，以及激光束打印机等办公设备的核心。佳能将其在高质量制造技术方面的专业知识与无尘装配技术相结合，实现了世界最高水平的光电半导体传感器封装生产。

销售收入		营业利润	(2023.12净利润)
（未披露） 亿日元		**11** 亿日元	

适用近红外线、可见光、紫外线、X射线等200多种宽波长的图像传感器

浜松光电 （株）

富士电机机器控制 （株）

【未上市】富士電機機器制御株式会社

https://www.fujielectric.co.jp/

除了常规的光传感器，该公司还生产光纤传感器、条形码扫描器等相关产品。

销售收入	(2023.03)	营业利润	
631 亿日元		**89** 亿日元	

SICK （株） （德国）

【未上市】ジック株式会社（ドイツ）

https://www.sick.com/jp/ja/

该公司为电助力自行车提供红外传感器、力矩传感器和踏频传感器。

销售收入	(2023.12)	营业利润	
23 亿欧元		（未披露） 亿欧元	

SENSATEC （株）

【未上市】センサテック株式会社

https://www.sensatec.co.jp/

其产品包括漫反射光传感器、模拟光传感器、透射式光传感器等，可用于人体和物体检测、色度检测和钞票检测等。

销售收入	(2020.03)	营业利润	
7 亿日元		（未披露） 亿日元	

果类糖度检测，由于其在检测时不损伤水果，普遍受到果农欢迎。

民生领域：如玻璃自动门使用的人感传感器也是光传感器，由于其响应速度快，因此不会影响人们进出。

此外，光传感器无须与人和物接触，不会对检测对象造成污染，因此在工业和民生领域大量使用。近年来光传感器技术取得了惊人的发展，如光传感器采用近红外分光法（近红外光谱传感

器），可以像超声波和放射线一样在不破坏对象物的情况下检查产品伤痕或评估损伤程度。近红外光谱传感器可进行对无机物的广泛观察，譬如与机器学习领域合作可用于确认无机物的混凝土是否老化，或用于人体和鱼类的体内脂肪含量检测等。当然，选择光传感器时必须选择与波长相对应的传感器，不同的光传感器具有不同的特点和应用场景，譬如光电二极管、光电倍增管、CCD图像传感器、CMOS图像传感器等。

半导体制造装置

工业机器人

传感器

计量设备

（株）b-plus（株）

【未上市】株式会社ビー・アンド・プラス

https://www.b-plus-kk.jp/

其光电传感器用途广泛，可远距离检测大多数物体，不受材料限制。

销售收入	营业利润	(2023.12净利润)
（未披露）亿日元		**0.8** 亿日元

岛田电子工业（株）

【未上市】島田電子工業株式会社

https://shimada-denshi.com

该公司的业务主要为光电子/光传感器的开发及组装、制造等。

销售收入	营业利润
（未披露）亿日元	（未披露）亿日元

骏河精机（株）

【未上市】駿河精機株式会社

https://jpn.surugaseiki.com/

生产包括光传感器在内的电气/电子装置、通信及产业机械/装置、映像及光学机器及部件。

销售收入	营业利润	(净利润)
（未披露）亿日元		**2** 亿日元

Gimatic（株）

【未上市】ジマテック株式会社

http://www.gimatic.com/jp

Gimatic提供方形和圆形的光传感器，通过测量光的强度来检测工件。

销售收入	营业利润
（未披露）亿日元	（未披露）亿日元

杉山电机系统（株）

【未上市】杉山電機システム株式会社

https://sugiden.com/

其光传感器OS系列是一种逆反射式光电传感器，用于检测自动冲压操作中工件的通过情况。

销售收入	营业利润
（未披露）亿日元	（未披露）亿日元

KODENSHI（株）

【未上市】コーデンシ株式会社

https://www.kodenshi.co.jp/

生产包括光传感器在内的测距传感器、光断路器、受光传感器、发光元件等半导体器件和其他电子设备。

销售收入	(2023.12)	营业利润
178 亿日元		**27.1** 亿日元

竹中电子工业（株）

【未上市】竹中電子工業株式会社

https://www.takex-elec.co.jp/

其内置放大器光电传感器和内置放大器U形传感器是内置发光、受光和输出电路的紧凑型传感器。包括传统的漫反射光电传感器、颜色传感器、标记传感器、电源集成式光电传感器，此外，该公司还提供激光型、耐环境型和电源集成型产品。

销售收入	营业利润
（未披露）亿日元	（未披露）亿日元

奥泰斯工业自动化（株）

【未上市】オプテックス・エフエー株式会社

https://www.optex-fa.jp/

其光传感器类型包括内置放大器的传感器、光纤传感器、激光传感器、BGS 传感器（距离设定型）、透明物体检测传感器、标记传感器/颜色传感器、放大器分离传感器。

销售收入	(2023.12)	营业利润	(净利润)
96.5 亿日元			**4.2** 亿日元

光电倍增管（PMT）

光电管

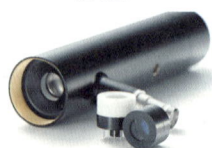

多像素光子计数器

光电IC

光传感器小常识

光传感器通常是指能敏锐感应光能量，并将光能量转换成电信号的器件。光传感器是一种传感装置，主要由光敏元件组成，主要分为环境光传感器、红外光传感器、太阳光传感器、紫外线光传感器四类，主要应用在改变车身电子应用和智能照明系统等领域。现代电测技术日趋成熟，由于具有精确度高、便于微机相连实现自动实时处理等优点，已经广泛应用在电气量和非电气量的测量中。然而电测法容易受到干扰，在交流测量时，频率响应不够宽及对耐压、绝缘方面有一定要求，在激光技术迅速发展的今天，光传感器已经能够解决上述的问题。

近年来光传感器技术取得了惊人的进步，在工业领域不破坏物体而调查对象物状况的检查称

参考资料　一般社団法人　工程技术协会　东京都港区虎门 -3-18-19UD 神谷町大厦 10F
电话：03-5405-7201（代表）https://www.enaa.or.jp/

40 分光传感器生产企业

分光センサー生産企業

（株）堀场制作所

【6856】株式会社堀場製作所

https://www.horiba.com/

制造包括分光器在内的车用计测器、环境用计测器、医用计测器、半导体用计测器、科学用计测器等。

销售收入	(2023.12)	营业利润	
2,905 亿日元		**473** 亿日元	

朝日分光（株）

【未上市】朝日分光株式会社

https://www.asahi-spectra.co.jp/

主营业务包括分光传感器等光学机器及光学部件的设计、制造和销售。

销售收入	(2023.04)	营业利润	
23.6 亿日元		（未披露） 亿日元	

横河电机（株）

【6841】横河電機株式会社

https://www.yokogawa.co.jp/

日本著名电机企业，在光测定器事业领域，生产包括高速、高性能色散分光式光谱分析仪等。

销售收入		营业利润	
5,401 亿日元		**788** 亿日元	

浜松光电（株）

【6965】浜松ホトニクス株式会社

https://www.hamamatsu.com/

生产分光器、分光传感器、光电倍增管、光源、光电半导体器件、图像处理、计测装置等。

销售收入	(2023.09)	营业利润	
2,214 亿日元		**566** 亿日元	

（株）岛津制作所

【7701】株式会社島津製作所

https://www.shimadzu.co.jp

生产光学器件/分光机器/曲折计、分析计测机器、医用图像诊断机器、真空机器/产业机械以及油压机器、航空机器等。

销售收入		营业利润	
5,119 亿日元		**727** 亿日元	

西格玛光机（株）

【7713】シグマ光機株式会社

https://jp.optosigma.com/

生产分光光度计、电子显微镜（SEM）、非接触三维表面形状测定机、激光测长器、焦点距离测定装置、三维测定机、分散测定器及电机等产品。

销售收入	(2024.05)	营业利润	
112 亿日元		**11.8** 亿日元	

非破坏检查，一般通过放射线或超声波在不破坏对象物的情况下检查物体伤痕或损伤程度。近红外分光传感器也采用类似于不破坏对象物的这种检查方法（红外线分为"近红外线""中红外线""远红外线"，其中近红外分光传感器处理近红外线）。近红外分光传感器可以进行从无机物到有机物的广泛观察，例如，与机器学习结合，可用于确认无机物混凝土是否老化，或观察有机物如人体或鱼类体内脂肪含量等。目前光传感器不仅在这样的领域进行技术进化，而且将在更多领域进行技术进化，未来光传感器技术非常可期。

　　光传感器产品一般根据检测对象进行设计，其类型主要为：①透射型光电传感器；②分离型光电传感器；③反射型光电传感器；④棱镜型光电传感器；⑤致动器单触头光传感器。

東京都港区虎ノ門 3-18-19 ＵＤ神谷町ビル１０階　　一般社団法人

電話：0 3 - 5 4 0 5 - 7 2 0 1（代）　https://www..enaa.or.jp/　エンジニアリング協会

参考资料

半导体制造装置

工业机器人

传感器

计量设备

41

触觉传感器关联企业

触觉センサ関連企業

NITTA（株）

【5186】ニッタ株式会社

https://www.nitta.co.jp/

热敏胶片Intellimar胶带是黏合强度随温度变化而变化的功能性胶带，具有可逆性，可反复使用，有助于节约资源和成本。

销售收入	营业利润
886 亿日元	**44** 亿日元

（株）Accurate

【未上市】株式会社アキュレイト

https://www.accurate.jp/

生产智能力传感器、超薄触感薄膜套件。

销售收入 (2017.03)	营业利润
12.3 亿日元	（未披露） 亿日元

SEMITEC（株）

【6266】SEMITEC株式会社

https://www.semitec.co.jp/

该企业自主研发的薄膜三极管传感器在国内外获得较高评价，其触摸屏技术可以使压力传感器实现更精确的触摸感应；此外，其产品在环境监测中可用于检测气体浓度的变化；以及在生物医学领域用于检测生理指标的细微变化等。

销售收入	营业利润
226 亿日元	**35.7** 亿日元

NIDEC（株）

【未上市】ニデックプレシジョン株式会社

https://www.nidec.com/

1949年成立的光学机器制造企业，主营业务包括触觉传感器在内的移动设备、车载机器、光学机器、电子机器、家电、医疗设备的制造和销售。

销售收入	营业利润
267 亿日元	**33.6** 亿日元

INABA RUBBER（株）

【未上市】イナバゴム株式会社

https://www.inaba-rubber.co.jp/index.html

其生产的压敏导电橡胶传感器Inastomer应用广泛，如在机器人、笔式平板电脑和电子乐器内应用。

销售收入 (2021.09)	营业利润
30 亿日元	（未披露） 亿日元

（株）Marusan Name

【未上市】株式会社マルサン・ネーム

https://www.marusan-name.co.jp/

该公司生产的触觉传感器不需要软件或特殊的传感元件。可以直接即时检测单个位置信息。

销售收入 (2023.03)	营业利润
9 亿日元	（未披露） 亿日元

Touchence（株）

【未上市】タッチエンス株式会社

http://touchence.jp/

该公司生产的紧凑型多轴触觉传感器，能够同时测量多个轴向力。生产的触觉传感器可同时测量接触面上的微小凹凸和摩擦力的变化。

销售收入	营业利润 (2022.09净损失)
（未披露） 亿日元	**-0.2** 亿日元

超薄型触觉薄膜传感器＋模拟输出型号处理电路组件

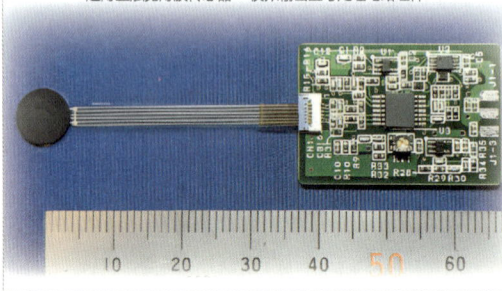

触觉传感器（Tactile Sensor）是通过包括传感器技术在内的各种技术手段将接触面的压力和振动变成电信号的一种传感器。触觉传感器不仅是为了模仿人类的触觉，还集成了包括对温度的敏感性在内的许多信息，具有估算纤细质地的功能。

触觉不仅具有评估对象纹理特征的功能，而且在人的基本动作中起着重要的作用，比如用适当的力量抓住东西、握着笔写字等。因此，触觉技术的开发被用于医疗诊断和机器人以及相关的产业领域。

触觉传感器在医疗领域的应用：因为可以评估对象的硬度，所以触觉传感器可以很灵敏地捕捉到乳腺癌和前列腺癌病灶的存在，为癌症的早期发现作出贡献。另外，通过对表面粗糙度的评估，可用于皮肤炎和干皮症等的诊断。

触觉传感器在机器人上的应用：开发模拟手指的传感器为机械手提供用于握力调整的信息。

触觉传感器在产业领域的应用：通过监测产品的纹理，可以帮助提升产品质量管理。

VR方向的触觉学：在虚拟现实世界中，虽然3D眼镜已经实现商业化了，但搭载触觉传感器的服装和手套的应用开发，可以在VR世界中重现更真实的世界。

参考资料　一般社団法人　东京都港区虎门 -3-18-19UD 神谷町大厦 10F
工程技术协会　电话：03-5405-7201（代表）https://www.enaa.or.jp/

PPS（美国）

【未上市】Pressure Profile Systems, Inc.（米国）

https://pressureprofile.com/

该公司生产专用压力测量和绘图传感器系统，一系列触觉传感器专为独特的应用而制造，如人体压力测绘、医疗设备、半导体等。

销售收入	营业利润
（未披露）亿日元	（未披露）亿日元

XELA · Robotics（株）

【未上市】XELA Robotics株式会社

https://www.xelarobotics.com/

生产用于机器人手、机械手和人手的新型分布式触觉传感器，以及轻薄、灵活、坚固且布线要求低的高密度三轴分布式触觉传感器。

销售收入	营业利润
（未披露）亿日元	（未披露）亿日元

（株）OGA

【未上市】株式会社オーギャ

https://www.oga-inc.jp/

生产电容式传感器、触觉传感器和模拟输出型信号处理电路套件。

销售收入	营业利润
（未披露）亿日元	（未披露）亿日元

（有）EW系统

【未上市】有限会社イーダブルシステム

https://ewsystem.co.jp/

生产的触觉传感器主要包括EW传感器和表面压力传感器。

销售收入	营业利润
（未披露）亿日元	（未披露）亿日元

日本Binary（株）

【未上市】日本バイナリー株式会社

http://www.nihonbinary.co.jp/

触觉传感器可应用于医学成像、放射治疗、外科培训、生物医学信号测量、眼球运动测量、显微镜、医学和生命科学研究等。

销售收入	营业利润
（未披露）亿日元	（未披露）亿日元

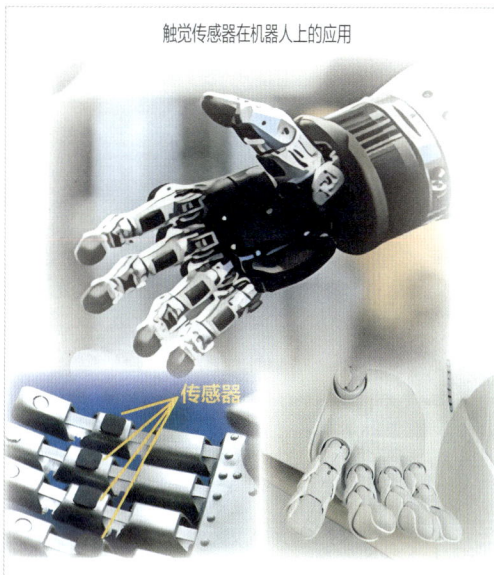

触觉传感器在机器人上的应用

传感器

（株）细田

【未上市】株式会社细田

https://www.hosoda-sensor.com/

1977年成立的传感器企业，产品主要为静电容量重量传感器、垫式开关/传感器、机器人用压力传感器和安防传感器，以及车用传感器的开发、制造和销售。

销售收入	营业利润
（未披露）亿日元	（未披露）亿日元

触觉传感器小常识

触觉传感器市场规模预计将从 2019 年的 82.49 亿美元，到 2025 年达到 160.8380 亿美元。

可以与机器人共同工作的触觉传感器是推动机器人发展的重要因素之一。美国麻省理工学院正在开发的机器人 RoCycle，将识别材质的触觉传感器内置在机械手中，使其能够识别区分纸、塑料、金属。韩国的浦项科技大学正在开发利用纳米弹簧等可感受到细微压力和振动的指纹传感器；基于其开发的成果，通过机器学习解析触觉传感器得到的信息，该大学可以以 99.8% 的精度成功区分 8 种纤维。

MEMS 触觉传感器，是指通过微细加工技术将传感器、电子电路等集成在基板上的设备。近年来 MEMS 触觉传感器备受瞩目。例如，该传感器应用于智能手机的主页按钮、电动汽车的仪表盘导航系统、用于电子身份验证的触摸笔、电脑键盘等。在这些领域中，如何基于触觉技术研制小型、轻巧、纤薄和逼真的触觉传感器是很重要的。因此，对于最先进的 MEMS 技术、压电设备技术、应用软件的开发，各厂商都在激烈竞争。

半导体制造装置

工业机器人

传感器

计量设备

42

超声波传感器关联企业

超音波センサ関連企業

TDK（株）

【6762】TDK株式会社

https://www.tdk.com/ja/index.html

生产超声波 ToF（飞行时间）传感器、超声波传感器盘。

销售收入	营业利润
21,038 亿日元	**1,728** 亿日元

（株）基恩士

【6861】株式会社キーエンス

https://www.keyence.co.jp

生产数字超声波传感器、超声波位移传感器。

销售收入	营业利润
9,672 亿日元	**4,950** 亿日元

数字超声波传感器

（株）基恩士

松下工业（株）

【未上市】パナソニックインダストリー株式会社

https://industrial.panasonic.com/

该公司生产的超声波氢气流量计，以及流体控制技术和其他技术的开发过程中积累的超声波测量技术，可同时测量高湿度环境下的氢气流量和浓度。

销售收入 　（2023.03）	营业利润 　（净利润）
3,747 亿日元	**20** 亿日元

（株）田村制作所

【6768】株式会社タムラ製作所

https://www.tamura-ss.co.jp/jp/index.html

该公司生产的电流传感器充分利用专有技术，根据客户的要求实现快速响应、高频低发热、抗dv/dt噪声、抗外部磁场、抗硫化物气体等，可安全地用于各种应用。

销售收入	营业利润
1,066 亿日元	**49** 亿日元

（株）村田制作所

【6981】株式会社村田製作所

https://www.murata.com/ja-jp/

基于独特的压电陶瓷技术，该公司将小尺寸、高性能的超声波传感器商品化，种类齐全。生产高频型超声波传感器、结构开放型超声波传感器、防水型超声波传感器。

销售收入	营业利润
16,401 亿日元	**2,154** 亿日元

欧姆龙（株）

【6645】オムロン株式会社

https://www.omron.com/

生产流量传感器、压力传感器、振动传感器/倾斜传感器、非接触式温度传感器、物联网传感器、光电/微型传感器、有限反射传感器/漫反射传感器等。

销售收入	营业利润
8,187 亿日元	**343** 亿日元

日本光电工业（株）

【未上市】日本光電工業株式会社

https://www.nihonkohden.co.jp/index.html

主营业务为医疗电子设备及相关系统和耗材的开发、制造、销售、维护服务和咨询。 急诊、检查、诊断、治疗、康复，为各个临床医疗场所提供最先进的技术和产品支持。

销售收入	营业利润
2,220 亿日元	**195** 亿日元

日本德州仪器（美国）

【Nasdaq: TXN】日本テキサス·インスツルメンツ合同会社（米国）

https://www.ti.com/ja-jp/homepage.html

在全球模拟集成电路市场占据主导地位。除模拟产品外，该公司还拥有约 80000 种产品的多样化产品阵容，通过提出从信号输入到信号输出的各种最佳解决方案，最大限度地提高客户应用的性能，从而为创造更好的终端产品提供支持。

销售收入 　（2023.12）	营业利润
175 亿美元	**73** 亿美元

超声波传感器（Ultrasonic Sensor）通过发射超声波并感测反射波来测量距离。 声音的速度是由其传播的介质决定的，在大气中约为 340 m/s，在水中约为 1500 m/s。 一旦了解了传播的介质，就可以测量反射波到达受电元件所需的时间并可将其换算为距离。

超声波传感器的主要部件是压电元件。压电元件具有将电能转化为压力能，施加压力后会转化为电能的机制。 因此，压电元件同时具有发射和接收功能。它将输入的电信号转换为超声波，

感知检测反射波，并输出电信号。超声波传感器的精度通常被认为是波长量级，当使用 40kHz 超声波时，精度约为 10 毫米。另外，超声波传感器的最大特点是可以非接触测量距离，所以在需要非接触测量时最常使用它。

超声波传感器的优点：无须接触即可检测物体间的距离，即使像玻璃一样透明的物体也能被检测到，即使物体之间有一些污垢或灰尘也能被穿过；由于超声波的速度快，因此即使在移动中的物体也能被检测到。

参考资料　一般社团法人　东京都港区虎门 -3-18-19UD 神谷町大厦 10F
工程技术协会　电话：03-5405-7201（代表） https://www.enaa.or.jp/

NTCJ（株）

【未上市】ヌヴォトンテクノロジージャパン株式会社

https://www.nuvoton.co.jp/

该公司生产的TOF传感器是一种三维TOF传感器，基于为二维图像传感器开发的技术，可对每个像素进行距离测量，可用于多个领域。

销售收入	(2023.03)	营业利润	（净利润）
1,027 亿日元		**32** 亿日元	

北阳电机（株）

【未上市】北陽電機株式会社

https://www.hokuyo-aut.co.jp/

生产区域传感器、3D测距仪（3D激光雷达）、禁区入侵报警系统等。

销售收入	(2023.03)	营业利润	（净利润）
163 亿日元		**35.3** 亿日元	

FLIR（株）（美国）

【未上市】フリアーシステムズジャパン株式会社（米国）

https://www.flir.jp/

其超声波传感器应用于超声波热像仪、超声波相机等。

销售收入	(2021.12)	营业利润	
19.4 亿美元		（未披露）亿美元	

（株）NIRECO

【6863】株式会社ニレコ

https://www.nireco.jp

检测设备业务利用传感和光学等核心技术，提供高速、高分辨率的设备，用于检测人眼难以识别的细小瑕疵和污点。

销售收入		营业利润	
98 亿日元		**13** 亿日元	

Knowles Electronics, LLC.（美国）

【NYSE: KN】ノウルズ・エレクトロニクス・ジャパン株式会社（米国）

https://www.ja.knowles.com/index.html

拥有市场领先的先进微声麦克风，提供平衡电枢扬声器和音频处理解决方案。

销售收入	(2023.12)	营业利润	
707.6 百万美元		**61.8** 百万美元	

Rockwell自动化（株）（美国）

【NYSE: ROK】ロックウェルオートメーションジャパン株式会社（米国）

https://www.rockwellautomation.com/ja-jp.html

打造生产车间与办公室之间可自由交换数据的开放式集成环境，生产易于连接、操作和维护的产品，提高可靠性，进一步节约成本。

销售收入	(2023.09)	营业利润	（税前利润）
90.5 亿美元		**16** 亿美元	

日本陶瓷（株）

【6929】日本セラミック株式会社

https://www.nicera.co.jp/

其机载超声波传感器使用压电陶瓷作为换能器，产生超声波，将超声波辐射到空气中或通过空气中的超声波信号进行检测，可用于确定物体是否存在和测量物体距离等领域。

销售收入	(2023.12)	营业利润	
244 亿日元		**56** 亿日元	

SICK（株）（德国）

【未上市】ジック株式会社（ドイツ）

https://www.sick.com/jp/ja/

SICK的主要业务是自行车和自行车相关产品的销售和进出口，其生产的工业用图像处理传感器包括光电传感器、接近传感器、电容传感器、磁传感器、色标传感器、区域传感器、绝对旋转编码器、增量旋转编码器、线性编码器。

销售收入	(2023.12)	营业利润	
23 亿欧元		（未披露）亿欧元	

ifm efector（株）（德国）

【未上市】ifm efector株式会社（ドイツ）

https://www.ifm.com/jp/ja

该公司为造船业及其供应商提供智能传感器和系统解决方案，涵盖驱动技术、废气净化、水处理、排水设备过滤系统和甲板设备等一系列应用。 这包括对传动系统和液压动力组等关键部件的状态监测。

销售收入	(2023.12)	营业利润	
14.5 亿欧元		（未披露）亿欧元	

超声波传感器的缺点：容易受温度和风的影响，无法检测柔软、凹凸不平的物体。

日本在超声波传感器技术方面处于领先地位，在精度、小型化、多功能和抗干扰能力等方面具有显著优势。其技术特点和优势主要为：① 能够实现精确的距离测量、物体检测和定位；② 通过先进的微加工技术，可以实现小型化设计，使其更易于集成到各种设备中；③ 具备高灵敏度，能够检测到微小的声波变化，提高检测的准确性和可靠性；④ 不仅可用于距离测量，还可以实现物体检测、液位监测、流量测量等多种功能；⑤ 采用了先进的信号处理技术，能够有效抵抗环境噪声和干扰，确保稳定的工作性能。

超声波传感器具有广泛的应用场景：在工业领域主要用于液位测量、材料厚度测量、机器人导航与避障等；在工业自动化领域主要用于检测生产线上的物体位置、尺寸和形状（在物料搬运系统中，准确检测物体的到达和离开）；在汽车领域主要用于倒车雷达、自动泊车辅助等；在医疗领域用于超声波诊断及生成图像；在智能家居

半导体制造装置

工业机器人

传感器

计量设备

Balluff（株）（德国）

【未上市】バルーフ株式会社（ドイツ）

https://www.balluff.com/ja-jp

生产数字和模拟输出超声波传感器、耐高压超声波传感器、用于短行程液压缸的超声波传感器。

销售收入	(2023.12)	营业利润	
6 亿欧元		（未披露）亿欧元	

（株）富士陶瓷

【未上市】株式会社富士セラミックス

https://www.fujicera.co.jp/

生产加速度传感器、AE传感器和力传感器等压电传感器产品，这些产品适用于各种测量、测试和设备诊断。

销售收入	(2022.10)	营业利润	
54 亿日元		（未披露）亿日元	

空中低周波超声波传感器（低周波型）

（株）富士陶瓷

竹中电子工业（株）

【未上市】竹中電子工業株式会社

https://www.takex-elec.co.jp/

生产以超声波为介质的非接触式检测传感器。该产品的优点是不易受检测物体颜色或表面状况的影响，适用于透明物体（透明薄膜、透明玻璃等）的非接触检测。

销售收入		营业利润	
（未披露）亿日元		（未披露）亿日元	

超声波工业产品

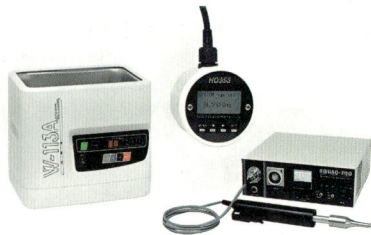

本多电子（株）

本多电子（株）

【未上市】本多電子株式会社

https://www.honda-el.co.jp/

本多电子利用超声波技术开发和制造各种领域的产品。此外，该公司还自行开发了超声波的核心技术压电陶瓷，并生产相关的超声波传感器。

销售收入	(2023.09)	营业利润	
60 亿日元		（未披露）亿日元	

超声波医疗产品

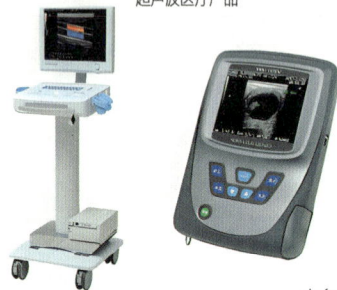

本多电子（株）

（株）PEPPERL+PUCHUS（德国）

【未上市】株式会社ビーアンドエフ（ドイツ）

https://www.pepperl-fuchs.com/japan/ja/25.htm

该公司是工业传感器和防爆产品的制造商，总部位于德国曼海姆。生产安全型防爆设备、信号传感器、工业传感器、超声波传感器、AS-i系统、RFID等。

销售收入	(2023.12)	营业利润	
9.3 亿欧元		（未披露）亿欧元	

领域用于自动门控制、智能垃圾桶等；在消费电子领域用于接近感应、手机通话自动熄屏等；在航空航天领域用于飞行器高度测量等；在农业领域用于土壤湿度检测，帮助农田确定灌溉需求；在物流领域用于确定货物的位置和数量等。

超声波传感器小型化和集成化主要通过以下几种方式来实现：① 采用新型的高性能、轻质且微型化的材料制造传感器的关键部件（如使用更薄、更高效的压电材料来产生和接收超声波信号）；② 利用 MEMS 工艺将传感器的机械和电子部件集成在一个微小的芯片上（如在硅基片上制造微型的超声波换能器）；③ 采用更先进的集成电路设计技术，减小电子元件的尺寸和功耗，同时提高电路的性能和稳定性；④ 采用先进的三维封装技术，将多个功能模块垂直堆叠，进一步节省空间，提高封装的密度；⑤ 将超声波传感器与其他相关的传感器或功能模块集成在一个系统中，共享部分硬件和软件资源，从而减小整体的体积（将超声波传感器与惯性测量单元、压力传感器等集成在一个模块中，用于特定的应用场景）。

参考资料　一般社团法人 工程技术协会　东京都港区虎门-3-18-19UD 神谷町大厦 10F
电话：03-5405-7201（代表）https://www.enaa.or.jp/

TURCK日本（株）（德国）

【未上市】タークジャパン株式会社（ドイツ）

https://www.turck.jp/ja/

生产用于检测碳纤维的接近传感器、用于IO-Link的温湿度传感器、兼容IO-Link的动态倾角传感器。

销售收入	营业利润
（未披露）亿日元	（未披露）亿日元

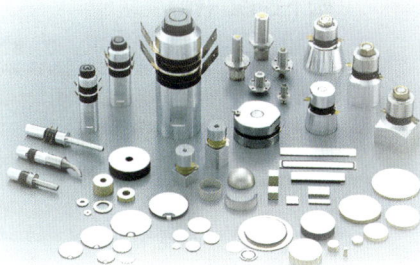

（株）CUI日本

【未上市】株式会社シーユーアイ・ジャパン

https://japan.cui.co.jp/

CUI日本的超声波传感器产品系列具有0至18米的额定距离，提供带模拟输出的发射器、接收器和收发器。

销售收入	营业利润
（未披露）亿日元	（未披露）亿日元

HAYASHI-REPIC（株）

【未上市】ハヤシレピック株式会社

https://www.h-repic.co.jp/

拥有70多年历史的老牌传感器制造商。其超声波传感器产品应用范围非常广，从通用型产品到增强型产品一应俱全。

销售收入	营业利润
（未披露）亿日元	（未披露）亿日元

（株）TAISEI

【未上市】株式会社タイセー

http://www.mkt-taisei.co.jp/

该公司的压电陶瓷由原材料制成。它们可用于水下和空中超声波发射器和接收器、振动和冲击传感器等，具有优异的压电特性。

销售收入	营业利润
（未披露）亿日元	（未披露）亿日元

小型高速超声波传感器　温度修正超声波传感器

筒式超声波传感器

BANNER 日本

空中超声波传感器

FS－□□TR－□

周波数 Frequency		指向性 Directivity	
40 kHz	40	狭：Narrow	1
70 kHz	70	広：Wide	2

TAISEI（株）

BANNER日本（美国）

【未上市】バナー・エンジニアリング・ジャパン（米国）

https://www.bannerengineering.com/

生产光传感器、检查标记传感器、温度和振动传感器等。

销售收入	营业利润
（未披露）亿日元	（未披露）亿日元

超声波传感器的未来发展趋势主要为：①小型化和集成化，随着技术进步，超声波传感器变得更加小型化和集成化，能够更方便地集成到各种设备中；②高精度/高分辨率，通过改进传感器的设计和信号处理算法，其测量精度和分辨率将不断提高；③多参数检测，未来可能会具备同时检测多个参数的能力，如距离、速度、方向等，提供更全面的信息；④智能化和自适应性，能够根据不同的应用场景和环境条件自动调整工作模式和参数，提高检测的准确性和可靠性；⑤无线通信和联网功能，与其他设备和系统进行无线通信和联网，实现数据实时传输和共享，便于远程监控和管理。

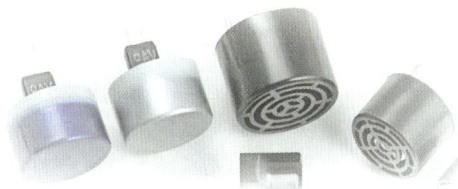

半导体制造装置

工业机器人

传感器

计量设备

43

レーザセンサ関連企業

激光传感器关联企业

松下控股（株）

【6752】パナソニックホールディングス株式会社

https://www.panasonic.com/jp/home.html

生产洗衣机/干衣机、吸尘器/清洁器、熨斗和蒸箱、智能衣柜、被褥烘干机、照明设备等。

销售收入	营业利润
84,964 亿日元	**3,610** 亿日元

（株）基恩士

【6861】株式会社キーエンス

https://www.keyence.co.jp

生产光接收分辨激光传感器系列。 其中包括内置放大器的 CMOS 激光传感器（尽管尺寸较小）、坚固耐用且稳定性高的反射式和透射式激光位移传感器（具有多功能应用兼容性且易于使用）以及内置摄像头的激光位移传感器。

销售收入	营业利润
9,672 亿日元	**4,950** 亿日元

内置放大器的 CMOS 激光传感器　　CMOS 激光传感器

不选择场所的 TOF 激光传感器　　通用数码激光传感器

内置摄像头激光位移传感器　　CMOS 激光应用传感器

（株）基恩士

欧姆龙（株）

【6645】オムロン株式会社

https://www.omron.com/jp/ja/

其光纤传感器通过光纤传输放大器发出的光，可在密闭空间等处进行检测。

销售收入	营业利润
8,187 亿日元	**343** 亿日元

北阳电机（株）

【未上市】北陽電機株式会社

https://www.hokuyo-aut.co.jp/

生产光电/激光传感器，内置放大器的传感器，包括透射式、逆反射式、漫反射式和有限反射式传感器。

销售收入	(2023.03)	营业利润	(净利润)
163 亿日元		**35.3** 亿日元	

光电 / 激光传感器

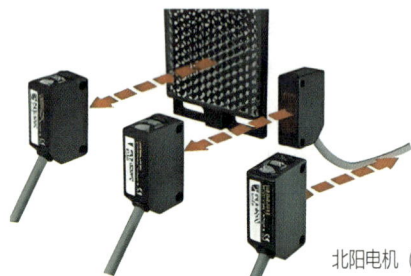

北阳电机（株）

绿屋技术（株）

【未上市】绿屋テクノ株式会社

https://www.midoriya-techno.co.jp/

产品包括配电和控制设备、半导体和电子元件、运动、工业机器人、网络、PC外围设备，节能和环境能源，并通过与供应商的电子数据交换（EDI）具有强大的产品采购能力。

销售收入	营业利润	(2023.03净利润)
（未披露）亿日元	**5.8** 亿日元	

　　激光传感器是一种非接触式传感装置，利用激光来测量被测物体与传感器之间的距离，以及物体本身的厚度和高度。 由于它是常用的传感设备，所以其测量方式和精度也有很多种。 如果需要准确地知道到被测量物体的距离，可以使用激光传感器来测量。 同时，它也被用于测量被测物体厚度的情况，如产品的外观检测等。厚度测量也可以使用接触式的游标卡尺进行，但如果被测物体的形状复杂或不方便触摸的时候，使用非接

触式激光传感器就可以做到无损检测。

　　激光传感器有两种类型：水平检测型和垂直检测型。水平检测型是用激光光线在180°水平方向照射，可以用于覆盖大范围的防盗设备，也适用于户外等开放区域的监控系统，可检测移动物体。通过设置监控范围，操作者还可以提前决定要将哪些区域排除在监控范围之外。垂直检测型是沿垂直方向照射激光束，用于覆盖垂直于墙壁和天花板的防盗设备，也适用于局部区域（例

参考资料　　一般社团法人
工程技术协会

东京都港区虎门 -3-18-19UD 神谷町大厦 10F
电话：03-5405-7201（代表）https://www.enaa.or.jp/

ifm efector（株）（德国）

【未上市】ifm efector株式会社（ドイツ）

https://www.ifm.com/jp/ja

生产高频电感式接近传感器、光电传感器、电容式接近传感器、磁传感器、超声波传感器等。

销售收入	(2023.12)	营业利润	
14.5 亿欧元		（未披露） 亿欧元	

竹中电子工业（株）

【未上市】竹中電子工業株式会社

https://www.takex-elec.co.jp/

生产的内置放大器的光电传感器和内置放大器的U形传感器是内置发光、受光和输出电路的紧凑型传感器。

销售收入	营业利润
（未披露） 亿日元	（未披露） 亿日元

BANNER日本（美国）

【未上市】バナー・エンジニアリング・ジャパン（米国）

https://www.bannerengineering.com/

生产光电传感器、光纤放大器、光纤插槽、标签和区域检测传感器等。

销售收入	营业利润
（未披露） 亿日元	（未披露） 亿日元

竹中工程技术（株）

【未上市】竹中エンジニアリング株式会社

https://www.takex-eng.co.jp/

研究开发与制造包括激光传感器在内的安保/情报信息机器及其周边设备。

销售收入	营业利润
（未披露） 亿日元	（未披露） 亿日元

BEA日本（株）

【未上市】BEAJapan株式会社

https://asia.beasensors.com/ja/

生产具有微波和近红外线两种功能的混合传感器。

销售收入	营业利润
（未披露） 亿日元	（未披露） 亿日元

Gimatic（株）

【未上市】ジマテック株式会社

https://www.gimatic.com/

该公司的产品包括激光传感器等。

销售收入	营业利润
（未披露） 亿日元	（未披露） 亿日元

（株）和椿科技

【TWSE: 6215】Aurotek Corporation

https://www.aurotek.com

该公司的产品包括内置松下SUNX放大器/超小型激光传感器等。

销售收入	营业利润
9.8 亿新台币	**0.2** 亿新台币

奥泰斯工业自动化（株）

【未上市】オプテックス・エフエー株式会社

https://www.optex-fa.jp/

其光电传感器使用激光光源，可实现LED光源无法实现的高精度检测。有内置型和分离型放大器可供选择。

销售收入	(2023.12)	营业利润	(净利润)
96.5 亿日元		**4.2** 亿日元	

西格玛光机（株）

【7713】シグマ光機株式会社

https://www.sigma-koki.com/

生产包括高功率激光传感器在内的其他光测定器，如分光光度计、非接触三维表面形状测定器、激光测长器、AFM（Atomic Force Microscope）、Zygo®干涉计系统、CRD测定装置、分散测定器等。

销售收入	(2024.05)	营业利润	
112 亿日元		**11.8** 亿日元	

镰田信号机（株）

【未上市】鎌田信号機株式会社

http://www.hallo-signal.co.jp/

生产包括激光传感器在内的变压器、电源设备、LED信息显示器、停车场信号系统及各种电子应用设备/电气机器。

销售收入	营业利润
（未披露） 亿日元	（未披露） 亿日元

如走道或门前）的监控系统，用于检测传感器作用面上通过的物体，还可以设置检测的高度。

　　激光传感器常见应用场景及其技术要求的特点：在工业制造中如机器人引导、产品质量检测，激光传感器需要具备高精度、高速度和稳定性；在物流和仓储领域，激光传感器需要具备长距离检测、快速响应和适应复杂环境的能力；在测绘和地理信息领域，激光传感器需要具备高精度、高分辨率和远距离测量的能力；在自动驾驶中，

激光传感器需要具备高帧率、远距离、高分辨率和实时性；在航空航天领域，激光传感器需要具备高精度、高可靠性和抗辐射等特性；在科学研究中，激光传感器需要具备高灵敏度、高精度和特殊的测量模式；在安防监控领域，激光传感器需要具备高可靠性、抗干扰和快速响应的能力。

右侧竖排：半导体制造装置　工业机器人　传感器　计量设备

44

力觉传感器关联企业

力觉センサ関連企業

霍尼韦尔（美国）

【Nasdaq：HON】Honeywell International Inc. （米国）

https://www.honeywell.com/jp/ja

霍尼韦尔的安全与生产力解决方案部门提供行业领先的移动
设备、软件、云技术以及自动化解决方案，具备全面的个人
防护设备和气体探测技术，可定制传感器、开关和控制产
品，以优秀的品质实现对客户的承诺。

销售收入	(2023.12)	营业利润	(税前利润)
366.6 亿美元		**71.6** 亿美元	

精工爱普生（株）

【6724】セイコーエプソン株式会社

https://www.epson.jp/

其智能振动传感器适用于精密设备在运输过程中的振动测
试、检测生产设备的老化和异常、测量建筑物的时间序列振
动。

销售收入	营业利润
13,140 亿日元	**575** 亿日元

（株）Leptrino

【未上市】株式会社レプトリノ

https://www.leptrino.co.jp/

其产品通过内置传感器进行数字处理，可减少噪声影响，实
现紧凑型测量。 通过单独提供传感器，其产品还可支持模
拟输出。

销售收入	(2020.12)	营业利润	
297 亿日元		（未披露）亿日元	

BL AUTOTEC（株）

【未上市】ビー・エル・オートテック株式会社

https://www.bl-autotec.co.jp/

其6轴力传感器/BL力矩传感器可同时实时检测 X、Y和Z轴方
向上的力和力矩，以便将"力感"传递给感知控制/智能机
器人，使其适应外部环境的变化。

销售收入	营业利润	(2023.03净利润)
（未披露）亿日元		**0.8** 亿日元

三菱电机（株）

【6503】三菱電機株式会社

https://www.mitsubishielectric.co.jp/

其6-DOF力传感器使用机器人编程语言（MELFA-BASIC）中的
特殊指令和状态变量，这使得传统机器人难以完成的需要微
小力感应的任务成为可能。

销售收入	营业利润
52,579 亿日元	**3,285** 亿日元

新东工业（株）

【6339】新東工業株式会社

https://www.sinto.co.jp/

其6轴力传感器ZYXer是一种能同时检测三个方向（X、Y和Z
轴）上的负载力和每个轴上的力矩的传感器。

销售收入	营业利润
1,154 亿日元	**54** 亿日元

SCHUNK（株）

【未上市】シュンク・ジャパン株式会社

https://schunkjapan.jp/

生产基于传感器的智能刀架，将工具的状态可视化。

销售收入	(2023.12)	营业利润	
16 亿欧元		（未披露）亿欧元	

日本liniax（株）

【未上市】日本リニアックス株式会社

https://www.liniax.co.jp/

其力觉传感器有TFS、MFS、LFS。

销售收入	营业利润
（未披露）亿日元	（未披露）亿日元

欧米特（美国）

【未上市】OHMITE（米国）

https://www.ohmite.com/

提供包括力觉传感器在内的大电流、高电压、高能量应用电
阻和全套电阻器结构以及散热器等产品。

销售收入	营业利润
（未披露）亿日元	（未披露）亿日元

　　力觉传感器（或力传感器）是测量力或力矩
大小的传感器。它用于检测物理作用力的大小和
方向，从而再现人类感触到的力觉，主要应用在
机器人上。6轴力觉传感器是基本型，因为它可
以检测三个方向（X、Y 和 Z 轴）上的力以及围
绕每个轴的力矩。 力觉传感器用于工业机器人和
其他设备，使得以前必须手动完成的作业可以实
现自动化。

　　通过人操作配置了力觉传感器的机器人可以
实现人与机器人之间的协同工作，甚至可以进行
需要精准力量控制的细致作业。特别是在制造现
场，力觉传感器用于自动执行只有熟练工匠才能
执行的作业，提高了生产率。 在医疗领域的应用
方面，力觉传感器有望用于远程医疗，医生可通
过触觉诊断把握病患情况。

　　外力 / 反作用力检测：力觉传感器可以同时

参考资料　一般社团法人
工程技术协会

东京都港区虎门 -3-18-19UD 神谷町大厦 10F
电话：03-5405-7201（代表）https://www.enaa.or.jp/

MITSUMI电机（株）

【未上市】ミツミ電機株式会社

https://www.mitsumi.co.jp/

生产包括6轴力觉传感器、电气机械器具、计测机械器具、光学机械器具以及电子工业部件等产品。

销售收入	(2023.03)	营业利润	
4,943 亿日元		（未披露）亿日元	

ATI工业自动化（美国）

【未上市】ATI Industrial Automation, Inc.（米国）

https://www.ati-ia.com/

生产机器人配件和机械臂工具，包括自动换刀装置、多轴力/扭矩传感系统、公用耦合器等设备。

销售收入		营业利润	
（未披露）亿日元		（未披露）亿日元	

（株）Tec Gihan

【未上市】株式会社テック技販

https://tecgihan.co.jp/

生产紧凑型2轴力矩传感器、紧凑型3轴力传感器、高灵敏度力传感器等。

销售收入		营业利润	
（未披露）亿日元		（未披露）亿日元	

小型力矩强化型6轴力觉传感器

（株）三英科技

（株）三英科技

【未上市】株式会社サンエイテック

https://www.san-ei-tech.co.jp/home

生产6轴力觉传感器、3轴力觉传感器等。

销售收入		营业利润	
（未披露）亿日元		（未披露）亿日元	

（株）Wacoh-tech

【未上市】株式会社ワコーテック

https://wacoh-tech.com/

该公司生产的电容式系统与用于智能手机、游戏设备和汽车碰撞检测的加速度传感器和角速率传感器（陀螺仪传感器）相同。与传统的应变计系统不同，其电容式系统的结构简单，可实现批量生产。

销售收入		营业利润	
（未披露）亿日元		（未披露）亿日元	

小型2轴力矩传感器　　世界最小级别小型3轴力觉感应器

超高灵敏度力觉传感器　可安装在机器人指尖上的高灵敏度力觉传感器

（株）Tec Gihan

（株）KOH-DEN

【未上市】株式会社コウデン

http://www.koh-den.co.jp

销售包括力觉传感器在内的各种电子部件/电气设备的专业商社。

销售收入		营业利润	
（未披露）亿日元		（未披露）亿日元	

欧姆龙ONLINE STORE（株）

【未上市】オムロンエフエーストア株式会社

https://metoree.com/

该公司在线销售母公司的包括力觉传感器在内的各种电子部件和工业自动化系统机器，以及各种工业机器人。

销售收入		营业利润	
（未披露）亿日元		（未披露）亿日元	

测量力和力矩。将传感器安装在机器人的作业端，可以在测量外力和反作用力的同时以适当的力进行工作。

精密作业自动化：力觉传感器可以精确测量力和力矩，使机器人能够以适当的力进行作业，通过使用可精密作业的机器人从而实现生产作业自动化。例如，电子元件和带软端子的连接器的插入、游隙少的嵌合、精密的螺钉紧固、去毛刺、

用精准的力调节进行抛光、拾取工作以及双足机器人的独立控制等。

触觉诊断/远程医疗：将安装了力觉传感器的终端配置在患者方，医生通过力觉传感器读取到力和力矩的数值，这样就可以进行远程的触觉诊断。

45 光纤传感器关联企业

光ファイバセンサ関連企業

松下控股（株）

【6752】パナソニックホールディングス株式会社

https://www.panasonic.com/jp/home.html

生产紧凑型远距离激光测距传感器、微型激光测距传感器、微型激光测距仪等。

销售收入	营业利润
84,964 亿日元	**3,610** 亿日元

欧姆龙（株）

【6645】オムロン株式会社

https://www.omron.com/jp/ja/

生产非接触、高可靠性和高精度检测功能的光电式微型传感器。

销售收入	营业利润
8,187 亿日元	**343** 亿日元

ifm efector（株）（德国）

【未上市】ifm efector株式会社（ドイツ）

https://www.ifm.com/jp/ja

其产品应用广泛，质量可靠，兼具功能性和成本效益，提供多种卫生应用产品。

销售收入 (2023.12)	营业利润
14.5 亿欧元	（未披露）亿欧元

北阳电机（株）

【未上市】北陽電機株式会社

https://www.hokuyo-aut.co.jp/

其光电/激光传感器包括内置放大器的传感器、光纤传感器、激光传感器、自由电源传感器、沟槽传感器、距离设定传感器、位移传感器、纺织工业传感器等。

销售收入 (2023.03)	营业利润 (净利润)
163 亿日元	**35.3** 亿日元

（株）基恩士

【6861】株式会社キーエンス

https://www.keyence.co.jp

其光纤传感器将光纤单元与光纤放大器的光源连接起来，可自由安装在密闭空间内进行探测。 产品系列中有170多种光纤单元，可适应各种安装和检测条件。

销售收入	营业利润
9,672 亿日元	**4,950** 亿日元

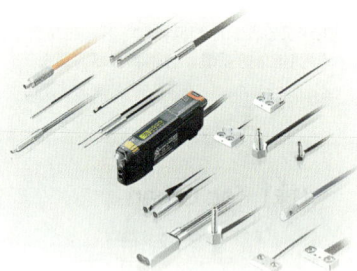

光纤传感器

（株）基恩士

阿自倍尔（株）

【6845】アズビル株式会社

https://www.azbil.com/jp/

生产温度/湿度传感器、红外线阵列传感器系统、温度传感器等。

销售收入	营业利润
2,909 亿日元	**368** 亿日元

（株）小野测器

【6858】株式会社小野測器

https://www.onosokki.co.jp/

生产声音和振动传感器、扭矩传感器、流量传感器、位移传感器、速度传感器、电压传感器等。

销售收入 (2023.12)	营业利润
115.4 亿日元	**1.4** 亿日元

　　光纤传感器是一种通过由树脂或石英玻璃制成的细纤维光纤，将内部作用的光波导在制造现场执行各种传感任务的传感器。由于光纤涂层的材质，它可以在高温环境或有石油或化学品的场所使用。 光纤传感器的主要用途是物体检测，可以在光照射的检测区域中检测物体的有无、通过和移动速度。 由于是通过光的阻挡或反射进行检测，因此光纤传感器不仅可以检测金属，还可以检测木材、树脂等常见固体以及透明玻璃的存在和颜色，从而实现非接触检测。光纤传感器广泛应用于各种制造现场，包括狭窄空间内对极小产品的检测和定位。它除了能够检测固体之外，还能够检测液体的变化和温度。

光纤传感器小常识

　　光纤传感器根据从发光部发出的光的信息（波长、光强度）和在受光部接收到的光的信息来进行各种各样的检测。

参考资料　一般社団法人　东京都港区虎门 -3-18-19UD 神谷町大厦 10F
工程技术协会　电话：03-5405-7201（代表）https://www.enaa.or.jp/

（株）PEPPERL+PUCHUS（德国）

【未上市】株式会社ビーアンドエフ（ドイツ）

https://www.pepperl-fuchs.com/japan/ja/25.htm

生产接近传感器、超声波传感器、光电传感器、旋转编码器、AS接口节线装置、位置编码系统。

销售收入	(2023.12)	营业利润	
9.3 亿欧元		（未披露） 亿欧元	

竹中电子工业（株）

【未上市】竹中電子工業株式会社

https://www.takex-elec.co.jp/

生产的内置放大器的光电传感器和内置放大器的U形传感器是内置发光、受光和输出电路的紧凑型传感器。

销售收入		营业利润	
（未披露） 亿日元		（未披露） 亿日元	

FiberLabs（株）

【未上市】ファイバーラボ株式会社

https://www.fiberlabs.co.jp/

主要经营光通信、激光和光学计量领域的各种光学产品。光纤激光器包括连续波光纤激光器、同步光纤激光器等。

销售收入		营业利润	
（未披露） 亿日元		（未披露） 亿日元	

奥泰斯工业自动化（株）

【未上市】オプテックス・エフエー株式会社

https://www.optex-fa.jp/

该公司生产内置放大器的传感器、光纤传感器、激光传感器、BGS传感器（距离安装型）、透明物体检测传感器等。

销售收入	(2023.12)	营业利润	（净利润）
96.5 亿日元			**4.2** 亿日元

奥托尼克斯（韩国）

【未上市】Autonics Japan Corporation（韩国）

https://www.autonics.com

生产的激光打标系统是零油墨成本、无剥离的贴标系统。

销售收入	(2023.12)	营业利润	
1,984 亿韩元		（未披露） 亿韩元	

BANNER日本（美国）

【未上市】バナー・エンジニアリング・ジャパン（米国）

https://www.bannerengineering.com/

产品范围包括超声波传感器、光纤传感器、激光传感器、辐射温度传感器、长度测量传感器和光学传感器。

销售收入		营业利润	
（未披露） 亿日元		（未披露） 亿日元	

耐热（250~350℃）光纤传感器

耐药光纤传感器

奥泰斯工业自动化（株）

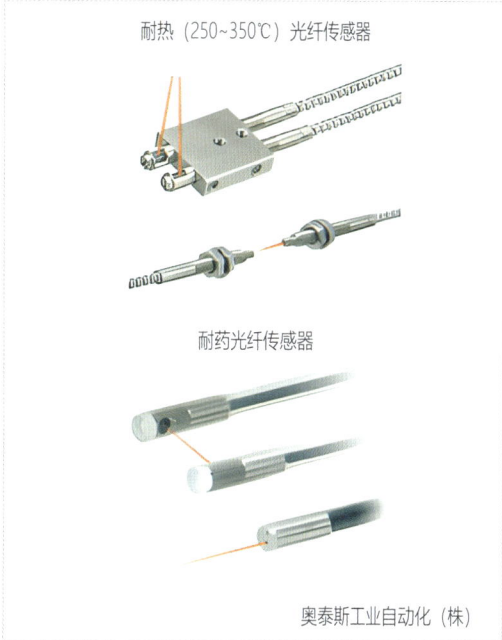

一般物体检测：其最基本的检测原理就是通过遮挡从发光部到受光部的光来检测物体是否存在。通过短时间的遮挡来检测物体的通过，通过在发光部配备光接收装置可以测量光的反射时间，从而测量物体的移动速度。玻璃等透明物体由于光线可透过而难以检测，但通过高精度测定玻璃等透明物体表面（空气 <=> 玻璃）折射率的变化引起的光强度的变化也可以实现检测。

液体检测：光纤传感器不仅用于检测固体，还能利用液体折射光的特性来检测液体，管安装型和液体接触型光纤传感器已投入使用。管安装型是从管的壁面投射光，如果管内没有液体则光直线传播；如果有液体则光发生折射并进入接收侧，从而可以检测到液体存在。在液体接触型中，发射器和接收器彼此平行安装在具有锥形尖端的树脂管中，当与液体接触时折射率发生变化，光不会返回从而可以检测到是否与液体有接触。

光纤传感器还可以检测温度、颜色和电流值。

半导体制造装置

工业机器人

传感器

计量设备

46

陀螺仪传感器关联企业

ジャイロセンサ関連企業

霍尼韦尔（美国）

【Nasdaq: HON】Honeywell International Inc.（米国）

https://sps.honeywell.com/jp/ja/about-us/company

提供最先进的移动计算机、条码阅读器、打印机、声控软件、物料搬运技术、传感器、软件和安全防护设备，为 5 亿多工人提高了安全和生产效率。

销售收入	(2023.12)	营业利润		(税前利润)
366.6 亿美元		**71.6** 亿美元		

（株）村田制作所

【6981】株式会社村田製作所

https://www.murata.com/ja-jp/

主营车载、通信事业，产品有电感器、EMI 滤波器。

销售收入	营业利润
16,401 亿日元	**2,154** 亿日元

松下控股（株）

【6752】パナソニックホールディングス株式会社

https://www.panasonic.com/jp/home.html

生产使用 MEMS 音叉元件和裸芯片 ASIC 的微型陀螺仪传感器。内置自诊断功能，可确保系统安全运行。

销售收入	营业利润
84,964 亿日元	**3,610** 亿日元

精工爱普生（株）

【6724】セイコーエプソン株式会社

https://www.epson.jp/

生产打印机/扫描仪、成像设备、工业设备、零部件、手表。

销售收入	营业利润
13,140 亿日元	**575** 亿日元

意法半导体（株）（瑞士）

【NYSE: STM】STマイクロエレクトロニクス株式会社（スイス）

https://www.st.com/content/st_com/ja.html

该公司是半导体制造商，生产陀螺仪传感器（角速度传感器）。

销售收入	(2023.12)	营业利润
172.86 亿美元		**46.11** 亿美元

NXP 日本（株）（荷兰）

【Nasdaq: NXPI】NXPジャパン株式会社（オランダ）

https://www.nxp.jp/

其磁传感器包括角速度传感器、速度传感器、磁力计、电子罗盘（eCompass）。

销售收入	(2023.12)	营业利润
132.7 亿美元		**36.6** 亿美元

亚德诺半导体（美国）

【Nasdaq: ADI】アナログ・デバイセズ株式会社（米国）

https://www.analog.com/jp/index.html

该公司是一家全球性半导体公司，其 MEMS 陀螺仪传感器产品组合具备一系列片上集成 MEMS 传感器和信号调节功能。利用 MEMS 陀螺仪传感器和 iSensor MEMS 陀螺仪子系统，可在复杂和苛刻的操作条件下可靠地检测和测量物体的角速度。

销售收入	(2023.01)	营业利润
123 亿美元		**38.2** 亿美元

TDK（株）

【6762】TDK株式会社

https://www.tdk.com/ja/index.html

生产 TMR 角速度传感器、直接式角速度传感器。

销售收入	营业利润
21,038 亿日元	**1,728** 亿日元

陀螺仪传感器是用于检测角速度的传感器。角速度是指物体在每单位时间内旋转的物理量，是当今需要精确控制的工业机械产品中不可或缺的传感器。特别是在机器人、飞机、汽车车身控制等领域，需要考虑微小旋转的反馈控制时必须使用陀螺仪传感器。

陀螺仪传感器广泛应用于智能手机、数码相机、游戏设备、航天工业、汽车和工业机器人等领域。具体包括智能手机和数码相机的防抖功能、双足机器人的行走控制、飞行器机体的测量和控制、VR 游戏用户的运动和位置测量等。

按照两种典型测量方法，陀螺仪传感器主要分为使用科里奥利力的"振动型"和使用光的萨尼亚克效应的"光学型"。

振动型陀螺仪传感器：该类型传感器中使用的科里奥利力是旋转物体运动时作用于其上的表现力。振动型还可分为压电方式和静电电容方式。

光学型陀螺仪传感器：光学型陀螺仪传感器中光的萨尼亚克效应的原理是，光线经过的光路在运动时会变长。这种物理现象的发生是因为光速始终是恒定的。在光学型陀螺仪传感器中，旋转光本身会延长光路并且可以通过测量产生的相

参考资料　一般社团法人　东京都港区虎门 -3-18-19UD 神谷町大厦 10F
工程技术协会　电话：03-5405-7201（代表）https://www.enaa.or.jp/

松下工业（株）

【未上市】パナソニックインダストリー株式会社

https://industrial.panasonic.com/

主要生产电容器、抵抗器、电池等电子部件和材料，包括生产陀螺仪传感器在内的各种传感器，以及电动机、压缩机、焊接机等。

销售收入	(2023.03)	营业利润	（净利润）
3,747 亿日元		**20** 亿日元	

陀螺仪传感器

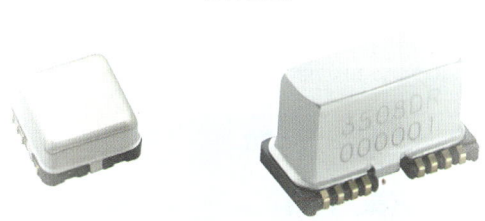

松下工业（株）

多摩川精机（株）

【未上市】多摩川精機株式会社

https://www.tamagawa-seiki.co.jp/

生产高精度传感器、电机和陀螺仪传感器等控制设备。

销售收入	(2022.11)	营业利润	
464 亿日元		**47** 亿日元	

近藤科学（株）

【未上市】近藤科学株式会社

https://kondo-robot.com/

生产的陀螺仪传感器适用于机器人姿态控制。

销售收入		营业利润	
（未披露）亿日元		（未披露）亿日元	

住友精密工业（株）

【退市】住友精密工業株式会社

https://www.spp.co.jp/

生产MEMS陀螺仪传感器，包括紧凑型高精度MEMS陀螺仪传感器和压电薄膜MEMS陀螺仪传感器。2023年3月22日该公司被住友商事全股份要约收购后已退市。

销售收入		营业利润	
537 亿日元		**28** 亿日元	

1轴陀螺仪传感器　　2轴陀螺仪传感器

3轴陀螺仪传感器

多摩川精机（株）

SENSATEC（株）

【未上市】センサテック株式会社

https://www.sensatec.co.jp/

主要生产各种工业用和娱乐用接近传感器，包括陀螺仪传感器及非接触式接近传感器、金属物体位移传感器、磁场传感器、非接触式电容变化传感器等。

销售收入	(2020.03)	营业利润	
7 亿日元		（未披露）亿日元	

位差来计算角速度。

陀螺仪传感器小常识

陀螺仪传感器和加速度传感器的区别：加速度传感器是具有与陀螺仪传感器相似特性的传感器之一。两者有时会混淆，但其实是完全不同的。加速度传感器利用惯性来测量物体移动速度的变化，并将其作为电信号输出。加速度传感器还可以提供诸如物体如何振动和冲击强度等信息，因此加速度传感器的用途广泛。其基本结构类似于

陀螺仪传感器。如上所述，陀螺仪传感器是用于检测角速度的传感器。该传感器使用的科里奥利力可用于测量物体的运动（旋转）以及方向和姿势的变化并将其作为电信号输出。

与陀螺仪传感器兼容的 MEMS 技术：陀螺仪传感器用于显示和控制涉及旋转运动的机器，但对陀螺仪传感器的小型化有很大贡献的是 MEMS（Micro Electro Mechanical Systems,微机电系统）技术。 MEMS 陀螺仪传感器内置于许多设备中，包括智能手机等移动设备，因为它们与 ASIC 高度兼容，从而可实现相对复杂的控制。

半导体制造装置

工业机器人

传感器

计量设备

47

激光雷达传感器关联企业

LiDAR 关联企业

EA Japan（株）

【未上市】EA Japan株式会社

https://www.ea-japan.co.jp/

提供管理体系认证服务和培训服务。对专业行业的产品质量体系、环境体系、职业健康与安全体系、信息安全和食品安全管理体系进行认证/验证。

销售收入	(2023.12)	营业利润	
74.2 亿美元		**11.3** 亿美元	

SICK（株）（德国）

【未上市】ジック株式会社（ドイツ）

https://www.sick.com/jp/ja/

SICK的主要业务是自行车和自行车相关产品的销售和进出口，其生产的工业用图像处理传感器包括光电传感器、接近传感器、电容传感器、磁传感器、色标传感器、区域传感器、绝对旋转编码器、增量旋转编码器、线性编码器。

销售收入	(2023.12)	营业利润	
23 亿欧元		（未披露） 亿欧元	

3D 测域激光雷达，距离 0.5~7 米，最大视野 120°(H) x 90°(V)

30 米 270°范围室外激光雷达

距离 50 米 /120°范围室外激光雷达

3 维测域激光雷达（水平 210°/ 垂直 40°）

YVT-35LX-F0

距离 30 米 /190°范围室外激光雷达

距离 10~20 米 /270°范围激光雷达

北阳电机（株）

北阳电机（株）

【未上市】北陽電機株式会社

https://www.hokuyo-aut.co.jp/

生产光电传感器、激光传感器、无线电传感器、超声波传感器、激光设备、激光测距仪等。

销售收入	(2023.03)	营业利润	(净利润)
163 亿日元		**35.3** 亿日元	

（株）JEPICO

【未上市】株式会社ジェピコ

https://www.jepico.co.jp/

公司为检测、精准农业、安防、定位和测量等多个领域提供最先进的高性能解决方案。开发并提供从传感器单元到网关、服务器应用程序和用户应用程序的整体物联网系统。

销售收入	(2023.12)	营业利润	
78 亿日元		（未披露） 亿日元	

（株）光响

【未上市】株式会社光響

https://www.symphotony.com/

生产的激光清洁器、激光喷砂机、激光刮削设备、激光脱漆器和激光脱脂器，是利用激光去除金属上的铁锈等的设备。

销售收入	(2023.12)	营业利润	
14.5 亿日元		**1** 亿日元	

奥泰斯工业自动化（株）

【未上市】オプテックス・エフエー株式会社

https://www.optex-fa.jp/

生产利用激光光源实现高精度检测的光电传感器，有放大器内置型和分离型可供选择。

销售收入	(2023.12)	营业利润	(净利润)
96.5 亿日元		**4.2** 亿日元	

（株）村上技研产业

【未上市】株式会社村上技研産業

https://www.murakamigiken.co.jp/

生产激光测距传感器和激光测距仪。

销售收入		营业利润	
（未披露） 亿日元		（未披露） 亿日元	

激光雷达（Light Detection and Ranging，LiDAR）传感器是通过照射激光并检测反射光和散射光来测量物体距离和形状的设备的总称。特别是在光检测中常用于记录物体的飞行时间，也称为 TOF（Time-of-flight）传感器。

目前，激光雷达传感器代表性的用途是用于汽车的自动驾驶技术和智能手机的图像检测技术等，但它其实已在飞机雷达和气象观测雷达中使用多年。近年来，它与 ADAS 一起成为汽车自动驾驶技术中不可或缺的要素，并且正在积极实现小型化、低成本化的开发。此外，在工厂中，它已开始与图像处理设备、智能手机相机等结合使用，通过在摄影时有效模糊焦点成为 VR（虚拟现实）和 AR（增强现实）的关键器件。

雷达传感器是利用无线电波来探测目标的设备。它通过发射无线电波，并接收目标反射回来

参考资料　一般社团法人　东京都港区虎门 -3-18-19UD 神谷町大厦 10F
工程技术协会　电话：03-5405-7201（代表）https://www.enaa.or.jp/

48 雷达传感器关联企业

レーダーセンサー関連企業

（株）HOTRON

【未上市】株式会社ホトロン

https://www.hotron.co.jp/

HOTRON集团是一家集传感器研究开发、制造和销售及维修服务于一体的企业，集团内生产包括雷达传感器在内的各种传感器。

销售收入	营业利润
（未披露）亿日元	（未披露）亿日元

FCL COMPONENTS LIMITED （株）

【未上市】FCLコンポーネント株式会社

https://www.fcl-components.com/

产品为工业机械FA、车载设备、EV、继电器、I/O设备、无线设备以及包括雷达传感器在内的各种电子部件/模组等。

销售收入	营业利润
（未披露）亿日元	（未披露）亿日元

TURCK日本 （株）（德国）

【未上市】タークジャパン株式会社（ドイツ）

https://www.turck.jp/

TURCK是一家在工业自动化领域具有较高的知名度，专注于传感器、现场总线、接插件等产品的研发、生产和销售的德国跨国公司。TURCK的电感式传感器、光电传感器等产品，被广泛应用于汽车制造、食品饮料、物流仓储等众多行业的自动化生产线上。

销售收入	营业利润
（未披露）亿日元	（未披露）亿日元

古河AS （株）

【未上市】古河AS株式会社

https://www.furukawaas.co.jp/

该公司的业务包括生产车用雷达传感器在内的汽车线束、汽车电装部件以及车载用功能产品群的设计开发与制造。

销售收入	营业利润
1,676 亿日元	（未披露）亿日元

（株）Socionext Inc.

【6526】株式会社ソシオネクスト

https://www.socionext.com/

一家专注于生产ASIC（专用集成电路）和ASSP（专用标准产品）的半导体科技企业，重点关注领域包括智能汽车、数据中心、智能设备，产品包括雷达传感器等。

销售收入	营业利润
2,212 亿日元	**355.1** 亿日元

BANNER日本 （美国）

【未上市】バナー・エンジニアリング・ジャパン（米国）

https://www.bannerengineering.com/

BANNER是一家美国跨国公司，专注于提供自动化技术整体解决方案，产品包括光电传感器、测量与检测产品、工业无线网络产品、视觉传感器、工业智能指示灯及旋转编码器系列等。

销售收入	营业利润
（未披露）亿日元	（未披露）亿日元

的电波，来获取目标的位置、速度、方向等信息。比如在飞机的空中交通管制中，雷达传感器能够监测飞机的位置和飞行轨迹。激光雷达传感器则是利用激光束来进行探测和测距。它具有更高的测量精度和分辨率，能够更准确地获取目标的详细信息。例如，在无人驾驶汽车中，激光雷达传感器可以清晰地描绘出周围环境的三维图像。

从工作原理上来看，无线电波和激光束的性质不同，导致了雷达传感器和激光雷达传感器在

性能和应用上的差异。从应用范围来说，雷达传感器常用于军事、航空航天、气象监测等需要远距离探测和对环境适应性要求较高的领域。而激光雷达传感器则更多地应用于自动驾驶、机器人导航、高精度测绘等对精度和细节要求较高的场景。

雷达传感器和激光雷达传感器虽然都是用于探测和测量的设备，但它们不是同一产品。

半导体制造装置

工业机器人

传感器

计量设备

49

其他传感器生产企业

その他のセンサ関連企業

(株) Anton Paar日本 (奥地利)

【未上市】株式会社アントンパール・ジャパン（オーストリア）

https://www.anton-paar.com/

在线传感器包括在线二氧化碳传感器、液体密度传感器、在线声速传感器、浓度传感器、在线氧传感器等。

销售收入	(2023.12)	营业利润	
6.21 亿欧元		（未披露）	亿欧元

(株) 富士陶瓷

【未上市】株式会社富士セラミックス

https://www.fujicera.co.jp/

其压电陶瓷传感器组包括加速度计、AE传感器和力传感器等压电陶瓷传感器产品，适用于各种测量、测试和设备诊断。

销售收入	(2022.10)	营业利润	
54 亿日元		（未披露）	亿日元

(株) SOOKI

【未上市】株式会社ソーキ

https://sooki.co.jp/

该公司的产品包括声音和振动测量设备、有害气体检测仪、水质测量仪器、粉尘仪和风速仪、激光测量和打标机、三维扫描仪。

销售收入	(2023.10)	营业利润	
52 亿日元		（未披露）	亿日元

三协国际 (株)

【未上市】三協インタナショナル株式会社

https://www.sankyointernational.co.jp/

其传感器包括位移传感器、压力传感器、加速度传感器、负载传感器、倾斜传感器、速度传感器、角速度传感器、力矩传感器、温度计、温湿度传感器、二氧化碳传感器、气压计、激光测距仪、间隙传感器、气泡传感器和电子罗盘。

销售收入	(2019.05)	营业利润	
25 亿日元		（未披露）	亿日元

WIKA日本 (株)

【未上市】ビカ・ジャパン株式会社

https://www.wika.co.jp/

该公司生产一般工业用的各种压力传感器，并为制冷、空调、食品、重型机械、医用气体和半导体行业提供特殊型号的压力传感器。

销售收入	(2021.12)	营业利润	
5.3 亿欧元		（未披露）	亿欧元

压电陶瓷传感器

(株) 富士陶瓷

日本KISTLER合同会社 (瑞士)

【未上市】日本キスラー合同会社（スイス）

https://www.kistler.com/JP/ja/

其产品为多分量传感器、通用压力传感器、模具内部压力传感器、加速度传感器、应变传感器、力矩传感器。

销售收入	(2023.12)	营业利润	
4.65 亿瑞士法郎		（未披露）	亿瑞士法郎

Air Water Mechatronics Inc.

【未上市】エア・ウォーター・メカトロニクス株式会社

https://www.japan-pionics.co.jp/

其传感器主要类型为压力传感器和流量传感器。

销售收入	(2022.03)	营业利润	
43 亿日元		**4** 亿日元	

　　传感器（Sensor）是检测各种物体的物理量或物质浓度的设备，一般被内置于各种电子设备中，相当于人的"耳、鼻、眼"等感觉器官，它不仅可以检测对象物，还可以决定机器设备下一步的动作，或者为了安全起见暂停机器设备的动作等。

　　传感器可以检测到热、压力、声音、光、距离和流量等多种物理量，根据测量物体的不同，

传感器的种类也不同，测量原理也不一样。譬如智能手机就内置了各种传感器，可感应手指的接触和移动，照相机内装有图像传感器，可感应光线并成像；我们通话和对 AI 助手的呼叫，都是通过麦克风进行的，麦克风也是感知声音的传感器。

　　近年来随着物联网（IoT）的迅速普及和发展，引入智能家居的人也越来越多，譬如，检测到人接近而自动亮灯的情况就是红外线人感传感器的

参考资料　一般社団法人　工程技术协会　东京都港区虎门 -3-18-19UD 神谷町大厦 10F　电话：03-5405-7201（代表）https://www.enaa.or.jp/

新光电子（株）

【未上市】新光電子株式会社

https://www.vibra.co.jp/

其音叉力传感器利用了乐器调音时使用的音叉频率，满足了需要高精度称重测量行业的需求。

销售收入	(2022.03)	营业利润	
33 亿日元		（未披露） 亿日元	

（株）MACOME

【未上市】株式会社マコメ研究所(MACOME)

https://www.macome.co.jp/

拥有线性位移传感器、无人驾驶运输车辆传感器、高精度磁传感器、倾角仪/倾角探测器等。

销售收入	(2023.11)	营业利润	
11 亿日元		（未披露） 亿日元	

（株）Security House

【未上市】株式会社セキュリティハウス

http://www.securityhouse.co.jp/

产品包括AHD摄像机（模拟高清摄像机）、EX-SDI、网络摄像机（IP摄像机）。

销售收入	(2022.12)	营业利润	(净利润)
9.1 亿日元			**0.2** 亿日元

（株）Sensez

【未上市】株式会社センシズ

https://www.sensez.co.jp/

其传感器类型有高精度微型压力传感器和插入式水位传感器。

销售收入	(2021.12)	营业利润	
3 亿日元		（未披露） 亿日元	

Global Electronics（株）

【未上市】グローバル電子株式会社

https://www.gec-tokyo.co.jp/

该公司为制造商提供磁传感器、温度传感器、压力传感器、气体传感器、电流传感器等。

销售收入		营业利润	(2023.06)净利润
（未披露） 亿日元			**11.3** 亿日元

（株）绿测器

【未上市】株式会社緑測器

https://www.midori.co.jp/

该公司的PA420系列是使用磁阻（MR）元件的Blue Pot专用双线传感器。

销售收入		营业利润	(2023.03)净利润
（未披露） 亿日元			**5.4** 亿日元

SENSATEC（株）

【未上市】センサテック株式会社

https://www.sensatec.co.jp/

其产品分为接近传感器、接近位移传感器（线性传感器）、电容式接近传感器、差分电容式接近传感器、磁传感器。

销售收入	(2020.03)	营业利润	
7 亿日元		（未披露） 亿日元	

（株）IR system

【未上市】株式会社アイ・アール・システム

https://www.irsystem.com/

主要产品为红外线传感器，提供从红外线热像仪元件和视频引擎到摄像机机身和摄像机相关的所有产品。

销售收入	(2023.12)	营业利润	
8 亿日元		（未披露） 亿日元	

SSC（株）

【未上市】エスエスシー株式会社

https://www.ssc-inc.jp/

业务以金融核心系统的建设、项目推进、开发为主。

销售收入		营业利润	(2021.12)净利润
（未披露） 亿日元			**0.1** 亿日元

作用；下班回家途中快进家门时空调自动启动，是 GPS 传感器监测人的移动位置后开启的；为了拥有舒适的居住环境，家里安装的温度和湿度传感器可以帮助人们管理家庭的温度和湿度。传感器的种类大致也可以根据人类的五官来分类。

- 眼睛（视觉传感器）：各种光电二极管，CCD、CMOS 图像传感器等。
- 耳朵（听觉传感器）：各种声音传感器，如

压电元件、电容麦克风等。

- 皮肤（触觉传感器）：温度传感器如热电偶、三电阻，压力传感器如隔膜、半导体压力传感器等。
- 鼻子（嗅觉传感器）：气味传感器如半导体气体传感器、生化元件等。
- 舌头（味觉传感器）：pH 传感器、粒子传感器等。

半导体制造装置

工业机器人

传感器

计量设备

(株) HOTRON

【未上市】株式会社ホトロン

https://www.hotron.co.jp/

主要传感器有自动门传感器、车辆检测传感器、离床传感器。

销售收入	营业利润
（未披露）亿日元	（未披露）亿日元

三玄 (株)

【未上市】サンゲン株式会社

https://www.sangencorp.com/

拥有高性能传感器di-soric，用于测量和检测。

销售收入	营业利润
（未披露）亿日元	（未披露）亿日元

PRECITEC日本 (株)

【未上市】プレシテック·ジャパン株式会社

https://www.precitec.com/

其传感器类型有点传感器、线型传感器、多点传感器、区域扫描传感器。

销售收入	营业利润
（未披露）亿日元	（未披露）亿日元

Linkage (株)

【未上市】株式会社リンケージ

https://linkage-inc.co.jp/

产品包括GIMATIC SB传感器盒、GIMATIC H接线盒 、GIMATIC CAPBOX电容盒。

销售收入	营业利润
（未披露）亿日元	（未披露）亿日元

(株) U-RD

【未上市】株式会社ユー·アール·ディー

https://www.u-rd.com/

其产品以电流传感器为主，分为交流电流传感器和直流电流传感器。

销售收入	营业利润
（未披露）亿日元	（未披露）亿日元

(株) ALEPH

【未上市】株式会社日本アレフ

https://www.nippon-aleph.co.jp/

其传感器产品类型有磁力传感器和光电传感器。

销售收入	营业利润
（未披露）亿日元	（未披露）亿日元

(株) UNI技术

【未上市】株式会社ユニテク

https://uni-technology.co.jp/

该公司为液晶设备、信息部门业务提供相关传感器产品。

销售收入	营业利润
（未披露）亿日元	（未披露）亿日元

(株) 太平洋技术

【未上市】株式会社パシフィックテクノロジー

https://pac-tech.com/

其传感器类型为力矩传感器、位移传感器、称重传感器、压力传感器、振动传感器、加速计（加速度传感器）、倾角传感器（倾角仪）、流量传感器等。

销售收入	营业利润
（未披露）亿日元	（未披露）亿日元

Smart Logic (株)

【未上市】スマートロジック株式会社

https://www.smartlogic.co.jp/

主要业务为无线传感器网络系统开发，为带有无线模块的设备提供无线支持以及提供工业用小型CPU的系统开发等。

销售收入	营业利润
（未披露）亿日元	（未披露）亿日元

HAYASHI-REPIC (株)

【未上市】ハヤシレピック株式会社

https://www.h-repic.co.jp/

老牌传感器制造商，提供来自瑞士的高性能电感式接近传感器、电容式接近传感器、超声波传感器、光电传感器、激光传感器、温度传感器。

销售收入	营业利润
（未披露）亿日元	（未披露）亿日元

(株) CSTech

【未上市】株式会社 シーエステック

https://cstech-net.com/

提供高性能、重量最轻、成本最低的光学冰探测传感器。

销售收入	营业利润
（未披露）亿日元	（未披露）亿日元

(株) Shiro产业

【未上市】株式会社シロ産業

https://www.webshiro.com/

其传感器产品主要包括角速度传感器、热线式伸缩传感器、温度传感器、风速传感器、静电传感器等。

销售收入	营业利润
（未披露）亿日元	（未披露）亿日元

Micro-Epsilon Japan (株)

【未上市】Micro-EpsilonJapan株式会社

https://www.micro-epsilon.jp/

主要提供位移传感器、工业传感器、二维/三维测量技术等。

销售收入	营业利润
（未披露）亿日元	（未披露）亿日元

参考资料　一般社团法人　东京都港区虎门 -3-18-19UD 神谷町大厦 10F
工程技术协会　电话：03-5405-7201（代表）https://www.enaa.or.jp/

Suntecs （株）

【未上市】サンテックス株式会社

https://www.suntecs.co.jp/

主营系统开发、网络建设、维护支持、网站制作、IT咨询、网络摄像机建设、数据中心建设等业务。

销售收入　　　　　　　营业利润

（未披露）亿日元　　　　　（未披露）亿日元

LAPP JAPAN （株）

【未上市】Lapp Japan株式会社

https://e.lapp.com/

其传感器类型包括距离与站点传感器、压力传感器、位置传感器、温度传感器。

销售收入　　　　　　　营业利润

（未披露）亿日元　　　　　（未披露）亿日元

（株）CYAN

【未上市】株式会社サイアン

https://www.cyan-rs.com/

其传感器类型有光学传感器、液位传感器、流量计传感器、温度传感器、加速度传感器等。

销售收入　　　　　　　营业利润

（未披露）亿日元　　　　　（未披露）亿日元

理研电具制造 （株）

【未上市】理研電具製造株式会社

https://www.rikendengu.co.jp/

其传感器类型包括位移传感器、压力传感器、温度和湿度传感器、电子传感器等。

销售收入　　　　　　　营业利润

（未披露）亿日元　　　　　（未披露）亿日元

（株）Solitonwave

【未上市】株式会社ソリトンウェーブ

https://solitonwave.co.jp/

其产品以嵌入式设备开发和FPGA开发为主，为停车场开发环路传感器电路板，以及生产无人驾驶和自动摄影摄像设备等。

销售收入　　　　　　　营业利润

（未披露）亿日元　　　　　（未披露）亿日元

TURCK日本 （株） （德国）

【未上市】タークジャパン株式会社（ドイツ）

https://www.turck.jp/ja/

其传感器主要类型为电感式传感器、光电传感器、电容式传感器、磁场传感器、超声波传感器、雷达传感器、线性位置传感器、编码器、倾角传感器、压力传感器、温度传感器、流量传感器/流量计、液位传感器、状态监测传感器。

销售收入　　　　　　　营业利润

（未披露）亿日元　　　　　（未披露）亿日元

日新产业 （株）

【未上市】ニッシン産業株式会社

https://nissin-san.co.jp/

其传感器包括温度/湿度传感器、压力传感器、工业超声波相机等。

销售收入　　　　　　　营业利润

（未披露）亿日元　　　　　（未披露）亿日元

ALL device （株）

【未上市】オールデバイス株式会社

http://all-device.com/

其传感器类型为压力传感器、真空传感器、流量传感器、风速传感器、速度变送器、温度传感器、温度/湿度变送器、氢气传感器、氧气传感器、二氧化碳传感器等。

销售收入　　　　　　　营业利润

（未披露）亿日元　　　　　（未披露）亿日元

Wavecrest （株）

【未上市】ウェーブクレスト株式会社

https://wavecrestkk.co.jp/

产品有三维ToF人员计数传感器、环境监测传感器、光学探头和光电场传感器等。

销售收入　　　　　　　营业利润

（未披露）亿日元　　　　　（未披露）亿日元

合同会社先端技术研究所

【未上市】合同会社先端技術研究所

https://www.ipros.jp/

产品有抗辐射电子设备（如单板计算机、前向纠错半导体）、卫星姿态控制设备（如反作用轮、星轨跟踪器、磁扭转器、磁传感器、太阳传感器、地球传感器、全球定位系统接收器）。

销售收入　　　　　　　营业利润

（未披露）亿日元　　　　　（未披露）亿日元

RATOC Systems （株）

【未上市】ラトックシステム株式会社

https://www.ratocsystems.com/

主要传感器类型包括环境/二氧化碳传感器、温度/湿度传感器。

销售收入　　　　　　　营业利润　（2023.07净损失）

（未披露）亿日元　　　　　　**-1** 亿日元

東京都港区虎ノ門 3-18-19 ＵＤ神谷町ビル１０階
電話：０３‐５４０５‐７２０１（代）　https://www.enaa.or.jp/
一般社団法人　エンジニアリング協会

参考資料

半导体制造装置

工业机器人

传感器

计量设备

金融科技板块企业

（株）Finatext控股

【4419】株式会社Finatextホールディングス

https://hd.finatext.com/

该公司充分利用数字技术和数据分析能力，与深入了解客户的企业和现有金融机构合作，从客户的角度出发提供金融服务。

销售收入	营业利润
53 亿日元	**2** 亿日元

WealthNavi （株）

【7342】ウェルスナビ株式会社

https://corp.wealthnavi.com/

该公司提供完全自动化的资产管理服务。

销售收入 (2023.12)	营业利润
81 亿日元	**5** 亿日元

Freee （株）

【4478】フリー（freee）株式会社

https://corp.freee.co.jp/

该公司提供集成式云计算ERP、开放式平台、用户网络的综合管理服务。

销售收入 (2023.06)	营业利润 (亏损)
192 亿日元	**-80** 亿日元

（株）Money Forward

【3994】株式会社マネーフォワード

https://corp.moneyforward.com/

该公司提供汇钱云会计、汇财云会计加强版、汇财云报税、汇付天下云发票等服务。

销售收入 (2023.11)	营业利润 (亏损)
303 亿日元	**-64** 亿日元

Atlas Technologies （株）

【9563】Atlas Technologies株式会社

https://atlstech.com/

该公司为国内外客户提供金融科技领域的咨询和项目实施支持服务。

销售收入 (2023.12)	营业利润
25 亿日元	**1** 亿日元

Funds （株）

【未上市】ファンズ株式会社

https://corp.funds.jp/

该公司提供在线借贷和资产管理服务。

销售收入	营业利润 (2023.05净损失)
（未披露）亿日元	**-10.6** 亿日元

Frich （株）

【未上市】Frich（フリッチ）株式会社

https://frich.co.jp/

Frich 的系统超越了传统框架，可以进行新的补偿设计。现有的保险产品和设计的补偿产品都可以在网络上快速销售并为客户提供一站式平台。

销售收入	营业利润
（未披露）亿日元	（未披露）亿日元

（株）大家的银行

【未上市】株式会社みんなの银行

https://corporate.minna-no-ginko.com/

该公司通过整合数字和人力资源的力量，努力实现"银行革命"这一新挑战。

销售收入	营业利润 (净损失)
18 亿日元	**-54** 亿日元

什么是DX

近年来，DX 一词频频出现在日本的各大媒体上，关于 DX 的讨论也层出不穷，日本政府先后成立了推进 DX 的部门。其实 DX 就是数字化转型（Digital Transformation）的简称，是指通过数字技术改变业务和商业模式，并为提高企业本身价值而作出的努力。日本经济产业省还专门对

DX 作了如下定义：企业面对急剧变化的商业环境，应利用数据和数字技术，根据客户和社会的需求，

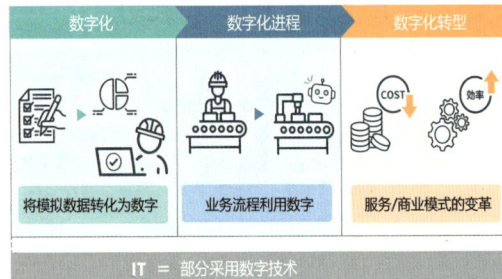

数字化	数字化进程	数字化转型
将模拟数据转化为数字	业务流程利用数字	服务/商业模式的变革

IT = 部分采用数字技术

参考资料　一般社团法人　工程技术协会　东京都港区虎门 -3-18-19UD 神谷町大厦 10F
电话：03-5405-7201（代表）　https://www.enaa.or.jp/

HR 科技板块企业

(株) 利库路德控股
【6098】株式会社リクルートホールディングス
https://recruit-holdings.com/

该公司致力于简化招聘流程，帮助企业更智能地运作，从而实现繁荣。

销售收入	营业利润
34,164 亿日元	**4,025** 亿日元

(株) Link and Motivation
【2170】株式会社リンクアンドモチベーション
https://www.lmi.ne.jp/

该公司吸收管理学、社会系统理论、行为经济学和心理学的学术成果，通过核心技术"激励工程"，帮助客户解决问题。

销售收入 (2023.12)	营业利润
339 亿日元	**46** 亿日元

(株) Atrae
【6194】株式会社アトラエ
https://atrae.co.jp/

该公司是支持成长型企业招聘的招聘媒体，也是业内首家引入应急费用制度的招聘媒体。作为个人与公司的匹配平台，它在对积累的大量招聘和职业变化数据进行分析的基础上，为求职者和雇主提供相应的匹配。此外，该公司采取多元化战略，积极开展该领域以外的业务。

销售收入 (2023.09)	营业利润
77 亿日元	**9** 亿日元

(株) Plus Alpha Consulting
【4071】株式会社プラスアルファ・コンサルティング
https://www.pa-consul.co.jp/

该公司将大量信息进行可视化处理，包括文字、数字、图像和声音，为客户提供对其业务有用的见解，从而为客户创造价值。

销售收入 (2023.09)	营业利润
111 亿日元	**37** 亿日元

(株) Payroll
【4489】株式会社ペイロール
https://www.payroll.co.jp/

该公司为商业界提供软基础设施，助力薪资外包制度在日本的推广。

销售收入	营业利润
97 亿日元	**16** 亿日元

Visional (株)
【4194】ビジョナル株式会社
https://www.visional.inc/

Visional致力于推动产业的数字化转型，为提高日本的生产力提供助力。

销售收入 (2023.07)	营业利润
562 亿日元	**132** 亿日元

Wantedly (株)
【3991】ウォンテッドリー株式会社
https://wantedlyinc.com

该公司致力于利用技术打造一个大多数人"因工作而充满动力"的世界，致力于提供非劳动密集型、可扩展和无国界的产品。

销售收入 (2023.08)	营业利润
47 亿日元	**15** 亿日元

(株) Kaonavi
【4435】株式会社カオナビ
https://corp.kaonavi.jp/

该公司提供人才管理系统，通过发掘员工的个性和才能来优化战略性人力资源管理。对员工的面孔、姓名、经验、评价、技能和才能等人力资源信息进行集中管理和可视化。

销售收入	营业利润
76 亿日元	**6** 亿日元

对产品、服务和商业模式进行变革，同时改变业务本身和企业的组织、流程和文化，以确立新的竞争优势。当然 DX 概念不同于"IT 化""数码化""数字化"的概念，四者的区别如下。

IT 化主要是对过去以模拟方式开展的业务，部分引入数字技术；而数码化则是将模拟数据和物理数据数字化；数字化是将数字技术应用于具体业务 / 制造流程中；DX 则主要是利用数据和数字技术，根据客户和社会需求来改变产品、服务和商业模式。

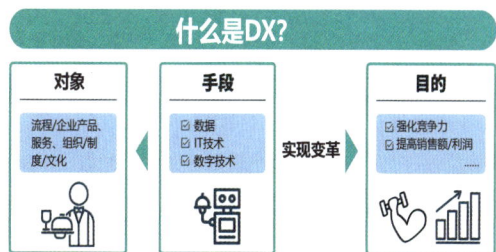

什么是DX?

HR 科技板块企业

En-japan（株）
【4849】エン・ジャパン株式会社
https://corp.en-japan.com/

该公司提供基于互联网的服务，包括人力资源技术产品、招聘和求职媒体、招聘服务、招聘和留用支持服务。

销售收入	营业利润
676 亿日元	**51** 亿日元

（株）i-Plug
【4177】株式会社i-Plug
https://i-plug.co.jp/

该公司提供毕业生直接招聘服务、直接招聘网站维护、能力倾向测验。

销售收入	营业利润
46 亿日元	**1** 亿日元

（株）TeamSpirit
【4397】株式会社チームスピリット
https://corp.teamspirit.com/

该公司提供员工日常使用的后台产品以及云服务。

销售收入 (2023.08)	营业利润 （亏损）
38 亿日元	**-2** 亿日元

（株）SmartHR
【未上市】株式会社SmartHR
https://smarthr.co.jp/

该公司提供"云人力资源/劳动管理软件"，以提高人力资源/劳动管理工作的效率和所有员工的生产力。 它不仅实现了各种劳动程序的高效化和文件的无纸化，还能轻松实现员工信息的集中管理和存储数据的有效利用。

销售收入	营业利润 (2022.12)
（未披露） 亿日元	**-61** 亿日元

教育科技板块企业

（株）内田洋行
【8057】株式会社内田洋行
https://www.uchida.co.jp/

该公司通过向教育和公共机构的客户提供系统、服务和产品，促进区域创新，为繁荣社区的发展作出贡献；通过考虑人、事、物之间的最佳联系，为客户提供新的办公场所，从而创建一个能够提高组织力的行动链；从客户的角度出发，为各个领域和行业提供基于业务系统、软件和 IT 产品的最佳技术解决方案。

销售收入 (2023.07)	营业利润
2,465 亿日元	**84** 亿日元

（株）JustSystems
【4686】株式会社ジャストシステム
https://www.justsystems.com/

JustSystems向私营企业、政府机构、学校和医院等广大客户提供 "ATOK" 日语输入系统和平板用 "SMILE ZEMI" 远程学习系统等软件和服务。

销售收入	营业利润
409 亿日元	**170** 亿日元

（株）ODK方案
【3839】株式会社ODKソリューションズ
https://www.odk.co.jp/

该公司提供全面支持人力资源开发的电子学习平台SLAP和iStudy® LMS，并开发、销售电子学习材料，为电子学习、按需学习和企业培训提供整体解决方案。

销售收入	营业利润
58 亿日元	**5** 亿日元

（株）CHIeru
【3933】チエル株式会社
https://www.chieru.co.jp/

该公司专注于开发学校教育ICT市场，在连接 "教育" 和 "ICT" 方面作出贡献，为儿童的未来服务。

销售收入	营业利润
46 亿日元	**5** 亿日元

日本政府的 DX 施策过程

2000 年日本政府发表了以实现日本型 IT 社会为目标的 e-Japan 构想，设置了 "高度信息通信网络社会推进战略本部（IT 综合战略本部）" 并将其纳入内阁，意图推进基础设施和 IT 数字化，同年又正式颁布了《基本战略高度信息通信网络社会的基本法》（IT 基本法）。这是日本政府最早关于推进 DX 的施策措施。

但是，2018 年日本发现国内 IT 投资与美国比较基本没有什么进步，于是经济产业省又成立了关于数字化转型（DX）的研究会，第一次发布了 DX 报告以及 DX 推广指南，2019 年再与 IPA（独立行政法人信息处理推进机构）合作，发布了数字化经营改革评估指标，即 DX 推进指标，开始大力推进日本企业的数字化转型。

参考资料　一般社团法人
工程技术协会　东京都港区虎门 -3-18-19UD 神谷町大厦 10F
电话：03-5405-7201（代表）https://www.enaa.or.jp/

教育科技板块企业

(株) SuRaLa Net

【3998】株式会社すららネット

https://surala.jp/

该公司提供专为小学高年级到高中的学生设计的通过互联网进行游戏式学习的交互式数字学习材料。

销售收入	(2023.12)	营业利润	
21 亿日元		**3.8** 亿日元	

(株) POPER

【5134】株式会社POPER

https://poper.co/

该公司为培训机构提供经营综合一体化支持系统。

销售收入	(2023.10)	营业利润	
8.3 亿日元		**0.3** 亿日元	

Studyplus (株)

【未上市】スタディプラス株式会社

https://info.studyplus.co.jp/

该公司提供Studyplus、Studyplus for School、Studyplus Ads等服务。

销售收入		营业利润	
（未披露） 亿日元		（未披露） 亿日元	

Classi (株)

【未上市】Classi株式会社

https://corp.classi.jp/

Classi是一个教育平台,可用于学校的各种场合,如课堂、面试以及学校与家长之间的沟通。 它可以在任何设备上使用,包括智能手机、平板电脑和个人电脑。 作为一项连接教师、学生和家长的平台,它为学校教育提供了技术支持。

销售收入		营业利润	
（未披露） 亿日元		（未披露） 亿日元	

不动产科技板块企业

(株) GA technologies

【3491】株式会社GA technologies

https://www.ga-tech.co.jp/

该公司用技术改变房地产交易体验,从投资、管理方案到合同签订,再到后续的管理和销售都可以在线完成,通过建立在线市场,更轻松地实现房地产在线销售交易和管理。

销售收入	(2023.10)	营业利润	
1,466 亿日元		**22** 亿日元	

MIGALO控股

【5535】ミガロホールディングス

https://www.migalo.co.jp/

该公司提供资产管理、房地产销售、租赁管理、多元化公寓建设、公寓管理等服务。

销售收入		营业利润	
426 亿日元		**25** 亿日元	

(株) property technologies

【5527】株式会社 property technologies

https://pptc.co.jp/

该公司通过KAITRY平台购买现房,并销售翻新后的现房和独立式住宅。采用独特的人工智能评估模式来满足房产买卖中众多利益相关者的不同需求,通过利用在其平台上积累的房产买卖双方、专业房产经纪人和普通客户的信息,扩大此类市场。KAITRY旨在振兴二手房市场,增强市场活力。

销售收入	(2023.11)	营业利润	
369 亿日元		**13** 亿日元	

SRE 控股 (株)

【2980】SREホールディングス株式会社

https://sre-group.co.jp/

该公司提供房地产销售和评估、房地产租赁和单体建筑管理、资产利用咨询等服务。

销售收入		营业利润	
242 亿日元		**22** 亿日元	

　　2020 年日本很快意识到从国家层面到地方公共团体和整个社会的数字化进程严重滞后,以及人才不足、系统落后、协作效率低下的问题。于是日本政府决定设立新的行政机构——数字厅,并确定了面向实现数字社会的基本改革方针。

　　2021 年 IT 综合战略本部被废除,日本数字战略由新成立的"数字社会推进会议"与"数字厅"共同负责。

　　事实上,日本早期推进的数字化转型是失败的。2020 年 12 月 28 日经济产业省发布的《加速数字化转型研究会中期报告书》表明,通过对日本 500 家企业推进 DX 的工作情况分析,发现 90% 以上的企业完全没有推进 DX(或未启动 DX),只有少数企业在零星推进该计划。最后经济产业省也不得不承认,日本企业对数字化转型的投入处于完全不足的水平。

半导体制造装置

工业机器人

传感器

计量设备

不动产科技板块企业

(株) TASUKI控股
【166A】株式会社タスキホールディングス
https://tasuki-holdings.co.jp/

该公司通过SaaS型云服务，销售人员可使用智能手机、平板电脑和笔记本电脑，随时随地进行房地产管理和检查。

销售收入 (2023.09)	营业利润
185 亿日元	**24** 亿日元

(株) Speee
【4499】株式会社Speee
https://speee.jp/

该公司致力于解决房地产销售难题，为扩大二手房市场作出贡献。

销售收入 (2023.09)	营业利润
136 亿日元	**8** 亿日元

日本情报CREATE (株)
【4054】日本情报クリエイト株式会社
https://www.n-create.co.jp/

一站式产品和服务供应商，为各种房地产企业提供支持并改进业务运营和服务。通过提供有价值的信息和技术，为房地产公司及其客户和业务合作伙伴解决问题。

销售收入 (2023.06)	营业利润
37 亿日元	**3** 亿日元

Living Technologies (株)
【4445】リビン・テクノロジーズ株式会社
https://www.lvn.co.jp/

该公司专注于房地产行业，通过将创意策划、先进技术和先进营销相结合开发网络服务。

销售收入 (2023.09)	营业利润
33 亿日元	**4** 亿日元

物流科技板块企业

野原集团 (株)
【未上市】野原グループ株式会社
https://nohara-inc.co.jp/

该公司利用人工智能和信息通信技术，开发了BIM设计、制造和施工支持平台"Build"App，作为一项基础环境服务App，它以BIM为起点，连接从设计到维护的整个施工环节，并根据客户的问题和要求提供一整套最佳服务方案。

销售收入 (2023.06)	营业利润 (净利润)
416 亿日元	**1** 亿日元

(株) SAROUTE
【未上市】株式会社セルート
https://www.saroute.co.jp/

该公司提供一站式服务，满足有条件和有限制的递送需求，包括设置课程、安排员工和管理车辆等。还提供生物样本海外运输代理服务、生命科学创新（LSI）国内运输业务等。

销售收入 (2023.03)	营业利润
52 亿日元	（未披露） 亿日元

Spiderplus (株)
【4192】スパイダープラス株式会社
https://spiderplus.co.jp/

该公司开发网站管理应用程序，利用云技术顺利共享现场信息。在平板电脑上管理照片、电子黑板、图纸等，实现无纸化办公。

销售收入 (2023.12)	营业利润 (亏损)
31 亿日元	**-5** 亿日元

Logizard (株)
【4391】ロジザード株式会社
https://www.logizard.co.jp/

该公司通过云服务提高库存管理的利用效率，并提供与物流相关的云库存管理系统等服务。

销售收入 (2023.06)	营业利润
18 亿日元	**2** 亿日元

不过日本政府已清醒地认识到企业和社会数字化转型（DX）的必要性，因为外部环境的变化已经使得以往的商业手段难以保持竞争优势了。随着数字技术的进步，不仅人们的消费行为和价值观发生了变化，企业和国家间的竞争也越发激烈，而且市场的全球化势头并没有减弱。尤其是智能手机和数字技术的普及，也催生了新的商业模式、新商品和新服务。以往企业需要大量投资和时间来引入信息系统和新技术，但随着云服务、AI 和 IoT 的发展，这些障碍已经大大减少，数字技术新兴企业的不断涌现，使既有业务被取代的商业风险也大大增加了。

在数字化转型问题上，日本政府认为今后不仅国内企业，而且海外企业都将面临新的竞争，并预计未来这种竞争将进一步加剧。同时意识到日本国际竞争力低迷的主要原因之一是数字技术

参考资料　一般社团法人 工程技术协会　东京都港区虎门 -3-18-19UD 神谷町大厦 10F　电话：03-5405-7201（代表）https://www.enaa.or.jp/

物流科技板块企业

GROUND（株）

【未上市】GROUND株式会社

https://www.groundinc.co.jp/

GWES是GROUND自主开发的物流设施综合管理和优化系统，是一个具有高度通用性和可扩展性的软件包系统。不同制造商的各种硬件（物料搬运和机器人）和软件（仓库管理系统和仓库控制系统）无缝连接，促进了整个物流设施的数字化、优化和可视化。

销售收入	营业利润	（2023.12净损失）
（未披露）亿日元		**-5** 亿日元

（株）OPTIMIND

【未上市】株式会社オプティマインド

https://www.optimind.tech/

该公司拥有专门的车辆调度系统、一流的引擎优化系统等。

销售收入	营业利润	（2023.05净损失）
（未披露）亿日元		**-4.5** 亿日元

Hacobell（株）

【未上市】ハコベル株式会社

https://corp.hacobell.com/

该公司提供低成本、高质量的运输安排服务；配备物流DX系统，优化车辆调度计划，实现车辆调度和车队管理自动化。

销售收入	营业利润	（2023.03净损失）
（未披露）亿日元		**-3.5** 亿日元

TerraDrone（株）

【未上市】Terra Drone 株式会社

https://www.terra-drone.net/

该公司开发无人机运行管理系统平台、销售自主开发的无人机激光器的硬件和软件，并提供使用这些硬件和软件的服务、利用自主研发的无人机喷洒农药和化肥。

销售收入	营业利润	（2024.01净损失）
（未披露）亿日元		**-5.6** 亿日元

（株）Mujin

【未上市】株式会社Mujin

https://www.mujin.co.jp/

该公司生产的智能机器人Mujin能够自主灵活移动，并为客户提供一揽子物流自动化解决方案。

销售收入	营业利润
（未披露）亿日元	（未披露）亿日元

CBcloud（株）

【未上市】CBcloud株式会社

https://cb-cloud.com/

日本最大的快递平台之一，拥有数量庞大的注册快递合作伙伴，提供兼具速度和可靠性的服务。

销售收入	营业利润	（2023.09净损失）
（未披露）亿日元		**-11** 亿日元

（株）ANDPAD

【未上市】株式会社アンドパッド

https://andpad.co.jp/

ANDPAD提供云端集中运营管理服务，其基于云技术的建筑项目管理服务，市场占有率第一，可集中管理从现场效率到管理改进的所有事项。

销售收入	营业利润	（2022.03净损失）
（未披露）亿日元		**-40** 亿日元

（株）OPENLOGI

【未上市】株式会社オープンロジ

https://corp.openlogi.com/

该公司利用技术将物流网络化，以数据为起点革新货物流通。

销售收入	营业利润
（未披露）亿日元	（未披露）亿日元

的严重滞后。为了适应市场变化和保持竞争优势，日本的数字化转型计划，正是在这个背景下被推出来的。

日本政府认为数字化转型的推进，将带来两大好处，一是有助于增强企业竞争力，因为数字化转型将带来前所未有的新服务、新商品，将会增加既有业务的附加价值，有助于提高企业的竞争力；二是有助于提高生产率和工作效率，因为

数字化转型可以通过改变业务流程和商业模式实现以下目标：通过获取制造工艺节点的数据以确定问题瓶颈，将后台业务自动化可使工作人员聚焦核心工作，并最终提高生产效率、降低生产成本并保障产品质量。

半导体制造装置

工业机器人

传感器

计量设备

参与IoT产业主要关联企业

IoT产业参加关连企业

IT 领域

软银（株）
【9434】ソフトバンク株式会社

https://www.softbank.jp/

日本著名的移动通信、互联网企业。

销售收入	营业利润
60,840 亿日元	**8,760** 亿日元

富士通（株）
【6702】富士通株式会社

https://www.fujitsu.com/

其主要平台为富士通推出的Fujitsu Uvance全球商业品牌，即通过数字创新推动可持续转型，利用技术转变业务模式，打造为环境、社会和经济发展带来积极变化的数字转型支援平台。

销售收入	营业利润
37,560 亿日元	**1,602** 亿日元

日本电气（株）
【6701】日本電気株式会社

https://jpn.nec.com/

主要平台为NEC的CONNEXIVE，可支撑社会与基础设施数字化的产品群，NEC的技术特点是图像识别技术强。

销售收入	营业利润
34,772 亿日元	**1,880** 亿日元

（株）ACCESS
【4813】株式会社ACCESS

https://www.access-company.com/

该公司主营业务为IoT、AI、机器人、云服务、设计DX/IoT解决方案等。

销售收入 (2024.01)	营业利润 (亏损)
165 亿日元	**-1** 亿日元

工厂|基础设施控制领域

（株）NTT数据
【9613】株式会社NTTデータ

https://www.nttdata.com/

日本最大电信企业，主要业务为电气通信、信息处理以及软件开发等。

销售收入	营业利润
43,673 亿日元	**3,095** 亿日元

BIPROGY（株）
【8056】BIPROGY株式会社

https://www.biprogy.com/

该公司主营云服务和外包业务，还涉及计算机系统、网络系统的销售/租赁以及软件开发等业务。

销售收入	营业利润
3,701 亿日元	**332** 亿日元

（株）ISB
【9702】株式会社アイ・エス・ビー

https://www.isb.co.jp/

该公司主营移动、医疗、车载等嵌入式软件开发和移动设备等验证业务，并致力于基干系统的软件开发。

销售收入 (2023.12)	营业利润
323 亿日元	**27.3** 亿日元

（株）i-enter
【未上市】株式会社アイエンター

https://www.i-enter.co.jp/

该公司的业务主要为提供系统解决方案、云集成、尖端技术研发、海洋技术、RPA（机器人流程自动化）等。

销售收入 (2023.06)	营业利润
51.5 亿日元	（未披露）亿日元

　　根据 IT 调查公司 IDC Japan 对日本国内 IoT 市场的调查，预计 2026 年日本国内 IoT 市场用户支出额将超过 9 万亿日元，2021~2026 年的年复合增长率（CAGR）大约为 9%。日本在家电、医疗、制造业、汽车、农业及物流行业已经开始引入 IoT 技术，随着 AI 的引入和 5G 的普及，目前日本 IoT 的市场需求正在增长。由于高速通信的普及，工厂的自动化也在不断推进，通信的高速化使得企业在生产过程中可以进行实时判断和流程控制。

　　由于 IoT 平台的重要性不断增加，近年日本一些企业开始参与 IoT 平台的开发，其中日立制作所、三菱电机、NTT 数据、东芝、发那科、DGM 森精机、NEC 和富士通等大企业就建立了自己的 IoT 平台。日本国内制造业也在努力加强 FA 设备和 IT 系统的协作，譬如三菱电机、日立制作所、NEC 等 6 家企业成立了"边缘交叉财团"，以强化这方面的合作。发那科、DGM 森精机、三

参考资料　一般社团法人
工程技术协会　东京都港区虎门 -3-18-19UD 神谷町大厦 10F
电话：03-5405-7201（代表）https://www.enaa.or.jp/

（株）SKYARCH

【未上市】株式会社スカイアーチネットワークス

https://www.skyarch.net/

该公司业务为云技术咨询、开发与运用，以及应用程序的企划开发、运用等。

销售收入　（2023.12）　营业利润

40.1 亿日元　（未披露）亿日元

（株）日立制作所

【6501】株式会社日立製作所

https://www.hitachi.co.jp/

主要平台为日立的Lumada，该公司充分利用先进技术加速推进数字化转型，企业技术强项为控制技术（OT）和IT的组合系统。

销售收入　营业利润

97,287 亿日元　**7,558** 亿日元

（株）东芝

【退市】株式会社東芝

https://www.global.toshiba/jp

主要平台为东芝的SPINEX，为客户提供商业模式变革的工业互联网解决方案。东芝为全球基础设施、能源领域的重要供应商。

销售收入　（2023.03）　营业利润

33,616 亿日元　**1,105** 亿日元

发那科（株）

【6954】ファナック株式会社

https://www.fanuc.co.jp/

主要平台为发那科的FIELD智能边缘连接和驱动系统，为工业4.0开发通信协议，企业技术强项为机器人控制系统。

销售收入　营业利润

7,952 亿日元　**1,419** 亿日元

（株）metatechno

【未上市】株式会社メタテクノ

https://www.meta.co.jp/

该公司主要从事嵌入式软件、云应用程序、通用程序、设备驱动程序、通信系统、文档/图像/声音处理系统等软件开发。

销售收入　（2023.12）　营业利润

20.2 亿日元　（未披露）亿日元

三菱电机（株）

【6503】三菱電機株式会社

https://www.mitsubishielectric.co.jp/

主要平台为三菱电机的ClariSense，该公司以三菱电机的工厂自动化、AI等技术资源，对IoT系统进行统一设计，提供可迅速开发的IoT系统解决方案。

销售收入　营业利润

52,579 亿日元　**3,285** 亿日元

欧姆龙（株）

【6645】オムロン株式会社

https://www.omron.com/jp

主要平台为欧姆龙的Sysmac Studio，这是一款具有可直观操作的综合自动化软件。企业强项为自动化控制系统。

销售收入　营业利润

8,187 亿日元　**343** 亿日元

DMG森精机（株）

【6141】DMG森精機株式会社

https://www.dmgmori.co.jp/

该公司的技术强项为工作机床运转监视系统。

销售收入　（2023.12）　营业利润

5,394 亿日元　**542** 亿日元

菱电机、日立制作所4家公司则通过数据共享进行类似的合作。

在国内少子化/老龄化所带来的人手不足的背景下，日本企业开始重视工厂的自动化和生产效率的提高。譬如，不可缺少人手的制造业、农业、医疗等行业现场已经开始纷纷引入IoT，随着日本5G的普及，面向企业的IoT市场将进一步活跃。

根据IMARC集团的IoT市场报告，日本IoT市场的增长主要得益于国内强大的工业基础和先进技术，以及制造工艺、供应链管理、强化维护三者融合的IoT解决方案。此外，专注于数字化和自动化的日本工业4.0，也是推动IoT市场增长的诱导因素，当然政府推出旨在促进物联网技术发展的补贴政策，以及促进整个行业数字化转型的计划，也进一步推动了IoT市场的增长。

50

日本的计量工业

日本の計量工業

▶ 日本计量法的沿革

称重、测长、计时这种"计量"活动是人类历史上最初的标准化尝试。日本最早的计量制度是在公元 701 年根据大宝律令开始实施的。1891 年近代日本正式制定了第一部度量衡法，法律规定实施包括工业用计测器具在内的所有计量器（度量衡器）制作、修理及销售的执照制度以及全品检查制。

1951 年日本在恢复经济的基础上又重新制定了现代计量法，计量器具的制作、修理、销售执照制，被改为制作、修理许可证制，销售改为登记制。1966 年日本对计量法进行了较大修改，主要内容为导入审批许可制度、缩小特定计量器限制对象的范围（仅限 27 种）。

1993 年日本全面修改了旧计量法，开始施行新计量法，主要内容为统一计量器具的国际单位（SI 单位）、特定计量器从 27 种减为 18 种、建立计量器指定制造业者制度，以及建立 JCSS 制度（计量标准供给制度）等。

▶ 计量技术的发展与认知

众所周知，现代社会的计量法规是维持与保障社会和经济活动正常运行，且绝对不可缺少的标准化基础建设。譬如，现代社会中人们对商店的电子秤、企业的水表或电表都有一种无意识的信任感，这种信任感主要来源于测量仪器的准确性（精度）和计量管理的强制性。因此计量的信赖性、透明性是现代社会治理的基础，没有这种基础，社会的技术交易和商品交易的价值将会从根本上被破坏。

200 多年前发源于法国大革命时期的"米""千克"是最初的世界计量标准，由于当时全球化潮流的普及，"米""千克"就逐渐变成了国际标准化的公制单位。但是随着科学进步，近年来人们开始根据物理常数重新定义"米"和"千克"，譬如 1983 年"米"的定义被修改为光在真空中 1/299,792,458 秒传播的距离。20 世纪 90 年代人们还发现"千克"的原器（标准物），每年居然轻了 20 亿分之一，于是世界各地的研究机构共同承担了这项研究任务，其中日本在浓缩铀确定常数所需硅的精确体积测量方面作出了很大贡献。2018 年国际计量委员会已经使用普朗克常数对"千克"的定义进行了修订，并于 2019 年开始正式实施。

通过使用基于物理常数的定义，现在世界上的任何国家都可以准确地进行长度测量。此外，用于修改测量定义的技术也导致了纳米等新技术的诞生。使"单位"成了世界所共有的事物，与此同时，也促进了产业进步。

世界上需要测量的东西很多，如果要制造一辆汽车，就需要考虑对其各种零部件进行长度、重量、压力、转速的计测，生产一个电表、水表也是如此。总之，社会发展会要求人们根据时间、长度、平面、立体等维度去创建各种各样的计量标准，因为没有正确的计量标准，科学进步与社会发展就无从谈起。

随着高速互联网、5G 技术、IoT、AI 的诞生，计量仪器、计量标准将变得越来越重要，同时社会现实需求也会呼唤更精准、反应更快的计量设备与计量技术。目前股票交易是按千分之一秒的速度进行的，交易所的计量设备必须能够证明每笔交易和发生时间的同时性，但在哪个更快或更慢的问题上，其实目前的测量技术定义还不够准确，这就是社会对未来计量技术进步的期待。

2024 年 2 月，日本产业技术综合研究所高级执行董事、计量标准综合中心负责人、国际计量委员会干事臼田孝先生的一番话，反映了日本对计量技术的认知，他认为日本要在通过改进"测量技术"创造新资源方面发挥大国作用，而且需要在"测量技术定义"的修订方面引领世界。所谓创造新资源是指，当将物质 A 和物质 B 混在一起准备制造某样东西的时候，如果能准确测量它们，就不会有浪费，而本来会浪费掉的东西现在可以利用了，这就是在创造新资源。因此计量技术对于资源贫乏的日本来说是非常重要的。

（参考资料：臼田孝「知られざる計量の奥深い世界、社会·経済活動を支える科学の力」。）

参考资料　一般社团法人　东京都新宿区纳户町 25 番 1 号
日本计量机器工业联合会　电话：03-3268-2121　传真：03-3268-2167　https://www.keikoren.or.jp/

日本的特定计量器鉴定/检查流程

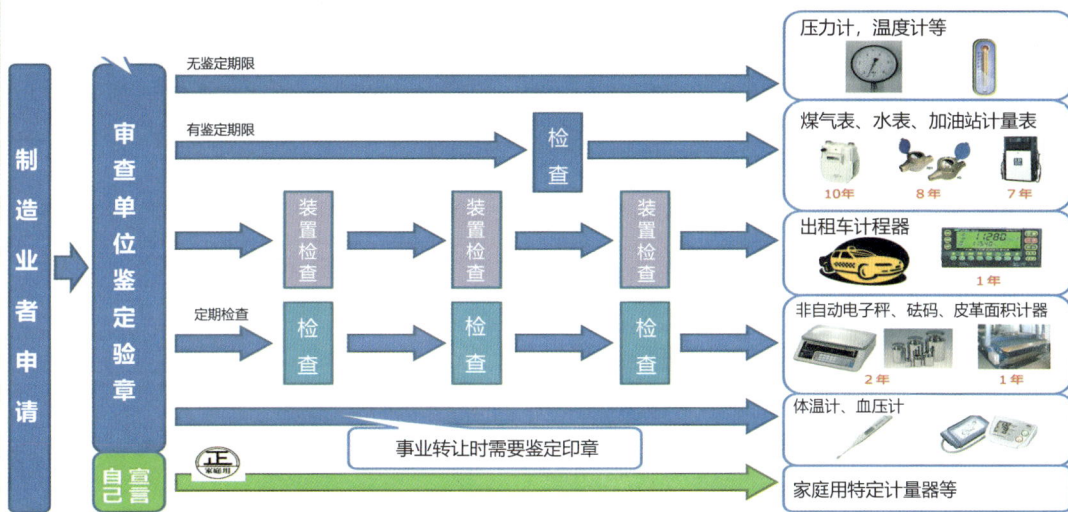

日本的计量制度主要有申请制度、执照承认制度、鉴定制度、指定制造业者制度、定期检查制度、基准器制度、计量标准供给制度、计量证明事业制度、计量证明检查制度、商品秤制度、适正计量管理事业所制度、计量士制度 12 项。

基准器制度

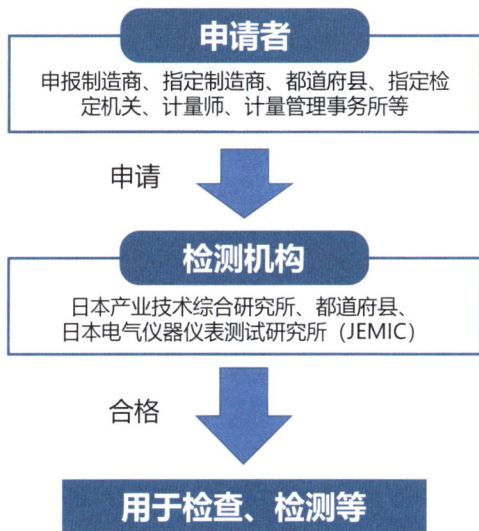

基准器的有效期（例）	
基准器种类	有效期
出租车计程表装置检查用基准器	4 年
质量基准器 a、铸铁制或软钢制基准砝码	1 年
b、上述 a 以外的基准砝码（特级基准砝码除外）	5 年
c、上述a和b以外的砝码	3 年
温度基准器	5 年
电气基准器 a、基准电流计、基准电压计及三级基准电力计量器	6 个月
b、基准电压发生器、基准抵抗器、1级基准电力计量器及2级基准电力计量器	1 年
照度基准器	5 年
噪声基准器	2 年
振动基准器	4 年

资料来源: 日本经济产业省 产业技术环境局 计量行政室 「計量制度の最近の動向と概要」2024 年 5 月。

東京都新宿区納戸町 25 番 1 号
電話：03-3268-2121　FAX：03-3268-2167　https://www.keikoren.or.jp/
一般社团法人
日本計量機器工業連合会

参考资料

51

角度、形状、光学测量等仪器

角度、形状、光学计测などの機器

横河电机 (株)

【6841】横河電機株式会社

https://www.yokogawa.co.jp/

拥有用于测量光通信中的激光产品波长的高速和高精度的光波长计。

销售收入	营业利润
5,401 亿日元	**788** 亿日元

(株) 三丰

【未上市】株式会社ミツトヨ

https://www.mitutoyo.co.jp

主营从通用产品到适用于特殊应用的专用产品，品种齐全。三丰在千分尺的发展上不断创新，例如在世界上首次实现了0.1微米的测量。不仅拥有用于大型工件测量的影像测量机，而且其提供的光学测量仪器产品包括适用于嵌入各类设备的光学仪器，如投影仪、测量显微镜、物镜、成像透镜和目镜等。三丰还提供用于数控机床、半导体制造设备、检测设备等的定位和控制的直线光栅尺。

销售收入	(2023.12)	营业利润	(税前利润)
1,444 亿日元		**119** 亿日元	

Shinwa测定 (株)

【未上市】シンワ測定株式会社

https://www.shinwasokutei.co.jp

该公司主要业务为精密机械和设备的制造和销售，主要提供千分尺/游标卡尺/千分表，扭矩类工具，直尺，卷尺和测量机器类产品。如轮胎沟槽测量仪，数字卡尺，可测量0～25毫米、25～50毫米的千分尺；单向型组合刻度和双向型组合刻度的铝制直尺、机械尺、树脂和竹制直尺产品，玻璃纤维材质的、带凸面智能齿轮的、带高触感凸面齿轮的卷尺产品；还有包括放映机、测量显微镜物镜、成像镜头、目镜、显微镜单元等在内的光学仪器和激光机器，以及旋转激光器、激光测距仪等测量机器。

销售收入	(2023.12)	营业利润	(未披露)
60 亿日元		**（未披露）** 亿日元	

(株) 岛津制作所

【7701】株式会社島津製作所

https://www.shimadzu.co.jp

产品包括分析和测量仪器、医学诊断成像设备，真空设备/工业机械、液压设备、航空/海洋/磁性测量仪器、光学元件/光谱仪/折射仪、其他医疗保健相关产品。

销售收入	营业利润
5,119 亿日元	**727** 亿日元

东京计器 (株)

【7721】東京計器株式会社

https://www.tokyokeiki.jp/

测量、识别和控制设备的综合制造商，产品包括路面横断面轮廓测量和分析和累计设备、平面度测量和分析设备等。

销售收入	营业利润
471 亿日元	**27** 亿日元

(株) TJM设计

【未上市】株式会社TJMデザイン

https://www.tjmdesign.com/

提供建筑相关测量工具，除此之外还有针对自然灾害所开发的灾害现场测量工具。提供包括带间距指示器、带背带、带空转防止装置的卷尺类产品。

销售收入	(2023.12)	营业利润	(净利润)
402 亿日元		**25** 亿日元	

新泻精机 (株)

【未上市】新潟精機株式会社

https://www.niigataseiki.co.jp/

生产制造测定工具的综合商社，提供S线精密测量塞规支架、数字化S线高度计等。

销售收入	(2023.06)	营业利润	(未披露)
35 亿日元		**（未披露）** 亿日元	

什么是扭矩类测量仪器

扭矩是使物体发生转动的一种特殊力矩。扭矩类测量仪器的主要作用就是精确测量和显示施加在旋转部件上的扭矩大小。常见的扭矩类测量仪器包括扭矩扳手、扭矩传感器等。扭矩扳手主要用于在紧固螺栓、螺母等连接件时，确保施加的扭矩达到规定的数值，以保证连接的可靠性和安全性。

扭矩传感器则通常用于更精确的扭矩测量和监测，可应用于各种工业生产过程中的扭矩监测、研发测试等场景。比如，在发动机性能测试、传动系统测试等方面发挥重要作用。总之，扭矩类测量仪器在需要精确控制和监测扭矩的众多领域中都具有关键地位。

扭矩类测量仪器中的传感器是测量扭矩的核心部件，其精度、线性度、重复性等性能直接决定了仪器的整体性能，定期准确校准是保证其精度和稳定性的重要环节，另外，周围的强电磁环境可能会干扰测量信号，导致测量误差。

参考资料　一般社团法人　东京都新宿区纳户町 25 番 1 号
日本计量机器工业联合会　电话：03-3268-2121　传真：03-3268-2167　https://www.keikoren.or.jp/

半导体制造装置

工业机器人

传感器

计量设备

JFEAdvantech（株）

【未上市】JFE アドバンテック株式会社

https://www.jfe-advantech.co.jp/

从普通称重设备到专用称重系统，该公司开发的技术可满足客户在称重方面的要求。

销售收入	营业利润	(2023.03 净利润)
（未披露） 亿日元		**9** 亿日元

YAMAYO测定机（株）

【未上市】ヤマヨ測定機株式会社

https://www.yamayo.co.jp/

其生产的直尺类产品包括不锈钢直尺、银制直尺、铝制直尺等。卷尺类产品包括钢制卷尺、尼龙涂层钢卷尺、玻璃纤维卷尺、带状杆宽卷尺等。

销售收入	(2021.12)	营业利润
8.4 亿日元		（未披露） 亿日元

新光电子（株）

【未上市】新光電子株式会社

https://www.vibra.co.jp/

其生产的精密测量仪器包括高精度电子天平ALE系列、RJ系列、AJ系列、SJ系列，在充分开发高超技术的同时，该公司还提供高质量的产品和服务，致力于在日本建立综合计量系统。

销售收入	(2022.03)	营业利润
33 亿日元		（未披露） 亿日元

MURATEC-KDS（株）

【未上市】ムラテックKDS株式会社

http://www.muratec-kds.jp/

该公司主要提供旋转式激光水平仪及其辅助设备、自动水平仪、经纬仪、三脚架（用于测量仪器）等光学测量仪器和钢制、纤维制卷尺，不锈钢卷尺，特级卷尺等产品。

销售收入	营业利润
（未披露） 亿日元	（未披露） 亿日元

（株）Kett科学研究所

【未上市】株式会社ケット科学研究所

https://www.kett.co.jp/

其产品包括涂层测厚仪、电磁涂层测厚仪、电涡流膜厚计、双型膜厚计等。

销售收入	(2023.12)	营业利润	(净利润)
21.8 亿日元			**1.1** 亿日元

（株）第一科学

【未上市】株式会社第一科学

https://www.daiichi-kagaku.co.jp/

公司设有开发计量温度、湿度和压力产品的技术和贸易部门，提供包括高精度温度计、高精度湿度供给装置、高精度镜面冷却露点仪等精密测量仪器和橡胶硬度计、硬度测量系统、硬度测试仪、弹性测试仪等计量设备。

销售收入	营业利润	(2024.02 净利润)
（未披露） 亿日元		**1.4** 亿日元

原度器（株）

【未上市】原度器株式会社

http://www.haradoki.co.jp/

其卷尺MAGNESIUM根据世界上最小、重量最轻的概念，以镁合金作为主体。

销售收入	营业利润
（未披露） 亿日元	（未披露） 亿日元

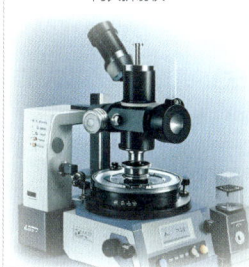
阿贝折射仪

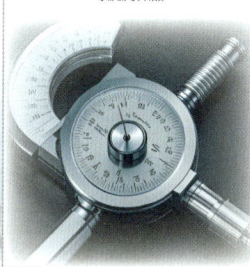
螺旋测微器

什么是精密测量仪器

常见的精密测量仪器有三坐标测量机，可以精确测量物体的三维尺寸、形状和位置公差等；影像测量仪通过光学成像获取物体的二维图像，进行尺寸测量和形状分析；激光干涉仪用于高精度测量物体的长度、角度等，在精密加工和计量领域有重要地位；圆度仪专门测量回转体零件的圆度、圆柱度等形状误差；显微镜可进行多种几何量的测量和分析；螺旋测微器能更精确地测量较小物体的尺寸；自准直仪用于测量直线度、平面度以及小角度；测微目镜常与其他仪器配合使用，用于观测和测量物体的微小位移；分光光度计可测量物质对不同波长光的吸收或发射情况；阿贝折射仪专门用于测量液体或固体的折射率。电子天平、游标卡尺、千分尺虽然相对简单，但也是常用的精密测量工具，用于精确称量物质的质量、精确测量较小尺寸物体的长度或厚度等。

52

密度·比重、气象观测

密度/比重、气象观测等仪器

横河电机（株）

【6841】横河電機株式会社

https://www.yokogawa.co.jp/

该公司提供高精度、高性能的温度变送器，可输出与测量温度相对应的模拟或数字信号，其显示单元还具有设置仪器参数的功能。使用光纤温度传感器进行预测性维护，可应用于钢铁厂、发电厂、化工厂和交通基础设施。产品有液体密度计、气体密度计、氢气纯度和位移浓度计等。

销售收入　　　　　　　　营业利润
5,401 亿日元　　　　　**788** 亿日元

阿自倍尔（株）

【6845】アズビル株式会社

https://www.azbil.com/jp

其产品包括温度/湿度/温湿度计，适用于大范围内精确的温度和湿度测量。

销售收入　　　　　　　　营业利润
2,909 亿日元　　　　　**368** 亿日元

（株）CHINO

【6850】株式会社チノー

https://www.chino.co.jp

该公司生产的产品包括分离式、插入式、壁挂式、通风型、便携式的温度计和干湿球形湿度计、通风干湿球湿度计、电子湿度计。该公司还可提供温度校准设备和标准温度计等产品。

销售收入　　　　　　　　营业利润
274 亿日元　　　　　　**21** 亿日元

东京计装（株）

【未上市】東京計装株式会社

https://www.tokyokeiso.co.jp/

该公司提供散热器风速测量系统。

销售收入　　　　　　　　营业利润
253 亿日元　　　　　（未披露）亿日元

（株）岛津制作所

【7701】株式会社島津製作所

https://www.shimadzu.co.jp

该公司提供干式自动密度计，可用于测量发泡塑料的开放气泡和独立气泡率。比重计产品有AT-R系列比重测量仪、AP系列比重测量仪、UP系列比重分析仪。其粘度计产品包括一种管式流变仪，可用于测量熔体通过管子时的粘滞阻力。

销售收入　　　　　　　　营业利润
5,119 亿日元　　　　　**727** 亿日元

矢崎Energy系统（株）

【未上市】矢崎エナジーシステム株式会社

https://www.yazaki-group.com/company/energysystem

其产品有一氧化碳警报器。

销售收入 (2023.06)　　　营业利润
1,843 亿日元　　　　　**26** 亿日元

长野计器（株）

【7715】長野計器株式会社

https://www.naganokeiki.co.jp

其生产的不锈钢外壳双金属温度计是一种使用螺旋缠绕双金属材料的温度计，这种材料由两块重叠的金属板组成，根据温度的不同，两块金属板的膨胀系数也不同，温度变化引起的位移会传递给指针进行指示。

销售收入　　　　　　　　营业利润
679 亿日元　　　　　　**71** 亿日元

（株）三丰

【未上市】株式会社ミツトヨ

https://www.mitutoyo.co.jp

其产品包括具备显示功能的地震仪和数字强震动加速仪。

销售收入 (2023.12)　　　营业利润 (税前利润)
1,444 亿日元　　　　　**119** 亿日元

密度计，通过测量物体在液体中所受浮力的大小来确定液体的密度。密度计有不同的类型，如玻璃管式密度计、振动式密度计等。在许多行业中都有重要应用，如在石油化工、食品饮料、制药中，密度计用于质量控制、产品研发等方面。在石油工业中，密度计可以帮助确定原油的品质和分类，用于油品密度的测量和质量控制；

在食品饮料行业，密度计用于检测各类液体食品的密度，以确保产品符合标准；在制药行业，密度计用于检测药液的密度；在材料研究中，密度计用于分析不同材料的密度特性。

比重计，实际上是一种特殊的密度计，主要用于测量液体的相对密度（比重）。比重计在一些特定领域，如酒类、奶制品等的检测中经

参考资料　一般社团法人
日本计量机器工业联合会　东京都新宿区纳户町 25 番 1 号
电话：03-3268-2121　传真：03-3268-2167　https://www.keikoren.or.jp/

（株）OVAL

【7727】株式会社オーバル

https://www.oval.co.jp

其生产的粘度计精度高、灵敏度高。此外，该公司生产的高精度恒温箱和温度控制器性能稳定，可靠性高。

销售收入	营业利润
143 亿日元	**14** 亿日元

（株）佐藤计量器制作所

【未上市】株式会社佐藤計量器製作所

https://www.sksato.co.jp/

其温度计产品有防水电子温度计、防溅电子温度计、冰箱用电子温度计。湿度计产品提供数字式温湿度记录，还有温湿度记录仪、传感器，模拟温湿度记录仪，阿斯曼通风干湿度计。除此以外，该公司还生产包括数字气压计、数字风速仪、手持式指示风速计、雨量传感器、雨量报警器等气象观测仪器。

销售收入	(2024.03)	营业利润	
16.3 亿日元		（未披露）亿日元	

（株）第一科学

【未上市】株式会社第一科学

https://www.daiichi-kagaku.co.jp/

其数字式温度计可一键记录测量数据。湿度计产品可连接Rotronic 温度/湿度传感器，用于校准和调节温度和湿度并具有背光液晶显示屏和字体放大功能。可提供户外和天气湿度传感器探头、高温范围耐压型温湿度传感器探头、数字式湿度传感器探头等。与其生产合作商京都电子工业生产密度比重计。另外，公司生产的音叉振动式SV型粘度计可用于测量各种产品的粘度。日本气象厅的AMeDAS（区域气象观测系统）采用了该公司开发的电动温度/湿度测量仪和强制通风装置，从而使日本的湿度观测向前迈进了一大步。其他产品还有便携式湿度校准器、高精度恒温恒湿测试仪、高精度温度校准器、手动压力校准器等。

销售收入	营业利润	(2024.02净利润)
（未披露）亿日元		**1.4** 亿日元

Shinwa测定（株）

【未上市】シンワ測定株式会社

https://www.shinwasokutei.co.jp

其电子温度计具有修正值设置功能，配有字符高度约为10毫米的大尺寸LCD显示屏、防尘/防水性能为IP65，以及零位设置功能、自动断电功能、环境温度显示功能。

销售收入	(2023.12)	营业利润	
60 亿日元		（未披露）亿日元	

Endress+HauserJapan（株）（瑞士）

【未上市】エンドレスハウザージャパン株式会社（スイス）

https://www.jp.endress.com/ja/endress-hauser-group

其工业温度计的灵活配置包括各种不同的传感器结构、热电偶套管、连接外壳和温度变送器。

销售收入	(2023.12)	营业利润	
37.2 亿欧元		**5.7** 亿欧元	

ENDRESS山梨（株）

【未上市】エンドレスハウザー山梨株式会社

https://www.jp.endress.com/

该公司生产高温温度计、重型温度计、紧凑型温度计、温度开关、温度变送器、热电偶套管等。

销售收入	营业利润	(2023.12净利润)
（未披露）亿日元		**6** 亿日元

神荣科技（株）

【未上市】神栄テクノロジー株式会社

https://www.shinyei.co.jp/stc/

该公司主要生产和销售露点仪、温湿度计、湿度传感器、温湿度记录仪、温湿度传感器、露点传感器、湿度发生器和其他湿度计量设备，适用于工业、测量、消费、家电、汽车和燃料电池等领域。还可提供专门用于冲击加速度测量的加速度测量仪。

销售收入	营业利润	(2023.03净利润)
（未披露）亿日元		**1.7** 亿日元

常使用。比如，酿酒行业会用比重计来监测发酵过程中液体比重的变化。

粘度计，用于测量流体的粘性，即流体抵抗流动的能力。常见的粘度计有旋转式、毛细管式等。在许多工业和科研领域都很关键，如涂料、胶粘剂、润滑油等行业。例如，在涂料生产中，通过粘度计来确保涂料的流变性能符合要求，以保证施工质量。不同类型的粘度计适用于不同范围的粘度测量和不同性质的流体。

粘度计在涂料行业中用于确定涂料的流变性能，保证其施工和使用效果；在胶粘剂行业中，粘度计帮助优化胶粘剂的粘性和使用性能；在润滑油行业中，粘度计评估润滑油在不同工况下的粘度表现；在化妆品行业，粘度计帮助如乳液、面霜等产品控制粘度；在高分子材料行业中，粘度计可观察聚合物的粘度特性及其变化。

半导体制造装置

工业机器人

传感器

计量设备

（株）A&D HOLON控股

【7745】株式会社A&Dホロンホールディングス

https://andholon.com/

该公司生产B型粘度计、振动在线粘度计、音叉式振动粘度计等。

销售收入	营业利润
619 亿日元	**79** 亿日元

METTLERTOLEDO（株）

【MTD（NYSE）】メトラー・トレド株式会社

https://www.mt.com/jp/

该公司提供液体比重测量、大型样品的比重测量服务。

销售收入 （2023.12）	营业利润 （税前利润）
37.8 亿美元	**9.7** 亿美元

（株）FUKUDA

【未上市】株式会社フクダ

https://www.fukuda-jp.com/

该公司生产的校准器用于泄漏测试仪的例行检查、灵敏度检查和工件体积测量。

销售收入	营业利润 （2024.03净利润）
（未披露） 亿日元	**1.2** 亿日元

坂田电机（株）

【未上市】坂田電機株式会社

https://www.sakatadenki.co.jp/

其产品包括河流和水库监测系统、山顶测量和管理设备、沉箱测量设备、滑坡监测设备、堤坝动态监测设备。

销售收入 （2023.06）	营业利润
14 亿日元	**0.1** 亿日元

（株）东日制作所

【未上市】株式会社東日製作所

https://www.tohnichi.co.jp/

该公司生产的测试仪是校准用仪器，主要用于定期校准和维修时的校准作业。其生产的校验器用于扭力机器日常检查的校验。

销售收入 （2023.11）	营业利润
68 亿日元	（未披露） 亿日元

兵田计器工业（株）

【未上市】兵田計器工業株式会社

https://www.hyoda.co.jp/

其生产的双金属温度计结构简单，易于维护，比玻璃温度计更坚固耐用，可直接读取指示值，因此适合工业领域。

销售收入	营业利润
（未披露） 亿日元	（未披露） 亿日元

ANEOS（株）

【未上市】ANEOS株式会社

https://www.aneos.co.jp/

该公司主要生产风向/风速测量计和各种气象观测设备，以及数据处理系统、网络系统、船舶用旋转窗等。

销售收入 （2023.07）	营业利润
43 亿日元	（未披露） 亿日元

VAISALA（株）（芬兰）

【Nasdaq omx helsinki：VAIAS】ヴァイサラ株式会社（フィンランド）

https://www.vaisala.com

该公司主要生产高层气象观测装置、超声波式风向风速仪、船舶用高层气象观测装置等。

销售收入 （2023.12）	营业利润
5.4 亿欧元	**0.66** 亿欧元

气象观测仪器，日本由于地理位置的因素，不仅是台风路经地，而且境内河流小而短，一旦下大雨极易发生洪水灾害，是一个经常发生自然灾害的国家，因此，日本气象观察和气象预报技术也很发达，生产气象观测仪器的企业不少。气象观测仪器主要有用于测量温度湿度的温度计、湿度计和检测大气压强的气压计，以及测定风速、统计降雨量、指示风向的风速计、雨量计、风向标等。气象站中温度计、湿度计等仪器协同工作，

为天气预报提供基础数据；气象部门通过各种气象观测仪器全面了解天气状况并做出准确的气象预报。日本地处环太平洋地震带，是地震频发国家，为此日本全国密布大量地震监测设备，

参考资料　一般社团法人　东京都新宿区纳户町 25 番 1 号
日本计量机器工业联合会　电话：03-3268-2121　传真：03-3268-2167　https://www.keikoren.or.jp/

半导体制造装置

工业机器人

传感器

计量设备

明星电气（株）

【未上市】明星電気株式会社

https://www.meisei.co.jp/

该公司生产包括气象观测仪器在内的通信、电子、电气计测、信息处理等精密机械器具，以及医疗机器和其他电气装置与机械器具等。

销售收入

83.5 亿日元

营业利润

4.5 亿日元

名古屋电机工业（株）

【6797】名古屋電機工業株式会社

https://www.nagoya-denki.co.jp/

该公司生产各类气象观测装置、路面冻结检测装置、超声波式积雪深度计、通风式气温计、风向风速计、雨量计等，对风向风速、雨量、路面冻结、积雪深度等气象状况进行观测、状态判定并反馈数据。

销售收入

175 亿日元

营业利润

23 亿日元

Ace Point Systems（株）

【未上市】エースポイントシステムズ株式会社

www.acepoint.co.jp

该公司的主营业务包括气象观测设备在内的图像处理/测量设备、图像传感器、检查装置和信息设备的开发与制造及销售。

销售收入

（未披露）亿日元

营业利润

（未披露）亿日元

多通道地震仪

明星电气（株）

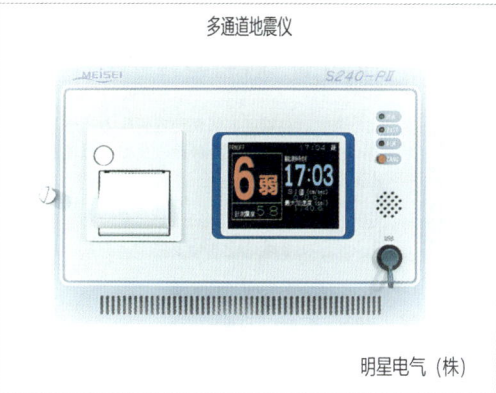

光进电气工业（株）

【未上市】光進電気工業株式会社

http://www.koshindenki.com/

1948年创立的日本老牌气象观测设备生产企业，主要生产各种风向风速仪等。

销售收入

（未披露）亿日元

营业利润

（未披露）亿日元

飞驒测器（株）

【未上市】飛驒測器株式会社

https://sk-taihei.co.jp/

该公司生产可阻挡雨水和阳光直射的木制百叶箱和测量积雪的降雪量计。

销售收入

（未披露）亿日元

营业利润

（未披露）亿日元

严密监视火山和地表活动；日本地震信息披露速度极快，一般在数秒内电视就会播出震中位置及各地地震强度等。地震监测仪器中的地震仪用于记录地震波，分析地震的发生时间、震级、震中位置等信息；强震仪用于测量强震时地面运动的加速度、速度和位移等参数。这些设备在地震监测网络中扮演着关键角色，能够及时捕捉到地震信号，为地震预警和研究提供重要依据，而地震研究机构利用专业的地震仪器来监测地壳活动，可以更好地了解地震的规律和特征。

53

压力测量仪器

压力测定机器

美蓓亚三美（株）传感设备事业部

【6479】ミネベアミツミ株式会社センシングデバイス事業部

https://www.minebeamitsumi.com

该公司生产高精度、长期稳定的压力传感器，根据测量目的，它们可以连接到各种测量仪器，以显示、记录、控制和监测压力。

销售收入	营业利润
14,021 亿日元	**735** 亿日元

横河电机（株）

【6841】横河電機株式会社

https://www.yokogawa.co.jp/

该公司生产的数字压力表采用自主研发的单晶硅谐振传感器，结构紧凑、重量轻且功能强大，达到了0.01%的高测量精度。该产品系列还具有多传感功能，可同时测量差压和静压。

销售收入	营业利润
5,401 亿日元	**788** 亿日元

西野产业（株）

【未上市】西野産業株式会社

https://www.g-nishino.co.jp/

该公司主营批发精密测量仪器、测量工具、自动控制设备、电气测量仪器、测试设备、称重设备、科学仪器等。旗下多家供应商提供压力计。

销售收入	(2023.04)	营业利润	(未披露)
155 亿日元			亿日元

（株）OVAL

【7727】株式会社オーバル

https://www.oval.co.jp

其生产的演算器可对从流量计接收到的流量信号进行流量换算，还可对从温度计、压力计和密度计以及流量计接收到的信号进行计算。

销售收入	营业利润
143 亿日元	**14** 亿日元

阿自倍尔（株）

【6845】アズビル株式会社

https://www.azbil.com/jp

该公司生产的远程密封差压变送器适用于对具有强腐蚀性、冷凝性或金属沉积物的工艺流体进行差压流量和液位测量。

销售收入	营业利润
2,909 亿日元	**368** 亿日元

长野计器（株）

【7715】長野計器株式会社

https://www.naganokeiki.co.jp

该公司生产的压力计产品包括无线压力表，可将无线指针读数装置集成在机械压力表中；高精度电池供电数字压力表，能够测量各种介质（液体和气体）的压力。另外，该公司提供的高精度数字压差带大型 LCD 显示屏，具有极佳的可视性。

销售收入	营业利润
679 亿日元	**71** 亿日元

（株）共和电业

【6853】株式会社共和電業

https://www.kyowa-ei.com/jpn

该公司生产用于H-II火箭的压力变换器。

销售收入	(2023.12)	营业利润	
149 亿日元		**11** 亿日元	

Spectris（株）

【未上市】スペクトリス株式会社

https://www.spectris.co.jp/

该公司旗下的HBK在声音和振动、力和应变以及扭矩的物理测量技术领域处于世界领先地位，提供精密测量、分析处理和控制解决方案。

销售收入	(2022.12)	营业利润	(2022.12净利润)
98 亿日元		**1.6** 亿日元	

　　压力测量仪器是用于测量流体(气体或液体)压力的设备。在工业生产、科学研究、航空航天、汽车制造、能源等众多领域中，压力测量仪器都发挥着至关重要的作用。它们能够帮助我们了解系统内部的压力状态，确保设备的安全运行、工艺的稳定以及产品的质量。

　　压力测量仪器在许多行业中都起着重要作用，例如，在工业生产过程中监测压力变化以确保设备安全运行，在气象领域测量大气压力，在航空航天领域监测飞行器内部和外部的压力等。压力计是依靠压力传感器将压力信号转换成电信号的装置，压力计可以基于不同的压力传感器实现压力测量，譬如应变式压力传感器、压阻式压力传感器、电容式压力传感器、电感式压力传感器等，此外还有利用感应元件、弹簧管的变形指示压力做成的膜盒式压力计和弹簧管式压力表等。在石油化工行业中，应变式压力传感器常用于管道压力监测；在电力行业中，电容式压力传感器可用

参考资料　一般社团法人　　东京都新宿区纳户町 25 番 1 号
日本计量机器工业联合会　电话：03-3268-2121　传真：03-3268-2167　https://www.keikoren.or.jp/

第一物产（株）

【未上市】第一物産株式会社

https://www.dib.co.jp/

该公司从事与称重仪表和压力表相关的 设计、制造、销售、检验和维修等方面的工作。

销售收入 （2023.08） 营业利润

40.2 亿日元 （未披露） 亿日元

旭计器工业（株）

【未上市】旭計器工業株式会社

https://www.asahigauge.co.jp/

该公司生产的压力计产品包括布顿管压力表、隔膜压力表、微压表、差压表、带触点压力表等。另外，公司还生产紧凑型压力变送器、带指示的压力变送器、差压变送器等压力/压差发信转送仪器。

销售收入 （2023.04） 营业利润

13.2 亿日元 （未披露） 亿日元

（株）FUKUDA

【未上市】株式会社フクダ

https://www.fukuda-jp.com/

该公司生产的数字压力表包括标准型、高功能型，可根据精度、表压和压差选择不同类型的压力传感器。

销售收入 营业利润 （2024.03净利润）

（未披露） 亿日元 **1.2** 亿日元

日新计器（株）

【未上市】日新計器株式会社

https://www.nisshin-keiki.co.jp/

该公司生产的使用布顿管的压力表包括普通压力表、密封压力表、充液式抗震压力表、差压表和隔膜式压力表。

销售收入 营业利润

（未披露） 亿日元 （未披露） 亿日元

Endress+HauserJapan（株）（瑞士）

【未上市】エンドレスハウザージャパン株式会社（スイス）

https://www.jp.endress.com/ja/endress-hauser-group

该公司生产的压阻式压力传感器和金属膜或电差压系统和隔膜密封的差压变送器主要用于流程工业。

销售收入 （2023.12） 营业利润

37.2 亿瑞士法郎 **5.7** 亿瑞士法郎

（株）第一科学

【未上市】株式会社第一科学

https://www.daiichi-kagaku.co.jp/

该公司生产的手动压力校准器可同时对两台设备进行压力比较校准。

销售收入 营业利润 （2024.02净利润）

（未披露） 亿日元 **1.4** 亿日元

（株）双叶测器制作所

【未上市】株式会社双葉測器製作所

https://www.futabass.co.jp/

该公司生产的O型基准液柱压力计是测试无液血压计、水银柱血压计和数字血压计的参考仪器，具有很高的准确度。

销售收入 营业利润 （2023.03净利润）

（未披露） 亿日元 **0.06** 亿日元

东洋计器兴业（株）

【未上市】東洋計器興業株式会社

https://www.toko1955.co.jp/

该公司生产高性能A级压力计，用于监测工业厂房设备、机床和其他设备；还生产双针压力计，可用于校准在用压力表的主表。

销售收入 营业利润

（未披露） 亿日元 （未披露） 亿日元

于锅炉压力测量等。

常见的压力测量仪器类型主要有：① 液柱式压力计，利用液柱高度与压力之间的关系来测量压力；② 弹性式压力计基于弹性元件在压力作用下产生弹性变形的原理进行测量；③ 电气式压力计是将压力转换为电量进行测量的仪器；④ 活塞式压力计是一种基于静力平衡原理的高精度压力标准仪器。

随着科学技术的不断发展，压力测量仪器也在不断地更新换代和发展创新。未来，压力测量仪器将朝着高精度、高可靠性、智能化、微型化、网络化的方向发展。例如，采用新型敏感材料和先进制造工艺提高传感器的性能；利用 MEMS 技术制造微型压力传感器；通过与计算机技术和网络技术的结合，实现压力测量数据的远程传输、实时监测和智能分析处理等功能。

半导体制造装置

工业机器人

传感器

计量设备

(株) 东京测器研究所

【未上市】株式会社東京測器研究所

https://www.tml.jp

其产品应用于车辆、航空器、船舶、道路、建筑物等，主营业务为安全设计/灾害预警所必需的应力测定仪器的开发、制造及销售。

销售收入 (2023.03) 营业利润

51.8 亿日元 （未披露） 亿日元

大和制衡 (株)

【未上市】大和製衡株式会社

https://www.yamato-scale.co.jp/

大和制衡的压力发信器配有出色的力传感器，可获得与外加载荷大小成比例的电子输出信号。

销售收入 (2023.03) 营业利润

315 亿日元 **43** 亿日元

东京计装 (株)

【未上市】東京計装株式会社

https://www.tokyokeiso.co.jp/

该公司生产的差压流量计通过连接在支管上的小口径流量计或差压计测量流量，可以经济地测量流量。

销售收入 营业利润

253 亿日元 （未披露） 亿日元

(株) 第一计器制作所

【未上市】株式会社第一計器製作所

http://www.daiichikeiki.co.jp/

该公司于1953年成立，主要生产和销售一般压力计和隔膜式压力计等压力仪器。

销售收入 营业利润

（未披露） 亿日元 （未披露） 亿日元

岛津系统解决方案 (株)

【未上市】島津システムソリューションズ株式会社

https://www.shimadzu.co.jp/sss/

该公司生产的压力/差压变送器（高精度）T200 系列配备多功能、易读的数字显示屏，以及高可靠性的半导体复合传感器，具有专用通信器和自诊断功能。

销售收入 (2023.03) 营业利润 (净利润)

51.9 亿日元 **4.6** 亿日元

(株) NOHKEN

【未上市】株式会社ノーケン

https://www.nohken.com/

其生产的压力变送器可用于测量液体、气体和蒸汽的压力、密度、流速和液位，并将测量值输出为模拟信号。

销售收入 (2024.03) 营业利润 (2023.03净利润)

50.7 亿日元 **2.9** 亿日元

(株) PISCO

【未上市】株式会社日本ピスコ

https://www.pisco.co.jp/

该公司的主营业务是空压机器的开发、制造和销售，企业向市场提供的各种空压机，不仅用于工业领域，还用于食品、纺织、医疗、半导体、汽车、机床等领域。

销售收入 营业利润

（未披露） 亿日元 （未披露） 亿日元

日本精器 (株)

【未上市】日本精器株式会社

https://nihonseiki.com/

该公司生产各种空压机器以及压缩空气除湿装置的制造和销售，产品分为控制设备、驱动设备、空气过滤系统机器、空压机器等。

销售收入 营业利润

（未披露） 亿日元 （未披露） 亿日元

日本压力测量仪器品牌主要有以下几个。

①日本 AVIO：主要生产压力计，如 FG-400 压力计，该品牌的原装进口产品，具有较高的精度和稳定性。

②日本 AIKOH：其手动荷重仪 9101、9102 等产品在市场上有一定的份额。

③日本力新宝 Shimpo：提供各种压力测量仪器，包括手动荷重试验机等。

④日本冈野 Okano：生产液柱式压力计，如

PW、PA、SP 型等，适用于环保、能源、电子、电气等领域。

⑤日本 SPOTRON：其压力测量仪具有数字化显示、存储和自动归零等功能，可用于电阻焊接的加压力检测。

这些品牌在压力测量仪器领域具有一定的知名度和市场份额。

参考资料 一般社团法人 日本计量机器工业联合会 东京都新宿区纳户町 25 番 1 号 电话：03-3268-2121 传真：03-3268-2167 https://www.keikoren.or.jp/

54 化学用体积计量器
化学用体積計

（株）A&D
【未上市】株式会社エー・アンド・ディ

https://www.aandd.co.jp/

该公司主营电子测量仪器的生产和销售，其中化学用体积计量器包括移液器。

销售收入	营业利润
619 亿日元	**79** 亿日元

METTLERTOLEDO（株）
【MTD（NYSE）】メトラー・トレド株式会社

https://www.mt.com/jp/

该公司主要生产水分滴定仪、浊度计、滴定传感器等化学用体积计量器。

销售收入	(2023.12)	营业利润	(税前利润)
37.8 亿美元		**9.7** 亿美元	

SARTORIUS日本（株）
【FWB：SRT】ザルトリウス・ジャパン株式会社

https://www.sartorius-labsolutions.jp/

其主要产品包括移液器、毛细管和吸头、纳米孔阵列等。

销售收入	(2023.12)	营业利润	(净利润)
27.8 亿欧元		**3.1** 亿欧元	

（株）Climbing
【未上市】株式会社クライミング

https://www.climbing-web.com/

该公司主要生产玻璃制体积计量器、理化学分析用玻璃器具和工业用玻璃制品，以及从事科学仪器和理化学用消耗品的销售等。

销售收入	营业利润
（未披露）亿日元	（未披露）亿日元

（株）宫原计量器制作所
【未上市】株式会社宮原計量器製作所

https://www.miyahara-keiryouki.com/

该公司于1932年创业，1952年获得通产省化学用体积计量器生产许可，2001年被认定为日本工业规格（JIS）工厂，2009年获得新JIS制品制造认定，可生产高精度化学用体积计量器。

销售收入	营业利润
（未披露）亿日元	（未披露）亿日元

京都电子工业（株）
【未上市】京都電子工業株式会社

https://www.kem.kyoto/

1961年创业以来，作为专业生产分析计量器的企业，该公司依靠自有技术在融合新技术后，可开发生产各种各样研究用和环境用分析仪器。

销售收入	(2022.12)	营业利润	
63.9 亿日元		（未披露）亿日元	

柴田科学（株）
【未上市】柴田科学株式会社

https://www.sibata.co.jp/

该公司主要生产包括理化学用玻璃器具、化学用体积计量器在内的环境测量仪器、劳动卫生测量仪器、通用科学分析仪器等。

销售收入	营业利润
（未披露）亿日元	（未披露）亿日元

化学用体积计量器是用于测量和准确控制化学实验中液体体积的仪器。它们在化学实验、分析和研究中起着重要的作用，常见的化学用体积计量器包括以下几种：量筒（量杯）用于测量液体体积的基本仪器，通常有不同的量程和精度可供选择；容量瓶用于配制准确浓度的溶液，具有特定的容量和刻度；滴定管分为酸式滴定管和碱式滴定管，用于进行滴定分析，可精确测量滴定过程中消耗的溶液体积；移液管用于准确移取一定体积的液体，有不同规格和精度的移液管可供使用。此外，还有一些其他类型的体积计量器，如微量移液器、刻度吸管等，它们在特定的实验和分析中也有应用。

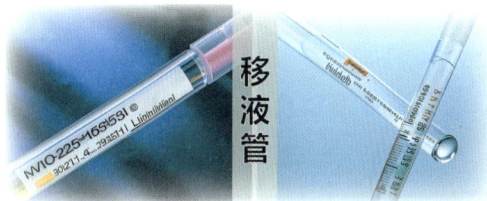

移液管

55

流量测量仪器

流量计测装置

横河电机（株）

【6841】横河電機株式会社

https://www.yokogawa.co.jp/

该公司生产的差压流量计产品具备高精度、长期稳定的性能和丰富的产品系列，满足各种压力测量需求，自主研发的硅谐振传感器具备了0.01%的高测量精度。公司还生产ADMAG系列电磁流量计产品、digitalYEWFLO系列涡流量计产品，超声波流量计生产占比较小。其他产品还有多种排水流量计，主要用于测量封闭或开放式通道的液体流量。该公司的流量计测系统收集的数据包括电压、电流等电气测量值以及温度、压力、流量等通过传感器获得的测量值。

销售收入	营业利润
5,401 亿日元	**788** 亿日元

阿自倍尔（株）

【6845】アズビル株式会社

https://www.azbil.com/jp

该公司生产的蒸汽流量计是饱和蒸汽专用流量计，可以通过同时测量蒸汽压力和用于流量测量的差压来测量蒸汽的质量流量。该公司生产的电磁流量计用于测量水和废水的流入和流出。超声波涡轮流量计使用双测量超声波来检测涡流，可以测量低流量。公司还生产多变量、超声波以及微型的涡流量计，例如，用于测量城市燃气的高精度、大流量质量流量计以及用于分段控制工业气体的紧凑型气体质量流量计。

销售收入	营业利润
2,909 亿日元	**368** 亿日元

Tokico系统解决方案（株）

【未上市】トキコシステムソリューションズ株式会社

https://www.tokicosys.com/

该公司生产的超声波气体流量计精度高、流量范围广。罗茨流量计可直接测量液体，并根据不同的流体、粘度和测量范围而改变。其生产的脉冲传感器CCG流量计，适用于催化剂、添加剂或香料等各种流体的微流量测量。质量流量计产品以测量天然气、石油等高精度、大容量的流量计为主。

销售收入 (2023.03)	营业利润
217 亿日元	**17** 亿日元

（株）岛津制作所

【7701】株式会社島津製作所

https://www.shimadzu.co.jp

该公司生产的差压流量计主要用于航空/航海设备的磁性测量。磁力计广泛用于搜寻埋藏的磁性物体（铁管、炮弹、武器、沉船），而磁强计则用于地磁观测和测量磁性物体产生的磁场。其流量计测系统主要用于水质、废气的分析和流量计测。

销售收入	营业利润
5,119 亿日元	**727** 亿日元

矢崎Energy系统（株）

【未上市】矢崎エナジーシステム株式会社

https://www.yazaki-group.com/company/energysystem

该公司主要生产以超声波式为主的城市燃气表和超声波式/膜式LP安全燃气表。

销售收入 (2023.06)	营业利润
1,843 亿日元	**26** 亿日元

爱知钟表电机（株）

【7723】愛知時計電機株式会社

https://www.aichitokei.co.jp

该公司生产的超声波流量计专门用于空气和氮气测量，可作为压缩空气的可视化工具使用；微流量涡轮流量计集成了温度/压力补偿机制，颠覆了涡轮流量计的传统观念；电磁体积流量计的低功耗技术是世界上首款内置电池可测量10年的流量计，不仅重量轻且精度高，可在水下连续使用。该公司还生产用于测量排水系统中水流量的测量仪器，产品包括高性能干式水表、旋翼式水表、远传水表等多种水表流量计；标准和远程型高性能温水流量计用于测量楼宇、工厂使用的热水流量。其他产品包括LP燃气表、中压燃气表、罗茨燃气表等。

销售收入	营业利润
512 亿日元	**36** 亿日元

2024年全球流量测量仪器市场规模大约80亿美元，预计到2029年将达到110亿美元，年复合增长率（CAGR）为6.57%。鉴于全球经济活动中气体、液体、化品品和矿物油品以及污染物等流量监测业务的扩张，全球流量测量仪器的需求也在稳步增长。

目前全球流量计技术领先的企业主要为横河电机、ABB集团、西门子、布朗克斯特（Bronkhorst）、霍尼韦尔等大企业，但市场竞争比较激烈，这些企业一般通过新的合作伙伴关系、技术创新、收购兼并等战略来保持可能的竞争优势。

测量或调整管内液体和气体的流量测量仪器，通常用于企业的供热通风/空气调节（HVAC）、医疗系统、石油化学企业、城市水管/煤气供应系统，以及污水处理系统等，这些流量测量仪器不仅可以检查管道的泄漏、堵塞、破裂、污染情况，还可以监测污染引起的液体浓度变化等。一般来

参考资料　一般社团法人　东京都新宿区纳户町25番1号
日本计量机器工业联合会　电话：03-3268-2121　传真：03-3268-2167　https://www.keikoren.or.jp/

长野计器（株）

【7715】長野計器株式会社

https://www.naganokeiki.co.jp

该公司的产品包括差压式数字流量计、安全防爆型差压式数字流量计、差压式气体流量计等。该公司生产的产品冷热水流量计为轴向涡轮型，广泛应用于气体、冷热水的流量测量中。公司还生产热量积算仪以及压差式热量计算仪。公司设计生产的无线压差监测系统，是一种可集中控制的系统产品，用于测量与空调相关的微小压差计。

销售收入 **679** 亿日元   营业利润 **71** 亿日元

日东精工（株）

【5957】日東精工株式会社

https://www.nittoseiko.co.jp

其产品有旋转活塞式容积流量计，计量部分安装有电子显示和计数装置。涡轮流量计是基于卡门涡街原理的流量传感器。电磁流量计能够不受液体密度、粘度、温度或压力变化的影响测量流量。质量流量计产品通过检测科里奥利力在测量管中造成的相位差直接测量质量流量。公司还生产叶轮式的排水流量和专门用于测量高压气体的蒸汽表。所提供的流量计测系统将流量计与各种传感器和接收器组合使用，实现远程遥测和控制。

销售收入 (2023.12) **447** 亿日元   营业利润 **26** 亿日元

东京计器（株）

【7721】東京計器株式会社

https://www.tokyokeiki.jp/

世界上首家将超声波流量计商业化的公司，主要产品包括高精度超声波流量计、农业用水超声波流量计、超声波暗渠流量计等，也是日本国内最大上下水道、农业用水流量计生产企业。该企业为日本47个都道府县提供干式和电子式以及热水表等多种流量计。此外，企业还生产城市燃气用表。

销售收入 **471** 亿日元   营业利润 **27** 亿日元

（株）TATSUNO

【未上市】株式会社タツノ

https://tatsuno-corporation.com/jp/

该公司生产的叶片形流量计持续使用液体压力，以恒定速度平稳计量。独特的螺旋转子具有出色的特性，计量流量范围广、精度高。

销售收入 (2023.03) **441** 亿日元   营业利润 **15** 亿日元

日本EMERSON（株）

【NYSE: EMR】日本エマソン株式会社

http://www.emerson.co.jp/

该公司生产灵活、可扩展且精确的多相流量计，以及各种压力流量计（差压流量计和差压变送器）。Rosemount™ 差压流量计产品可在各种应用中最大限度地提高测量效率。其涡轮流量计采用无垫片流量计设计，简化了安装、维护和验证过程。其电磁流量计具有更高的可靠性、无与伦比的全过程监测功能和直观的操作界面，确保了行业领先的性能。生产的罗斯蒙特超声波流量计，通常用于管理运输线及石油、天然气领域。其他主要产品还有法兰式涡街流量计、双头涡街流量计、Utility 涡街流量计以及液体、气体流量计测系统。

销售收入 (2023.09) **151** 亿美元   营业利润 (税前利润) **27.3** 亿美元

阿自倍尔金门（株）

【未上市】アズビル金門株式会社

https://ak.azbil.com/

该公司生产的超声波气体流量计带有2个轴向通路和4个旋转通路系统，可提供最高的测量精度；还生产中低压用气体流量计、带脉冲变送器的气体流量计。所生产的涡轮流量计（GT400-1000 型）采用无供油系统，并有多种滤芯类型可供选择，便于维护。4线制通用电磁流量计是与 MagneW™ FLEX+ 系列探测器结合使用的传感器。公司专业生产各类水道用仪器，包括电磁流量计、滴度计、热量计、水表等，主要生产旋翼式、直读式、脉冲和电子水表流量计。

销售收入 (2023.03) **237** 亿日元   营业利润 **0.2** 亿日元

说流量传感器通常与计量仪表连接来显示测量值，但现在也开始连接到计算机或数字接口上，随着物联网（IoT）等多种新兴技术的诞生，流量测量的用户和供应商之间也逐渐形成了新型的协作关系，使得最终用户和供应商都可以同时利用互联网和云平台上的流量数据进行数据分析。

目前日本流量测量仪器技术的主要趋势包括：流量数字信号、多种测量格式、在线诊断、在线故障排除、远程校准 / 配置，以及在线警报

的智能传感器等。随着流量测量技术的研究开发，日本流量测量仪器业界已经能够为复杂的运营环境提出适当的解决方案。不过日本业界也认为，现在流量测量仪器市场也存在如何用更高效、更易兼容的新设备取代旧设备的问题，如果不解决流量计降低替换成本的问题，流量测量仪器市场的进一步扩大也会受到限制。

流量测量仪器的分类方式多种多样，按测量原理分类如下。

半导体制造装置 工业机器人 传感器 计量设备

超音波工业（株）

【未上市】超音波工業株式会社

https://www.cho-onpa.co.jp/

该企业生产包括超声波流量测量仪器及超声波应用设备在内的其他超声波仪器，如超声波引线接合器、产生波洗净装置、超声波金属结合机等。

销售收入	(2023.03)	营业利润
45 亿日元		**3.2** 亿日元

TOFLO（株）

【未上市】東フロコーポレーション株式会社

https://www.tofco.jp/

该公司生产玻璃锥管可视型流量计，包含多种紧凑型、设备集成类型流量计。 还生产适用于测量中高流量的差压流量计，配备一体式大型显示屏，流量易读且便于现场检查。卡门涡街流量计结构简单，经久耐用，成本低廉。还可提供流量测集中管理系统，包括各种功能模块和相关组件，可按需自由组装。

销售收入	(2023.08)	营业利润
53.5 亿日元		（未披露） 亿日元

（株）OVAL

【7727】株式会社オーバル

https://www.oval.co.jp

该公司是流量计最大制造商之一，生产热式和科里奥利质量流量计。所生产的容积流量计具备高功能和高性能，高、低温兼容，防爆，可电池供电。所生产的气体超声波流量计主要有Psonic-1，FLOWSIC600等型号。其生产的涡轮流量计功能强大，性能卓越。电磁流量计主要型号有MAG-OVALII电磁流量计、MFS螺纹连接型、MFW法兰夹持安装型。FLOWSIC600-XT是用于气体测量的新一代超声波流量计，具有高性能、高精度。该公司还生产标准型、插入型、电池式、智能型等多种类涡街流量计和用于计量锅炉内的燃气消耗量的热式质量流量计。其生产的不同类型的涡街流量计可用于高温蒸汽的流量测量。另外，公司结合无线系统和高精度流量计的计测系统轻松实现流量可视化。

销售收入	营业利润
143 亿日元	**14** 亿日元

前泽给装工业（株）

【6485】前澤給装工業株式会社

https://www.qso.co.jp/

该公司是供水设备的综合制造商，从事水表的制造和销售。

销售收入	营业利润
320 亿日元	**24** 亿日元

东京计装（株）

【未上市】東京計装株式会社

https://www.tokyokeiso.co.jp/

该公司生产的面积流量计产品种类繁多，除标准金属材料外，还可生产特殊金属材料和衬里产品。通过连接在支管上的小口径流量计或差压计测量流量，可以经济地测量流量。涡轮流量传感器和涡轮流量计基于卡门涡街原理。产品系列包括适用于半导体工艺和设备的 PFA 型号以及适用于一般工艺的型号。电磁流量计可提供高度精确和稳定的流量测量。该公司主要生产适用于半导体/超纯水设备、管道等的超声波流量计。公司生产涡街流量计及涡流传感器，产品系列包括适用于半导体工艺、设备装置的PFA型号等。主要生产科里奥利质量流量计 MASSMAX。产品种类丰富，以直管型为中心，从低流量到高流量，低温型、高温型和高压型等均有生产。

销售收入	营业利润
253 亿日元	（未披露） 亿日元

西野产业（株）

【未上市】西野産業株式会社

https://www.g-nishino.co.jp/

该公司生产各种精密测量仪器，其中包括超声波流量计等流量测量仪器。公司还批发各种精密测量仪器。

销售收入	(2023.04)	营业利润
155 亿日元		（未披露） 亿日元

　　速度式流量计：通过测量流体在管道内的流速来计算流量,常见的如电磁流量计、涡轮流量计、涡街流量计、超声波流量计等。 电磁流量计基于法拉第电磁感应定律工作，利用电磁感应原理测量导电液体的流速，不受流体密度、温度、压力和电导率变化的影响，测量精度高、测量范围大，适用于测量导电液体，例如在化工行业或污水处理中，电磁流量计用于测量各种酸、碱腐蚀性液体的流量。 涡轮流量计是根据叶轮的转速与流量的正比关系进行测量的，在理想条件下精度相对较高。通常用于封闭管道中测量低粘度气体的体积流量和总量。 涡街流量计基于卡门涡街原理，当流体流过漩涡发生体时产生漩涡，通过检测漩涡频率来确定流速，涡街流量计具有结构简单、无可动部件、维护量小等优点，主要用于工业管道介质流体的流量测量，如气体、液体、蒸汽等多种介质。 超声波流量计是借助超声波在流体中的传播速度变化来测量流速，分为外夹式、插入

参考资料　一般社团法人　东京都新宿区纳户町 25 番 1 号
日本计量机器工业联合会　电话：03-3268-2121　传真：03-3268-2167　https://www.keikoren.or.jp/

东洋煤气表（株）

【未上市】東洋ガスメーター株式会社

http://toyogasmeter.co.jp/

该公司主要生产LP燃气表、城市燃气表及相关设备。

销售收入	(2023.06)	营业利润	
72 亿日元		（未披露） 亿日元	

岛津系统解决方案（株）

【未上市】島津システムソリューションズ株式会社

https://www.shimadzu.co.jp/sss/

该公司生产的电磁流量计测量范围广、精度高，并具有丰富的智能功能。公司还提供电磁流量计、超声波流量计等的测试和校准服务。其流量计测系统包括分布式控制系统、PLC仪表系统以及远程监控系统。

销售收入	(2023.03)	营业利润	（净利润）
51.9 亿日元		**4.6** 亿日元	

（株）SONIC

【未上市】株式会社ソニック

https://www.u-sonic.co.jp/

该公司将超声波技术用于渔业及水产资源管理，主要产品包括超声波气体/液体流量计等。

销售收入	(2023.03)	营业利润	（净损失）
33.4 亿日元		**-0.7** 亿日元	

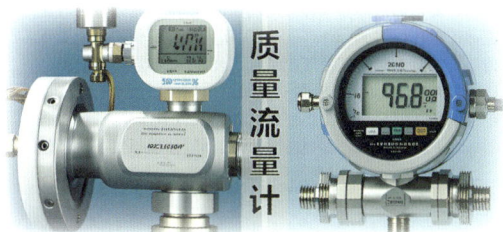

Endress+HauserJapan（株）（瑞士）

【未上市】エンドレスハウザージャパン株式会社（スイス）

https://www.jp.endress.com/ja/endress-hauser-group

该公司生产的差压流量计使用压力变送器进行连续液位测量。生产的电磁流量计所使用的测量方法适用于所有行业的所有导电液体，包括水、酸、碱和悬浮液。涡街流量计产品有Proline Prowirl F/D/R/O 200 。质量流量计产品包括热式质量流量计，广泛应用于工业领域。公司还生产超音波式、电磁式等多种水处理/排水处理专用流量计，其流量计测系统可以实现实时监控及直观操作，并且有专门设计的控制面板。

销售收入	(2023.12)	营业利润	
37.2 亿瑞士法郎		**5.7** 亿瑞士法郎	

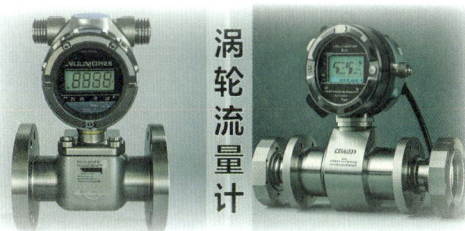

关西煤气表（株）

【未上市】関西ガスメータ株式会社

https://www.kgm.jp/

该公司生产各种型号的微型多用计算机气体流量计。生产各种类型燃气表，从高性能的小型膜式燃气表到家用/商用智能燃气表。

销售收入	(2022.12)	营业利润	
26 亿日元		（未披露） 亿日元	

（株）阪神计器制作所

【未上市】株式会社阪神計器製作所

http://hanshinkeiki.com/

主要生产口径13～50毫米的水表流量计。

销售收入	(2023.03)	营业利润	（净利润）
13.7 亿日元		**0.3** 亿日元	

式和管段式等多种安装方式，具有非接触测量、安装方便等特点，适用于大管径、不易接触介质的流量测量，如大口径管道水流量测量及热力管网中热水流量测量。

容积式流量计：通过测量流体充满测量室的次数或体积来确定流量，容积式流量计的优点在于测量精度高（通常能达到±0.2%甚至更高精度）、量程比宽、重复性好；缺点是结构复杂、体积较大、成本较高，并且可能存在一定的压力

损失。容积式流量计对流体的粘度变化不敏感，适用于高粘度液体的测量，例如重油、润滑油等。容积式流量计有椭圆齿轮流量计、腰轮流量计刮板流量计等。 椭圆齿轮流量计测量精度高，适用于高粘度流体，两个相互啮合的椭圆齿轮随流体转动，将流体分割为固定体积进行计量。 腰轮流量计又称罗茨流量计，由一对形状类似8字形的腰轮和外壳组成，通过测量腰轮的转动次数计算流过的流体体积总量，腰轮流量计具有精度高、

JFEAdvantech（株）
【未上市】JFE アドバンテック株式会社
https://www.jfe-advantech.co.jp/

该公司专门设计并开发水环境测量和诊断设备，如溪流流量计、光学水位计等。

销售收入　（未披露）亿日元　营业利润（2023.03净利润）**9** 亿日元

ARCHVAC（株）
【未上市】アーチバック株式会社
https://archvac.co.jp/

该公司生产的热量积算仪主要用于检测建筑空调的实际使用热量，以评估其节能效果。

销售收入　（未披露）亿日元　营业利润（2023.03净利润）**0.4** 亿日元

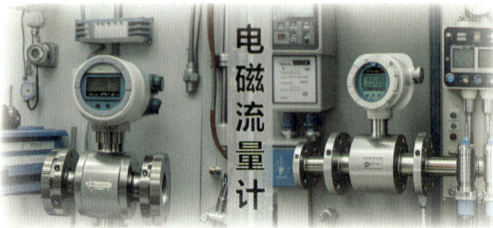

电磁流量计

流体工业（株）
【未上市】流体工業株式会社
https://www.ryutai.co.jp/

该公司生产的面积流量计产品有磁性跟踪流量计、卫生领域流量计、面板式实验室流量计等。容积式流量计包括径向活塞式、高压活塞式流量计等。差压流量计产品，RDT系列采用差压变送器（蒸汽、气体、液体）和电流变送器。涡轮流量计产品主要用于测量小口径、极其微量的气体和高粘度液体，可重复使用、精确度高、测量范围更广、耐用性强、结构简单、易于维护。电磁流量计产品包括晶片式电磁流量计、非接液电磁流量计、食品用电磁流量计。超声波流量计产品主要有多普勒超声波流量计和时差法超声波流量计。流量测系统产品涵盖面积、差压、电磁、超声波等各类流量计以及流量计测用整流装置。

销售收入　（未披露）亿日元　营业利润　（未披露）亿日元

（株）第一科学
【未上市】株式会社第一科学
https://www.daiichi-kagaku.co.jp/

旗下供应商长野计器提供面积流量计的相关产品。

销售收入　（未披露）亿日元　营业利润（2024.02净利润）**1.4** 亿日元

PenTough（株）
【未上市】ペンタフ株式会社
https://www.pentough.com/

该公司生产的排水流量计适用于各种类型的渠道，且根据测量应用，可分为固定式（商用电源）、电池式和太阳能式流量计。

销售收入（2023.10）**6** 亿日元　营业利润　（未披露）亿日元

AMNIS（株）
【未上市】エヌケーエス株式会社
https://www.amnis-flow.co.jp/

主要生产用于开放水道的流量计、水位计、流速计等。

销售收入（2023.03）**8.3** 亿日元　营业利润（净利润）**0.7** 亿日元

NIPPONFLOWCELL（株）
【未上市】日本フローセル株式会社
http://www.flow-cell.co.jp/

该公司提供的液体和气体专用面积流量计NSP系列是标准化流体流量计。Mighty FlowCell差压流量计是使用小型差压传感器的紧凑型数字差压流量计，通过使用双线系统，还实现了低功耗。MAG电磁流量计是最新一代的低成本、紧凑型电磁流量计。公司还提供便携式超声波流量计（Portaflow-C），用于液体测量。其他产品还包括气体用热式质量流量计，设定流量固定/可变及用于风机盘管的定流量阀，流量开关和流量监测仪表等。

销售收入　（未披露）亿日元　营业利润　（未披露）亿日元

量程比宽、始动流量低、对流体的粘度变化不敏感，广泛应用于石油、化工、电力、冶金等领域。刮板流量计主要由计量箱和刮板等部件构成，通过记录刮板的旋转次数计算流出的流体的总量，具有精度较高、量程比宽、适用于高粘度介质等优点。

差压式流量计：通过流体流经节流装置时产生的压差来计算流量，差压式流量计历史悠久，

技术成熟，但压损较大。在石油化工等大型工业领域应用广泛，常见的有孔板流量计、文丘里流量计等。孔板流量计是在管道中安装孔板，通过测量孔板前后的压差来计算流量，孔板流量计结构简单、成本较低，但压力损失较大，测量精度一般，广泛用于石油、化工、冶金、电力等行业。文丘里流量计是一种测量封闭管道中液体或气体

参考资料　一般社团法人　日本计量机器工业联合会　东京都新宿区纳户町25番1号　电话：03-3268-2121　传真：03-3268-2167　https://www.keikoren.or.jp/

(株) 竹中制作所

【未上市】株式会社竹中製作所

https://www.takenaka-mfg.co.jp/

该公司生产各种城市燃气表及配件，特点是附带通信功能，可在触发警报装置和关闭时监测燃气压力，使其自动恢复工作。

销售收入

（未披露） 亿日元

营业利润

（未披露） 亿日元

(株) NIKKOKU

【未上市】株式会社ニッコク

http://www.minomo.jp/

其产品包括旋转式、干式和电子水表流量计。

销售收入

（未披露） 亿日元

营业利润

（未披露） 亿日元

冈崎精机 (株)

【未上市】岡崎精機株式会社

https://okazakiseiki.co.jp/

其产品以干式水表为主，主要为日本各地提供水表流量计。

销售收入

（未披露） 亿日元

营业利润

（未披露） 亿日元

柏原计器工业 (株)

【未上市】柏原計器工業株式会社

https://kashikei.co.jp/

该公司主要生产混合水表、智能水表以及叶轮式水表流量计等。

销售收入

（未披露） 亿日元

营业利润

（未披露） 亿日元

东京流机工业 (株)

【未上市】東京流機工業株式会社

https://www.ryuki.jp/

该公司主要生产面积式、金属管式、差压式、电磁、超声波、热式等流量计，以及涡轮流量计与检流器等。

销售收入

（未披露） 亿日元

营业利润

（未披露） 亿日元

(株) 品川

【未上市】株式会社シナガワ

https://shinagawa-net.co.jp/

该公司主要生产实验/环境/携带用湿式煤气表和干式煤气表。

销售收入

（未披露） 亿日元

营业利润

（未披露） 亿日元

(株) Toshin

【未上市】株式会社Toshin

http://toshin1.co.jp/

该公司是日本国内先进的水表内部装置制造商和供应商。

销售收入

（未披露） 亿日元

营业利润

（未披露） 亿日元

NIDEK大丰机工 (株)

【未上市】ニデック大豊機工株式会社

https://www.okkt.co.jp

该公司主要生产智能水表流量计。

销售收入

（未披露） 亿日元

营业利润 (2022.03净损失)

-0.3 亿日元

昭和机器计装 (株)

【未上市】昭和機器計装株式会社

https://www.showa-kk.com/

该公司生产聚砜树脂锥管面积流量计、面板安装式面积流量计、玻璃管面积流量计等。

销售收入

（未披露） 亿日元

营业利润

（未披露） 亿日元

(株) 鹭宫制作所

【未上市】株式会社鷺宮製作所

https://www.saginomiya.co.jp/

鹭宫制作所的主要产品为空调、冷冻、冷藏、暖房、热水设备；医疗机器、半导体、重电、建筑机械；汽车、铁路、船舶、航空器等。

销售收入

（未披露） 亿日元

营业利润

（未披露） 亿日元

流量的差压式流量计，其结构特殊，压力损失少，精度较高、测量范围广，常用于工业生产中的流量测量。

此外，流量测量仪器还有质量流量计和热量积算仪。质量流量计在工业生产中用于精确测量流体的质量流量，具有高精度、高稳定性和对流体性质变化不敏感等优点，可在高精度配料系统中对关键物料的流量精确控制，例如半导体行业中高纯气体流量的准确测量等。热量积算仪主要用于准确计算供热量。

半导体制造装置

工业机器人

传感器

计量设备

56 试验机—探查/探伤仪—非破坏检查仪

試験機・探知/探傷器・非破壊検査機器

美蓓亚三美（株）传感设备事业部

【6479】ミネベアミツミ株式会社センシングデバイス事業部

https://www.minebeamitsumi.com

该公司生产高精度、高性能、操作简易的拉伸压缩试验机。

销售收入	营业利润
14,021 亿日元	**735** 亿日元

（株）岛津制作所

【7701】株式会社島津製作所

https://www.shimadzu.co.jp

该公司的硬度测试机产品有超显微动态硬度计，附带高温系统。静力强度测试机产品以橡胶、金属、塑料等材料的全自动拉伸试验机为主。所生产的高速冲击测试机集成称重传感器，并有强大的降噪功能。公司还生产提供超声波疲劳试验机、内压疲劳试验机、扫描电子显微镜高温疲劳试验机等。公司还生产测试用部件包括各类计量测试仪器、测试系统及硬件设备和小型台式试验机、扭转试验机等。其非金属性能测试机以全自动橡胶拉伸试验机为主。其他产品还有动平衡测试仪，各类医学画像诊断计器，航空/海洋计测计器以及分光机器等。

销售收入	营业利润
5,119 亿日元	**727** 亿日元

（株）寺冈精工

【未上市】株式会社寺岡精工

https://www.teraokaseiko.com/jp

该公司生产X射线异物检出机，用于检查金属等异物。

销售收入 (2023.03)	营业利润
1,354 亿日元	（未披露）亿日元

东京计器（株）

【7721】東京計器株式会社

https://www.tokyokeiki.jp/

该公司在该领域生产的多为船用设备，包括电罗经、自动舵、ECDIS、船用雷达和多普勒计程仪等。

销售收入	营业利润
471 亿日元	**27** 亿日元

（株）三丰

【未上市】株式会社ミツトヨ

https://www.mitutoyo.co.jp

该公司主要生产微型维氏硬度计、洛氏硬度计、便携式硬度计，以及适用于各种金属材料和热处理部件的硬度及强度测试机。该公司生产的平衡测试机以注重耐久性及抗震性而著称。

销售收入 (2023.12)	营业利润 （税前利润）
1,444 亿日元	**119** 亿日元

（株）石田

【未上市】株式会社イシダ

https://www.ishida.co.jp

该公司生产圆柱形金属检测机、大型IND型金属检测机。

销售收入 (2023.03)	营业利润
1,006 亿日元	**103** 亿日元

ESPEC（株）

【6859】エスペック株式会社

https://www.espec.co.jp/

该公司主要生产低温恒温恒湿箱、高功率恒温恒湿箱、迷你零下恒温箱及小型环境试验箱等，包括小型、大型、高加速和大型液槽等冷热冲击设备。所生产的环境模拟装置包括全天候测试实验室、人工气候室、高海拔环境训练室等。

销售收入	营业利润
621 亿日元	**65** 亿日元

（株）A&D HOLON控股

【7745】株式会社A&Dホロンホールディングス

https://andholon.com/

该公司生产多种材料试验机，包括万能试验机、摩擦摩耗试验机、粘弹性试验机等。

销售收入	营业利润
619 亿日元	**79** 亿日元

　　试验机主要用于对各种材料、零部件、构件进行力学性能测试和分析。它可以施加不同类型的力，如拉伸、压缩、弯曲、扭转等，以评估材料的强度、硬度、弹性、韧性等特性。例如，金

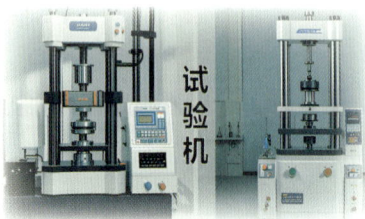
试验机

属材料试验机可以确定金属的抗拉强度、屈服强度等指标；电子万能试验机可用于多种材料的综合力学性能测试。

　　探查/探伤仪：探伤仪是用于检测材料或工件内部缺陷的仪器。常见的有超声探伤仪、射线探伤仪、磁粉探伤仪等。超声探伤仪利用超声波在材料中传播时遇到缺陷会产生反射等现象来检测缺陷；射线探伤仪通过射线穿透工件后的衰减

参考资料　一般社团法人　东京都新宿区纳户町25番1号
日本计量机器工业联合会　电话：03-3268-2121　传真：03-3268-2167　https://www.keikoren.or.jp/

大和制衡（株）

【未上市】大和製衡株式会社

https://www.yamato-scale.co.jp/

该公司生产高感度金属检出机以及重量检查与金属异物检查一体机。

销售收入	(2023.03)	营业利润	
315 亿日元		**43** 亿日元	

日新电子工业（株）

【未上市】日新電子工業株式会社

https://www.nissin-elc.co.jp/

该公司产品包括带重量检测器的金属检测机、磁性异物高灵敏度金属检测机、一体化X射线异物检测系统、金属检测机等。

销售收入	(2023.12)	营业利润	
40 亿日元		（未披露） 亿日元	

坂田电机（株）

【未上市】坂田電機株式会社

https://www.sakatadenki.co.jp/

该公司生产三轴压缩试验装置，用于土壤的液状化特性、蠕变及残留变形试验。

销售收入	(2023.06)	营业利润	
14 亿日元		**0.1** 亿日元	

JFEAdvantech（株）

【未上市】JFEアドバンテック株式会社

https://www.jfe-advantech.co.jp/

该公司生产的硬度测试机包括超声波测厚仪、涂层测厚仪、双型膜厚计以及手持式硬度计等。静力强度测试机产品有高强度螺栓测试仪。

销售收入		营业利润	(2023.03净利润)
（未披露） 亿日元		**9** 亿日元	

镰长制衡（株）

【未上市】鎌長製衡株式会社

http://www.kamacho.co.jp

该公司生产和销售多种计量设备，包括卡车秤、移动称重设备、灌装秤等。

销售收入		营业利润	(2023.03净利润)
（未披露） 亿日元		**2.5** 亿日元	

（株）第一科学

【未上市】株式会社第一科学

https://www.daiichi-kagaku.co.jp/

该公司生产耐候性试验机和耐腐蚀试验机。所生产的高温内压蠕变试验机用于低温试验的恒温槽、低温冷却器装置等。主要生产以温度、湿度和压力测试为主的性能测试机。包括零度以下环境测试仪、高精度恒温恒湿测试仪等。

销售收入		营业利润	(2024.02净利润)
（未披露） 亿日元		**1.4** 亿日元	

（株）FUKUDA

【未上市】株式会社フクダ

https://www.fukuda-jp.com/

该公司主要围绕汽车和电气/电子设备领域，生产各类别性能测试机器。

销售收入		营业利润	(2024.03净利润)
（未披露） 亿日元		**1.2** 亿日元	

Anritsu（株）

【未上市】アンリツインフィビス株式会社

https://www.anritsu.com/ja-jp

该公司生产各种金属检出机，包括高感度型、可便捷操作型、大型、纵向型等类别。

销售收入		营业利润	(2023.03净利润)
（未披露） 亿日元		**0.2** 亿日元	

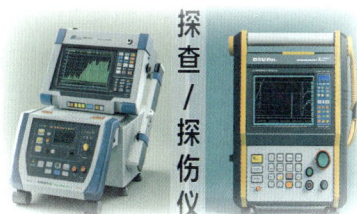

情况来发现内部缺陷；磁粉探伤仪则适用于检测铁磁性材料表面和近表面的缺陷。

非破坏检查仪：这类仪器与探伤仪有相似之处，都是在不破坏被检测对象的前提下进行检测。除了上述的探伤仪外，还包括一些其他类型的仪器，如涡流探伤仪，利用电磁感应原理检测导电材料表面和近表面的缺陷；渗透探伤仪，通过渗透剂的渗透来显示表面开口缺陷。

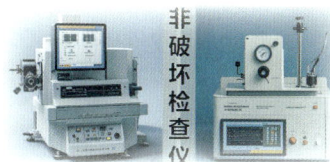

半导体制造装置

工业机器人

传感器

计量设备

57

应变片式变化器及关联仪器

ひずみゲージ式変換器および関連機器

(株) 久保田

【6326】株式会社クボタ
https://www.kubota.co.jp

主要是将负载传感器搭载至称重设备中，多用于农业。

销售收入	(2023.12)	营业利润
30,207 亿日元		**3,288** 亿日元

东芝TEC (株)

【6588】東芝テック株式会社
https://www.toshibatec.co.jp/

主要为分销、零售、餐饮等行业客户生产称重计量设备。

销售收入		营业利润
5,481 亿日元		**158** 亿日元

(株) 寺冈精工

【未上市】株式会社寺冈精工
https://www.teraokaseiko.com/jp

主要为制造、物流行业客户生产高精度、可防水的称重计量设备。

销售收入	(2023.03)	营业利润
1,354 亿日元		（未披露） 亿日元

(株) A&D HOLON控股

【7745】株式会社A&Dホロンホールディングス
https://andholon.com/

该公司生产不锈钢、小型压缩、防爆等多种负载传感器。

销售收入		营业利润
619 亿日元		**79** 亿日元

美蓓亚三美 (株) 传感设备事业部

【6479】ミネベアミツミ株式会社センシングデバイス事業部
https://www.minebeamitsumi.com

该公司主要生产数据指示计，用于测量各种传感器数值的设备，其生产的负载传感器通过电压的变化来测量负载。

销售收入		营业利润
14,021 亿日元		**735** 亿日元

(株) 岛津制作所

【7701】株式会社島津製作所
https://www.shimadzu.co.jp

其生产的岛津EL系列、LDS系列身高体重秤、电子天平中采用的是负载传感器。

销售收入		营业利润
5,119 亿日元		**727** 亿日元

(株) 石田

【未上市】株式会社イシダ
https://www.ishida.co.jp

其生产的传送设备中搭载负载传感器，可根据物体的形状、重量、尺寸等进行传送。

销售收入	(2023.03)	营业利润
1,006 亿日元		**103** 亿日元

大和制衡 (株)

【未上市】大和製衡株式会社
https://www.yamato-scale.co.jp

该公司以压缩型的负载传感器的生产为主，此外也生产包括超薄型、拉伸型等产品。

销售收入	(2023.03)	营业利润
315 亿日元		**43** 亿日元

　　应变片式变化器是一种重要的测量装置，通常由应变片、弹性元件和测量电路等组成。应变片是其核心部件，一般粘贴在弹性元件上。当弹性元件受到外力作用产生变形时，应变片也会随之发生应变，从而导致其电阻值发生变化。通过测量电路可以将这种电阻变化转化为电信号输出，进而可以测量出外力的大小或与之相关的物理量。

　　应变片式变换器具有精度高、稳定性好、响应速度快等优点。它在许多领域中都有广泛的应用，比如在力学测试中用于测量力、压力、应变等参数；在结构健康监测中可以监测建筑物、桥梁等结构的变形情况；在工业自动化中可用于各种生产过程的参数检测等。

　　例如，在汽车制造中，应变片式变化器可以用于测量汽车零部件在不同工况下的应力变化，以确保其安全性和可靠性；在航空航天领域，可用于监测飞行器结构的应变情况，保障飞行安全。

　　与应变片式变化器关联的有负载传感器，主

参考资料　一般社团法人　东京都新宿区纳户町 25 番 1 号
日本计量机器工业联合会　电话：03-3268-2121　传真：03-3268-2167　https://www.keikoren.or.jp/

（株）共和电业

【6853】株式会社共和電業

https://www.kyowa-ei.com/

由旗下子公司山形共和电业负责负载传感器、压力变换器、加速度变换器、转矩变换器、变位变换器、应变片及关联机器的生产与销售。另由旗下子公司共和计测负责变化器用测试机器的生产，以及变换器的校正工作。

销售收入	(2023.12)	营业利润	
149 亿日元		**11** 亿日元	

SARTORIUS日本（株）

【FWB: SRT】ザルトリウス・ジャパン株式会社

https://www.sartorius-labsolutions.jp/

该公司生产的负载传感器主要用于实验室器皿，如实验室天平、水分测定仪等。

销售收入	(2023.12)	营业利润	(净利润)
27.8 亿欧元		**3.1** 亿欧元	

（株）昭和测器

【未上市】株式会社昭和測器

http://www.showa-sokki.co.jp/

该公司在开发更高精度、更小载荷和多轴称重传感器产品的同时，还开发了专用应变计，以确保在质量和精度方面的高可靠性。公司主要生产高精度、高稳定性和高响应性的压力变换器以及滑动电阻丝型或悬臂式的变化器用测试机器。

销售收入	(2023.03)	营业利润	
6.4 亿日元		（未披露） 亿日元	

东洋测器（株）

【未上市】東洋測器株式会社

http://www.toyo-sokki.co.jp/

该公司主要生产高精度、小型的压力变换器，并以负载传感器的生产为中心，生产超小型、压缩型、高精度薄型等称重传感器。在变化器用测试机器方面主要生产数据指示计，包括干电池式、简易防尘式、薄型等种类。

销售收入		营业利润	
（未披露） 亿日元		（未披露） 亿日元	

Spectris（株）

【未上市】スペクトリス株式会社

https://www.spectris.co.jp/

该公司主要生产单点、梁式、柱式、拉向、压向等多种类称重传感器。

销售收入	(2022.12)	营业利润	(2022.12净利润)
98 亿日元		**1.6** 亿日元	

三菱长崎机工（株）

【未上市】三菱長崎機工株式会社

https://www.mnm.co.jp/

三菱长崎机工的负载传感器具有高精度、高稳定性和高耐用性特点，被广泛应用于工业领域。

销售收入		营业利润	
96 亿日元		**6.8** 亿日元	

坂田电机（株）

【未上市】坂田電機株式会社

https://www.sakatadenki.co.jp/

其产品包括地压测量传感器、孔隙压力测量传感器等。

销售收入	(2023.06)	营业利润	
14 亿日元		**0.1** 亿日元	

JFEAdvantech（株）

【未上市】JFEアドバンテック株式会社

https://www.jfe-advantech.co.jp/

该公司主要生产称重传感器式输送机秤，以及压缩型、拉力型、轴型等多种负载传感器。

销售收入		营业利润	(2023.03净利润)
（未披露） 亿日元		**9** 亿日元	

μ精器（株）

【未上市】ミュー精器株式会社

https://www.muc.co.jp/

主要由FLINTEC社和ANYLOAD社两个供应商来生产和提供负载传感器。

销售收入		营业利润	
（未披露） 亿日元		（未披露） 亿日元	

要用于测量施加在其上的力或负载的装置，譬如在工业生产物料输送系统中可监测物料的重量；在建筑领域可用于监测结构所承受的负载情况；在大型起重机上负载传感器可以实时监测起吊货物的重量，确保操作安全等，常见的包括应变式负载传感器、压电式负载传感器等。

与应变片式变化器关联的还有加速度变化器，这是用于测量物体加速度的装置，在汽车领域用于安全气囊系统中，感知碰撞瞬间的加速度来及时触发安全气囊。在工业领域可用于振动监测和设备状态检测，帮助及时发现设备故障隐患。在航空航天领域，对飞行器的加速度进行精确测量，确保飞行安全和性能优化。此外，与应变片式变化器相关的还有压力变换器、转矩变换器、变位变化器、变换器用测试机器、应变片等。

半导体制造装置　工业机器人　传感器　计量设备

58

分 析 仪 器

分析機器

（株）岛津制作所

【7701】株式会社島津製作所　　　　　https://www.shimadzu.co.jp

该公司生产的热分析装置，多用于高分子材料、医药品、食品等研究开发领域。所生产的流程用分析计包括紫外线式分析计和水晶振荡式水分计。除一般分析测量仪器外，也生产航空/海洋/磁气计测机器以及光学素子/分光机器和屈折计等。

销售收入	营业利润
5,119 亿日元	**727** 亿日元

（株）CHINO

【6850】株式会社チノー　　　　　https://www.chino.co.jp

该公司主要生产放射温度计、水分计、燃气传感器、电解评价试验装置等电气化学分析装置，以及包括热成像计测装置、温湿度计、调节计在内的其他分析计。

销售收入	营业利润
274 亿日元	**21** 亿日元

东京计装（株）

【未上市】東京計装株式会社　　　　　https://www.tokyokeiso.co.jp/

该公司以流量及液面计测设备的生产为主，此外也生产用于生物制药的一次性流量计。

销售收入	营业利润
253 亿日元	（未披露）亿日元

Endress+HauserJapan（株）（瑞士）

【未上市】エンドレスハウザージャパン株式会社（スイス）
https://www.jp.endress.com/ja/endress-hauser-group

该公司生产包括水质分析计、分光计、压力计和流量计等电气化学分析装置，以及用于流程监控的数据管理器、能源管理器等流程用分析计。

销售收入 (2023.12)	营业利润
37.2 亿瑞士法郎	**5.7** 亿瑞士法郎

矢崎Energy系统（株）

【未上市】矢崎エナジーシステム株式会社
https://www.yazaki-group.com/company/energysystem

该公司主要生产汽车用、电线/燃气用以及农业/食品用分析仪器。

销售收入 (2023.06)	营业利润
1,843 亿日元	**26** 亿日元

爱知钟表电机（株）

【7723】愛知時計電機株式会社　　　　　https://www.aichitokei.co.jp

其主要产品包括燃气表、流量计、水质计等测量分析仪器。

销售收入	营业利润
512 亿日元	**36** 亿日元

（株）OVAL

【7727】株式会社オーバル　　　　　https://www.oval.co.jp

该公司以多种流量计的生产与销售为主，此外也生产无线流量计系统、检验系统等。

销售收入	营业利润
143 亿日元	**14** 亿日元

近江度量衡（株）

【未上市】近江度量衡株式会社　　　　　https://www.omiscale.co.jp/

该公司主要研发支持多品种和小批量生产的高精度计量混合设备。

销售收入 (2023.03)	营业利润	（净利润）
33 亿日元	**0.4** 亿日元	

SARTORIUS日本（株）

【FWB: SRT】ザルトリウス・ジャパン株式会社
https://www.sartorius-labsolutions.jp/

该公司围绕再生医学及生命科学领域开展业务，生产流式细胞仪、移液器、蛋白质分析设备等。

销售收入 (2023.12)	营业利润	（净利润）
27.8 亿欧元	**3.1** 亿欧元	

分析仪器在化学、生物、医药、环境监测等众多领域帮助人们获取物质的成分、结构、性质等关键信息。常见的分析仪器有电化学分析装置，主要检测金属离子的浓度、研究生物分子的电化学行为、监测环境污染物的含量等；热分析/热测定装置主要确定材料的熔点、沸点等相变温度、研究材料的热稳定性、分析化学反应过程中的热效应等。

原子吸收光谱仪检测水样、土壤中的重金属元素含量，在食品检测中分析食品中的微量元素在地质、矿产等行业检测矿石中的金属元素含量等。气相色谱仪除分析汽油的各种烃类组成，

电化学分析装置

热分析/热测定装置

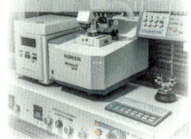
原子吸收光谱仪

气相色谱仪

参考资料　一般社団法人　日本计量机器工业联合会　东京都新宿区纳户町 25 番 1 号　电话：03-3268-2121　传真：03-3268-2167　https://www.keikoren.or.jp/

METTLERTOLEDO（株）

【MTD（NYSE）】メトラー・トレド株式会社

https://www.mt.com/jp/

该公司主要生产实验室用分析装置，包括热分析装置、Ph测定机器、融点测定装置等。公司还生产包括反应热量计、粒度分布测定机器、紫外线可视分光光度计等其他分析计。

销售收入	(2023.12)	营业利润		(税前利润)
37.8 亿美元			**9.7** 亿美元	

（株）Kett科学研究所

【未上市】株式会社ケット科学研究所

https://www.kett.co.jp/

该公司主要生产水分计、成分分析计、膜厚计、金属探知器和物性测定机器等。

销售收入	(2023.12)	营业利润		(净利润)
21.8 亿日元			**1.1** 亿日元	

2015~2023 年 计量计测机器生产出货状况　单位：（百万日元）

年份 机种名	2015年 生产出货金额	2016年 生产出货金额	2017年 生产出货金额	2018年 生产出货金额	2019年 生产出货金额	2020年 生产出货金额	2021年 生产出货金额	2022年 生产出货金额	2023年 生产出货金额	对上年 同期比（%）
秤具	71,582	71,676	74,333	76,895	75,355	74,695	78,752	78,741	78,166	99
长度计	16,712	14,409	16,324	18,890	23,748	16,239	19,752	21,885	23,203	106
流量计	48,638	49,368	51,455	54,209	50,759	49,982	58,083	67,110	70,513	105
水平仪	17,721	17,657	18,938	21,432	19,653	18,122	18,252	19,556	19,428	99
精密测定机器	109,570	99,882	105,421	119,044	102,178	83,653	93,831	109,023	108,497	100
试验机	37,013	32,172	35,557	35,695	43,344	39,703	38,967	33,761	44,323	131
压力计	10,056	10,239	10,830	10,948	10,125	9,691	11,142	12,106	12,616	104
汽油/柴油计量机	13,767	13,162	13,622	12,173	13,515	9,873	9,458	8,601	9,248	108
水表计量器	13,696	14,290	14,330	14,543	14,379	13,340	14,977	16,469	17,380	106
Gas计量器	30,467	42,672	49,897	53,561	52,360	45,058	42,514	40,476	40,407	100
小计	369,222	365,527	390,707	417,390	405,416	360,356	385,728	407,728	423,781	104
测量机器	12,412	11,242	9,897	10,498	8,130	6,783	7,952	8,064	7,549	94
分析机器	230,950	245,189	229,122	242,057	245,267	218,958	240,858	275,928	324,353	118
环境检测机器	15,393	17,084	18,815	20,070	19,533	19,293	20,413	19,494	22,528	116
工艺用温度计	12,493	12,202	12,957	12,946	13,462	12,506	12,148	12,108	12,761	105
工艺用控制设备 (不含工艺用温度计)	113,702	106,982	110,437	120,424	111,607	107,818	116,277	125,108	142,261	114
合计	754,172	758,226	771,935	823,385	803,415	725,714	783,376	848,430	933,233	110

还可检测空气中苯、甲苯等挥发性有机化合物的含量和检测食品包装材料中残留的挥发性有害物质等。质谱仪在化学和生物医学领域用于化合物的鉴定分析与蛋白质、核酸等生物大分子的分析，对药物及其代谢产物进行分析；在环境监测中检测环境污染物的成分和含量。红外光谱仪可以确定未知有机化合物的官能团、分析高分子材料老化过程中结构的变化、研究蛋白质在不同条件下的构象变化等。高效液相色谱仪可检测药品中有效成分的准确含量、分析果汁中各类人工合成色素的含量、检测土壤中特定有机污染物的浓度、确定生物样本中某种蛋白质的存在和含量等。此外，分析仪器还有 X 射线荧光光谱仪、分光光度计等。

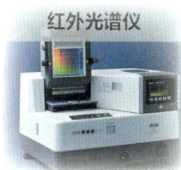

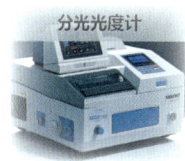

质谱仪

红外光谱仪

分光光度计

东京都新宿区納戸町 25 番 1 号
电话：03-3268-2121　FAX：03-3268-2167　https://www.keikoren.or.jp/
一般社团法人
日本计量机器工业连合会
参考资料

半导体制造装置

工业机器人

传感器

计量设备

59 环境计量仪器

環境計測器

横河电机（株）

【6841】横河電機株式会社

https://www.yokogawa.co.jp/

该公司生产内置无线噪声计的无线噪声监测系统。

销售收入 **5,401** 亿日元　　营业利润 **788** 亿日元

矢崎Energy系统（株）

【未上市】矢崎エナジーシステム株式会社

https://www.yazaki-group.com/company/energysystem

该公司主要从事生活和环境设备的开发和销售，包括电线/燃气相关设备、空调/太阳能热设备及出租车计价器等仪表设备。

销售收入 (2023.06) **1,843** 亿日元　　营业利润 **26** 亿日元

（株）CHINO

【6850】株式会社チノー

https://www.chino.co.jp

其产品包括温度传感器、放射温度计、热成像计测装置、水分计、记录计等。

销售收入 **274** 亿日元　　营业利润 **21** 亿日元

（株）共和电业

【6853】株式会社共和電業

https://www.kyowa-ei.com/jpn

该公司主要生产机械振动计和加速度型振动计。

销售收入 (2023.12) **149** 亿日元　　营业利润 **11** 亿日元

（株）岛津制作所

【7701】株式会社島津製作所

https://www.shimadzu.co.jp

岛津制作所为温室气体的分析和测量提供了广泛的评估和分析技术还生产多种水质污浊计测机器，如下水道异物检测系统、自来水/矿泉水中的金属成分分析等。

销售收入 **5,119** 亿日元　　营业利润 **727** 亿日元

理音（株）

【6823】リオン株式会社

https://www.rion.co.jp

该公司主要生产振动分析计、通用振动计、袖珍振动计、振动监视计等；其他产品还包括精密噪声计、普通噪声计、环境噪声观测装置、噪声监视装置、噪声暴露计等。

销售收入 **257** 亿日元　　营业利润 **34** 亿日元

（株）SONIC

【未上市】株式会社ソニック

https://www.u-sonic.co.jp/

其生产的环境计测机器包括粉尘计、风速计、风量计、放射线测定器和室内环境测定器等。

销售收入 (2023.03) **33.4** 亿日元　　营业利润 (净损失) **-0.7** 亿日元

坂田电机（株）

【未上市】坂田電機株式会社

https://www.sakatadenki.co.jp/

该公司生产一般土木工程测量设备，包括噪声计和泥石流传感器，该装置可通过振动探测来监测泥石流。

销售收入 (2023.06) **14** 亿日元　　营业利润 **0.1** 亿日元

环境计量仪器是用于测量和监测各种环境参数的重要工具，常见的大气污染计测机器可以精确测量空气中不同粒径颗粒物的浓度，如 $PM_{2.5}$、PM_{10} 监测仪，β 射线颗粒物监测仪。此外还有气态污染物监测仪、二氧化硫监测仪、氮氧化物监测仪、一氧化碳监测仪、挥发性有机物（VOCs）监测仪、臭氧监测仪、气象五参数监测仪等。这些参数对于分析大气污染的扩散和传输有重要意义，甚至激光雷达也可用于监测大气污染物的三维分布和传输情况。

常见的水质计测机器，如浊度计可以反映水中悬浮物的含量；化学需氧量（COD）测定仪则是衡量水中有机物污染指标的；生化需氧量（BOD）测定仪是反映水中可被微生物分解的有机物含量的；总

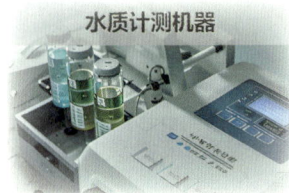

水质计测机器

参考资料　一般社团法人　日本计量机器工业联合会　东京都新宿区纳户町 25 番 1 号　电话：03-3268-2121　传真：03-3268-2167　https://www.keikoren.or.jp/

（株）长野计装

【未上市】株式会社ナガノ計装

https://www.nagano-keiso.co.jp/

该公司主要生产用于测量工厂、建筑工地等环境噪声和操作设备噪声级的噪声计并提供包括速度拾振器、加速度型数字振动计及振动监测器等产品。

销售收入	营业利润	(净利润)
10 亿日元		**0.6** 亿日元

（株）第一科学

【未上市】株式会社第一科学

https://www.daiichi-kagaku.co.jp/

该公司由其下属供应商负责生产大气污染计测机器，生产噪声计的主要合作供应商有小野测器和日本加野麦克斯Kanomax。公司主要生产振动试验机，可以与温度/湿度试验箱结合，用作振动、温度和湿度混合负载的综合环境试验装置。

销售收入	营业利润	(2024.02净利润)
（未披露） 亿日元		**1.4** 亿日元

（株）品川

【未上市】株式会社シナガワ

https://shinagawa-net.co.jp/

其主要产品为高精度实验室用湿式、干式气体流量计，用于大气污染计测。

销售收入	营业利润
（未披露） 亿日元	（未披露） 亿日元

（株）CUSTOM

【未上市】株式会社カスタム

https://www.kk-custom.co.jp/

该公司生产的通用计测器包括环境管理化学测定器、节能支援设备、健康管理/医疗用电子测定器等。

销售收入	营业利润
（未披露） 亿日元	（未披露） 亿日元

（株）诚和

【未上市】株式会社誠和

https://www.seiwa-ltd.jp/

该公司主要生产园艺设施环境控制设备/栽培系统设备、农用塑料大棚内自动温控窗帘系统，以及大棚内的环境测定装置等。

销售收入	营业利润
（未披露） 亿日元	（未披露） 亿日元

（株）冈野制作所

【未上市】株式会社岡野製作所

https://okanoworks2.com

该公司的主要业务为真空/压力/环境领域测定器的制造，以及各种计测器组合系统的开发与制造等。

销售收入	营业利润
（未披露） 亿日元	（未披露） 亿日元

（株）TANDD

【未上市】株式会社ティアンドデイ

https://www.tandd.co.jp/

该公司主要制造可将温度、湿度、照度、二氧化碳、电压等环境测量数据发送到智能手机，以及可在野外环境下使用且具有防水性能的数据记录器。

销售收入	营业利润
（未披露） 亿日元	（未披露） 亿日元

柴田科学（株）

【未上市】柴田科学株式会社

https://www.sibata.co.jp/

该公司主要生产环境测定器及研究开发用辅助设备，包括理化学及医疗器皿等，同时为企业、大学、政府的研究开发提供大气环境、劳动卫生、水质污染等领域的环境计测机器。

销售收入	营业利润
（未披露） 亿日元	（未披露） 亿日元

磷总氮测定仪则分别测定水中总磷和总氮的含量。

此外，还有重金属检测仪，专门检测水中各种重金属离子的浓度，如铅、镉、汞等；电导率仪可反映水中溶解性盐类的含量；溶解氧测定仪则检测水中溶解氧的含量等。这些水质计测机器在水资源管理、水污染监测与治理、水产养殖等领域都有着广泛应用。

噪声计又称声级计，在生产中监测车间内的噪声情况，以确保工作环境符合健康标准；评估

噪声计

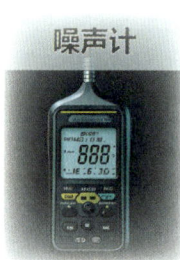

城市交通噪声对居民生活是否有影响；施工过程中测量噪声水平，避免对周边环境造成过大干扰等。

半导体制造装置

工业机器人

传感器

计量设备

60

电气测量仪／放射线测量仪

電気計測器・放射線計器

（株）日立制作所

【6501】株式会社日立製作所

https://www.hitachi.co.jp/

日本著名电机企业，主要业务领域为铁路车辆、产业机械（包括各种医疗设备中的放射线测定仪器）、化学成套设备、家电制品等。

销售收入	营业利润
97,287 亿日元	**7,558** 亿日元

富士电机（株）

【6504】富士電機株式会社

https://www.fujielectric.co.jp/

日本著名电机企业，主要生产变电设备、不间断电源装置、半导体、发电设备等，同时生产包括放射线测定仪在内的各种计测设备、传感器，以及使用MEMS技术、AI/IoT技术的产品。富士电机生产的放射线计测器广泛用于日本的原子能研究所、医院、大学等。

销售收入	营业利润
11,032 亿日元	**1,060** 亿日元

横河电机（株）

【6841】横河電機株式会社

https://www.yokogawa.co.jp/

其电力测定器广泛应用于电动汽车、制冷/空调等领域，包括电流传感器、电源品质分析仪等产品。

销售收入	营业利润
5,401 亿日元	**788** 亿日元

阿自倍尔（株）

【6845】アズビル株式会社

https://www.azbil.com/jp

其产品包括电动控制阀、电磁流量计、电力调整器、电子式差压变送器等。

销售收入	营业利润
2,909 亿日元	**368** 亿日元

（株）堀场制作所

【6856】株式会社堀場製作所

https://www.horiba.com/

该公司业务领域包括放射线计测和汽车计测、环境/医疗计测和半导体计测及科学计测等。企业的汽车废气测定和分析装置占全球市场份额的80%。

销售收入 (2023.12)	营业利润
2,905 亿日元	**473** 亿日元

大崎电机工业（株）

【6644】大崎電機工業株式会社

https://cn.bing.com/

该公司主要生产电力量计、仪表用变换器、配电自动化设备、能源管理系统、自动检针系统、光通信相关设备，以及其他电气机械器具的制造和销售。

销售收入	营业利润
951 亿日元	**58** 亿日元

（株）千代田Technol

【未上市】株式会社千代田テクノル

https://www.c-technol.co.jp/

一家经营各种放射线计量测试产品的专业商社。

销售收入 (2022.06)	营业利润 (税前利润)
310 亿日元	**7.8** 亿日元

岩崎通信机（株）

【6704】岩崎通信機株式会社

https://www.iwatsu.co.jp/

该公司主营业务为信息通信、印刷系统及电子计测相关设备的开发、制造。电子计测业务包括高性能的放射线计测仪器仪表。

销售收入	营业利润 (亏损)
212 亿日元	**-4.9** 亿日元

　　电气测量仪在电力系统运行、电气设备检测、电路调试等方面发挥着重要作用。譬如工厂在电气设备维护中，会使用各种电气测量仪来确保设备正常运行和参数符合标准；在科研实验中示波器能帮助科研人员深入了解电信号的特征和变化规律。

　　电气测量仪有很多种类，常见的有万用表，可以测量电压、电流、电阻等多种参数；钳形电流表则无须断开电路，通过钳口夹住导线即可测量电流；还有兆欧表用于测量电气设备的绝缘电阻；示波器用于观测电信号的波形、频率、幅度等特性，以及分析电能质量相关参数的电能质量分析仪等。

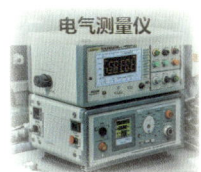

　　此外，电力系统在维护时，还使用各种电气

振动计

电气测量仪

参考资料　一般社团法人　东京都新宿区纳户町 25 番 1 号
日本计量机器工业联合会　电话：03-3268-2121　传真：03-3268-2167　https://www.keikoren.or.jp/

西野产业（株）

【未上市】西野産業株式会社

https://www.g-nishino.co.jp/

该公司批发销售电气测量仪器，包括绝缘抵抗针、电力计、电流电压计、检电器等。

销售收入	(2023.04)	营业利润	
155 亿日元		（未披露） 亿日元	

（株）冈崎制作所

【未上市】株式会社岡崎製作所

https://www.okazaki-mfg.com/

该公司主要生产温度传感器、工业用电气加热器、计测/控制/电热用无机绝缘（MI）电缆等。

销售收入	(2023.03)	营业利润	（税前利润）
138 亿日元		**30** 亿日元	

（株）小野测器

【6858】株式会社小野測器

https://www.onosokki.co.jp/

该公司主要生产电子计测机器、电子应用机器、电子控制装置及关联设备等。

销售收入	(2023.12)	营业利润	
115.4 亿日元		**1.4** 亿日元	

（株）第一科学

【未上市】株式会社第一科学

https://www.daiichi-kagaku.co.jp/

该公司生产和销售单相电力计、绝缘抵抗试验机等电气测定器。

销售收入		营业利润	(2024.02净利润)
（未披露） 亿日元		**1.4** 亿日元	

（株）UNIVERSAL GIKEN

【未上市】株式会社ユニバーサル技研

http://www.universalgiken.jp/

一家专业药剂自动投送装置、放射线峰值测定器开发与制造企业。

销售收入		营业利润	
（未披露） 亿日元		（未披露） 亿日元	

（株）OVAL

【7727】株式会社オーバル

https://www.oval.co.jp

该公司主要生产齿轮式流量计、计测管理设备、能源管理机器、计量装置及环境控制工程机器等。

销售收入		营业利润	
143 亿日元		**14** 亿日元	

菊水电子工业（株）

【6912】菊水電子工業株式会社

https://kikusui.co.jp/

该公司主要生产直流/交流电源装置、电子负荷装置、通信用计测器、耐电压试验器、绝缘抵抗试验器以及其他各种电子计测器。

销售收入		营业利润	
124 亿日元		**18** 亿日元	

BRUKER日本（株）

【Nasdaq: BRKR】ブルカージャパン株式会社

https://www.bruker.com/

BRUKER日本生产包括放射线测定仪在内的高性能科学仪器，以及其他分析仪器。

销售收入	(2023.12)	营业利润	
29.6 亿美元		**4.4** 亿美元	

（株）TechnoAP

【未上市】株式会社テクノエーピー

https://www.techno-ap.com/

2000年创立的放射线计测机器、电子应用机器专业制造企业。

销售收入	(2023.03)	营业利润	
5.8 亿日元		（未披露） 亿日元	

测定器来监测电网的运行状态；在电子设备研发中，工作人员通过电气测定器来准确测量和调试电路参数，以确保设备性能符合要求。常见的电气测定器包括电压表、电流表、欧姆表、功率表、电能表、相位表、耐压测试仪、漏电保护器测试仪、功率计、电阻测试仪等。

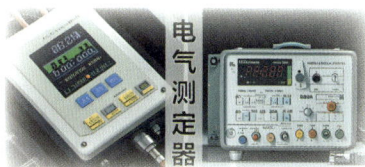

放射线测量仪主要有：盖革计数器，可检测 α、β、γ 等放射线，广泛应用于放射性监测；闪烁计数器对放射线有较高的灵敏度；个人剂量计用于监测个人所接受的放射线剂量，以及可长期监测特定区域辐射水平的环境辐射监测仪等。

电气测定器

放射线测量仪

東京都新宿区納戸町 25 番 1 号
電話：03-3268-2121　FAX：03-3268-2167　https://www.keikoren.or.jp/　一般社団法人
日本計量機器工業連合会

半导体制造装置

工业机器人

传感器

计量设备

61

计量计测数据处理装置／软件

计量计测用データ处理装置·ソフト

横河电机（株）

【6841】横河電機株式会社

https://www.yokogawa.co.jp/

该公司主要开发数据收集软件、数据记录软件和数据管理软件等。

销售收入	营业利润
5,401 亿日元	**788** 亿日元

Spectris（株）

【未上市】スペクトリス株式会社

https://www.spectris.co.jp/

由下属部门生产粒子/纳米分析仪器、X射线衍射仪等科学分析仪器。

销售收入 (2022.12)	营业利润 (2022.12净利润)
98 亿日元	**1.6** 亿日元

（株）MEASURE

【未上市】株式会社メジャーテックツルミ

https://measure.co.jp/

该公司主要从事工业称重信息处理系统和软件的设计和开发。

销售收入 (2022.03)	营业利润
3.5 亿日元	（未披露）亿日元

（株）三丰

【未上市】株式会社ミツトヨ

https://www.mitutoyo.co.jp

该公司生产各种测量系统和软件，如计测数据网络系统、接触式传感器软件等。

销售收入 (2023.12)	营业利润 (税前利润)
1,444 亿日元	**119** 亿日元

（株）宝计机制作所

【未上市】株式会社宝計機製作所

https://www.takara-scale.co.jp/

其产品包括音声式重量选别机、数据收集软件与系统等。

销售收入 (2022.12)	营业利润 (净利润)
7.3 亿日元	**0.5** 亿日元

守谷东京服务（株）

【未上市】守谷東京サービス株式会社

http://moriya-hakari.co.jp/

该公司开发和设计各种计算机软件和数据处理系统。

销售收入	营业利润
（未披露）亿日元	（未披露）亿日元

2022年度计量计测数据处理装置 407,728（百万日元）构成比

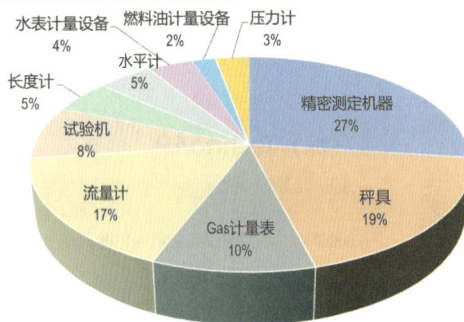

水表计量设备 4%
燃料油计量设备 2%
压力计 3%
水平计 5%
长度计 5%
试验机 8%
流量计 17%
Gas计量表 10%
精密测定机器 27%
秤具 19%

资料来源：日本计量机器工业联合会（计工联）统计调查资料；经济产业省机械统计月报。

计量计测数据处理装置是专门用于处理计量仪器采集的数据的设备。在实验室环境中，这种数据处理装置可以连接到天平、酸度计等仪器上，实时收集并处理数据，为实验研究提供准确的数据支持；在工业生产现场，它可以与流量仪、压力变送器等配合，对生产过程中的关键参数进行监测和分析，有助于及时发现问题并进行调整。一些常见的数据处理装置包括专用的数据采集卡、工业控制计算机等，它们可以根据不同的计量仪器和应用场景进行定制和配置。

计量计测数据处理装置主要有以下特点和功能。

数据采集与接收功能：能够与各种计量仪器进行稳定连接，实时获取数据，支持多种通信协议和接口，确保数据传输的准确性和可靠性。

数据预处理：对采集到的数据进行清洗、筛选和校准，去除异常值和干扰，包括单位转换、数据格式转换等操作。

数据分析与计算：进行复杂的统计分析，如均值、方差、标准差等计算，能根据特定算法和

参考资料　一般社团法人 日本计量机器工业联合会　东京都新宿区纳户町25番1号　电话：03-3268-2121　传真：03-3268-2167　https://www.keikoren.or.jp/

2018~2021 年日本计量计测机器（部分）进出口状况 单位：（千日元）

		出口变化						进口变化					
		亚洲	欧洲(含EU)	北美洲	南美洲	非洲	大洋洲	亚洲	欧洲(含EU)	北美洲	南美洲	非洲	大洋洲
测量机器	2018 年	6,970,426	2,645,935	5,847,570	65,700	25,936	366,372	12,117,285	9,957,361	11,579,785		9,574	65,660
	2019 年	6,292,072	2,259,261	4,403,586	38,391	39,589	422,924	12,834,239	11,069,722	14,558,276		6,231	53,915
	2020年	4,513,878	1,533,677	6,224,169	28,458	15,927	328,533	12,818,728	11,478,970	7,041,619	8,777	3,964	89,435
	2021年	5,195,015	1,961,633	6,865,747	20,754	23,505	479,026	16,112,782	14,417,946	9,984,577	1,827	5,993	115,072
	2022年	5,817,535	2,282,909	7,456,026	26,303	20,469	496,554	19,652,225	14,451,241	7,456,026	26,303	20,469	496,554
光学测定机器	2018 年	69,720,268	19,614,525	20,639,661	260,282	54,152	69,791	4,532,893	8,646,180	7,313,186			50,289
	2019 年	58,945,611	15,256,012	18,276,234	159,548	206,114	94,288	5,971,899	10,434,612	6,766,108			24,813
	2020年	53,030,302	13,650,433	18,791,570	107,766	114,942	45,171	6,869,231	10,304,890	9,080,149			17,261
	2021年	69,770,786	22,811,504	28,058,996	447,162	72,077	165,850	7,119,305	11,104,015	12,896,636	304	376	31,130
	2022年	75,732,154	23,873,882	29,959,145	452,639	87,697	172,420	8,173,072	14,829,746	18,986,799	8,275	-	40,427
回转仪/速度计	2018 年	20,260,813	14,448,355	30,369,568	482,477	60,837	246,920	41,613,761	4,658,149	3,204,053	1,418	30,329	4,527
	2019 年	19,050,358	12,245,689	21,700,684	548,852	52,354	171,062	46,466,236	4,027,045	2,800,587	2,127	9,397	3,980
	2020年	13,544,589	8,706,256	12,645,375	448,518	33,840	166,955	41,494,753	3,116,378	2,041,591	3,787	261	728
	2021年	13,244,412	10,687,506	15,572,366	441,072	34,003	201,175	44,513,176	3,074,647	1,899,005	4,816		1,114
	2022年	13,236,163	11,637,285	17,697,656	432,284	35,189	267,542	41,596,869	4,611,812	1,846,032	2,966		2,218
分析机器	2018 年	158,826,944	80,190,681	40,338,523	2,324,251	998,898	1,244,659	21,855,044	45,803,611	38,602,318	36,370	8,294	78,559
	2019 年	143,443,681	75,109,988	43,432,719	2,244,201	1,234,986	1,556,238	26,341,917	47,692,163	40,032,118	6,348	3,742	104,911
	2020年	151,931,226	65,035,165	41,411,725	1,557,567	964,624	2,004,103	24,822,497	45,430,621	38,251,046	65,859	687	147,068
	2021年	152,040,653	73,493,489	38,078,317	2,316,573	1,107,627	1,348,400	29,238,615	53,766,606	48,644,968	813	1,832	141,661
	2022年	176,517,424	87,424,937	57,236,772	3,261,661	1,258,579	1,501,263	44,006,199	67,418,410	65,157,706	5,631	-	273,486
工业计量器	2018 年	203,421,020	35,179,707	101,855,884	8,104,383	4,077,601	1,018,104	82,822,985	59,862,186	60,781,101	7,721	11,198	100,397
	2019 年	186,447,035	32,837,571	91,726,204	9,025,783	3,857,820	1,096,976	83,339,697	63,924,040	49,806,198	12,002	7,332	140,329
	2020年	186,447,035	32,837,571	91,726,204	9,025,783	3,857,820	1,096,976	83,339,697	63,924,040	49,806,198	12,002	7,332	140,329
	2021年	253,110,342	47,049,839	134,990,711	12,058,608	4,128,162	879,025	97,343,718	47,814,625	44,771,256	26,862	24,489	140,835
	2022年	310,792,085	58,605,284	160,803,807	14,716,564	3,841,499	963,153	111,405,577	56,273,779	62,594,576	69,963	50,994	196,959
其他	2018 年	74,454,570	15,964,992	24,583,351	1,724,073	540,122	534,826	40,336,135	46,053,346	71,301,704	81,272	27,031	364,661
	2019 年	66,647,172	14,224,721	19,382,729	914,596	849,997	492,182	38,261,946	48,352,702	77,365,558	84,616	46,301	321,898
	2020年	71,861,948	20,391,770	21,562,699	900,372	728,437	548,952	35,026,199	41,794,931	51,657,949	83,364	58,228	406,521
	2021年	92,026,479	27,961,460	32,624,824	1,299,576	409,681	712,690	45,978,013	48,425,255	53,734,672	47,242	311,236	584,999
	2022年	96,087,189	28,735,581	32,658,338	1,332,706	365,516	924,814	56,601,762	57,447,274	67,032,430	93,629	44,218	480,746

资料来源：日本计量机器工业联合会（计工联）统计调查资料；经济产业省机械统计月报。

半导体制造装置

工业机器人

传感器

计量设备

模型对数据进行深入挖掘和分析。

数据存储与管理：提供高效的数据存储机制，确保数据的安全性和可追溯性，便于数据的分类、查询和检索。

可视化展示：通过图表、图形等形式直观地展示数据，方便用户理解和解读，可定制的可视化界面能满足不同用户需求。

用户权限管理：设定不同级别的用户权限，保障数据的安全性和保密性。

系统设置与配置：允许用户根据具体需求对软件进行参数设置和功能配置。

一些常见的计量仪器用数据处理装置软件包括专业的数据采集与分析软件、实验室信息管理系统（LIMS）等。例如，在工业自动化领域，SCADA（数据采集与监控系统）软件就是一种重要的数据处理软件；在科研实验室中，有专门针对特定仪器和实验类型的数据分析软件。这些软件为计量仪器数据的有效利用和深入研究提供了重要的支持。

東京都新宿区納戸町 25 番 1 号
電話：03-3268-2121　FAX：03-3268-2167　https://www.keikoren.or.jp/
一般社団法人
日本計量機器工業連合会
参考資料
197

附

日本计量设备行业数据

日本計量機器業界データ

流量计生产推移 单位：（百万日元）

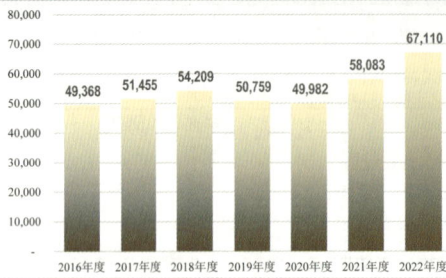

49,368　51,455　54,209　50,759　49,982　58,083　67,110

2016年度　2017年度　2018年度　2019年度　2020年度　2021年度　2022年度

注：机型为容积式、面积式、差压式、塔式、电磁式、涡流式、超声波式、热式、热量积算计等 。

精密测定机器生产推移 单位：（百万日元）

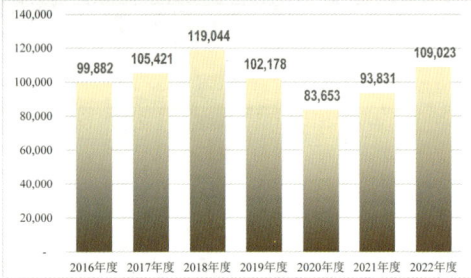

99,882　105,421　119,044　102,178　83,653　93,831　109,023

2016年度　2017年度　2018年度　2019年度　2020年度　2021年度　2022年度

注：精密测定机器含工业用长度计和光学测定机。

汽油 / 柴油计量设备生产推移 单位：（百万日元）

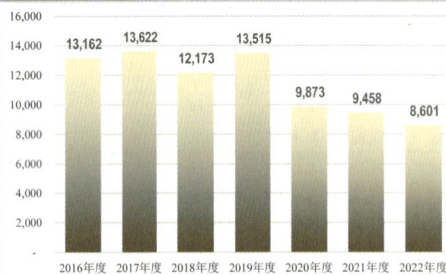

13,162　13,622　12,173　13,515　9,873　9,458　8,601

2016年度　2017年度　2018年度　2019年度　2020年度　2021年度　2022年度

注：机型为加油站自动加油机和各种燃料油自动加油机。
资料来源：秤具、长度计、流量计、水平计为日本计量机器工业联合会 (计工联) 统计调查资料，其他为经济产业省机械统计月报。

试验机生产推移 单位：（百万日元）

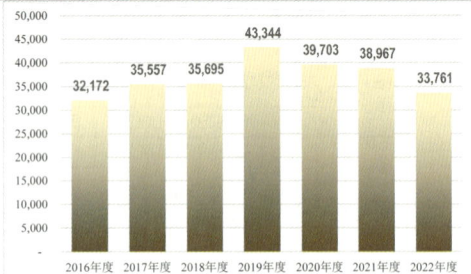

32,172　35,557　35,695　43,344　39,703　38,967　33,761

2016年度　2017年度　2018年度　2019年度　2020年度　2021年度　2022年度

注：机型为材料试验机、可动式试验机、构造物试验机。

各种秤具生产推移 单位：（百万日元）

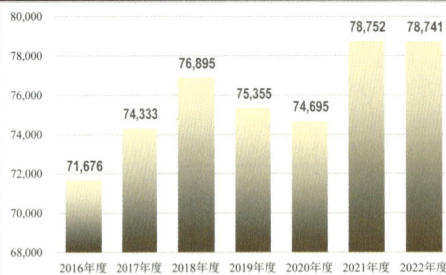

71,676　74,333　76,895　75,355　74,695　78,752　78,741

2016年度　2017年度　2018年度　2019年度　2020年度　2021年度　2022年度

注：游标式、高度计、深度计、卷尺、直尺等。
资料来源：秤具、长度计、流量计、水平计为日本计量机器工业联合会 (计工联) 统计调查资料，其他为经济产业省机械统计月报。

长度计量器出货金额推移 单位：（百万日元）

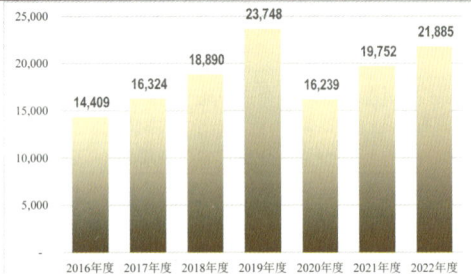

14,409　16,324　18,890　23,748　16,239　19,752　21,885

2016年度　2017年度　2018年度　2019年度　2020年度　2021年度　2022年度

注：游标式、高度计、深度计、卷尺、直尺等。
资料来源：秤具、长度计、流量计、水平计为日本计量机器工业联合会 (计工联) 统计调查资料，其他为经济产业省机械统计月报。

水平计量仪生产推移 单位：（百万日元）

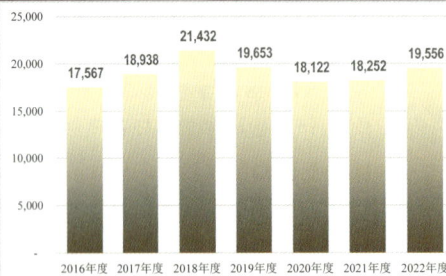

17,567　18,938　21,432　19,653　18,122　18,252　19,556

2016年度　2017年度　2018年度　2019年度　2020年度　2021年度　2022年度

注：机型为直视式、浮动式、显示器式、压力式、静电容量式、导电率式、超声波式、电波式、重锤式、振动式、重量式等。

压力计生产推移 单位：（百万日元）

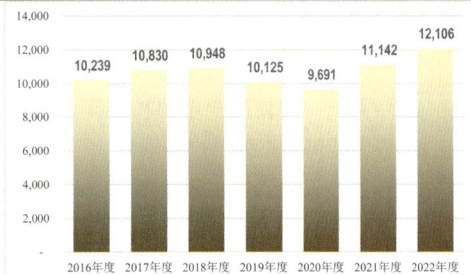

10,239　10,830　10,948　10,125　9,691　11,142　12,106

2016年度　2017年度　2018年度　2019年度　2020年度　2021年度　2022年度

参考资料　一般社团法人　东京都新宿区纳户町 25 番 1 号
日本计量机器工业联合会　电话：03-3268-2121　传真：03-3268-2167　https://www.keikoren.or.jp/

液面计／流量计出口推移　单位：（百万日元）

液面计／流量计进口推移　单位：（百万日元）

资料来源：日本计量机器工业联合会，根据日本关税协会《日本贸易月表（品别国别）》有关计量计测品目整理再编。

精密测定机器出口推移　单位：（百万日元）

资料来源：日本计量机器工业联合会，根据日本关税协会《日本贸易月表（品别国别）》有关计量计测品目整理再编。

精密测定机器进口推移　单位：（百万日元）

资料来源：秤具、长度计、流量计、水平计为日本计量机器工业联合会（计工联）统计调查资料，其他为经济产业省机械统计月报。

试验机出口推移　单位：（百万日元）

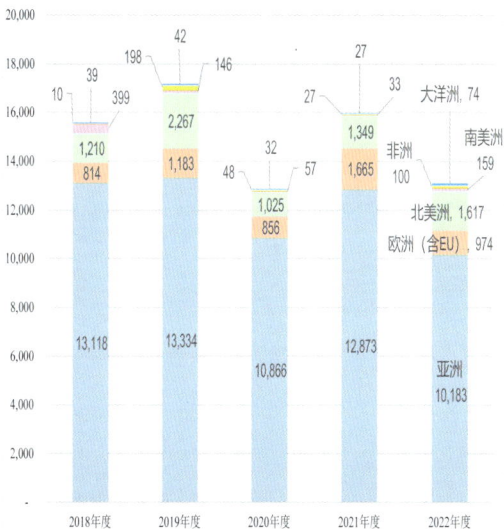

试验机进口推移　单位：（百万日元）

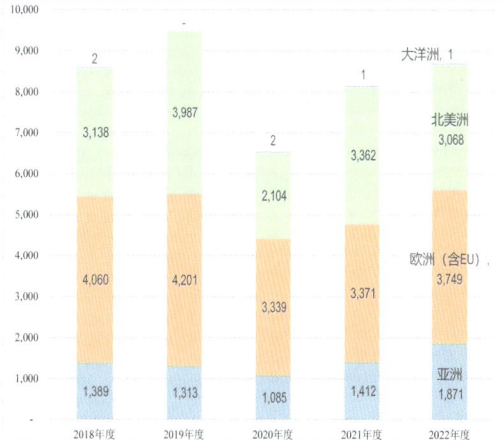

半导体制造装置

工业机器人

传感器

计量设备

Gas 计量器生产推移 单位：（百万日元）

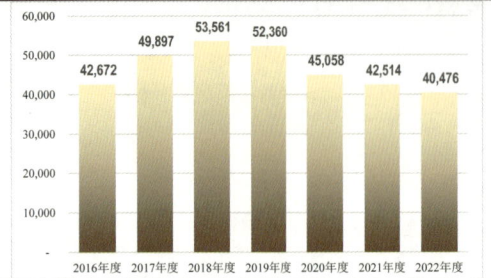

注：Gas 计量器工业会调查内容（LP gas、城市 gas 等）。
资料来源：秤具、长度计、流量计、水平计为日本计量机器工业联合会（计工联）
统计调查资料，其他为经济产业省机械统计月报。

水表计量设备生产推移 单位：（百万日元）

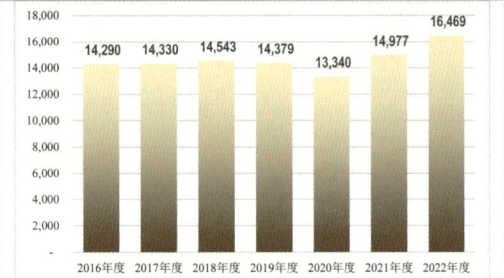

注：机型为叶片式和电磁式。

压力计进口推移 单位：（百万日元）

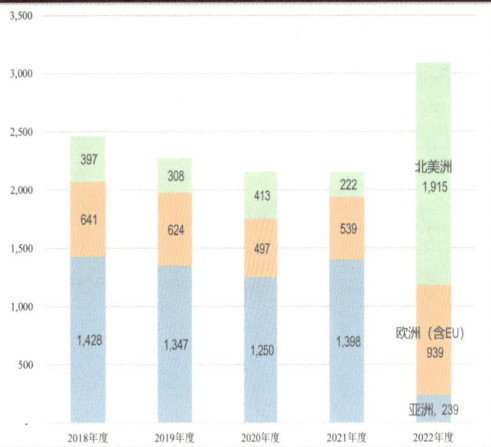

压力计出口推移 单位：（百万日元）

湿度计／温度计出口推移 单位：（百万日元）

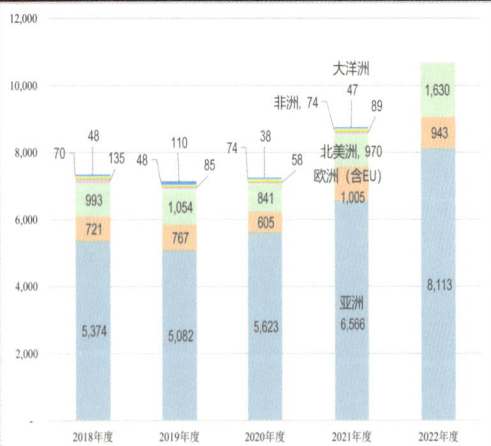

湿度计／温度计进口推移 单位：（百万日元）

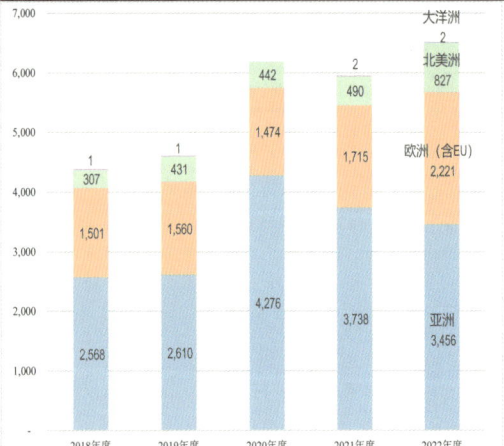

参考资料 一般社团法人 东京都新宿区纳户町 25 番 1 号
日本计量机器工业联合会 电话：03-3268-2121 传真：03-3268-2167 https://www.keikoren.or.jp/

流量容积计进口推移　单位：（百万日元）

资料来源：日本计量机器工业联合会，根据日本关税协会《日本贸易月表（品别国别）》有关计量计测品目整理再编。

长度计出口推移　单位：（百万日元）

资料来源：日本计量机器工业联合会，根据日本关税协会《日本贸易月表（品别国别）》有关计量计测品目整理再编。

秤具出口推移　单位：（百万日元）

流量容积计出口推移　单位：（百万日元）

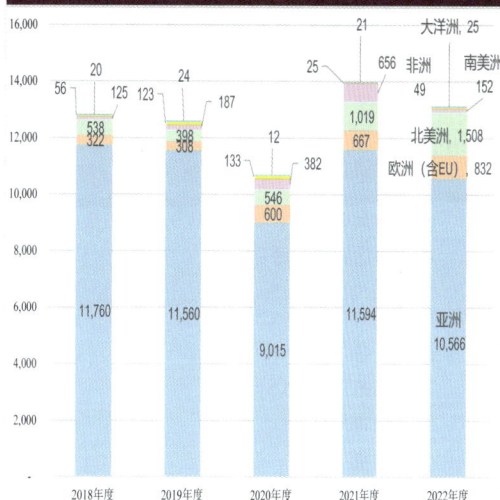

资料来源：日本计量机器工业联合会，根据日本关税协会《日本贸易月表（品别国别）》有关计量计测品目整理再编。

计量计测机器的生产状况推移　单位：（百万日元）

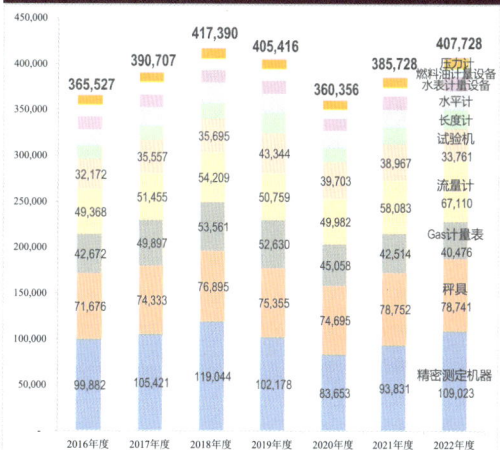

秤具进口推移　单位：（百万日元）

半导体制造装置

工业机器人

传感器

计量设备

企业中文索引

大电	大電株式会社	030,086,092,094,099
大分设备技术	大分デバイステクノロジー株式会社	055
大宫工业	大宮工業株式会社	033
大和制衡	大和製衡株式会社	178,187,188
大家的银行	株式会社みんなの銀行	160
大崎电机工业	大崎電機工業株式会社	194
大日本科研	株式会社大日本科研	046
大日本印刷	大日本印刷株式会社	019
大途电子	ダイトロン株式会社	033,044,064
大洋ELECS	大洋エレックス株式会社	131
岛津系统解决方案	島津システムソリューションズ株式会社	178,183
岛津制作所	株式会社島津製作所	124,170,172,180,186,188,190,192,139
岛田电子工业	島田電子工業株式会社	138
迪思科	株式会社ディスコ	029,025
第一机电	株式会社第一機電	041
第一计器制作所	株式会社第一計器製作所	178
第一科学	株式会社第一科学	195,171,173,177,184,187,193
第一物产	第一物産株式会社	177
电装	株式会社デンソー	129
d 电装Wave	株式会社デンソーウェーブ	078,087,090,098,100
东横化学	東横化学株式会社	039
东京测器研究所	株式会社東京測器研究所	126,178
东京电子	東京エレクトロン株式会社	030,021,021,022
东京计器	東京計器株式会社	126,170,181,186
东京计装	東京計装株式会社	172,178,182,190
东京精密	株式会社東京精密	028,052,024,025
东京流机工业	東京流機工業株式会社	185
东京应化工业	東京応化工業株式会社	042,054,021
东丽工程	東レエンジニアリング株式会社	030,044,056
东日制作所	株式会社東日製作所	174
东洋测器	東洋測器株式会社	189
东洋合成工业	東洋合成工業株式会社	062
东洋计器兴业	東洋計器興業株式会社	177
东洋理机工业	東洋理機工業株式会社	104
东洋煤气表	東洋ガスメーター株式会社	183
东洋先进机床	トーヨーエイテック株式会社	020
东芝	株式会社東芝	126,167
东芝TEC	東芝テック株式会社	188
东芝产业机器系统	東芝産業機器システム株式会社	098
渡辺商行	株式会社渡辺商行	041
多摩川精机	多摩川精機株式会社	153
发那科	ファナック株式会社	076,086,091,094,099,167
泛林集团（美国）	LAM RESEARCH CORPORATION	041,060,020,022
f 飞驒测器	飛驒測器株式会社	175
丰电子工业	株式会社豊電子工業	102
丰田自动织机丰田叉车公司	株式会社豊田自動織機トヨタL&Fカンパニー	084

	福尼克斯（美国）	Photronics, Inc.	018
	富士电机	富士電機株式会社	127,194
f	富士电机机器控制	富士電機機器制御株式会社	137
	富士胶片电子材料	富士フイルムエレクトロニクスマテリアルズ株式会社	042,021
	富士陶瓷	株式会社富士セラミックス	144,156
	富士通	富士通株式会社	129,166
	冈本工作机械制作所	株式会社岡本工作機械製作所	020
	冈崎精机	岡崎精機株式会社	185
	冈崎制作所	株式会社岡崎製作所	195
	冈野制作所	株式会社岡野製作所	193
	高田工业所	株式会社高田工業所	029
	高丸工业	高丸工業株式会社	103
	宫原计量器制作所	株式会社宮原計量器製作所	179
	宫山技术研究所	株式会社宮山技術研究所	096
g	共和电业	株式会社共和電業	125,176,189,192
	古河AS	古河AS株式会社	155
	古河机械金属	古河機械金属株式会社	059
	谷田	株式会社タニタ	126
	关东电化工业	関東電化工業株式会社	023,059
	关西煤气表	関西ガスメータ株式会社	183
	光进电气工业	光進電気工業株式会社	175
	光响	株式会社光響	154
	合同会社先端技术研究所	合同会社先端技術研究所	159
	和椿科技	Aurotek Corporation	147
	横河电机	横河電機株式会社	127,133,194,196, 170,172,176,180, 192,139
h	弘辉技术	株式会社弘輝テック	057
	户苅工业	株式会社戸苅工業	102
	环球晶圆股份有限公司（中国台湾）	GlobalWafer Co., Ltd.	020
	环球先进科技	イーグローバレッジ株式会社	037
	霍尼韦尔（美国）	Honeywell International Inc.（米国）	148,152
	基恩士	株式会社キーエンス	142,130,134,136, 146,150
	加藤电器制作所	株式会社加藤電器製作所	055
	佳能ANELVA	キヤノンアネルバ株式会社	033,022
	佳能IT解决方案	キヤノンITソリューションズ株式会社	130
	佳能Precision	キヤノンプレシジョン株式会社	137
	佳能机械	キヤノンマシナリー株式会社	031
	兼松PWS	兼松PWS株式会社	058,064
	菅制作所	株式会社菅製作所	038
j	今野工业所	株式会社今野工業所	100
	津津巳电机	株式会社津々巳電機	100
	近畿	株式会社近畿コーポレーション	092
	近江度量衡	近江度量衡株式会社	190
	近藤科学	近藤科学株式会社	153
	近藤制作所	株式会社近藤製作所	096,102
	京瓷	京セラ株式会社	055,129
	京都电子工业	京都電子工業株式会社	179
	精工爱普生	セイコーエプソン株式会社	078,091,099,148, 152,083

p	普利司通	株式会社ブリヂストン	080
	千代田Technol	株式会社千代田テクノル	194
	千住金属工业	千住金属工業株式会社	056
	前泽给装工业	前澤給装工業株式会社	182
q	清和光学制作所	株式会社清和光学製作所	047
	清水	株式会社シミズ	042
	全日空控股	ANAホールディングス株式会社	081
	荏原制作所	株式会社荏原製作所	028
	日本Binary	日本バイナリー株式会社	141
	日本EMERSON	日本エマソン株式会社	181
	日本KISTLER合同会社（瑞士）	日本キスラー合同会社（スイス）	156
	日本liniax	日本リニアックス株式会社	148
	日本德州仪器（美国）	日本テキサス・インスツルメンツ合同会社（米国）	142
	日本电波工业	日本電波工業株式会社	046
	日本电气	日本電気株式会社	166
	日本电子	日本電子株式会社	030,037,019
	日本光电工业	日本光電工業株式会社	142
	日本航空电子工业	日本航空電子工業株式会社	127
	日本精器	日本精器株式会社	178
	日本情报CREATE	日本情報クリエイト株式会社	164
	日本设计工业	株式会社日本設計工業	102
	日本生产技术研究所	株式会社日本生産技術研究所	040
	日本酸素控股	日本酸素ホールディングス株式会社	023
	日本碳化物工业	日本カーバイド工業株式会社	062
r	日本陶瓷	日本セラミック株式会社	143
	日本特殊陶业	日本特殊陶業株式会社	054
	日本优尼	株式会社ジャパンユニックス	100
	日产化学	日産化学株式会社	059
	日东精工	日東精工株式会社	090,181
	日立产业控制解决方案	株式会社日立産業制御ソリューションズ	083
	日立电力解决方案	株式会社日立パワーソリューションズ	028
	日立高科技	株式会社日立ハイテク	032,128,022,025
	日立制作所	株式会社日立製作所	081,127,167,194
	日清纺Micro Devices	日清紡マイクロデバイス株式会社	127
	日铁溶接工业	日鉄溶接工業株式会社	094
	日新产业	ニッシン産業株式会社	159
	日新电机	日新電機株式会社	030,050
	日新电子工业	日新電子工業株式会社	187
	日新计器	日新計器株式会社	177
	日新离子机械	日新イオン機器株式会社	030,050
	入江	入江株式会社	049,041
	软银	ソフトバンク株式会社	166
	软银集团	ソフトバンクグループ株式会社	082
s	三丰	株式会社ミツトヨ	196,170,172,186
	三和化学	株式会社三和ケミカル	062
	三和机器人	三和ロボティクス株式会社	103
	三井高科技	株式会社三井ハイテック	026
	三菱电机	三菱電機株式会社	076,086,091,099,128,129,130,148,167

	细美事（韩国）	SEMES	023
	细田	株式会社細田	141
	夏普	シャープ株式会社	082,130,134
	小川优机制作所	株式会社小川優機製作所	082
	小松NTC	コマツNTC 株式会社	019
	小野测器	株式会社小野測器	150,195
	协同国际	株式会社協同インターナショナル	046
	新川	株式会社新川	064
x	新东工业	新東工業株式会社	148
	新光电气工业	新光電気工業株式会社	054,025
	新光电子	新光電子株式会社	157,171
	新泻精机	新潟精機株式会社	170
	信浓绢丝	シナノケンシ株式会社	087
	信越化学工业	信越化学工業株式会社	034,042,019,021
	旭化成	旭化成株式会社	125
	旭化成电子	旭化成エレクトロニクス株式会社	132
	旭计器工业	旭計器工業株式会社	177
	雅马哈发动机	ヤマハ発動機株式会社	032,077,091,097,099
	亚德诺半导体（美国）	アナログ・デバイセズ株式会社（米国）	152
	岩崎通信机	岩崎通信機株式会社	194
	野原集团	野原グループ株式会社	164
	伊藤忠机械技术	伊藤忠マシンテクノス株式会社	092
y	医疗机器人	株式会社メディカロイド	080
	揖斐电	イビデン株式会社	054,026
	意法半导体（瑞士）	STマイクロエレクトロニクス株式会社（スイス）	134,152
	永田精机	永田精機株式会社	053
	原度器	原度器株式会社	171
	原相科技（中国台湾）	PixArt Imaging Inc.（中国台湾）	135
	长濑 ChemteX	ナガセケムテックス株式会社	042
	长野电子工业	長野電子工業株式会社	034
	长野计器	長野計器株式会社	126,172,176,181
	长野计装	株式会社ナガノ計装	193
	昭和测器	株式会社昭和測器	189
	昭和机器计装	昭和機器計装株式会社	185
	昭和科学	株式会社昭和サイエンス	046
	昭和真空	株式会社昭和真空	039
	昭立电气工业	昭立電気工業株式会社	101
	正兴电机制作所	株式会社正興電機製作所	082
	芝产业	芝産業株式会社	091
z	芝浦机电一体化	芝浦メカトロニクス株式会社	028,048
	芝浦机械	芝浦機械株式会社	078,092,097,099
	竹中电子工业	竹中電子工業株式会社	144,138,147,151
	竹中工程技术	竹中エンジニアリング株式会社	147
	竹中制作所	株式会社竹中製作所	185
	住友化学	住友化学株式会社	021
	住友精密工业	住友精密工業株式会社	030,153
	住友重机械工业	住友重機械工業株式会社	051,077
	筑波工程	筑波エンジニアリング株式会社	104
	佐藤计量器制作所	株式会社佐藤計量器製作所	173
	佐藤真空	佐藤真空株式会社	040

	A&D	株式会社エー・アンド・ディ	179
	A&D HOLON控股	株式会社A&Dホロンホールディングス	174,186,188
	ABB（Asea Brown Boveri）	ABB（Asea Brown Boveri）	095
	ACCESS	株式会社ACCESS	166
	Accurate	株式会社アキュレイト	140
	Ace Point Systems	エースポイントシステムズ株式会社	175
	ADEKA	株式会社ADEKA	059
	AGC Inc.	AGC株式会社	018
	Aiden	株式会社アイデン	044
	Air Water Mechatronics Inc.	エア・ウォーター・メカトロニクス株式会社	156
	ALEPH	株式会社日本アレフ	127,158
	ALL device	オールデバイス株式会社	159
	AMNIS	エヌケーエス株式会社	184
	ANDPAD	株式会社アンドパッド	165
	ANEOS	ANEOS株式会社	174
A	Anritsu	アンリツインフィビス株式会社	187
	Anton Paar日本（奥地利）	株式会社アントンパール・ジャパン（オーストリア）	156
	AOI电子	アオイ電子株式会社	055
	Apollo Seiko	アポロ精工株式会社	101
	Applied Materials, Inc.	アプライドマテリアルズジャパン株式会社	032,052,050,020,024
	ARCHVAC	アーチバック株式会社	184
	ARGO	株式会社アルゴ	133
	ARIOS	アリオス株式会社	040
	Asahi化学研究所	株式会社アサヒ化学研究所	042
	ASAP	株式会社エイ・エス・エイ・ピイ	044
	ASML（荷兰）	Advanced Semiconductor Material Lithography	022,025
	ATI工业自动化（美国）	ATI Industrial Automation, Inc.（米国）	149
	Atrae	株式会社アトラエ	161
	Avance	株式会社アドバンス	087
	Avatarin	avatarin株式会社（アバターイン）	081
	Balluff（德国）	バルーフ株式会社（ドイツ）	144,136
	BANNER日本（美国）	バナー・エンジニアリング・ジャパン（米国）	145,131,147,151,155
	BEA日本	BEAJapan株式会社	147
B	BIPROGY	BIPROGY株式会社	166
	BL AUTOTEC	ビー・エル・オートテック株式会社	148
	b-plus	株式会社ビー・アンド・プラス	138
	BRUKER日本	ブルカージャパン株式会社	195
	BYNAS	株式会社バイナス	103
	Canon Marketing Japan	キヤノンマーケティングジャパン株式会社	131
	Canosis	キャノシス株式会社	034
	CBcloud	CBcloud株式会社	165
	CERMA PRECISION	株式会社サーマプレシジョン	047
	CHINO	株式会社チノー	172,190,192
C	CHIeru	チエル株式会社	162
	CIF（法国）	CIF（フランス）	057
	CKD	CKD株式会社	031,087
	CLAIRPIXEL（韩国）	Clairpixel Co., Ltd.（韓国）	135
	Classi	Classi株式会社	163

	Kaijo	株式会社カイジョー	029,065
	J+A150:A161	カンケンテクノ株式会社	124
	Kaonavi	株式会社カオナビ	161
	Kett科学研究所	株式会社ケット科学研究所	171,191
	Kitagawa GRESSTECH	北川グレステック株式会社	052
K	KLA（美国）	KLA Corporation	024
	Knowles Electronics, LLC.（美国）	ノウルズ・エレクトロニクス・ジャパン株式会社（米国）	143
	KODENSHI	コーデンシ株式会社	138
	KOH-DEN	株式会社コウデン	149
	KOKUSAI ELECTRIC	株式会社 KOKUSAI ELECTRIC	021
	Kplavision	株式会社ケイプラビジョン	101
	KUKA Roboter GmbH（德国）	KUKA Roboter GmbH（ドイツ）	095
	LAPP JAPAN	Lapp Japan株式会社	159
	Lasertec	レーザーテック株式会社	030,025
	Leptrino	株式会社レプトリノ	148
	Link and Motivation	株式会社リンクアンドモチベーション	161
	Linkage	株式会社リンケージ	158
	LINKWIZ	リンクウィズ株式会社	104
L	Linx	株式会社リンクス	133
	Litho Tech日本	リソテックジャパン株式会社	044
	Living Technologies	リビン・テクノロジーズ株式会社	164
	Logizard	ロジザード株式会社	164
	LPKF Laser&Electronics	LPKF Laser&Electronics株式会社	056
	L-TEC	エルテック株式会社	065
	MACOME	株式会社マコメ研究所(MACOME)	157
	Marusan Name	株式会社マルサン・ネーム	140
	MATSUBO	株式会社マツボー	039,051
	Matsushima Measure Tec	株式会社マツシマメジャテック	127
	MEASURE	株式会社メジャーテックツルミ	196
	Mediarobotech	株式会社メディアロボテック	101
	MEIKO	株式会社メイコー	101
	MERSEN FMA	メルセン・エフエムエー株式会社	034
	metatechno	株式会社メタテクノ	167
	METTLERTOLEDO	メトラー・トレド株式会社	179,174,191
M	Micro-Epsilon Japan	Micro-EpsilonJapan株式会社	158
	MIGALO控股	ミガロホールディングス	163
	MIKASA	ミカサ株式会社	045
	mitsuiwa	ミツイワ株式会社	102
	MITSUMI电机	ミツミ電機株式会社	149
	Mobile Industrial Robots A/S（丹麦）	モバイルインダストリアルロボット A/S	085
	Money Forward	株式会社マネーフォワード	160
	MTC	株式会社エムテーシー	045
	Mujin	株式会社Mujin	080,165
	MURATEC-KDS	ムラテックKDS株式会社	171
	MURATEC机电	ムラテックメカトロニクス株式会社	088
	NAMICS	ナミックス株式会社	127
	Nano System Solution	株式会社ナノシステムソリューションズ	047
N	Nanotec	株式会社ナノテック	047,100
	NEC Platforms	NECプラットフォーム株式会社	124
	NEC解决方案革新者	NECソリューションイノベータ株式会社	124

	NEOARK	ネオアーク株式会社	047
	NIDEC	ニデックプレシジョン株式会社	140
	NIDEC COMPONENTS	ニデックコンポーネンツ株式会社	032
	NIDEK大丰机工	ニデック大豊機工株式会社	185
	NIKKOKU	株式会社ニッコク	185
	NIPPONFLOWCELL	日本フローセル株式会社	184
N	NIRECO	株式会社ニレコ	143,130
	NITTA	ニッタ株式会社	140
	NOHKEN	株式会社ノーケン	178
	NST	株式会社エヌエスティー	085
	NTCJ	ヌヴォトンテクノロジージャパン株式会社	143
	NTT数据	株式会社NTTデータ	166
	NXP日本（荷兰）	NXPジャパン株式会社（オランダ）	152
	ODK方案	株式会社ODKソリューションズ	162
	OGA	株式会社オーギャ	141
	OKI-OCE	株式会社OKIコムエコーズ	125
	ON综合电机	オーエヌ総合電機株式会社	044
	OPENLOGI	株式会社オープンロジ	165
	OPTIMIND	株式会社オプティマインド	165
O	OptoSirius	オプトシリウス株式会社	042
	ORC制作所	株式会社オーク製作所	029,046
	ORIMVEXTA	オリムベクスタ株式会社	092,097
	ORY研究所	株式会社オリィ研究所	081
	Otto Motors（美国）	Otto Motors（米国）	085
	OVAL	株式会社オーバル	173,176,182,190, 195
	Panasonic Factory Solutions Sales & Engineering Japan Co., Ltd.	パナソニックFSエンジニアリング株式会社	095
	Payroll	株式会社ペイロール	161
	PenTough	ペンタフ株式会社	184
	PEPPERL+PUCHUS（德国）	株式会社ピーアンドエフ（ドイツ）	144,130,151
	Philtech	株式会社フィルテック	035
	PHT	PHT株式会社	049
P	PISCO	株式会社日本ピスコ	178
	Pixelplus（韩国）	Pixelplus Co., Ltd.（韓国）	135
	Plus Alpha Consulting	株式会社プラスアルファ・コンサルティング	161
	POPER	株式会社POPER	163
	PPS（美国）	Pressure Profile Systems,Inc.（米国）	141
	PRECITEC日本	プレシテック・ジャパン株式会社	131,158
	Premaeon	プレミオン株式会社	035
	property technologies	株式会社propertytechnologies	163
	RATOC Systems	ラトックシステム株式会社	159
R	RIVERFIELD	リバーフィールド株式会社	080
	Rockwell自动化（美国）	ロックウェルオートメーションジャパン株式会社（米国）	143
	San-Apro	サンアプロ株式会社	062
	SANVAC	株式会社サンバック	041
S	Sanyu电子	サンユー電子株式会社	037
	SAROUTE	株式会社セルート	164
	SARTORIUS日本	ザルトリウス・ジャパン株式会社	179,189,190
	SAWA通商	株式会社SAWA通商	057

企业日文索引

カ	カンケンテクノ	KANKEN（株）	124
	キーエンス	（株）基恩士	142,130,134,136,146,150
キ	キャノシス	Canosis（株）	034
	キヤノンITソリューションズ	佳能IT解决方案（株）	130
	キヤノンアネルバ	佳能ANELVA（株）	033,022
キ	キヤノンプレシジョン	佳能Precision（株）	137
	キヤノンマーケティングジャパン	Canon Marketing Japan（株）	131
	キヤノンマシナリー	佳能机械（株）	031
	クボタ	（株）久保田	188
ク	クライミング	（株）Climbing	179
	クレオテクノロジー	（株）CREO Technology	095
	クレステック	（株）CRESTEC	036
グ	グローバル電子	Global Electronics（株）	157
ケ	ケイプラビジョン	（株）Kplavision	101
	ケット科学研究所	（株）Kett科学研究所	171,191
	コウデン	（株）KOH-DEN	149
	コーデンシ	KODENSHI（株）	138
コ	コグネックス（米国）	COGNEX（株）（美国）	131,132
	コマツNTC	小松NTC（株）	019
	コムス	COMS（株）	092
	サーマプレシジョン	（株）CERMA PRECISION	047
	サイアン	（株）CYAN	159
	サムコ	莎姆克（株）	031,038,040,049
	サンアプロ	San-Apro（株）	062
サ	サンエイテック	（株）三英科技	097,149
	サンゲン	三玄（株）	158
	サンゴバン	圣戈班集团（株）	055
	サンテックス	Suntecs（株）	159
	サンバック	（株）SANVAC	041
	サンユー電子	Sanyu电子（株）	037
ザ	ザルトリウス・ジャパン	SARTORIUS日本（株）	179,189,190
	シーエステック	（株）CSTech	158
	シーユーアイ・ジャパン	（株）CUI日本	145
	シグマ光機	西格玛光机（株）	139,147
	シコウ	（株）SHIKO	084
	シナガワ	（株）品川	185,193
シ	シナノケンシ	信浓绢丝（株）	087
	シミズ	（株）清水	042
	シャープ	夏普（株）	082,130,134
	シュンク・ジャパン	SCHUNK（株）	148
	シロ産業	（株）Shiro产业	158
	シンワ測定	Shinwa測定（株）	170,173
	ジーネット	（株）G-NET	097
	ジェイテクトサーモシステム	JTEKT Thermo Systems Corporation	029
	ジェーイーエル	（株）JEL	060
	ジェピコ	（株）JEPICO	154
ジ	ジック（ドイツ）	SICK（株）（德国）	143,130,137,132,154
	ジマテック	Gimatic（株）	138,147
	ジャステム	（株）JUSTEM	045
	ジャストシステム	（株）JUSTSYSTEMS	162

	ジャノメ	（株）JANOME	090,097,098
ジ	ジャパンクリエイト	JAPAN CREATE（株）	033,040
	ジャパンユニックス	（株）日本优尼	100
	スカイアーチネットワークス	（株）SKYARCH	167
	スギノマシン	（株）杉野机械	090
	スターテクノ	STARTECHNO（株）	102
	スター精機	（株）STAR精机	096
	スタディプラス	Studyplus（株）	163
ス	スタンレー電気	斯坦雷电气（株）	136
	ステラケミファ	Stellachemifa（株）	022
	ストーブリ（スイス）	STAUBLI（株）（瑞士）	092
	スパイダープラス	Spiderplus（株）	164
	スピードファム	SpeedFam（株）	031,020
	スペクトリス	Spectris（株）	196,176,189
	スマートロジック	Smart Logic（株）	158
ズ	ズース・マイクロテック	SUSS MicroTec（株）	032
	セイコーエプソン	精工爱普生（株）	078,091,099,148, 152,083
	セキュリティハウス	（株）Security House	157
セ	セルート	（株）SAROUTE	164
	セレンディップ・ロボクロスマーケティング	SERENDIP RXM（株）	093
	センサテック	SENSATEC（株）	137,157,153
	センシズ	（株）Sensez	157
	ソーキ	（株）SOOKI	156
	ソシオネクスト	（株）Socionext Inc.	155
	ソナス	SONAS（株）	126
	ソニーグループ	索尼集团（株）	081
ソ	ソニーセミコンダクタソリューションズ	Sony Semiconductor解决方案（株）	134,132
	ソニック	（株）SONIC	126,183,192
	ソフトバンク	软银（株）	166
	ソフトバンクグループ	软银集团（株）	082
	ソリトンウェーブ	（株）Solitonwave	159
	タークジャパン（ドイツ）	TURCK日本（株）（德国）	145,159,155
	タカキ製作所	TAKAKI（株）	033
	タスキホールディングス	（株）TASUKI控股	164
	タツタ電線	拓自达电线（株）	058
タ	タッチエンス	Touchence（株）	140
	タツノ	（株）TATSUNO	181
	タツモ	龙云（株）	049
	タニタ	（株）谷田	126
	タムラ製作所	（株）田村制作所	056,142
	ダイアディックシステムズ	（株）Dyadic系统	086
	ダイキンファインテック	DAIKIN FINETECH（株）	031,048
	タイセー	（株）TAISEI	145
ダ	ダイトロン	大途电子（株）	033,044,064
	ダイナテックプラス	Dynatechplus（株）	057
	ダイナトロン	Dynatron（株）	101
	ダイヘン	（株）DAIHEN	077,084,094
	ダルトン	（株）DALTON	032
チ	チームスピリット	（株）TeamSpirit	162
	チエル	（株）CHIeru	162

チ	チノー	（株）CHINO	172,190,192
	ティアンドデイ	（株）TANDD	193
	テクノアルファ	Techno Alpha（株）	032,064,056
	テクノエーピー	（株）TechnoAP	195
テ	テクノファイン	（株）Technofine	038
	テクノライズ	Techno Rise（株）	052
	テック技販	（株）Tec Gihan	149
	テルモセラ・ジャパン	Thermocera日本（株）	041
	ディスコ	（株）迪思科	029,025
	デンケン	（株）DENKEN	054
デ	デンソー	（株）电装	129
	デンソーウェーブ	（株）电装Wave	078,090
	デンソーウェーブ	（株）电装 Wave	087,098,100
	トーヨーエイテック	东洋先进机床（株）	020
ト	トキコシステムソリューションズ	Tokico系统解决方案（株）	180
	トリニティー	（株）TRINITY	035
	ナガセケムテックス	长濑ChemteX（株）	042
	ナガノ計装	（株）长野计装	193
	ナゴヤホカンファシリティーズ	FACILITY（株）	126
ナ	ナノシステムソリューションズ	（株）Nano System Solution	047
	ナノテック	（株）Nanotec	047,100
	ナブテスコ	纳博特斯克（株）	079
	ナミックス	NAMICS（株）	127
	ニコン	（株）尼康	031,046,022
	ニッコク	（株）NIKKOKU	185
	ニッシン産業	日新产业（株）	159
	ニッタ	NITTA（株）	140
	ニデックコンポーネンツ	NIDEC COMPONENTS（株）	032
ニ	ニデックドライブテクノロジー	尼得科传动技术株式会社	084
	ニデックプレシジョン	NIDEC（株）	140
	ニデック大豊機工	NIDEK大丰机工（株）	185
	ニューフレアテクノロジー	（株）纽富来科技	033,036,019
	ニレコ	（株）NIRECO	143,130
ヌ	ヌヴォトンテクノロジージャパン	NTCJ（株）	143
ネ	ネオアーク	NEOARK（株）	047
ノ	ノウルズ・エレクトロニクス・ジャパン（米国）	Knowles Electronics, LLC.（美国）	143
	ノーケン	（株）NOHKEN	178
	ハーモテック	（株）Harmotec	060
	ハーモニック・ドライブ・システムズ	（株）Harmonic Drive Systems	078,080
	ハイウィン	HIWIN（株）	092,099
	ハイウィン	HIWIN（株）	092,099
ハ	ハイソル	HiSOL（株）	044,064
	ハイボット	（株）Hibot	082
	ハイマージャパン（ドイツ）	HAIMER日本（株）（德国）	133
	ハイメカ	Hi-MECHA（株）	053
	ハコベル	Hacobell（株）	165
	ハヤシレピック	HAYASHI-REPIC（株）	145,158
	パシフィックテクノロジー	（株）太平洋技术	158
パ	パナソニックFSエンジニアリング	Panasonic Factory Solutions Sales & Engineering Jap	095
	パナソニックインダストリー	松下工业（株）	129,142,153
	パナソニックコネクト	松下CONNECT	095

	芝浦メカトロニクス	芝浦机电一体化（株）	028,048
	芝産業	芝产业（株）	091
	柴田科学	柴田科学（株）	179,193
	澁谷工業	涩谷工业（株）	064
	島田電子工業	岛田电子工业（株）	138
	島津システムソリューションズ	岛津系统解决方案（株）	178,183
	島津製作所	（株）岛津制作所	124,170,172,180,186,188,190,192,139
	松栄テクノサービス	松荣技术服务（株）	103
	昭立電気工業	昭立电气工业（株）	101
し	昭和機器計装	昭和机器计装（株）	185
	昭和サイエンス	（株）昭和科学	046
	昭和真空	（株）昭和真空	039
	昭和測器	（株）昭和测器	189
	神栄テクノロジー	神荣科技（株）	173
	信越化学工業	信越化学工业（株）	034,042,019,021
	新川	（株）新川	064
	神港精機	神港精机（株）	040,056
	神港精機	神港精机（株）	040,056
	新光電気工業	新光电气工业（株）	054,025
	新光電子	新光电子（株）	157,171
	新東工業	新东工业（株）	148
	菅製作所	（株）菅制作所	038
	杉山電機システム	杉山电机系统（株）	138
	鈴木	（株）铃木	056
す	住友化学	住友化学（株）	021
	住友重機械工業	住友重机械工业（株）	051,077
	住友精密工業	住友精密工业（株）	030,153
	駿河精機	骏河精机（株）	138
	正興電機製作所	（株）正兴电机制作所	082
	誠南工業	诚南工业（株）	037
せ	誠和	（株）诚和	193
	清和光学製作所	（株）清和光学制作所	047
	千住金属工業	千住金属工业（株）	056
	太平電気	太平电气（株）	103
	大洋エレックス	大洋ELECS（株）	131
	太洋電機産業	太洋电机产业（株）	100
	高田工業所	（株）高田工业所	029
	高丸工業	高丸工业（株）	103
た	宝計機製作所	（株）宝计机制作所	196
	田口鉄工所	（株）田口铁工所	104
	竹中エンジニアリング	竹中工程技术（株）	147
	竹中製作所	（株）竹中制作所	185
	竹中電子工業	竹中电子工业（株）	144,138,147,151
	多摩川精機	多摩川精机（株）	153
	大亜集団（株）	TAYA GROUP（中国台湾）	058
	第一科学	（株）第一科学	195,171,173,177,184,187,193
だ	第一機電	（株）第一机电	041
	第一計器製作所	（株）第一计器制作所	178
	第一物産	第一物产（株）	177

	大電	大电（株）	030,086,092,094,099
だ	大日本印刷	大日本印刷（株）	019
	大日本科研	（株）大日本科研	046
ち	超音波工業	超音波工業（株）	028,064
	千代田テクノル	（株）千代田Technol	194
つ	筑波エンジニアリング	筑波工程（株）	104
	津々巳電機	（株）津津巳电机	100
て	寺岡精工	（株）寺冈精工	186,188
	東京ウエルズ	（株）TOKYOWELD	053
	東京エレクトロン	东京电子（株）	030,021,021,022
	東京応化工業	东京应化工业（株）	042,054,021
	東京計器	东京计器（株）	126,170,181,186
	東京計装	东京计装（株）	172,178,182,190
	東京精密	（株）东京精密	028,052,024,025
	東京測器研究所	（株）东京测器研究所	126,178
	東京流機工業	东京流机工业（株）	185
	東芝	（株）东芝	126,167
	東芝産業機器システム	东芝产业机器系统（株）	098
	東芝テック	东芝TEC（株）	188
	同人産業	（株）同人产业	034
と	東日製作所	（株）东日制作所	174
	東洋ガスメーター	东洋煤气表（株）	183
	東洋計器興業	东洋计器兴业（株）	177
	東洋合成工業	东洋合成工业（株）	062
	東洋測器	东洋测器（株）	189
	東洋理機工業	东洋理机工业（株）	104
	東横化学	东横化学（株）	039
	東レエンジニアリング	东丽工程（株）	030,044,056
	戸苅工業	（株）户苅工业	102
	特電	（株）特电	097,083
	凸版印刷	凸版印刷（株）	019
	豊田自動織機トヨタL&Fカンパニー	（株）丰田自动织机丰田叉车公司	084
	豊電子工業	（株）丰电子工业	102
	永田精機	永田精机（株）	053
な	長野計器	长野计器（株）	126,172,176,181
	長野電子工業	长野电子工业（株）	034
	名古屋電機工業	名古屋电机工业（株）	175
	新潟精機	新泻精机（株）	170
	西野産業	西野产业株式会社	195,176,182
	日産化学	日产化学（株）	059
	日新イオン機器	日新离子机械（株）	030,050
	日新計器	日新计器（株）	177
	日新電機	日新电机（株）	030,050
に	日新電子工業	日新电子工业（株）	187
	日清紡マイクロデバイス	日清纺Micro Devices（株）	127
	日鉄溶接工業	日铁溶接工业（株）	094
	日東精工	日东精工（株）	090
	日本アレフ	（株）ALEPH	127,158
	日本エマソン	日本EMERSON（株）	181
	日本カーバイド工業	日本碳化物工业（株）	062

图书在版编目（CIP）数据

日本产业概览 . 2023 ~ 2024 : 半导体制造装置 | 工业
机器人 | 传感器 | 计量设备 / 褚健主编 . -- 北京 : 社会
科学文献出版社 , 2024. 12. -- ISBN 978-7-5228-4609
-5

Ⅰ . F269.313

中国国家版本馆 CIP 数据核字第 2024RQ6996 号

日本产业概览（2023~2024）
半导体制造装置 | 工业机器人 | 传感器 | 计量设备

主　　编／褚　健

出 版 人／冀祥德
组稿编辑／周　丽
责任编辑／徐崇阳
责任印制／王京美

出　　版／社会科学文献出版社·生态文明分社（010）59367143
　　　　　地址：北京市北三环中路甲29号院华龙大厦　邮编：100029
　　　　　网址：www.ssap.com.cn
发　　行／社会科学文献出版社（010）59367028
印　　装／北京盛通印刷股份有限公司

规　　格／开　本：889mm×1194mm　1/16
　　　　　印　张：14.5　字　数：423千字
版　　次／2024年12月第1版　2024年12月第1次印刷
书　　号／ISBN 978-7-5228-4609-5
定　　价／168.00元

读者服务电话：4008918866